贝页

ENRICH YOUR LIFE

# MYTH AND MEASUREMENT
# 迷思与计量

## THE NEW ECONOMICS OF THE MINIMUM WAGE
## 最低工资的新经济学

〔美〕戴维·卡德（David Card）  著
〔美〕艾伦·B. 克鲁格（Alan B. Krueger）

苗作兴 译

广东经济出版社
·广州·

Title: MYTH AND MEASUREMENT, by David Card and Alan B. Krueger
Copyright © 1995 by Princeton University Press
Preface to the Twentieth-Anniversary Edition © 2016 by Princeton University Press
Simplified Chinese edition copyright © 2023 by Golden Rose Books Co., Ltd.
All rights reserved. No part of this book may be reproduced or transmitted in any form or by any means, electronic or mechanical, including photocopying, recording or by any information storage and retrieval system, without permission in writing from the Publisher.

## 图书在版编目（CIP）数据

迷思与计量：最低工资的新经济学/（美）戴维·卡德，（美）艾伦·B.克鲁格著；苗作兴译.—广州：广东经济出版社，2023.5

ISBN 978-7-5454-8729-9

Ⅰ.①迷… Ⅱ.①戴…②艾…③苗… Ⅲ.①工资制度–计量经济学–研究 Ⅳ.①F244.2②F224.0

中国国家版本馆CIP数据核字（2023）第046886号

版权登记号：19-2023-029

| 策　　划： | 贝页 |
| --- | --- |
| 责任编辑： | 刘　燕　李沁怡 |
| 封面设计： | 王重屹 |

迷思与计量：最低工资的新经济学
MISI YU JILIANG: ZUIDI GONGZI DE XINJINGJIXUE

| 出版发行： | 广东经济出版社（广州市水荫路11号11～12楼） |
| --- | --- |
| 印　　刷： | 上海中华印刷有限公司 |
| | （上海市青浦区汇金路889号） |

| 开　　本： | 889mm×1240mm　1/32 | 印　　张： | 17.75 |
| --- | --- | --- | --- |
| 版　　次： | 2023年5月第1版 | 印　　次： | 2023年5月第1次 |
| 书　　号： | ISBN 978-7-5454-8729-9 | 字　　数： | 396千字 |
| 定　　价： | 108.00元 | | |

发行电话：（020）87393830　　　　编辑邮箱：gdjjcbstg@163.com
广东经济出版社常年法律顾问：胡志海律师　　法务电话：（020）37603025
如发现印装质量问题，请与本社联系，本社负责调换
版权所有　·　侵权必究

献给我的同事和朋友，
理查德·艾伦·莱斯特（Richard Allen Lester）

# 20 周年纪念版序言

20 年前,当第一版《迷思与计量:最低工资的新经济学》出版时,经济学领域正处于变革的风口浪尖。20 世纪 80 年代的顶级经济学期刊中包含实证分析的研究论文所占比例只有不到 40%。到了 2011 年,这一比例上升到 72%。[1] 更重要的是,实证分析在经济学中的作用也在发生变化。20 世纪 70 年代和 80 年代,实证分析在许多研究中还处于次要地位,主要目的也只是用来验证基础理论的预测,或者在基础理论是正确的假设下用于估计模型中的核心参数。实证分析很少用来直接检验基本经济模型,更不会为了说服持怀疑态度的观察家而专门设计方法。

经济学实证工作的核心在 20 世纪 80 年代末 90 年代初发生了被安格里斯特和皮施克(Angrist and Pischke, 2010)称为"可信度革命"(credibility revolution)的巨大变化,该变革着重强调将严格的理论与理想化的随机实验进行结合,这将实证分析提升到了更高的核心地位。

最低工资的研究在历史上曾发生过多次演变,而且这种演变一直持续到了现在。我们在 20 世纪 90 年代初刚开展最低工资方面的研究工作前,绝大多数关于最低工资的实证研究都是基于美国青少年[①]就业的时间序列展开的。方法是将某一年或某一季度的青少年就业率,与衡量最低工资相比平均工资相对水平的变量(通常还根据最低工资的覆盖范围进行调整),再加上其他变量进行回归。本质上就是研究最低工资标准相对较低时,青少年就业率是否相对较高。20世纪70年代末在该领域出现一个"共识",认为最低工资标准每上调10%就会使青少年就业率下降1%到3%。但有趣的是,随着分析的数据越来越多,经济学家们发现最低工资的影响越来越小,显著性也越来越弱,以至于最后无法得出最低工资与青少年就业相关的结论。共识瓦解的原因很简单:从1981年1月到1990年4月,最低工资标准始终被固定在每小时3.35美元,所以对应该标准的相对购买力急剧下滑,但青少年的就业率却几乎没有变化。

我们的研究也始于这一期间。坦率来说,由于没有明确的比较对象或对照组,我们对基于全美时间序列数据得到的研究结论始终抱以怀疑的态度。未知因素无时无刻不在发生着变化,我们很难将青少年就业的变化全部归因于最低工资。此外,联邦最低工资标准的上调所依赖的政治决议过程不可能完全不考虑经济环境的影响,但即使假设最低工资标准是通过工资来影响就业情况的,关于最低工资标准如何影响工资这一问题的研究文献也出奇

---

[①] 本书中的青少年样本特指14—19岁的青少年,在美国属于合法用工范畴。——编者注

的少。最后，有一些计量经济学的模型似乎是专门为了得出不利影响而设计的，但如果条件发生哪怕一点点的变化，得到的估计结果就有可能变得不显著，以上就是目前学界的研究现状。

不满于上述现状促使我们向自然实验（natural experiment）寻求帮助，我们试图在最低工资标准如何影响就业方面寻找更有力的证据。第 2 章总结了几个较有影响力的研究，其中我们在新泽西州将最低工资从每小时 4.25 美元上调到每小时 5.05 美元（购买力折算至当下的美元，等价于从每小时 7.25 美元上调到每小时 8.60 美元）的情况下，将新泽西州和宾夕法尼亚州（以下简称"宾州"）东部快餐店的就业变化情况进行了比较。虽然关注该项研究的人较多，但我们这本《迷思与计量：最低工资的新经济学》的写作初衷更多是为了阐述通过各类不同的比较，最后得出与上调最低工资标准不利于就业这一传统观念不同的结论。例如我们分别针对新泽西州最低工资标准上调前的低薪餐馆和高薪餐馆，比较了两者在上调后的就业变化。高薪餐馆由于已经满足新的最低工资标准而不受上调的影响，因此可视为那些不得不依法上调的低薪餐馆的对照组。但结果我们并没有发现证据可以证明，上调最低工资标准不利于低薪餐馆的就业增长。

虽然一项研究很难起到决定性的作用，但是我们发现的一系列证据表明上调最低工资在提高低薪群体工资的同时，并没有导致就业下降。例如，在 1990 年和 1991 年因联邦最低工资标准上调而受到不同影响的高薪州和低薪州中，我们并没有发现低薪州的就业增长速度放缓的证据（见第 4 章）。

随着关于最低工资标准如何影响劳动力市场的研究的深入，我们发现越来越多与教科书上的竞争性劳动力市场模型相悖的结论。例如那些不受最低工资标准上调影响的雇员，我们发现无论他们是因为不在法律覆盖范围内，还是因为工资本就超过了上调后的新标准，他们也会在上调后享受到加薪（见第5章）。此外，最低工资标准似乎还能影响收入公平的判断标准和雇员的保留工资（reservation wages）①，这同样与竞争性劳动力市场模型中利益最大化的雇员行为假设不一致。

　　所有模型都是对现实的简化。只不过问题在于该简化假设是否有助于剔除一些不影响研究结论的细节，是否有助于模型给出最直观的结论，以及这些结论是否与实际证据一致。我们认为，现实中的劳动力市场比教科书中假设的模型更复杂。如果对竞争性模型的假设条件稍加修改，例如，假设企业在工资报价上加几美分不一定能招到所有想要的雇员，或者假设原有雇员相比新雇员更在意自己的工资，那么估计出来的最低工资标准的适度上调对就业的影响就会千差万别。实际上几乎每一本经济学入门教科书都描述了劳动力市场的静态垄断模型，与第11章介绍的用来解释很多我们发现的动态搜索模型具有相同的意义。

　　变革对任何领域来说都非易事。我们认为，如果经济学的主

---

① 雇员根据自身需求拟定出一个保留工资，只有在找到薪水大于这个保留工资的工作后雇员才会开始工作，也就是说一个人是否工作完全是根据保留工资和真正可拿到的薪水的比较来决定的。——译者注（如无特殊说明，本书脚注均为译者注）

要理论经受不住实证的检验和广泛的挑战，就根本称不上是一门科学，但并非所有经济学家都认同这一观点。公共选择理论学家詹姆斯·布坎南（James Buchanan）就认为："需求和价格之间的反比关系是经济科学的核心逻辑。"他还宣称如果连这一点也否认，那么"相当于否认了经济学作为一门科学的底线"。1995年，我们在由美国企业研究所（American Enterprise Institute）组织的关于最低工资标准的会议上介绍自己的发现，当我们指出并未找到最低工资标准上调会减少就业的可靠证据时，听众中一位杰出的经济学家就曾表示"理论也是证据"。但令我们惊讶的是，竟然没有人发笑甚至反过来问："哪个理论？"

这篇序言是在《迷思与计量：最低工资的新经济学》出版20周年之际写的，我们也值此机会反思了过去20年来最低工资标准研究的发展过程。这20年来的研究逐渐扩展了我们关于最低工资标准对就业和收入分布影响的研究方法，但结果都比较相似，当然也有一些令人瞩目的新发现。整体来看，关于最低工资在摩擦性劳动力市场中的作用得到了充分的发展，经济学界在最低工资标准对经济的影响这一问题上也发生了观点的转变。例如，对美国经济协会（American Economic Association）成员的调查发现，21世纪初经济学家在上调最低工资标准对低技能雇员的就业前景不利这一观点上的认同比例相比20世纪70年代明显降低——富勒和盖德-史蒂文森（Fuller and Geide-Stevenson, 2003）将这一变化归功于我们的工作。

我们和后续文献的研究成果也对美国和整个世界的公共政策

产生了深远的影响，这是我们在 1995 年未曾预料到的。例如，英国和德国制定国家最低工资标准的部分原因正是来自我们的研究结论：较高的最低工资标准在提高低薪雇员工资和收入的同时，不会对就业状况产生明显影响。

## 最低工资的政治经济学

在过去的 20 年里，美国关于最低工资标准的政治经济学变化不大。最低工资标准在民意调查中仍然很受欢迎，大多数人都表示支持上调最低工资标准。相比生产岗位和非管理层雇员的工资或者消费者价格指数，2015 年的最低工资标准都较低，这与 1995 年的情况一样（见图 1）。但纵观民意调查，最低工资标准的相对下降并不影响民众的支持率。

政治上，美国国会两党在最低工资标准问题上是存在分歧的，不过他们在 20 世纪 90 年代以及更早的几十年前就一直如此。[2] 奥巴马总统在 2013 年呼吁上调最低工资后，议长博纳（俄亥俄州共和党议员）就回应道："这个主意糟透了。"[3] 联邦最低工资标准作为《公平劳动标准法案》（Fair Labor Standards Act，以下简称"FLSA"）的一部分，自 2009 年以来一直没有上调，这是最低工资标准自 1938 年首次颁布以来所有保持不变的时期中第三长的时期。

如果国会迟迟不上调最低工资标准，那么参与最低工资标准公投的州立法机构和选民就会主动将自己州的最低工资标准上调到高于联邦的水平，而且会有越来越多的州争相效仿，这一过程

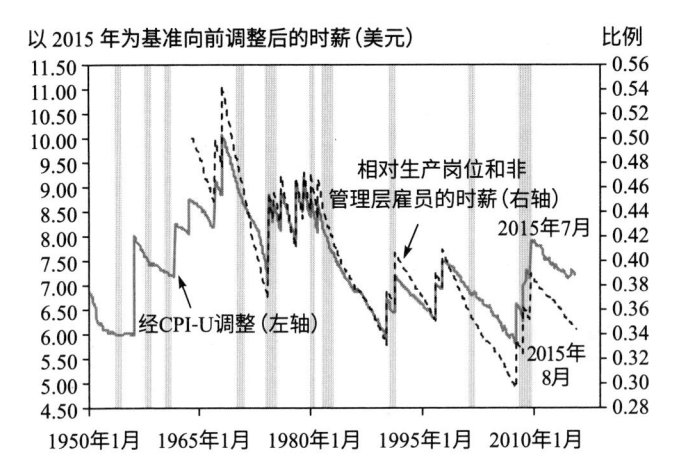

图 1 最低工资的实际价值和相对价值,已通过 CPI-U 数据进行平减(其中 1977 年 12 月到 2014 年 12 月之间用的是 CPI-U-RS 数据)[①]。1964 年之前没有生产岗位和非管理层雇员的时薪数据

一直持续到了当下。表 1 中就记录了这一历史进程。该表显示了自最近一次联邦上调最低工资标准后,每年平均有多少个州将州最低工资标准上调到高于联邦最低工资标准的水平。此外,四个"红色"州的公民——阿拉斯加州、阿肯色州、内布拉斯加州和南达科他州——在 2014 年以压倒性的票数将本州的最低工资标准上调到每小时 9.75 美元,该事件足以证明选民在最低工资标准上的参与热情非常高,自然也成了两党角逐的竞技场之一。

---

① CPI-U(The CPI for All-Urban Consumers)代表所有城市消费者的消费者价格指数,在原有的 CPI-W(The CPI for Urban Wage Earners and Clerical Workers)的基础上扩大了人口统计范围,覆盖了美国 80% 以上的人口。CPI-U-RS 数据是将当前改进的 CPI 统计方法重新计算历史数据后得到的调整后 CPI-U 历史数据,类似股票中的前复权概念。

表 1　自最近一次联邦上调最低工资标准后，每年将本州最低工资标准上调到高于联邦水平的州的数量

| 自最近一次联邦上调最低工资标准后的年数 | 平均有多少个州将最低工资标准上调到高于联邦标准的水平（1984—2014年期间） |
| --- | --- |
| 1 | 5.5 |
| 2 | 6.0 |
| 3 | 4.3 |
| 4 | 5.3 |
| 5 | 3.0 |
| 6 | 5.5 |
| 7 | 6.5 |
| 8 | 9.0 |
| 9 | 16.5 |

资料来源：作者汇总了美国税收政策研究中心（Tax Policy Center）的"各州最低工资水平：1983—2014 年"，以及美国劳工部的"《公平劳动标准法案》下联邦最低工资水平历史：1938—2009 年"（http://www.dol.gov/whd/minwage/chart.htm）后得到的 1984 年至 2014 年的数据。数据的统计范围为每年 1 月 1 日与最近一次联邦最低工资上调这一区间。

关于公众支持上调最低工资的现象，新泽西州提供了一个很有意思也很特别的例子。2013 年，州长克里斯·克里斯蒂（Chris Christie）否决了将本州最低工资标准从 7.25 美元上调到 8.50 美元的法案，并将最低工资标准与消费者物价指数进行挂钩，但却提议通过本州公民投票来决定是否将最低工资标准上调 1 美元至 8.25 美元（暂时不挂钩通胀）。然而州立法机构绕过了州长，投票修改了州宪法并将最低工资标准上调到了 8.25 美元并挂钩通胀，随后公民对此修正案进行了投票，结果以 61% 对

39% 的优势通过了该修正案。州长对修正案是没有发言权的，因此相当于被整个政策制定过程架空了，既无法阻止最低工资的上调，也无法阻止将未来的上调节奏与通胀挂钩的计划，因为民众支持上调最低工资标准。[4]

本地最低工资标准上调到高于联邦标准的城市空前变多。美国国家就业法律项目列出了近 30 个已经实现上调的城市，还有许多城市——包括洛杉矶、旧金山和西雅图——计划在未来数年内上调最低工资标准到 15 美元。这些上调案例在未来数年内为经济学家提供了一系列的自然实验。不过需要提醒的是，在估计州和地方最低工资政策的影响前我们需要进行更为严谨的研究，因为媒体和博客上引用的关于最低工资不利影响的早期报告都是经不起严格推敲的。[5]

虽然在过去 20 年美国的最低工资标准在政治经济领域方面没有发生太大变化，但美国以外地方的情况却大不相同。1993 年英国政府废除了"工资委员会"制度，该委员会在过去 80 年内负责设定行业最低工资水平。仅仅几年后，布莱尔政府成立了一个独立的，由来自商界、劳工和学术界的代表组成的"低薪委员会"，专门负责向英国政府提供最低工资方面的政策建议并研究其影响。1999 年该委员会提议的一项关于最低工资的政策开始生效，遭到了商界和保守党的强烈反对，但随着时间的推移，争议已经大大减少，因为大家发现该政策的影响比批评者声称的要温和得多。实际上，戴维·卡梅伦（David Cameron）的保守党政府在 2015 年赢得选举后也提议将全英国的最低薪上调到高于低薪委员会制定的水平。

英国在最低工资方面的经验也成为许多学者的研究对象。最早从工资委员会为各行业制定最低工资标准快速过渡到完全不设最低工资标准,再到2014年将全英国的最低工资标准设定在6.50英镑(按当前汇率相当于10美元)。这一过程为研究最低工资的影响提供了一个得天独厚的自然实验。低薪委员会和其他机构的研究普遍发现,全英国范围的最低工资上调减少了收入分布左尾的不平等,缩小了不同性别之间的工资差距,而且也没有对就业产生不利影响。[6]

作为发达国家的德国提供了另一个从没有最低工资标准到全国统一将最低工资标准设定在一个较高水平的例子。尽管德国总理安格拉·默克尔(Angela Merkel)长期以来一直反对最低工资,但最终还是同意从2015年1月起将最低工资标准设定在8.50欧元(按当前汇率相当于9.50美元)。该法律生效后大多数雇主的最低工资标准立刻被提高到了远高于美国的水平,但它还是为一些雇主提供了2年的宽限期,而且还豁免了未成年人、实习生和其他一些类型的雇员。不过目前我们还不清楚新出台的最低工资标准如何影响德国的劳动力市场,但我们预计这一事件在未来几年内也会成为一个重要的研究背景。

## 20年后证据的重要性

我们工作的主要结论之一是,最低工资的适度上调对就业的影响很小或根本没有。虽然这一结论在当时有很大争议,但在过去 20 多年来大量证据都支持这一观点。图 2 是来自贝尔曼和沃尔夫森（Belman and Wolfson，2014）的研究报告，该报告对 2000 年至 2013 年期间发表的 23 篇关于最低工资方面的文献进行了元分析（meta-analysis）[①]，并且给出了就业和工作时长相对于最低工资的弹性估计值的分布。[7] 这些估计值一共 439 个，中位数为 –0.05，考虑到个别估计值的抽样误差，查准率加权（precision-weighted）的平均值和中位数都是 –0.03。这本书出版之后发现最低工资对就业的影响是正面的文献比例和是负面的文献比例大致相同，主要估计值也非常接近 0。[8]

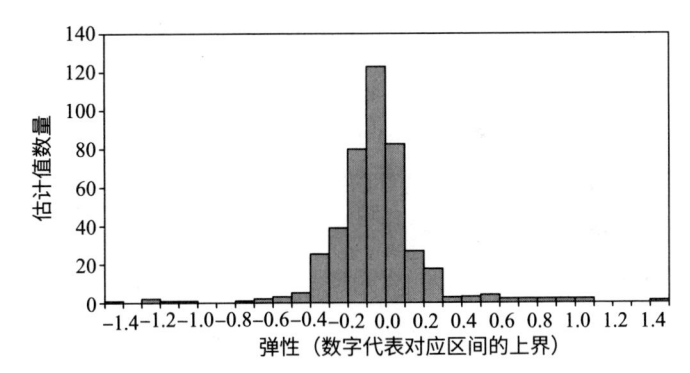

图 2　就业和工作时长的弹性值分布——Belman and Wolfson (2014) 中 23 项独立研究的 439 个就业和工作时长对最低工资的弹性估计值

在关于新泽西州-宾州的研究中，我们比较了两州交界附近县内的各个快餐店的数据来估计州最低工资的影响（如 Dube

---

[①] 元分析是指对研究的研究，即把目标研究集合进行整合、量化、比较和统计分析，得到更精确的结论。

Lester, and Reich, 2010; Dube, Lester, and Reich, 2015），这也成为最近一些创新性研究的奠基之作。这些最新研究通过多个县多年数据的比较，估计出来的上调影响相对较为可靠和精确，结果显示这一类方法得到的上调影响大部分都接近于零。其他令人印象深刻的研究中，主要研究对象为各个州内经营同一类商店的零售企业（如 Giuliano, 2013; Hirsch, Kaufman, and Zelenska, 2015），这些研究得到的影响估计值有正有负，但同样数值很小。

我们研究工作的另一组重要成果涉及最低工资的公平效应。我们的结论是，上调最低工资标准不但有助于减小工资差距，而且还有利于提升低收入雇员和家庭的收入。不过这两个结论同样是有争议的，20 世纪 70 年代和 80 年代的许多经济学家认为，受最低工资标准影响的雇员的需求弹性小于 −1，因此最低工资标准任何幅度的上调都会减少这些雇员的总收入（即工作时长的下降比例大于工资的上升比例）。但图 2 告诉我们这几乎不可能发生，而又的确有许多就业方面的研究结论显示最低工资标准对收入的影响相对较大。20 年前，许多经济学家还认为上调带来的增量收入将"流入冲浪板和音响，而非租金和婴儿配方奶粉"（Passell, 1993），但正如我们在第 9 章指出的那样，那个年代许多最低工资雇员就已经是家庭的主要经济支柱，而现在生活在低收入家庭的低薪雇员更多，所以上调最低工资标准对收入分布的正面影响更加明显。[9]

相比研究对就业影响的文献，研究对收入分布影响的文献较少。李（Lee, 1999）的结论是，由于可能会对高薪雇员产生溢出效应，最低工资对工资分布有较大的影响。奥托尔、曼宁和史密斯（Autor, Manning, and Smith, 2015）认为李的研究高估了最低工资在这方面的影响，但他们也同样发现了溢出效应的存在，同样认为最低工资标准的制定对工资不平等有着重要影响。这两项研究将美国收入不平等的加剧归因于最低工资的购买力被侵蚀的严重程度远高于预期。

迪肯斯、曼宁和布彻（Dickens, Manning, and Butcher, 2012）回顾了英国最低工资的立法过程后认为，国家层面的最低工资标准对英国工资的左尾产生了较大的影响，而且也推高了工资分布的35%分位数。我们预计未来几年对德国最低工资影响的研究将进一步加深我们在最低工资如何影响工资不平等这一问题上的认识。

最近有一些研究涉及最低工资对家庭收入、个人收入和贫困的影响，杜比（Dube, 2013）总结了12项关于最低工资如何影响贫困率的研究，这些研究分析了某一群体的贫困率相对于最低工资的平均弹性，结果约为 –0.15。虽然贫困率可以被认为是评价最低工资对收入分布影响的一种模糊的标准，但最近的研究证实最低工资的确有助于脱贫。

## 1995—2015年最低工资研究视野的开拓

本书中的一些研究结论对后续关于最低工资的实证研究方法产生了显著的影响。[10] 这些研究也激发了新一轮的理论研究工作，越来越多的学者开始明确地将劳动力市场的摩擦加入模型中来考察最低工资的影响方式。曼宁（Manning, 2003, 2004）率先将公布工资（wage posting）[①]模型用于劳动力市场政策分析。[11]这类模型重点关注工资和员工流动性之间的平衡，结论是尽管上调最低工资对平均就业率的影响还很模糊，但会使低薪企业的员工流动性和雇佣率下降。弗林（Flinn, 2006, 2010）考虑了另一类搜索匹配模型，假设雇员和企业之间可以根据双方的需求和价值进行讨价还价。正如我们在第5章中提到的，工资分布的最低工资处的尖峰一直是一个棘手的难题，而这些模型却为此现象提供了一个简单的解释。[12]相比公布工资模型，虽然两者给出的离职率估计值可能有所不同（如Dube, Lester, and Reich, 2015），但搜索匹配模型同样认为最低工资标准的上升对平均就业水平的影响很不明确。

另一组有意思的研究是如何量化和解释最低工资对高薪雇员的溢出效应。正如我们在第5章中讨论的，我们在企业层面的研究表明，最低工资的上调会产生连锁反应，影响会延伸到工资远高于新的最低工资标准的雇员。迪肯斯、曼宁和布彻（Dickens, Manning, and Butcher, 2012）发现的有力证据表明，英国在全国范围内推行最低工资使得高薪雇员的工资也上涨。针对该上涨，学者们提出了两类不同的解释：第一类曾在迪肯斯、曼宁和布彻（Dickens, Manning, and Butcher, 2012）的研究中有所描述，即

---

[①] 公布工资代表该岗位的工资不存在商量的余地，与可以讨价还价的工资协调（wage bargaining）相对应。

最低工资的上调使得工资的均衡分布发生变化，因而所有岗位的工资水平都得以上涨。另一类是认为雇员们的工作满足感和生产力受到同事工资水平变化的影响（Fehr and Schmidt, 1999），因此尽可能保持内部工资结构不受影响的企业也会调整高薪雇员的工资水平。虽然这两个解释都有道理，但杜比、朱利亚诺和莱昂纳德（Dube, Giuliano, and Leonard, 2015）通过研究详细的工资历史数据后发现，直接影响高薪雇员流动性的不仅仅是工资的绝对水平，而且也包括在公司内部的相对工资水平。还有其他研究（如 Falk, Fehr, and Zender, 2006）发现，在实验环境下即使雇员离职后，最低工资仍会影响他们的保留工资，因此最低工资可以被视为公平概念的"基准"。

本书中涉及的第三个问题——最低工资对价格的影响（尤其是对餐饮业产品价格的影响）——也得到了后续文献的关注。正如第 11 章中讨论的，对价格影响的研究可能有助于区分竞争性和垄断性的劳动力市场模型。在竞争性模型中，上调最低工资无疑会导致就业率的下降和产出价格的上涨；而在简单的垄断模型中，这些影响很不确定，但如果上调最低工资确实促进了就业，那么产出价格有可能会下跌。[13] 如果市场力量制约了价格的上涨，那么企业可以在面对客户时将最低工资的上调视为产品价格上涨的理由。

后续的工作（Aaronson, 2001; Dube, Naidu, and Reich, 2007; Aaronson, French, and McDonald, 2008）也证实了我们的结论，即在受最低工资上调影响的州和城市内，餐馆的产品价格往往

上涨得更快,但最低工资对某一家企业产生的影响与该企业的产品价格趋势之间的关系还不清楚。杜比、奈杜和里奇（Dube, Naidu, and Reich, 2007）对旧金山最低工资的研究结论与我们在上调后对新泽西州州内比较的研究结论非常相似,说明尽管最低工资对单个企业的工资影响较大,但对企业之间关系的影响却很小。我们希望未来几年的研究——比如上述提到的对德国的研究——能有助于找到清晰的对价格影响的证据,并进一步理解最低工资的总体影响。

## 最低工资会不会"太高了"？

在本书研究的大多数案例中,最低工资标准都被设定在"中等"水平。然而在第 8 章中,我们研究了联邦最低工资对波多黎各（其工资中位数远低于美国本土）的影响,结果非常意外：原先我们以为可以找到有力的证据证明联邦最低工资的实施会对波多黎各的就业市场产生不利影响,但仔细评估研究结果后发现没有任何确定性的结论,该结论充其量只能算是模棱两可。考虑到近期的经济问题,这些发现又重新燃起了学界的研究兴趣。[14]

然而,即使在企业拥有一定的市场力量,而且可以单边设定工资水平的情况下,过高的最低工资也依旧会导致就业率的下降。我们的观点是,尽管一般情况下立法过程本身就会防止最低工资标准高于会对就业产生不利影响的标准,但我们仍然认为研究这种影响会在哪里发生很重要。[15] 在这一问题上,美国各大城市和行业将最低工资上调到 15 美元或更高标准的计划可能会是一个很好的研究背景。然而，即使最低工资超过了该不利的水平，如果需求弹性的绝对值小于 1，最低工资雇员的总收入依旧会增加——这可能解释了为什么低薪雇员通常更支持上调最低工资（参见 Blinder and Krueger, 2004），而且也正如李和赛斯（Lee and Saez, 2012）认为的那样，即使最低工资对就业产生了不利影响，仍旧可以将其视为低技能雇员补贴计划的有效补充。

## 下一个20年

本书在首次出版 20 年后仍受到市场关注，证明了精心设计但简明清晰的研究可以对经济学研究和公共政策产生持久的影响。经济学家们已经不满足于理论模型的推导，一直在寻找有说服力的自然实验来评估主要经济政策的影响，而我们这本书恰好给了经济学家们非常大的启发。除此之外，在关于如何进行案例研究并理解研究结论，以及关于如何在数据量很多但"被处理"的样本量却很少的情况下进行统计推断并开展计量方面的研究这两个问题上，该书在学界引发了充分而热烈的讨论。当然，现实中仍不乏来自利益集团及智库的对我们研究成果的批判，这也进一步证明我们的这项工作经受住了时间的考验，没有被学术界抛弃。

目前我们还不清楚未来 20 年内研究和政策的发展方向，但不妨猜测一下。第一，由于当下有充分的证据表明适度的最低工资标准对就业的影响很小甚至是没有影响，而且能够实现企业收入在员工之间的重新分配，因此世界各国政府可能还会陆续制定最低工资政策。第二，英国和德国等首次实施全国范围最低工资标准的国家，以及将各自最低工资标准上调到远高于国家水平的美国各大城市和州，将在未来数年内给经济学家和研究机构提供充足的自然实验作为研究素材。此外，当公开数据变得不可得或不合适时，经济学家们可能还会继续收集各类调查数据，甚至用到越来越多的类似行政记录等非结构化的数据。第三，我们可能还会看到，为了解释更多关于最低工资的市场现象，这一方面的经济理论也会得到进一步的修改和发展。此外，将行为经济学、劳动力市场摩擦以及非竞争性产出市场等领域的研究成果进行结合来进一步发展最低工资理论也是非常有前途的研究方向。

我们觉得以下四点可能是未来需要优先考虑的问题。第一，所得税抵免（以下简称"EITC"）和最低工资政策都是有助于提高低薪雇员收入的政策。但由于政府补贴可能会影响雇员供给，因此EITC可能会导致市场工资水平的下降，所以如何综合运用好两项政策还需要更多深入的研究，比如最低工资政策会在多大程度上抵消EITC对工资造成的下行压力？一般来说，最低工资通过提高低工资家庭收入来减轻政府支出负担，如食品券等，但可能产生的影响尚未得到充分的研究。第二，雇主议价能力和企业间工资差距这两方面还需要更深入的研究，众所周知，几十年来处于同一劳动力市场上且雇佣的都是同质雇员的企业之间工资差异一直很大，所以关于该差异的来源，以及旨在促使更多公司战略性提高工资标准的政策杠杆的制定还需要更深入的研究。第三，虽然我们用事件研究方法对最低工资上调如何影响雇主股价进行了探索,但我们依旧无法直接衡量最低工资对企业盈利能力、转售价值或土地价格的影响。正如我们在本书中的结论所述,最低工资的主要影响似乎只是将蛋糕的更多份额转移给了低薪雇员,但雇主、消费者和土地所有者之间的收入在最低工资政策下如何具体再分配,也需要进一步研究。第四,最低工资可以通过将收入转移到边际消费倾向较高的低收入家庭中来促进整体消费。尤其当国家生产能力过剩的时候,最低工资政策可以通过增加总需求来刺激经济活力,所以最低工资对消费和市场均衡状态的影响同样是未来研究的重要课题。

戴维·卡德和艾伦·B. 克鲁格[16]

# 注　释

1. 这些统计数据来自 Hamermesh（2013）。
2. 参见 Bartels（2009）对公众舆论、政治党派、精英舆论和利益集团政治分别在侵蚀美国最低工资实际购买力方面的作用的透彻分析。
3. 相比 1996 年对一个关于最低工资问题的回答，议长博纳现在的评论稍显收敛但更有影响力了，"要我赞成一个关于最低工资的清洁法案（clean bill），那我还不如去投河觅井"。
4. 我们的一位同事称这一事件是美国政治中所谓"压路机理论"的一个例子。
5. 例如，巴里·里索尔茨（Barry Ritholtz）给出了一些关于西雅图最低工资假新闻的有趣例子，参见 http://www.ritholtz.com/blog/2015/04/jobless-in-seattle-not-yet-anyway/。
6. 参见 Metcalf（2008）对相关文献的全面综述。
7. 参见 Doucouliagos and Stanley（2009）关于最低工资研究的元分析。他们的结论是：一些元分析的检验结果证实了卡德和克鲁格关于上调最低工资对就业的影响无论是实证上还是统计上都不明显的结论。不过诺伊马克和瓦舍尔（Neumark and Wascher, 2008）对文献进行综述后得出了不同的结论，但相比其他两项元分析，他们的评估方法较为主观，也不够详尽。
8. 国会预算办公室最近的一份报告（CBO, 2014）在得到青少年就业相对最低工资弹性的中心估计值约为 –0.01 后，估计最低工资上调到 10.10 美元后对就业的影响，结果略大于图 2 中的中位数。CBO 没有详细解释他们是如何得出 –0.01 这一估计值的，他们将就业人数略微增加也视为最低工资上调到 9 美元这一更为温和的水平后可能会产生的影响之一。

9. 例如，国会预算办公室（CBO, 2014）估计，受 2016 年联邦上调最低工资议案影响的雇员中，有一半的家庭收入低于对应贫困线的 200%。

10. 当我们考察在方法论方面的影响时，我们只能找到 3 篇关于过去 20 年美国最低工资影响的时间序列研究，这 3 篇侧重于研究时间序列的平稳性，另见 Lee and Suardi（2010）。

11. 我们将在第 10 章简单讨论这类模型。

12. 尽管伯德特和莫滕森（Burdett and Mortensen, 1998）假设的公布工资基础模型不考虑工资分布的尖峰，但迪肯斯、曼宁和布彻（Dickens, Manning, and Butcher, 2012）对该模型进行了拓展，修改后的模型将该尖峰纳入了考量。

13. 阿伦森、弗兰奇和麦克唐纳（Aaronson, French, and McDonald, 2008）表明，即使是最简单的一类垄断竞争模型，给出的预测也是正确的。

14. 值得注意的是，将最低工资和波多黎各的公共债务问题联系起来的所有评论员中，没有一位指出实际研究表明最低工资使得岛上的就业活动和税收都有所减少。相反，他们只是认为波多黎各的最低工资相对较高，而且将其认为是联邦财政问题的主要来源。不过第 8 章指出，虽然波多黎各的最低标准看起来的确很高，但在某些时期，美国青少年最低工资分布中的尖峰要高于波多黎各的尖峰。

15. 一些批评者认为最低工资被我们赋予了"过情之誉"，但这并不公平。我们始终认为，上调可能会导致在一些雇主填补空缺岗位并增加就业的同时，另一些雇主依旧会削减就业岗位。此外，如果最低标准定得太高，根据第 11 章中介绍的动态垄断模型，就业还是会减少。

16. 感谢戴维·周（David Cho）和阿米特·辛格（Amit Singh）的研究协助，感谢彼得·多尔蒂（Peter Dougherty）鼓励我们发行《迷思与计量：最低工资的新经济学》的 20 周年纪念版。

# 前　言

　　本书汇集了过去5年多[①]关于最低工资领域的研究成果。20世纪80年代末，由于美国联邦最低工资标准10年来未曾调整过，使得许多州不得不开始陆续提高本州的最低工资标准，我们对这一领域的研究兴趣也随之萌发。此后几年中，越来越多的州开始立法上调，最终也迫使美国联邦政府上调了最低工资标准，也正是这些前所未见的历史变化，为我们在最低工资领域开展全新的研究奠定了基础。受自然科学领域研究方法的启发，该项研究的思路是在某地区上调最低工资的政策出台后，将劳动力市场中的受政策影响的群体和未受影响的群体的样本分别视为实验组（treatment groups）和对照组（control groups）进行对比。时至今日，该分析方法在教育、移民及失业等领域的研究中仍被广泛应用。早在20世纪40年代，理查德·莱斯特（Richard Lester）和当时的其他经济学家就已经采用类似的方法对当时的联邦最低

---

[①] 本书英文版于1995年第一次出版，故全书涉及时间的表述以此为基准。"过去5年多"表示从20世纪80年代末到20世纪90年代初。——编者注

工资政策的影响开展了研究，不过这种直白的描述性方法后来逐渐被计量经济学模型所取代。

但就在我们尝试用新方法对付老问题时却碰上了一个难题：在研究了1988年加利福尼亚州（以下简称"加州"）上调最低工资，以及1990年、1991年美国联邦政府上调最低工资的影响后，我们发现上调最低工资对青少年和其他低薪群体的工资的确产生了积极的影响，但单独研究每个政策后却并未发现对就业的不利影响。当新泽西州在1992年年初将最低工资上调至每小时5美元以上后，我们的新一轮研究也依旧没有发现上调不利于就业的证据，即使在最低工资的典型雇主——快餐店中，结果也是如此。

越来越多的实证结果让我们开始质疑初级经济学教科书中传统模型的解释力，如果上调最低工资不会对就业产生不利影响，甚至会产生积极影响，那么原因何在？本书汇集了过去5年关于最低工资的研究成果，并且就最低工资标准进行立法后的影响提出我们自己的解释。在本书的撰写过程中，我们对早期研究成果又进行了修订和更新，并且在一些前人未曾涉足的领域内又找到了关于最低工资政策影响的新证据。此外，我们还扩展了研究范围，比如重新梳理了最低工资领域的文献，分析最低工资政策对收入分布的影响，研究对股东财富的影响，以及探讨研究结论的理论意义等。

在开展研究和编写本书的过程中，我们得到了许多同事、朋友和学生的帮助。劳伦斯·卡兹（Lawrence Katz）参与了本

# 前 言

书中前两篇论文的初步撰写，并对手稿提供了详细的意见。奥利·阿申费尔特（Orley Ashenfelter）、丹尼·布兰奇福劳（Danny Blanchflower）、查尔斯·布朗（Charles Brown）、大卫·卡特勒（David Cutler）、罗纳德·埃伦伯格（Ronald Ehrenberg）、亨利·法伯（Henry Farber）、兰迪·法勒（Randy Filer）、乔治·约翰逊（George Johnson）、马克·基林斯沃思（Mark Killingsworth）和克里斯蒂娜·帕克森（Christina Paxson）非常热情地参加了本书草稿的报告会，并就书中的内容和表述方式提供了许多有价值的改进意见。我们还特别感谢奥利·阿申费尔特为该会议所做的安排。安妮·凯斯（Anne Case）、丹尼尔·哈默梅什（Daniel Hamermesh）、理查德·莱斯特和艾萨克·夏皮罗（Isaac Shapiro）也对各个章节进行了详细的评论，许多章节的初始版本已经在美国各地的研讨会和会议上发表了。在此我们还要感谢美国国家经济研究局（National Bureau of Economic Research）、康奈尔大学、芝加哥大学、密歇根大学和宾夕法尼亚大学的研讨会参与者们提出的意见和建议。在过去的一年里，我们还得到了来自莉萨·巴罗（Lisa Barrow）、戈登·达尔（Gordon Dahl）、山姆·刘（Sam Liu）、乔恩·欧尔萨格（Jon Orszag）、诺曼·瑟斯顿（Norman Thurston）、塔米·武（Tammy Vu）和张旭（Xu Zhang，音译）热忱而专业的研究支持。我们也非常感谢普林斯顿大学劳资关系科、斯隆基金会和威斯康星大学贫困研究所的研究支持。

最后，我们感谢莉萨（Lisa）、本杰明（Benjamin）、悉尼·克鲁格（Sydney Krueger）和辛迪·格赛尔（Cindy Gessele）的耐心和支持。

# 目 录

第1章 引言与概述 / 1

第2章 最低工资标准上调后雇主的反馈：
来自快餐业的证据 / 25

第3章 1988年加州最低工资影响的州内证据 / 102

第4章 联邦最低工资对低薪雇员的影响：
来自跨州比较的证据 / 149

第5章 其他就业方面的结论 / 197

第6章 时间序列证据的评估 / 230

第7章 横截面和面板数据的估计 / 271

第8章 国际证据 / 313

第9章 最低工资是如何影响工资分布、家庭收入
分布和贫困的？ / 361

第10章 雇主和股东的损失有多大？ / 405

第11章 有道理吗？劳动力市场和最低工资方面的
备择模型 / 455

第12章 结论和启示 / 497

参考文献 / 514

# 第1章

# 引言与概述

> 对待假设条件的态度应该避免走向两个极端：过分重视与完全忽视。
>
> ——狄德罗（Diderot）与达朗贝尔（D'Alembert）编撰的
> 《百科全书》

约50年前，乔治·斯蒂格勒（George Stigler）曾希望经济学家们能毫不避讳地公开宣称上调最低工资不利于就业。该结论的推理过程非常直观，而且几乎所有初级经济学教科书中的模型都告诉我们提高最低工资会降低最低工资群体的就业率，似乎大多数经济学家也同意这一逻辑：民意调查显示，超过90%的经济学家认同这一结论[1]，如此统一的共识对于一个充斥着分歧和争论的领域来说尤为难得。但问题是，当时并没有证据能支撑上调最低工资不利于就业的结论。本书就在此基础上，通过研究大量新数据，证明了最低工资的上调并未对就业产生如教科书所述的不利影响，部分数据甚至显示还会产生积极影响，但大部分数据显示两者并没有显著的关系。此外，最低工资上调不利于就业的结论在早期文献中也没有数据支撑，所以我们的研究结论如果被学界认同，将会对被经济学家们接受了半个世纪的劳动力市场标准模型构成巨大挑战。

我们的实证分析有如下几个结论：第一，在分析新泽西州1992年上调最低工资的政策对快餐业就业市场的影响后发现，其就业情况并未受到不利影响。该研究的调查范围覆盖新泽西州和宾州东部的400多家餐馆，而且在上调最低工资前后各进行了一次调查。我们发现，相比最低工资保持不变的宾州餐馆，新泽西州餐馆的就业人数却会随着最低工资的上调而上升。此外，在新泽西州的这些餐馆中，依法提高最低工资的餐馆所增长的就业人数，要高于工资水平原本就在调整后的最低标准之上的餐馆。在分析了1991年联邦最低工资上调后得克萨斯州（以下简称"得州"）快餐业的就业情况，以及1988年加州上调后青少年雇员的就业情况后，我们也得到了类似的结论。

第二，在1990年4月1日，联邦最低工资从原先的3.35美元[①]上调到了3.80美元，并在1991年4月1日进一步上调到了4.25美元。经过对多个州的分析后我们发现，这两次上调并未对青少年就业市场产生不利影响。我们分析第一次上调前工资在

---

[①] 最低工资以时薪为单位，此处的3.35美元指时薪为3.35美元，若无特殊情况，后文中的工资均指时薪。

3.35～3.80美元的青少年雇员群体，将各州进行分组后发现，在实际工资会受上调影响的群体中，加州和马萨诸塞州等工资水平较高的州的青少年雇员比例较小，而在密西西比州和亚拉巴马州等工资水平较低的州中，该比例高达50%。教科书中的最低工资模型告诉我们，在受政策影响较小的高薪州中，青少年就业人数理应随着联邦最低工资标准的上升而减少，但我们的研究结果与该结论相反：高薪州与低薪州在政策出台后就业人数的增长差异并不显著；或者说只有一个差异，即对于受最低工资上调政策影响的雇员比例（以下简称"影响比例"）最大的州，其青少年就业人数的增长幅度也最大。随后，当我们用20世纪90年代初各区域经济增长水平对结果进行调整，并且将调整用的数据从区域级别的数据改为州级别的数据后发现，这一结论依旧成立，即使进一步将研究样本扩展到所有低薪雇员群体，以及零售业和餐饮业中，同样未能发现最低工资会对就业市场造成不利影响。

第三，在所有得出最低工资不利于就业这一结论的早期文献中，应用最广泛的是时间序列模型，我们也重新评估了关于青少年就业的时间序列模型的研究。如果将最近几年的数据代入与20世纪70年代的模型具有相同设定的计量模型中，那么结果显示，最低工资与青少年就业人数之间的相关性很弱，而且也不显著。我们又进一步分析了使用横截面数据或面板数据模型的文献，发现支撑最低工资有利于或不影响就业的证据的说服力，至少不亚于得出不利影响的证据的说服力。

第四，我们注意到最低工资在低薪劳动力市场中也会产生一些反常现象。原先不同酬的雇员在上调政策出台后都获得了相同的最低工资，这一发现严重挑战了工资应与能力相匹配的观点。同时，政策也产生了"涟漪效应"，即部分原先高于上调后最低工资的雇员也享受到了涨薪的福利。我们还发现在上调政策施行后，实际工资水平甚至都没受到其他福利被削减的不利影响。此外，雇主普遍不愿意使用政策中的次级最低工资标准。上述每一个现象都会进一步质疑教科书中最低工资模型的有效性。

第五，在最近最低工资上调后，我们发现雇员之间的工资差距缩小了，以至于自20世纪80年代以来逐渐加剧的工资不平等现象有被大幅扭转的趋势。与人们想象的不一样，上调政策对于低收入家庭中个人的实际工资水平的影响也各不相同。事实上，在领取最低工资的工薪雇员中有三分之二是成年人，他们的收入一般占家庭总收入的一半。最新一次联邦最低工资上调后，在受影响最大的州中，我们发现收入垫底的家庭的总收入得到了提高。虽然最低工资政策是减少贫困人口最直接的工具，但在领取最低工资的工薪雇员中有很多并不贫困，而且许多贫困人口也没有出现在劳动力市场中。经过我们的计算，从1989年到1991年，最低工资每增加90美分，就会有约55亿美元（约占整个经济体收入的0.2%）转移到低薪群体中，该数额要小于其他的联邦脱贫政策的预算，因此整体上最低工资对收入分布的影响很有限。

第六，我们研究了与最低工资立法过程相关的新闻会给雇佣最低工资雇员的公司的股价带来什么样的影响。经过对股票市场事件冲击的研究后发现，20世纪80年代后期大部分关于上调最低工资的新闻，几乎都不会对餐馆、酒店、干洗店等低薪雇主的市场价值产生影响。实际上，关于上调最低工资的新闻最多使得股价下跌了1%或2%。

如果只有一项研究发现最低工资对就业的影响与以往认知不同，那么结论很容易被质疑，但本书提供的大量证据使得我们不得不重新审视以往的研究结论。整体上来说，我们的研究成果对教科书中最简单的最低工资模型构成了严峻的挑战。方法上，我们提出并验证了一整套揭示劳动力市场运作机制的新理论，进一步搭建并模拟了几个与教科书略有不同，但能更好解释最低工资影响的模型。

## 为什么要研究最低工资？

美国经济学家们对最低工资的研究兴趣可以追溯到1912年马萨诸塞州通过第一部州最低工资法开始。在随后的10年中，16个州和哥伦比亚特区也陆续通过立法为各行各业的女性和未成年人制定了最低工资标准[2]，但对于最低工资立法合宪性的质疑声也几乎在同一时间被放到了最大。1923年，美国最高法院宣布哥伦比亚特区的最低工资法违宪。该裁决影响深远，导致大多数州的最低工资法基本被废除或被大幅度限制（Davis, 1936）。但在1937年，经过深思熟虑的法院却又最终推翻了该裁决，支持华盛顿州的最低工资法，成为整个联邦最低工资规定的奠基石，该规定随后被纳入1938年的FLSA，经过数次修订后最终成为当今美国联邦最低工资的立法基础。

在关于最低工资的研究中，经济学家们的核心观点是上调最低工资不利于就业，这也是经济学领域中最直观、最广为人知的假设条件。图1.1就用传统的供需关系解释一个典型市场中最低工资对就业的影响。在没有最低工资标准的市场中，工资和就业取决于供给和需求两条曲线的交点，一旦引入最低工资，雇主就会被迫将需求曲线上移，减少岗位，导致失业率上升。值得注意的是，无论决定供需曲线形状的参数有多精确，该结论始终成立。如果最低工资的上调并没有减少就业，那么教科书中基于供需机制进行分析的意义就会遭到质疑。

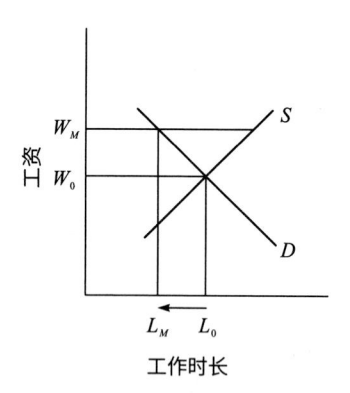

图1.1 最低工资政策对于同质化雇员的就业情况的影响。曲线$S$和$D$分别代表供给曲线和需求曲线；点$(L_0, W_0)$代表最低工资政策实施前市场上工资和工作时长的均衡点；点$(L_M, W_M)$代表最低工资政策实施后，市场上最低工资和工作时长的均衡点

最低工资政策对于所有政策制定者都非常重要。包括美国以

及其他大多数经济合作与发展组织（OECD）成员国在内的世界各国，都出台了最低工资政策。图 1.2 表示 1950 年第一季度至 1993 年第四季度期间，以 1993 年为基期的不变美元价格所计算的最低工资季度数据。图中可见，当前的最低工资处于历史较低水平，美国联邦和州议员此时此刻也正在就最低工资议案进行着激烈的辩论。但每次讨论一旦涉及上调最低工资，大家都会重新审视两个前提：最低工资对弱势群体利益的作用到底是有利还是有害，以及劳动力市场的运行是否真的如教科书中所假设的那般平稳？

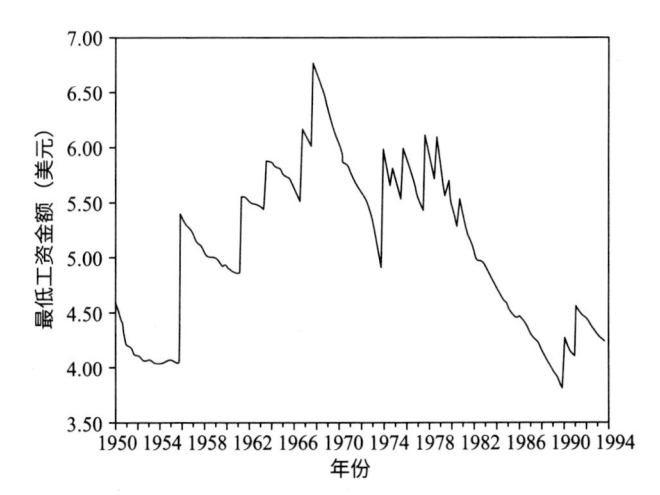

图 1.2　1950 年到 1993 年期间，以 1993 年为基期的不变美元价格，将 CPI 作为物价平减指数进行计价调整后的最低工资季度数据

无论在经济学研究还是政策讨论中，最低工资作为重要问题的另一个原因是：多数人在自己的职业生涯中或多或少都领取过

最低工资。我们估计这一人群占美国就业人口总数的60%以上[3]，但在截面上任取一天，工资水平等于最低工资的雇员（以下简称"最低工资雇员"）大约只占5%。此外，由于最低工资群体往往由来自低收入家庭和少数裔群体的雇员以不同比例构成，因此该问题也会引起社会活动家的关注。

## 最低工资的作用是什么？经济学家的视角

如果我们将一个经济体的总产出视为一个馅饼，那么最低工资可以起到两个作用：既可以改变整个馅饼的大小，又可以改变其中不同群体——低薪雇员、高薪雇员、雇主之间——馅饼切片的尺寸。多数保守经济学家认为，最低工资对人们没有任何帮助。它不但缩小了整个馅饼的大小，还缩小了代表低收入群体的切片的尺寸。正因如此，乔治·斯蒂格勒在1988年总统竞选期间称，迈克尔·杜卡基斯（Michael Dukakis）支持提高最低工资的行为是"可耻的"。[4] 菲尼斯·韦尔奇（Finis Welch）在1993年也认为，最低工资是"一个残酷社会中最为残酷的制度"。

许多市场经济学派的经济学家也质疑过最低工资政策，他们认为最低工资政策短时间内可能的确会给低薪雇员带来更多的收入，但其他具有同样资格享受该政策的雇员却会被驱逐出劳动力市场。在1979年出版的经济学教科书《经济学：原理与政策》中，威廉·鲍莫尔（William Baumol）和艾伦·布林德（Alan Blinder）就曾解释道："最低工资政策的最终结果并不是提高低技能雇员的收入，而是限制了他们的就业机会。"同样，罗伯特·海尔布隆纳和莱斯特·瑟罗（Robert Heilbroner and Lester Thurow, 1987）也写道："最低工资有两个影响，一个是提高就业人员的收入，另一个是导致其他人失业。"

但面对质疑声，社会活动家、政策制定者和其他非经济学家却时不时主张上调最低工资，政策的倡导者包括富兰克林·D.罗斯福（Franklin D. Roosevelt）、马丁·路德·金（Martin Luther King）、A.菲利普·伦道夫（A. Philip Randolph）、沃尔特·鲁瑟（Walter Reuther）、爱德华·菲林（Edward Filene），以及比阿特丽斯·韦伯与悉尼·韦伯（Beatrice and Sydney Webb）。在学术界，经济学领域以外的其他社会科学领域中也有专家支持最低工资政策，而且有的也怀疑最低工资背后的经济理论，对上调不利于就业的结论不以为然，同时也支持为低薪群体支付更高的工资。

最重要的是，大多数经济学家否定最低工资政策的观点并没有得到公众的广泛认同。调查发现，大多数人通常都会支持上调最低工资，例如1987年的一项盖洛普民意调查中显示有四分之三的美国人赞成上调。调查还发现，经济学家认为的最可能受到最低工资上调不利影响的低薪群体对于该政策的支持反响尤为强烈。但在最低工资上调是否会不利于就业的问题上，公众的观点却没有出现一边倒的情况："非常同意"上调会导致失业的人数占24%，"非常不同意"的占22%。[5]

## 经济学家关于最低工资的观点有何依据？

经济学家们普遍反对最低工资政策的观点为何得不到公众、

大多数政府官员以及社会科学家们的支持呢？第一，我们应意识到，该观点主要基于的是抽象的理论推导，而非系统化的实证研究，初级经济学教科书中其实也很少引入数据来证明上调最低工资的不利影响。我们在本书中会看到，如果仔细研究数据，会发现最低工资对于就业市场的影响其实非常不稳定。

第二，心理学家们发现，人们总是倾向于认同那些推理简单，符合先入为主观念的"规律"，无论这种规律是否真的存在。例如，虽然篮球运动员所谓"热手"现象并没有得到实证研究的支持（Tversky and Gilovich, 1989），但人们依旧热衷于将其视为连续投篮命中的原因。另一个例子中，虽然经济学家们研究发现股票市场的短期回报是无法预测的，但部分投资者仍采取趋势追踪的策略进行投资。受这种倾向性的影响，很多研究人员也只看得到支持自己观点的证据，但在很多情况下该先入为主的结论根本就是站不住脚的。防止堕入该陷阱的一个方法是在收集并分析数据前，先重点考虑采取一种各方都认为可以用于检验理论的方法。我们认为，我们的研究方法就满足这样的条件。该方法将比较对象扩展到不同程度上受最低工资上调影响的雇员、公司和州，而且比较方法也相对简单。

第三，虽然经济学中已经发展出了很多劳动力市场模型，但市场中仍有大量经济学家无法解释的现象，而且市场的许多特征也不符合初级教科书中简单模型的描述，更何况这些简单模型也是政策制定者在考虑是否上调时的重要参考依据。下面这段话节选自著名经济学家保罗·A.萨缪尔森（Paul A. Samuelson, 1951:

312），由此可见，实际的劳动力市场长期以来一直在挑战着经济理论：

> 令我担心的是，当一个理论经济学家谈及工资决定机制和劳动力经济状况方面的一般性问题时，声音会低沉下来，演讲也开始变得断断续续。如果他是一个忠实于内心的人，就会承认，即使面对这个学科中最根本、最基础的问题时，自己也毫无头绪，自我怀疑。

**社会经济学修正主义者**

当然，并不是所有经济学家都坚信更高的最低工资标准不利于就业。20 世纪中叶，包括劳埃德·雷诺兹（Lloyd Reynolds）、克拉克·克尔（Clark Kerr）、约翰·邓洛普（John Dunlop），尤其是理查德·A. 莱斯特在内的劳动经济学领域的权威专家发表观点，认为最低工资在某些情况下可以促进就业，而在其他情况下却不利于就业。这些被称为"社会经济学修正主义者"的专家们普遍认为，公平性和支付能力等其他非经济因素也会影响工资标准的设定和就业表现。[6] 也正是这些因素导致了莱斯特（Lester, 1964）发现"不稳定范围"，所以最终表现出来的工资变化范围可能会很大，但对就业的影响很小。例如，提高工资可以减少雇员的流动性，进而提高生产力。或者，最低工资的上调可以"冲击"部分企业，促使它们改善管理制度，提高产出，增加就业岗位。[7] 根据修正主义学派的观点，上调最低工资会导致一部分企业增加就业岗位，而另一部分会减少岗位。总体而言，他们认为最低工资的适度上调对就业的影响不大。

修正主义者们对于劳动力市场和最低工资的观点源于对个别企业和市场的实证研究。例如，理查德·莱斯特通过增加企业在管理方面的实际数据来补充就业和工资数据，进而分析最低工资对美国南方低工资纺织品生产商的影响。相比20世纪70年代和80年代的最低工资实证研究，修正主义学派的研究方法虽然相对简单，但研究风格却出奇复杂。即便如此，迅速掀起的新古典主义研究浪潮还是使得社会经济学修正主义者的实证研究方法开始逐步退出历史舞台。[8]

**新古典主义模型**

随着修正主义学派的影响力在20世纪60年代逐渐减弱，另一个劳动力市场的研究学派——"新古典主义学派"，逐渐兴起，学界内关于最低工资的共识也随之发生了根本性的变化。与制度主义学派的归纳推理方法相反，新古典主义学派在劳动力市场上的研究方法主要基于演绎推理。要理解该学派关于最低工资的观点，则必须先理解同时代的经济学家们的理论逻辑。根据劳动力市场的标准模型，雇员的工资取决于每个员工的"边际产出"——对企业收入的贡献，如果一个员工的时薪为3.50美元，表示该员工每小时给公司收入带来的贡献也是3.50美元。如果政府将最低工资设定为4.25美元，那么雇佣该员工就不再有利可图。所以雇主为了应对上调，会调整公司的运营，使得雇员的价值与最低工资的新标准相匹配。比如缩减低工资雇员的比例，转而使用机器来替代，或雇佣不受最低工资政策影响的熟练工。

劳动力市场的标准模型做了很多重要的简化假设：企业无法自主制定工资标准；雇员也充分了解市场上其他公司的工资，并愿意跳槽到工资更高的公司；雇员的工资与企业的其他投入（如计算机或电费等）没有区别，而且采购这些资产的市场与劳动力市场一样，也在平稳而独立地运行着。

我们可以从新古典主义标准模型的假设中得到一个被称为"一价定律"的理论，该理论在商品市场或证券交易所这些简单的拍卖市场上很容易被理解：在一个无摩擦的拍卖市场中，每个买家支付的价格相同，而且买家能够以当前价格买到想要的任何商品。例如，某个股票市场的投资者想要以市价购买任意数量的AT&T股票，如果不愿支付市价，就连一股都得不到，而且该投资者也没有动力支付高于市场的价格。

一价定律在劳动力市场可以具体表现为：雇主会在工资符合市场水平的条件下雇佣尽可能多的雇员，并且同等技能水平的雇员在所有公司获得的工资都是一样的。例如，经过相同技能培训后的门卫们无论是在 IBM 供职，还是在麦当劳供职，获得的工资都是一样的。可见，这与修正主义经济学家们主张的"工资范围不稳定"的观点不一致。不过后来由于一价定律失效，许多修正主义学派的学者开始逐渐放弃简单的新古典主义模型，转而在其他能更好解释劳动力市场特征的模型中寻找答案。

标准模型并没有考虑那些有助于理解劳动力市场的运行机制

和最低工资影响的因素，例如模型的假设暗含着：

- 上调工资既不会影响雇员的工作效率，也不会导致偷懒现象。
- 雇员进行公司内部的工资比较不会影响他们的工作效率和离职频率，雇主无需担心薪资结构的"公平"问题。
- 雇主是高度逐利的，企业也以最高效的方式运作。例如，即使工资上涨侵蚀了利润，也无法与供货方协商一个更低的价格来抵消。
- 企业不会因获利丰厚而涨薪或分红。

企业人事部门的作用在标准模型中极其简单。人事经理只需要将工资水平设定在市场水平即可，不必考虑是否需要通过调节工资来减少离职率或激励员工努力工作。最正确的方式就是按照市场水平支付工资。这显然过于简化了人事部门的作用，那么关键问题来了：这种简化有用吗？

理论模型往往为了"可用"而显得非常抽象，因此永远无法捕捉到现实世界中的所有细节。尤其是在经济学领域中，大家普遍认为，一个理论模型的评价标准应该是判断模型结果与观察到的实际现象是否一致，而不是理论模型的假设条件是否符合实际情况。很遗憾，劳动力市场的标准模型给出的结论往往并不清晰，也不准确，所以模型很难被验证。但在最低工资问题上却是个例外，因为标准模型可以非常明确地估计出最低工资对就业、工资、利润和价格的影响。也正因为如此，最低工资成了经济学家们趋之若鹜的研究领域。

## 如果雇主自行制定工资标准怎么办？

在当前所有关于劳动力市场的讨论中，一个广为人知的假设条件是：企业为了雇佣到所有合意的员工可以自行制定工资标准。这实际上是劳动力市场标准模型的核心假设，也是每个雇员根据自己的"边际产出"获得报酬这一推论的基础。不过，如果需要将公司无法以当前的市场工资水平招聘到所有雇员的情况考虑在内，标准模型的修改——考虑企业可以自主制定工资水平的情况——也不难。如果想要招到更多，或更快地招到雇员，那么雇主将不得不提高工资水平。

经过扩展后的标准模型衍生出了被称为"垄断"的模型，"垄断"一词最早由英国经济学家琼·罗宾逊（Joan Robinson）于 20 世纪 20 年代后期创造，意为"唯一的买家"，她率先使用新古典经济理论中的工具来分析企业可以自主制定工资标准的情况。[9] 接下来我们思考一个问题：为什么劳动力市场的买家不能像大公司股票的买家一样具有垄断权？假设在一个最简单的垄断模型中，一个区域内只有一个雇主，该雇主为了吸引更多的雇员来为自己工作，必须开出比当前标准更高的工资才行。在基于"搜索论"的现代劳动力市场理论中，一个规范的模型会假设雇员和雇主并不能充分了解其他就业机会、跳槽成本以及招人成本[10]，只需要提高工资标准就有利于招人，雇主也就具有了一定的垄断权。

垄断权对企业是一把双刃剑，一方面提高工资可以招到更多员工，进而提高产量和利润，但另一方面也必须将现有员工的工资抬高到新员工的工资水平。[11]一个追求利润最大化的企业一定会精确计算，使得新员工的工资恰好等于该新员工的边际产出与其入职后不得不给所有现有员工涨薪后的工资之间的差额。因而每个雇员工资不再挂钩各自的产出贡献，而是一些更次要的因素。

在垄断的情况下，运营中的企业会不断出现职位空缺，此时虽然雇主希望在工资不变的情况下招到更多雇员，但显然该想法过于理想，但提高工资去招人又不划算，因为一旦上调新员工工资，又需要给现有的员工涨薪。此外，企业会根据招聘难度对工资水平的敏感性来制定工资标准，所以不同的企业也会支付不同的工资水平。因而我们会看到一些企业的工资给得很低，空缺职位较多，人员流动性也较高，而另一些慷慨的企业则相反。不同公司的不同决策使得市场的工资范围很不稳定。

不过我们最关注的是，垄断模型可以颠覆上调最低工资不利于就业的结论。实际上在垄断的情况下，最低工资的提高可以让原先低薪企业的空缺岗位迅速被填满，换句话说，是让这些公司表现得更像职位空缺率和人员流动性都较低的高薪企业，所以小幅上调可以使得雇主增加就业岗位。不过如果上调太多，企业还是会一如既往地选择裁员。

经济学家们一般不太看好垄断模型。例如，鲍莫尔和布林德（Baumol and Blinder, 1979）主要基于演绎推理的方法认为："习惯雇佣最低工资群体的服务业企业显然……没有任何垄断权，虽然最低工资法可以提高就业率，但几乎没有经济学家会相信还有这种好事。"经济学家们一直在反复思考：一家快餐店怎么可以自主决定支付给一个收银员什么样的工资？我们认为这只是一个实证问题。更高的工资是否会提高应聘率并降低离职率？不同的快餐店支付的工资是否也不同？上调最低工资是真的像大多数经济学家认为的那样，的确不利于就业，还是会像垄断模型给出的结论一样促进就业？

## 全书章节安排

本书研究了最低工资对就业、价格和收入分布的影响。在第2—4章中总结了我们近期关于美国最低工资上调对就业影响的研究成果，该研究主要是将不同程度受上调影响的公司或各个地区进行比较。如前所述，我们认为这项研究给出的结论非常有说服力，能够充分说明最低工资的上调对就业没有系统性的影响。还有一部分研究是将不同程度受上调影响的各个快餐店的就业变化情况进行比较，以及对不同州的餐饮机构的就业趋势进行比较，来证实最低工资的上调也许确实能促进就业。

但这并不代表我们认为任何企业的就业情况都不受上调最低工资的影响。正如我们的微观样本所示，不同企业就业人数增长程度的差异很大。每时每刻都有企业兴废荣枯，上调最低工资也会导致就业人数在不同的企业之间此消彼长，所以一定不乏上调最低工资导致企业倒闭或主动歇业的例子。但总体而言，我们关于上调最低工资不会对就业产生不利影响，甚至稍有促进作用的结论足以挑战教科书中的标准模型。

我们在第 5 章中研究了最低工资对就业产生的其他方面的影响。我们发现，最低工资在很多企业中都有"涟漪效应"，即原先工资略高于新标准的雇员在举措实施后也享受到了涨薪。虽然这种现象与简化版标准模型的结果不同，但得到了很多低薪雇主的印证。我们还讨论了其他与最低工资相关的异象，比如工资分布在最低工资处有一个巨大的尖峰，并且尖峰的位置会随着最低工资标准的变化而变化，上调后原先位于新老标准区间内的雇员也会被该尖峰"吞噬"，因此尖峰会更高。该规律导致原先不同酬的雇员的工资被上调举措给抹平了，这似乎与雇员的收入应该和各自的实际产出挂钩的理论相冲突。更令人费解的是，我们的参考文献中也有研究表明，不受最低工资标准约束的企业通常也会按照最低工资支付。最后我们还发现，最低工资雇主非常不愿意使用次级最低工资标准。这些结果都进一步巩固了上调最低工资不会不利于就业的结论，各种证据都表明，最低工资对劳动力市场的影响不同于新古典模型给出的结论。

那如何解释那些得出上调最低工资不利于就业这一结论的研究呢？例如，最低工资研究小组在 1981 年得出最低工资上调 10% 会使青少年就业率下降 1% 到 3% 的结论，其大部分相关研究都是基于青少年就业数据的汇总时间序列，具体做法是将最低工资较高时期的青少年就业率与较低时期进行比较。研究发现，较高时期的青少年就业率相对较低。但在成年就业群体中没有发现稳定的规律，原因可能是该群体的工资较高，不受最低工资调整的影响。

在第6章和第7章中，我们又回顾了之前关于最低工资的实证研究，得到了两个较为意外的结论。第一，最低工资与青少年就业的历史数据在时序方向上关系很弱。如果保留得出最低工资不利于就业的模型设定，并带入近期的数据进行估计后，发现不利于就业的显著结论消失了。这正如我们常说的"样本内如有神助，样本外惨不忍睹"。第二，过去基于横截面数据和面板数据的研究所依赖的假设条件和研究方法都稍有瑕疵。所以，我们不得不重新翻出这些数据再次分析，最后得出的结论与我们自己的研究结论也大体一致。

最低工资对美国劳动力市场影响很小的原因之一是其标准低于平均工资。一般情况下，美国只有大约5%的最低工资雇员，而这一比例在波多黎各约为25%。在第8章中，我们用其他国家的数据来估计最低工资的影响，主要关注对象为同样受美国最低工资法的约束，但其标准却远高于平均工资的波多黎各。我们还研究了英国和加拿大的数据，加拿大的时序研究结论与美国的非常相似：同样一个模型，在样本内得出的不利于青少年就业的结论，在样本外也烟消云散了，不利影响不但小多了，而且也不显著了。

当然，认同上调能促进就业的结论也不代表一定要支持上调，同样，赞同不利影响的也可以支持上调。我们的研究和部分早期研究都得出了最低工资对就业影响较小的结论，所以是否采纳最低工资在很大程度上变成了一个其他方面的问题。

在第9章中，我们研究了最低工资对工资、个体收入和总收入分布的影响。我们采用1989—1992年的数据来描述最低工资雇员的家庭收入特征，其中比较了1990年和1991年联邦最低工资上调后各州工资和收入的分布发生的变化。此外，我们将受最近一次上调影响的雇员与受1974年上调影响的雇员的家庭收入进行比较后发现，相比1974年，受最近一次上调影响的雇员更集中在较为贫困的家庭中。我们还找到了非常有说服力的证据来表明，上调政策会增加位于工资分布第一个十分位组雇员的工资。最后我们得出结论：最近一次的上调部分扭转了自20世纪80年代开始加剧的工资不平等现象，而且对收入分布中第一个十分位组的家庭也有类似的作用。还有一些证据表明，最低工资降低了那些至少有一位工薪雇员的家庭的贫困率。

第10章着重研究最低工资在另一方面的影响。我们用标准的事件研究方法来评估与最低工资立法相关的新闻是否会对低薪行业上市公司的股价产生影响。我们跟踪的新闻从1987年年初，即FLSA修订案在里根政府时期首次被提上国会后开始，一直到市场又在猜测联邦最低工资是否会继续上调的1993年结束。最低工资的标准模型认为，雇佣低薪雇员的企业股价对最低工资标准的变化理应是非常敏感的，但我们发现该关系很微弱。我们对此的一种解释是，标准模型高估了上调最低工资对企业盈利能力的积极影响。还有一个解释是，与最低工资相关的"新闻"发布得太慢，以至于我们无法及时捕捉到投资者对即将发生的法规变化的反应。

经过对文献的梳理与新一轮的研究，我们认为劳动力市场的标准模型还不够完善。在第 11 章中我们详细讨论了新的劳动力市场理论模型，并用自己的实证结果来印证该模型的有效性。具体来说，我们先介绍了关于最低工资的标准模型及其几个修正形式，包括允许劳动力市场存在被最低工资政策覆盖和未被政策覆盖两个部门的形式，以及考虑雇员技能差异的形式。随后我们提出一系列允许雇主自主决定支付多少工资的新模型。在此基础上，我们转而将注意力集中在一个简单的动态垄断模型上，并进一步扩展该模型来描述企业层面的工资均衡分布。我们将雇主在一定程度上可以自主制定工资标准的新模型与标准模型进行比较，并提出两个主要区别。第一，所有形式的标准模型都认为工资因最低工资上调而上涨的雇员的就业率会随着最低工资标准的上调而下降，但新模型却告诉我们，就业率可以随着最低工资标准的适度上调而上升。第二，新模型能更好地解释劳动力市场的其他现象，比如同质雇员之间的工资差异，空缺职位的存在，以及低薪雇主的各种招聘工具。当然，这些新模型还需后续的研究来严格验证其有效性。尽管如此，我们还是希望新模型能有助于深入了解劳动力市场，有助于合理地制定公共政策。

在第 12 章中，我们总结了研究成果，并讨论了这些研究工作对未来制定最低工资标准的意义，最后还评估了我们的研究成果是否有助于判断某个模型能否在经济学意义上被认定为一个恰当的劳动力市场模型。我们还对几个重要的研究领域进行了综述，便于对最低工资的影响和劳动力市场的运作机制开展进一步的研究。

## 总结

本书的许多研究成果完全颠覆了原先人们对于劳动力市场和最低工资影响的认知，有些研究甚至招致大量批评性的意见，这促使我们更客观地对待得出这些结论所依赖的证据及其优缺点。正因为如此，我们采取许多读者可能认为过于详细的方式来描述实证研究结论。本书的一个重要特点是，我们的研究结论主要来自一个多数据源、多背景的定量分析框架，方法是采取一系列客观事实并被视为"自然实验"的结果，因此即使是持怀疑态度的研究人员，也不会否认这些结论。然后我们不满足于对现有数据的分析，还在条件允许的情况下进一步收集新数据来评估最低工资政策的影响，其中一个很好的例子就是对新泽西州最低工资政策影响的研究。此外，先确定分析方法再收集数据的方法也大大增加了研究结论的可靠性，因为先数据后方法得到的实证结果可以支持这个结论。

相比之前关于最低工资的实证研究，我们认为虽然我们在本书中提出的新方法和新结论是可靠的，但任何定量分析都是有局限性的，其中一个主要问题就是，每一组样本不可能随机选择一组雇主进行最低工资的上调，所以不同于自然科学中的经典随机实验，我们只能转而寻求"对照组"作为替代样本来"模拟"随机实验，进而进一步探究该局限性，更重要的是，我们一直试图在研究不同幅度的上调会对同一国家在不同时期、不同地区以及不同群体产生什么样的影响。

## 注　释

1. 参阅 Kearl et al.（1979）和 Colander and Klamer（1987）。
2. 当时只有威斯康星州在设定最低工资时将成年男性雇员也纳入考虑范围。有关该州在这方面的立法说明，请参阅美国劳工部妇女事务局（1928）。
3. 这是根据美国全国青年纵向调查（National Longitudinal Survey of Youth，简称"NLSY"）的结果估计出来的，具体的调查数据包括1964年出生的群体中，在1979年至1991年间领取过少于5美分最低工资的雇员占比。
4. 详见新闻节目《麦克尼尔/莱勒新闻时间》（McNeil/Lehrer News Hour）在1988年9月28日的历史记录。
5. 该项民意调查是1987年5月面向美国服务业雇员国际工会（Service Employees International Union）进行的，参见"在线民众意见"（Public Opinion Online），登录号0023319，意见编号50。
6. "社会经济学修正主义者"一词最早来源于克尔（Kerr, 1994）。
7. 对企业行为产生"冲击"的理论于20世纪90年代得到了时任美国联邦储备委员会主席艾伦·格林斯潘（Alan Greenspan）的认同。格林斯潘在描述低通胀对劳动生产率的正面影响时认为，面对低通胀，由于企业无法抬高价格，因此企业的运营效率会更高（见《纽约时报》，1994年6月9日，第D1页）。
8. 例如布朗、吉尔罗伊和科恩（Brown, Gilroy, and Kohen, 1982）

的文献综述具有较大的影响力，但其中并没有提及莱斯特的工作。

9. 不过罗宾逊（1933 年，第 215 页脚注 1）将该词的创造归功于了英国剑桥大学的 B. L. 霍尔沃德（B. L. Hallward）先生。

10. 讽刺的是，该项研究正是由最低工资的坚定反对者乔治·斯蒂格勒发起的。

11. 当然，也有些雇主尝试为新员工支付比现有雇员更高的工资。但这么做通常会使得企业内部产生相当大的人事动荡。

# 第2章

## 最低工资标准上调后雇主的反馈：
## 来自快餐业的证据

> 最低工资越高，受影响的雇员中被解雇的就会越多。
> ——乔治·J. 斯蒂格勒

> 最低工资的实证研究结论并不支持斯蒂格勒教授的结论。
> ——理查德·A. 莱斯特

经济学家对最低工资的研究都是围绕着简单的雇主行为理论模型开展的。该模型认为，对那些不得不依法提高支付标准的企业而言，上调最低工资必定会减少他们的就业人数。一般情况下，经济理论可以将这种对微观个体的预测直接变换为对整个劳动力市场的预测。但考虑到该理论的出发点基于的是单个雇主的行为模式，因此研究最低工资影响最合理的出发点自然也是单个企业。本章介绍两项关于最低工资上调影响的深度研究，二者都用到了单个快餐店的详细调查数据。选择快餐店这一类的雇主也是我们经过深思熟虑的，正如人们对"麦当劳式工作"的刻板印象，快餐连锁店是当今劳动力市场上典型的最低工资雇主。而且在美国，快餐业的工作岗位在最低工资岗位中的占比非常大。

第一项研究（基于 Card and Krueger, 1994）的背景是 1992 年 4 月新泽西州将最低工资从 4.25 美元上调到 5.05 美元这一可视为"自然实验"的事件。在上调前，我们调查了新泽西州和宾州东部的约 410 家快餐店。大约 10 个月后，我们对这些快餐店再次进行了调查。通过两次调查结果的比较来确定上调最低工资对就业情况的影响。第一组是将新泽西州的快餐店直接和最低工资保持在 4.25 美元的宾州的快餐店进行比较，直接估计上调影响。第二组是在新泽西州内，将工资原就不低于 5.00 美元的快餐店，与新法生效后不得不依法上调工资的快餐店进行比较。相比第一组，第二组的对比视角更为深入。研究结果稍显意外，我们发现无论怎么比较，最低工资对就业的影响几乎是不变的。在新泽西州，最低工资标准的上调似乎增加了那些不得不依法上调工资的快餐店的就业人数，这与竞争性需求理论的结论形成鲜明反差。

第二项研究的背景是同样可视为自然实验的最低工资变动——1991 年 4 月联邦最低工资从 3.80 美元上调到 4.25 美元。早在 1990 年 12 月，克鲁格就与劳伦斯·卡兹共同开展了一次针对得州快餐店的调查（参见 Katz and Krueger, 1992）。随后，在联邦最低工资上调的四五个月后，即 1991 年 7 月和 8 月，我们又进行了第二次调查。两次调查中采样的快餐店都为 100 多家，该数量足以使得我们开展类似第一项研究中新泽西州-宾州的纵向比较。虽然得州的分析完全是通过比较该州内高薪与低薪快餐店来衡量上调影响的，但得到的结论与新泽西州-宾州的研究结果类似：在得州，依法上调最低工资的快餐店的就业增长要快于原本工资就不低于 4.25 美元因而也不受法规影响的快餐店。该结论同样与竞争性需求理论的结论相矛盾。

## 用自然实验检验就业需求理论

由于本章和后续章节介绍的研究都是基于自然实验方法展开的，所以在详细介绍这两项研究之前，有必要对自然实验方法的方法论基础做一个梳理。在经济学中使用自然实验的方法的确不算新鲜事，最早对最低工资进行研究的理查德·莱斯特（Richard Lester, 1946）及其他学者使用的就是这种方法。但其合理性是有争议的，因为该方法看似完全颠覆了基于"传统思维"的方法[1]。只对研究结果感兴趣，不关心研究方法的读者可以跳过本节。

### 从理想实验到自然实验

经济学家是如何检验竞争性需求理论的结论的呢？理想情况下当然是用在 19 世纪彻底改变了物理学、医学等自然科学的实验方法，例如在药物测试实验中，患者样本被随机分成两组：

(1）接受药物治疗的实验组（treatment group）；（2）未接受治疗的对照组（control group）。这类经典实验的关键特征是将原始样本随机分为实验组和对照组。由于分配是随机的，因此我们可以认为在有药物干预的情况下，实验组的平均水平会不同于对照组。所以，对照组的表现可以视为实验组在没有接受药物治疗情况下的"反事实"（counterfactuals）。

理论上，如果社会科学家有非常充裕的资金，也可以设计并开展类似的实验来衡量最低工资的影响。[2] 一组低薪雇主样本可以被随机分成受最低工资影响的实验组，以及不受影响的对照组，然后比较两组样本的平均就业水平就可以估计出最低工资的影响。但实际中有限的预算和法律的限制不允许这种"完美"实验。况且与简单的药物实验相比，最低工资不但会影响到实验组的雇主，而且可能会在对照组中产生一定的溢出效应。[3] 如果实验组的雇主不得不依法上调支付标准，那么对照组中的雇主可能反而会获得一定的竞争优势。因此，一个理想的实验应该是在整个（单一）劳动力市场中进行随机分配。

但设计一个对照组来衡量研究对象在没有目标行为干预情况下的表现，既是经典随机实验的关键特征，也是自然实验的基础思想。在自然实验的实施过程中，分析者本希望能够像在经典实验中那样，主要关注实验组和对照组之间的表现差异即可，但问题在于影响实验状态的是自然、政治等实验者无法控制的因素。劳动力市场自然实验的例子有越南战争时期的抽签征兵制度

(Angrist, 1991)[①]、1980年古巴民众通过船运涌入迈阿密（Card, 1990）[②]，以及义务教育法（Angrist and Krueger, 1991）[③]。[4] 在关于最低工资的研究中，最简单的自然实验是只有一个州采取最低工资政策（如1992年的新泽西州），此时该州的低薪雇主可以视为实验组，周边未实施州的雇主就可以视为对照组，通过比较两者在实施后的就业情况就可以估计最低工资政策的影响。我们还可以设计另一个对照组——位于实验组所在州，且工资原本就高于调整后最低工资的同类企业，这些企业在政策实施后的就业变

---

① Angrist在1990年发表的文章"Lifetime Earnings and the Vietnam Era Draft Lottery: Evidence from Social Security Administrative Records"中以随机抽签为工具来测算退役身份对收入的影响。越南战争期间，大量的美国男子受到征兵的影响。一个重要的问题是，如果战时经验的用途有限，那么应该向退伍军人提供多少补偿？由于征兵群体可能是根据另一些观察到的和未观察到的特征才选择服兵役的，因此不能直接用退役身份去推测收入。

② David Card在1990年发表的文章"The Impact of the Mariel Boatlift on the Miami Labor Market"利用了一个政治事件作为自然实验。1980年4月20日古巴领导人卡斯特罗的特赦令——古巴居民可以自由从古巴的马列尔（Mariel）港口离开去往美国，使得与之最近的美国城市迈阿密在短期内接收到大量古巴移民。由于该法令导致的短期大量移民流入对于迈阿密来说是完全没有准备的突发事件，因而可以解决一般情况下移民奔着高薪和就业机会有组织、有目的进入某地而产生的反向因果问题，从而可以更好地识别移民对当地劳动力市场的影响。

③ Angrist和Krueger在1991年发表的文章"Does Compulsory School Attendance Affect Schooling and Earnings?"中估计义务教育对收入的影响。在美国，大多数的州规定，学生只有满16周岁才可以辍学（有些州规定是17周岁）；此外，只要在当年满6周岁的儿童，都可以在9月份上小学。因此，出生在当年12月31日的孩子可以比出生在当年1月1日的孩子相对早一岁上学，在达到法定辍学年龄可以辍学打工时，他们所受教育的年限也更长。出生季度会显著影响受教育年限，并且与智力等因素无关，这就天然地将人群"随机"分成了受教育年限不同的"四组"。文章使用出生季度作为教育回报的工具变量进行估计。

化也可以视为第二个反事实。

### 评价自然实验的有效性

　　评估对照组的有效性对于任何一个自然实验而言都是一个核心问题。⁵ 与经典实验不同，自然实验中实验组的状态通常不是由随机因素确定的，而是政治因素或其他机制。例如，在最低工资的研究中，如果一个州的经济扩张迅速，该州的立法机构更有可能投票支持上调最低工资。除非对照组的州的经济扩张速度与之相同，否则很难从影响两组的就业水平差异的因素中剥离出纯粹的政策影响。此外，只有随机分配才能保证对照组和实验组中的雇主是同质的，如果两组中的雇主仅在固定特征上有所差异（比如雇主的地理位置），那么我们可以比较干预前后两组的差异变化来消除这些固定差异。这种方法被称之为"双重差分"（Difference-in-Differences）（以下简称"DID"）方法，该方法的前提假设是如果没有其他因素干预，这两组的变化理应是相同的。或者更一般地说，如果给定协变量（covariates）①和因变量的滞后变量，实验组和对照组的表现应该是相同的。

　　我们可以通过如下步骤来确定对照组的有效性。第一，实验组和对照组在进行实验前的特征是否合理，是否相似？第二，两

---

① 协变量一般定义为：实验中没有计划去改变，但真实环境中确实在改变的因素。比如分析不同供应商的包装强度时，事前没有计划考虑室温的变化，但只要在测试时室温处于正常范围且变化较为平稳，不会对实验产生重大影响，就可以通过DID消除。

组样本的变化趋势是否相同？第三，干预措施是否足够"外生"（exogenous），或者两组的差异是否由那些会对两组产生不同影响的其他因素所造成？第四，有无可能将当前对照组与其他对照组做比较？即便这些问题的答案都是肯定的，我们也无法保证对照组一定是有效的，但考虑这些问题就已经能够大大提升对自然实验可靠性的信任。[6]

### 与其他方法比较

对于一般的劳动力市场研究，尤其是评估最低工资影响的研究中，我们认为自然实验法很有吸引力。首先是因为它简单清晰。与20世纪70年代最低工资的主流研究方法——时间序列方法不同，一个可靠的自然实验的基本方法是将实验组和对照组的均值进行比较，其中一个优点是：自然实验方法在很大程度上不依赖模型，所以可以用来检验某个具体的理论模型给出的结论是否合理。另一个优点是：所有工资变化的原因中用于估计最低工资影响的因素可以被清晰地剥离出来。[7]本书后面几个章节中会提到，很多关于最低工资的研究都被认为无法正确辨识出工资差异到底是由最低工资变化，还是由劳动力市场的其他内生因素变化造成的，因而遭到不少批评。最后，自然实验法的比较方案和目的在比较对照组和实验组之前就已经确定了。也就是说，理论上一整套实证分析的范式在数据分析前就可以确定下来。然而，对于同一个数据集，如果我们先进行模型推导和假设检验，虽然

这样无需模型筛选（specification searching）①，但很容易在统计推断过程中得出有偏的结论②。⁸

将政府干预导致的变化视为自然实验结果的估计方法还有一个直接关乎政策制定的优势。一般来说，某个拟定的政策在进一步推进前都需要政策分析专家来评估干预的效果，如上调最低工资的影响。大多数情况下，政策的制定过程依赖一个简单的理论模型和行为参数的估计值。而这种简化的模拟方法也依赖一系列假设条件，但这些简化与假设的合理性很难评价。但本质上来说，自然实验法能够就待执行政策在实施后对各方面产生的一系列影响给出简化估计结果。这些结果可以为将来制定类似政策给出干预效果的参考，这样就无需寻找某一个理论框架作为研究起点。⁹

## 新泽西州最低工资政策对就业的影响

### 立法背景

最低工资问题被搁置10年后，美国国会和布什总统终于在1989年11月达成协议，决定分两步上调联邦最低工资标准：第一步，于1990年4月1日从3.35美元上调到3.80美元；第二步，于1991年4月1日进一步上调到4.25美元。¹⁰按照惯例，包括新泽西州在内的许多州都陆续通过了上调本州最低工资的

---

① 模型筛选是指研究者为了满足发表要求选择特定的模型或函数表达式。
② 大意：模型推导是从数据中"发现"理论，自然实验法是用数据"检验"理论。

议案,将本州最低工资标准设定在与联邦法律一致的水平。在20世纪80年代末强劲经济表现的助推下,民主党控制的新泽西州立法机构进一步将本州标准提高了80美分,并计划于1992年4月1日生效。该标准达到了全美最高的5.05美元,但也因此遭到许多商业领袖的强烈反对。

不过在自5.05美元的最低工资标准通过至生效前的两年间,新泽西州的经济出现了衰退,同时,立法两院中的民主党多数派也被共和党以压倒性优势扫地出门。由于担心上调最低工资的预期影响,众议院于1992年3月以投票决定将最低工资的上调分两年执行,但在这之前时任州长弗洛里奥(Florio)曾允许5.05美元的标准在4月1日一次性生效,而且这次的表决结果离推翻州长否决权所需要的票数还差一点,因此两步走的议案最终还是夭折了。考虑到将来可能会削减雇员的最低工资,立法机构搁置了该议案。再后来尽管在最后一刻依然受到了强烈的挑战,5.05美元的标准最终还是按原计划生效了。

我们认为,正是这一连串戏剧性事件的发生才凸显了对新泽西州最低工资案例的研究的价值。根据立法者只会选择在经济形势一片大好的时候才会颁布最低工资政策这一简单假设,通过5.05美元标准时的经济状况也一定较为健康。但在真正执行上调的时候,美国经济却处于衰退之中,尤其是新泽西州更是深陷泥潭。所以我们认为,如果立法机构的投票在1992年初进行,立法者应该不会同意5.05美元的标准。但无论如何,在我们看来,1992年4月的这次上调仍可以视为一个合理的自然实验,而且上调影响也似乎不太可能被整体经济向好的势头所掩盖。

**快餐店样本**

1992年初，在新泽西州5.05美元的最低工资标准是否会夭折的结果落地前，我们决定通过对新泽西州和宾州东部的快餐店进行调查来评估新法的影响。选择快餐行业有如下几个因素：第一，快餐店是低薪群体的主要雇主。数据显示，1989年所有餐饮业雇员中有20%是被快餐店雇佣的，这些雇员中也有约三分之一的工资刚触及或接近最低工资标准。[11]第二，大多数快餐连锁店会严格遵守最低工资的规定，因此会依法上调工资。第三，快餐店的工作要求和产品的同质化程度较高，便于进行岗位、工资和产品价格的准确采样。况且没有小费的情况更进一步提高了工资采样的准确性和便利性。第四，即便是单独为加盟快餐店设计一份样本架构（sample frame）也比较简单。第五，根据得州的调查经验（本章后续会讨论到），快餐店对电话调查的反馈率非常高。

尽管多数美国人对快餐店很熟悉，但对快餐店雇员的特征和他们的工作方式及内容也许知之甚少。沙内和弗雷泽（Charner and Fraser, 1984）对快餐业的研究是最深入的。1982年，两位学者对7家企业的4660名快餐店雇员进行了访谈，这7家企业分别是：阿比汉堡（Arby's）、德尔塔克（Del Taco）、肯德基（KFC）、克里斯托（Krystal）、麦当劳（McDonald's）、罗伊·罗杰斯（Roy Rogers）和白色城堡（White Castle）。而我们在新泽西州和宾州的快餐店的调查（下一部分介绍）中发现了关于该行业雇员的其他信息。

尽管快餐店的雇员中有相当一部分是成年人，但整体还是比其他行业的雇员年轻。在我们对新泽西州和宾州东部的快餐店进行的第一轮调查中发现，所有非管理层雇员中年龄不低于20岁的占比略高于50%。[12] 当时坊间传闻，为应对青少年人口相对规模的下降，快餐店不得不雇佣越来越多更年长的雇员。沙内和弗雷泽的报告中还提到的样本特征有：快餐店雇员中66%是女性，77%是白人，65%高中毕业。

虽然快餐店人员流动性的准确数据很难获取，但综合各方面来看，其流动性非常大。从沙内和弗雷泽的数据中可以发现，在被调查的快餐店雇员中，在职时间不长于1年的雇员有近一半，而且在入职后6个月内就离职的雇员有32%（衡量流动性的传统指标——离职率的数字会高于该数字，因为许多被雇来填补离职后空缺岗位的雇员也可能会在6个月内离职）。此外，离职人员中90%是主动离职，剩下的10%是被动离职。从这些统计数据中可见，招聘制度和劳动纪律是该行业的重要问题。很显然，许多快餐店都曾处于一个持续招聘的状态。

那快餐店是如何招到雇员的？沙内和弗雷泽的调查数据显示，有41%的雇员表示自己是从朋友或兄弟姐妹那里了解到当前所在企业的招聘信息，32%表示自己是直接入店申请的，11%是在店中看到了招聘信息，6%是看到报纸上的招聘广告后主动联系雇主的，而离职原因中最常提到的两个动因是换一份工作

（28%）和返校学习（21%）。

沙内和弗雷泽提到，他们观察到"大多数快餐店雇员会在店内同时从事多项工作"，例如扫地和拖地（43%）、烹饪食物（44%）、清洁设备（55%）、接收订单（65%）、装配订单（61%）及收银（64%）。每项工作都离不开与团队内其他人的合作，因此对快餐店雇员来说，工作热情和同事关系也是影响工作表现的很重要的因素。虽然快餐店的常规工作涉及多项不同的任务，但是其中也存在分工规律：例如，快餐店中大约有一半的雇员担任前台工作，负责接收订单或收银结账等。此外，这些前台工作更有可能被资历较深的老员工和女性雇员占据，而且相比兼职雇员，全职雇员也更容易被分配到这些前台工作和行政工作。

兼职员工的占比也因店而异，非管理层雇员中大约有30%是全职雇员。沙内和弗雷泽发现，与快餐店雇员工资挂钩的，通常不是职称或职责，而是资历。此外，由于工作任期一般很短，很大一部分雇员领取的只是学徒级工资或起薪。

我们从汉堡王（Burger King）、肯德基、温蒂汉堡（Wendy's）和罗伊·罗杰斯等多家快餐连锁品牌中选取了473家店面作为样本框。[13] 第一轮调查于1992年2月底到3月初，即新泽西州上调最低工资前一个多月时，通过电话进行。调查的总体反馈率非常高（87%），可用样本多达410家快餐店——331家在新泽西州，79家在宾州。图2.1是中大西洋地区的部分地图，标注了样本中快餐店的位置。图中可见，样本中有大量快餐店位于新泽西州和宾州的交界线附近，此外在新泽西州的东北部也有不少。本章附录中还有很多关于此次调查的其他细节，包括反馈率和其他能证实部分核心问题答案真实性的信息。

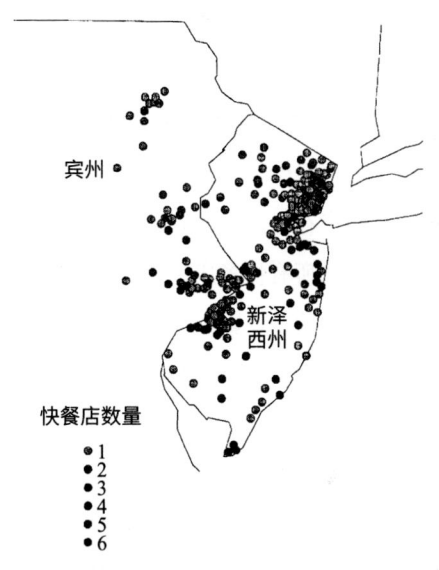

图 2.1 新泽西州-宾州调查中快餐店的地理位置

第二轮调查在上调后约 8 个月，也就是 1992 年 11 月和 12 月进行，此次调查只针对在第一轮中有效反馈的快餐店。1992 年 11 月，我们通过电话成功调查了其中的 371 家快餐店。由于担心是否因为永久歇业而无法反馈，我们还聘请了一名调查人员开车走访了 39 家没有反馈的快餐店，确定其是否处于营业状态，以及在必要的情况下进行个人调查。走访人员发现有 6 家快餐店永久歇业，2 家临时歇业（1 家因为火灾，1 家因为修路），2 家正在装修。剩下的 29 家正常营业的快餐店中，除了 1 家外，其他都同意了个人调查的请求。因此，不但第一轮调查中有效样本的最终状态得到了完全确认，而且其中约99.8%成功保留到了第二轮调查，并给出了反馈数据。

我们需要强调一下面板数据（包括那些已经歇业的快餐店）的完整对于研究最低工资影响的重要性。乔治·斯蒂格勒（1947）就曾表示，研究上调最低工资对上调后仍在营业的企业的影响，犹如只通过幸存老兵来研究战争的影响一样，所以我们必须跟踪初始样本中的所有快餐店，才能准确衡量最低工资对整个行业，而非幸存样本的就业影响。

我们对调查中标注为非缺失的数据进行统计，并将若干个核心统计量的均值列在表2.1中。我们用等量全职（Full-Time-Equivalent, FTE）[①]就业人数来衡量就业，将1个全职雇员（包括经理和助理经理）算作1个单位，1个兼职雇员算作0.5个单位。我们将关于其他就业统计量的敏感性分析的结论放在了本章末尾。此外，第二轮调查中永久歇业的快餐店的就业人数标为0，临时歇业的标为缺失。表2.1中列出了新泽西州样本、宾州东部样本，以及整个样本的相关统计量的均值，其中第（4）列数据显示的是原假设为"所有统计量的均值在两个州内都是相等的"下的$t$统计量。

---

[①] 一份100FTE的工作 = 需要100个人全职投入的工作。

表 2.1　核心统计量的均值

|  |  | 快餐店——按州划分 |  | 新泽西州- |
|---|---|---|---|---|
|  | 所有店<br>(1) | 新泽西州<br>(2) | 宾州<br>(3) | 宾州 $t$ 检验 [a]<br>(4) |
| 1. 快餐店品牌分布（%） | | | | |
| a. 汉堡王 | 41.7 | 41.1 | 44.3 | −0.5 |
| b. 肯德基 | 19.5 | 20.5 | 15.2 | 1.2 |
| c. 罗伊·罗杰斯 | 24.2 | 24.8 | 21.5 | 0.6 |
| d. 温蒂汉堡 | 14.6 | 13.6 | 19.0 | −1.1 |
| e. 直营店 | 34.4 | 34.1 | 35.4 | −0.2 |
| 2. 第一轮调查结果 | | | | |
| a. FTE 就业人数 | 21.0<br>(0.49) | 20.4<br>(0.51) | 23.3<br>(1.35) | −2.0 |
| b. 全职雇员占比（%） | 33.3<br>(1.2) | 32.8<br>(1.3) | 35.0<br>(2.7) | −0.7 |
| c. 起薪（美元/时） | 4.62<br>(0.02) | 4.61<br>(0.02) | 4.63<br>(0.04) | −0.4 |
| d. 工资为 4.25 美元的雇员占比（%） | 31.0<br>(2.3) | 30.5<br>(2.5) | 32.9<br>(5.3) | −0.4 |
| e. 套餐价格（美元） | 3.29<br>(0.03) | 3.35<br>(0.04) | 3.04<br>(0.07) | 4.0 |
| f. 工作日营业小时数 | 14.4<br>(0.1) | 14.4<br>(0.2) | 14.5<br>(0.3) | −0.3 |
| g. 内推奖金占比（%） | 24.6<br>(2.1) | 23.6<br>(2.3) | 29.1<br>(5.1) | −1.0 |
| 3. 第二轮调查结果 | | | | |
| a. FTE 就业人数 | 21.1<br>(0.46) | 21.0<br>(0.52) | 21.2<br>(0.94) | −0.2 |
| b. 全职雇员占比（%） | 34.8<br>(1.2) | 35.9<br>(1.4) | 30.4<br>(2.8) | 1.8 |

续表

|  | 所有店<br>(1) | 快餐店——按州划分 ||  新泽西州-<br>宾州 t 检验 [a]<br>(4) |
| --- | --- | --- | --- | --- |
|  |  | 新泽西州<br>(2) | 宾州<br>(3) |  |
| c. 起薪（美元/时） | 5.00<br>(0.01) | 5.08<br>(0.01) | 4.62<br>(0.04) | 10.8 |
| d. 工资为 4.25 美元的雇员占比（%） | 4.9<br>(1.1) | 0.0<br>— | 25.3<br>(4.9) | — |
| e. 工资为 5.05 美元的雇员占比（%） | 69.0<br>(2.3) | 85.2<br>(2.0) | 1.3<br>(1.3) | 36.1 |
| f. 套餐价格（美元） | 3.34<br>(0.03) | 3.41<br>(0.04) | 3.03<br>(0.07) | 5.0 |
| g. 工作日营业小时数 | 14.5<br>(0.1) | 14.4<br>(0.2) | 14.7<br>(0.3) | −0.8 |
| h. 内推奖金占比（%） | 20.9<br>(2.1) | 20.3<br>(2.3) | 23.4<br>(4.9) | −0.6 |

注：括号内为标准误，参见正文中的定义。

[a] 原假设为"新泽西州与宾州具有相同均值"下的 t 统计量。

表 2.1 前 5 行数据为样本中所有快餐店按连锁品牌和产权状态（公司直营还是加盟）划分的地理位置分布情况，其中包括汉堡王旗下的 171 家，肯德基的 80 家，罗伊·罗杰斯的 99 家，以及温蒂汉堡的 60 家。此外，更详细的数据显示汉堡王、罗伊·罗杰斯和温蒂汉堡三个快餐连锁品牌旗下快餐店的就业水平、雇员工时和食品价格都非常相似，但并未在表格中罗列。相比之下，肯德基旗下的快餐店规模较小，营业时间较短，而且其主菜（鸡肉）的价格也偏高。

在第一轮调查中，宾州单位快餐店的平均就业人数为

23.3 个 FTE，而新泽西州为 20.4 个。虽然新泽西州快餐店的"套餐"（包括一份主食、一小份炸薯条和一杯中份苏打水）的均价明显高于宾州，但两者的起薪却非常相近。此外，两个州的快餐店在平均营业小时数和全职雇员占比方面没有显著的差异，且都约有四分之一的快餐店自称为所有雇员提供了鼓励介绍新员工的现金奖励。[14]

图 2.2 为两次调查数据中得到的两个州的起薪分布，其中新泽西州快餐店的平均起薪在最低工资上调后增加了 10%。在第一轮调查中，两个州的工资分布非常相似，但新泽西州几乎所有原本起薪低于 5.05 美元的快餐店在最低工资上调后都依法执行，所以在第二轮调查后得到的起薪分布中突然出现了一个"尖峰"。值得注意的是，最低工资的上调对工资较高的快餐店并没有产生溢出效应：原本起薪就高于 5.05 美元的快餐店的平均工资相比第一轮下降了 3.1%。

从表 2.1 中第 2a 行和第 3a 行可以看出，虽然最低工资上调了，但新泽西州的 FTE 就业人数相比宾州却是增加的。而且虽然新泽西州的快餐店在第一轮调查时规模较小，但其就业人数有所上升，加之宾州就业人数有所下降，因而在第二次调查时，两者的就业人数基本持平。此外，还有两个统计量在两次调查期间发生了相对变化——相比宾州，新泽西州的这两个统计量都是上升的：(1) 全职雇员占比；(2) 套餐价格。

(a) 1992年2月到3月

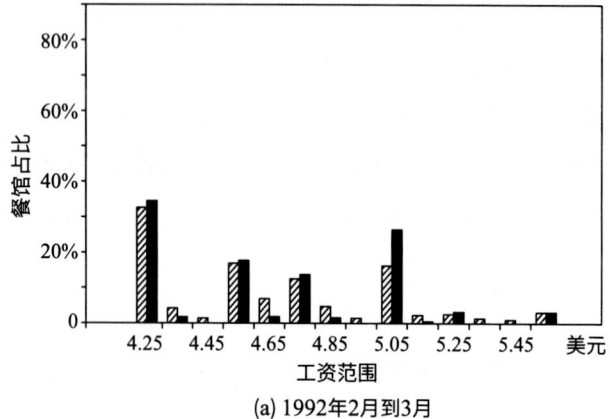

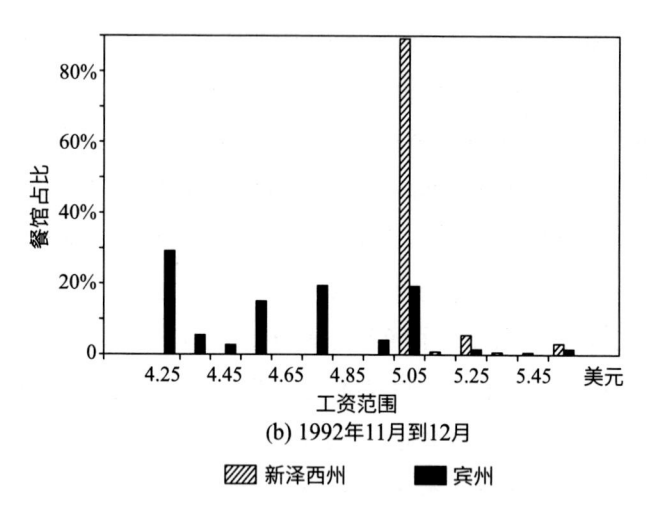

(b) 1992年11月到12月

◪ 新泽西州    ■ 宾州

图 2.2　起薪水平分布

## 双重差分估计法

表 2.2 显示了两次调查中单位快餐店的平均就业人数及其变

化的详细数据。表中第（1）列是基于整体样本的数据，第（2）列、第（3）列为各个州的数据，第（5）列到第（7）列是基于将样本中所有新泽西州快餐店按第一轮调查的起薪分为4.25美元，介于4.26美元和4.99美元之间，以及不低于5.00美元三个区间的数据。我们还在第（4）列给出了两个州平均就业人数的差异，在第（8）列、第（9）列给出了新泽西州内不同工资范围的快餐店之间的差异。

表2.2中第3行是两轮调查的平均FTE就业人数的变化量，数值上等于两个FTE就业人数之差（第2行减去第1行）。第4行是另一个衡量平均就业增长情况的估计值，该估计值是采用两次调查中就业数据都没有缺失的快餐店计算得到的，我们称这样的样本为平衡子样本（balanced subsample）。第5行的数据是在第4行的样本基础上，将第二轮调查中临时歇业的快餐店的就业人数标为0（而不是缺失值）后得到的平均FTE就业人数变化量。

正如表2.1中的数据所示，新泽西州快餐店的规模起初小于宾州快餐店，但上调后与之相比却有所上升。图2.3（a）是两个州在上调前后的平均就业水平。表2.2中第3行显示两个州FTE就业人数的差值为2.76（约13%），$t$值为2.03。第4行、第5行显示，如果将样本局限在平衡子样本时，两个州的变化幅度几乎是相同的，只有将第二轮调查中临时歇业的快餐店的就业人数标为0时，两者的差距才会缩小。

从图2.3（b）中我们还能看到三个不同工资区间的就业人数

变化：从1992年2月到11月，新泽西州内低薪（第一轮调查中工资为4.25美元）快餐店的就业人数有所增加，位于工资分布中间区间（第一轮调查中工资位于4.26美元到4.99美元且包含端点的区间内）的快餐店的就业人数基本保持不变，而高薪（不低于5美元）快餐店的就业人数有所减少。高薪快餐店的平均就业人数变化（–2.16个FTE雇员）与宾州快餐店的变化（–2.28个FTE雇员）非常相似。由于新泽西州的高薪快餐店并未受到新最低工资法的直接影响，因此这种比较方法可以视为检验对照组有效性的模型设定检验（Specification Test）。结果显示该检验通过。我们将受上调影响的快餐店无论是与宾州的快餐店比较，还是与新泽西州内高薪快餐店比较，结果都显示最低工资对就业的影响都是积极的。

分析结果表明，未受新泽西州最低工资上调影响的快餐店，也就是那些新泽西州内在第一轮调查时工资不低于5.00美元的快餐店，和位于宾州的快餐店，在1992年2月到11月期间就业人数都有所减少。我们认为导致这一变化的根源是1992年美国中大西洋地区各州的经济状况持续恶化。[15] 该地区有三个州的失业率在1991年至1993年期间有所上升，其中新泽西州的失业率在1992年间的上升速度要快于宾州。由于快餐行业的景气度变化规律是高度顺周期的[16]，因此在没有其他因素的情况下，失业率的上升对行业的影响终究是非常不利的。

表 2.2 新泽西州上调最低工资标准前后单位快餐店的平均就业人数

| | 所有店 (1) | 宾州 (2) | 按州划分 新泽西州 (3) | 新泽西州-宾州 (4) | 新泽西州快餐店[a] 工资 = 4.25 美元 (5) | 4.26 美元≤ 工资≤ 4.99 美元 (6) | 工资≥ 5.00 美元 (7) | 新泽西州样本[b] 内部差异 最小值- 最大值 (8) | 中程数[①]- 最大值 (9) |
|---|---|---|---|---|---|---|---|---|---|
| 1. 上调前 FTE 就业人数（整体样本） | 21.00 (0.49) | 23.33 (1.35) | 20.44 (0.51) | -2.89 (1.44) | 19.56 (0.77) | 20.08 (0.84) | 22.25 (1.14) | -2.69 (1.37) | -2.17 (1.41) |
| 2. 上调后 FTE 就业人数（整体样本） | 21.05 (0.46) | 21.17 (0.94) | 21.03 (0.52) | -0.14 (1.07) | 20.88 (1.01) | 20.96 (0.76) | 20.21 (1.03) | 0.67 (1.44) | 0.75 (1.27) |
| 3. 平均 FTE 就业人数变化 | 0.05 (0.50) | -2.16 (1.25) | 0.59 (0.54) | 2.76 (1.36) | 1.32 (0.95) | 0.87 (0.84) | -2.04 (1.14) | 3.36 (1.48) | 2.91 (1.41) |
| 4. 平均 FTE 就业人数变化（平衡子样本）[c] | -0.07 (0.46) | -2.28 (1.25) | 0.47 (0.48) | 2.75 (1.34) | 1.21 (0.82) | 0.71 (0.69) | -2.16 (1.01) | 3.36 (1.30) | 2.87 (1.22) |

① 中程数（midrange）或中列数 =（最大值+最小值）/2。

| | 所有店 (1) | 宾州 (2) | 新泽西州 (3) | 新泽西州-宾州 (4) | 新泽西州快餐店[a] 工资=4.25美元 (5) | 4.26美元≤工资≤4.99美元 (6) | 工资≥5.00美元 (7) | 新泽西州样本[b] 内部差异 最小值-最大值 (8) | 中程数-最大值 (9) |
|---|---|---|---|---|---|---|---|---|---|
| 5. 平均FTE就业人数变化(临时歇业的快餐店设为0)[d] | −0.26 (0.47) | −2.28 (1.25) | 0.23 (0.49) | 2.51 (1.35) | 0.90 (0.87) | 0.49 (0.69) | −2.39 (1.02) | 3.29 (1.34) | 2.88 (1.23) |

注：括号内为标准误。样本包括所有就业人数非缺失的快餐店。在FTE就业人数的计算中将中等个兼职雇员算作0.5个全职雇员。6家永久歇业的快餐店的就业人数设为0。4家临时歇业的快餐店的设为0。

[a] 新泽西州的快餐店按第一轮调查的起薪是否等于4.25美元(N=101)，4.26~4.99美元(N=140)，以及不低于5美元(N=73)进行分类。

[b] 在低工资(4.25美元)和高工资(≥5.00美元)范围内的快餐店之间的就业差异；以及在中工资(4.26~4.99美元)和高工资范围内的快餐店子样本。

[c] 在第一轮调查和第二轮调查中就业数据均没有缺失的快餐店在第一轮调查中得到的就业率。就业率的变化是基于两轮调查中就业数据没有缺失的快餐店子样本。

[d] 在这一行中，四个临时歇业的快餐店在第二轮调查中就业数据均有缺失的快餐店。

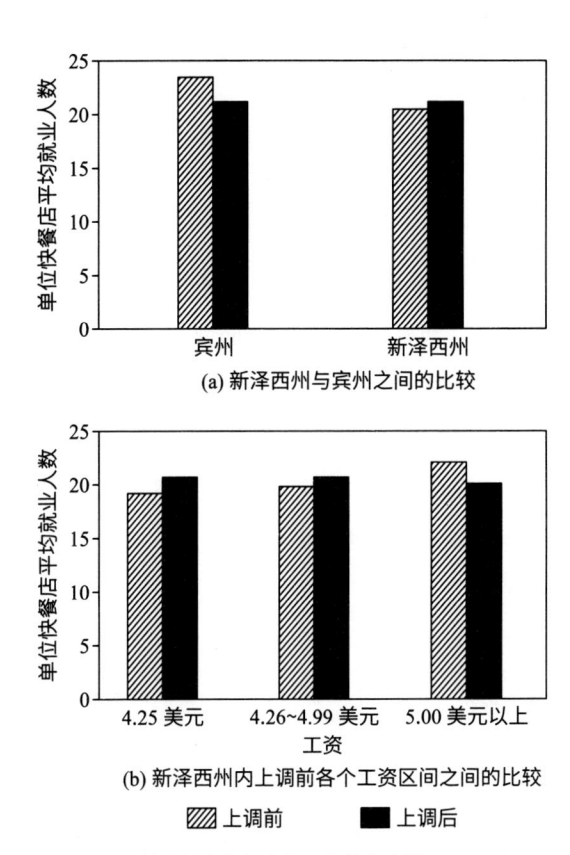

图 2.3 最低工资上调前后单位快餐店的平均就业人数

## 回归调整模型

表 2.2 中的比较并未考虑导致就业变化的其他因素，例如连锁品牌之间的系统性差异等，这些影响因素的估计值列在了表

2.3 中，该表显示的是用普通最小二乘法（OLS）[1]估计如下 2 个回归方程后得到的回归系数：

$$\Delta Y = a + bX + cNJ + \varepsilon \quad (2.1a)$$

或

$$\Delta Y = a' + b'X + c'GAP + \varepsilon' \quad (2.1b)$$

其中，$\Delta Y$ 是某一快餐店两次调查之间就业人数的变化或变化比例，也可以定义为工资的变化比例；$X$ 是一组描述该快餐店特征的外生变量；$NJ$ 是一个虚拟变量[2]，取值为 1 时表示该快餐店位于新泽西州内；$GAP$ 是另一种衡量最低工资影响的统计量，基于该快餐店在第一轮调查中的起薪（$W_1$）：

$GAP = 0$　　　　　　　宾州的快餐店

　　$= 0$　　　　　　　新泽西州内 $W_1 \geq 5.05$ 美元的快餐店

　　$= (5.05 - W_1)/W_1$　新泽西州内其他快餐店

$GAP$ 衡量的是餐馆为达到新的最低标准所需的工资增长比例。基于第一轮调查数据的统计结果，不同餐馆之间该变量的差异反映的既是新泽西州和宾州的比较结果，也是新泽西州内部的比较结果。

表 2.3 中前 10 列数据显示的是以样本中快餐店就业人数的变化及其变化比例为因变量的模型，最后 2 列数据是以起薪的变

---

[1] 以下统一用 OLS 代表最小二乘法。
[2] 也叫哑变量或指示变量（indicator variable）。

表 2.3　因变量为就业人数及起薪的简化模型估计结果

| | 因变量：就业人数的变化 [a] | | | | | 因变量：就业人数变化比例 [b] | | | | | 因变量：起薪的变化比例 [c] | |
|---|---|---|---|---|---|---|---|---|---|---|---|---|
| | (1) | (2) | (3) | (4) | (5) | (6) | (7) | (8) | (9) | (10) | (11) | (12) |
| 1. 新泽西州虚拟变量 | 2.33<br>(1.19) | 2.30<br>(1.20) | — | — | — | 0.05<br>(0.05) | 0.05<br>(0.05) | — | — | — | 0.11<br>(0.01) | — |
| 2. 起薪缺口（$GAP$）[d] | — | — | 15.65<br>(6.08) | 14.92<br>(6.21) | 11.98<br>(7.42) | — | — | 0.39<br>(0.26) | 0.34<br>(0.26) | 0.29<br>(0.31) | — | 1.04<br>(0.03) |
| 3. 控制变量：连锁品牌及所有权 [e] | 否 | 是 | 否 | 是 | 是 | 否 | 是 | 否 | 是 | 是 | 是 | 是 |
| 4. 控制变量：地域 [f] | 否 | 否 | 否 | 否 | 是 | 否 | 否 | 否 | 否 | 是 | 否 | 否 |
| 5. 回归标准差 | 8.79 | 8.78 | 8.76 | 8.76 | 8.75 | 0.373 | 0.372 | 0.373 | 0.372 | 0.372 | 0.078 | 0.043 |
| 6. 控制变量 $P$ 值 [g] | — | 0.34 | — | 0.44 | 0.40 | — | 0.14 | — | 0.17 | 0.27 | — | — |

注：括号内为标准误。样本由在两轮调查中就业和起薪的数据都没有缺失的 357 家快餐店构成。所有模型都包括一个无约束的常数项（其估计值未列出）。

[a] 因变量是 FTE 就业人数的变化，其均值和标准差分别为 −0.237 和 8.825。

[b] 因变量是 FTE 就业人数的变化除以两次调查的平均就业人数。对于未大歇业的快餐店，该值设为 −1。该因变量的均值和标准差分别为 −0.005 和 0.374。

[c] 因变量是起薪变化除第一轮调查中的起薪，其均值和标准差分别为 0.087 和 0.090。

d 需要满足新最低工资标准的起薪上调幅度。对于宾州快餐店,该缺口为 0。
e 包括代表连锁品牌的三个虚拟变量,以及表示餐馆是否为公司直营的虚拟变量。
f 包括新泽西州内两个地区和宾州东部两个地区的虚拟变量。
g 对应控制变量是否可排除在模型之外的联合 $F$ 检验的 $P$ 值。

化比例为因变量的模型。首先看就业人数变化的模型，表2.3第（1）列中新泽西州虚拟变量的系数与表2.2中第4行第（4）列的就业人数变化的系数很接近。两者之间微小的差异主要是由于表2.3中的样本只包含两轮调查都得到就业人数和工资有效数据的快餐店，但该约束也小幅低估了新泽西州就业人数的相对增长幅度。

表2.3的第（2）列引入了4个控制变量（control variable），包括3个代表连锁品牌的变量和1个代表公司直营的变量。正如表2.3第6行的 P 值所示，这些控制变量对模型几乎没有影响，也不影响新泽西州虚拟变量的系数。

表2.3第（3）列到第（5）列显示的是用 GAP 变量来衡量最低工资影响的模型估计结果。与用新泽西州虚拟变量衡量的简单模型相比，虽然该模型给出的新泽西州和宾州餐馆之间就业的相对变化略小，但可决系数 $R^2$ 更高一点。新泽西州快餐店的 GAP 均值为0.11，宾州为0，因此第（3）列的估计值代表新泽西州的FTE就业人数相比宾州平均增长了1.72。

由于新泽西州内 GAP 值各不相同，因此也可以在模型中同时加入 GAP 变量和新泽西州虚拟变量。值得注意的是，新泽西州虚拟变量系数的估计值可以视为对照组宾州的模型设定检验结果。如果新泽西州虚拟变量的系数不显著（t 值在0.3到0.7之间），那就意味着无论比较是在各州快餐店之间，还是在新泽西州内部起薪不同的快餐店之间进行的，最低工资对于就业的影响都是相似的。

第（5）列的估计结果给出的结论更有力，其中包含了代表新泽西州两个地区（中部和南部）、宾州东部的两个地区（阿伦敦-伊斯顿和费城北部郊区）的虚拟变量。这些虚拟变量用于捕捉地区因素的影响，并且通过比较新泽西州内位于同一地区，且第一轮调查中起薪不同的快餐店的就业变化，来衡量最低工资的影响。而第6行虚拟变量的 $P$ 值却表明我们不能拒绝地区虚拟变量并不是影响就业增长的显著变量的原假设。但与此同时，加入地区虚拟变量使得 $GAP$ 变量的估计系数出现衰减，以及标准误的增加，所以又不能拒绝系数为0的原假设。然而在加入地区虚拟变量的模型中，由于 $GAP$ 的一些真实变动的确是因地区变化导致的，因此起薪的测量误差一般会导致 $GAP$ 变量的估计系数的衰减。事实上，根据 $GAP$ 变量可靠性的估计结果，第（4）列和第（5）列之间 $GAP$ 变量的估计系数的减小幅度，正好等于测量误差所带来的变化幅度。[17]

随后，我们用每家快餐店就业人数的变化比例作为因变量，重复上述分析过程，并将结果列在了第（6）列到第（10）列。[18] 其中可见，新泽西州虚拟变量和 $GAP$ 变量的估计系数都是正的，但与0没有显著的差异。也就是说，如果因变量是就业人数的变化比例时，最低工资对以该变量衡量的就业影响较小。例如，第（1）列中新泽西州虚拟变量的估计系数表明上调最低工资使得新泽西州快餐店的就业人数增加了2.33人，约11%。而在变化比例的模型中［第（6）列］，该影响只有5%。正如我们的估计结果所示，这种差异可以归因于最低工资对不同规模快餐店的不对称影响。此外，新泽西州所有快餐店的就业总人数的平均变化比例，约等于用初始就业人数占比作为权重对各个快餐店的变化比例进行加权后得到的加权平均数。若以加权后得到的变化比例作为因变量，模型估计出来的就业影响与第（1）列到（5）列的估计结果非常相似。

第（11）列和第（12）列的模型衡量的是新泽西州虚拟变量和 GAP 变量对两次调查间起薪变化比例的影响。在第（11）列中，新泽西州虚拟变量的估计系数为 0.11，与表 2.1 中的结果一样，表明新泽西州最低工资的上调使得该州的平均工资上升了 11%。第（12）列中 GAP 变量的估计系数为 1.04，表明新泽西州快餐店工资的增加幅度正好等于起薪达到新最低工资标准所需要的增加幅度。值得注意的是，新泽西州快餐店 GAP 变量的均值正好也为 0.11，即表 2.3 最后两列估计值都代表了最低工资对新泽西州内相对工资变化的影响。

**模型设定检验**

表 2.2 和表 2.3 的结果看似与上调最低工资不利于就业的结论背道而驰，但为了检验结论的稳健性，我们还进行了不同的模型设定检验，并将检验结果列在了表 2.4 中。表 2.4 第 1 行的"基本设定"与表 2.3 中第（2）列、第（4）列、第（7）列、第（9）列中的设定相同，只包含连锁品牌虚拟变量和公司直营的虚拟变量。第 2 行是在我们将 4 家临时歇业的快餐店在第二轮调查后得到的就业数据设为 0 时得到的估计值（相当于将样本量增加

了4），该方法会使得新泽西州虚拟变量的系数估计值发生轻微的衰减（因为所有这4家快餐店都在新泽西州），但对 GAP 系数的影响更小（因为在新泽西州内，GAP 大小与是否临时歇业不相关）。

表2.4 就业人数简化模型的模型设定检验

|  | 就业人数的变化 | | 就业人数的变化比例 | |
|---|---|---|---|---|
|  | 新泽西州虚拟变量 (1) | 工资缺口 (2) | 新泽西州虚拟变量 (3) | 工资缺口 (4) |
| 1. 基本设定 | 2.30 (1.19) | 14.92 (6.21) | 0.05 (0.05) | 0.34 (0.26) |
| 2. 将4家临时歇业的快餐店视为永久歇业[a] | 2.20 (1.21) | 14.42 (6.31) | 0.04 (0.05) | 0.34 (0.27) |
| 3. 剔除管理层的就业人数[b] | 2.34 (1.17) | 14.69 (6.05) | 0.05 (0.07) | 0.28 (0.34) |
| 4. 将兼职人数视为0.4倍的 FTE[c] | 2.34 (1.20) | 15.23 (6.23) | 0.06 (0.06) | 0.30 (0.33) |
| 5. 将兼职人数视为0.6倍的 FTE[d] | 2.27 (1.21) | 14.60 (6.26) | 0.04 (0.06) | 0.17 (0.29) |
| 6. 剔除新泽西州海岸的快餐店[e] | 2.58 (1.19) | 16.88 (6.36) | 0.06 (0.05) | 0.42 (0.27) |
| 7. 将第二轮调查的时间作为控制变量[f] | 2.27 (1.20) | 15.79 (6.24) | 0.05 (0.05) | 0.40 (0.26) |
| 8. 剔除第一轮中电话调查次数多于2次的快餐店[g] | 2.41 (1.28) | 14.08 (7.11) | 0.05 (0.05) | 0.31 (0.29) |
| 9. 用初始就业人数加权[h] | — | — | 0.13 (0.05) | 0.81 (0.26) |

续表

| | 就业人数的变化 | | 就业人数的变化比例 | |
|---|---|---|---|---|
| | 新泽西州虚拟变量 | 工资缺口 | 新泽西州虚拟变量 | 工资缺口 |
| | (1) | (2) | (3) | (4) |
| 10. 只包括纽瓦克周围的快餐店 [i] | — | 33.75<br>(16.75) | — | 0.90<br>(0.74) |
| 11. 只包括卡姆登周围的快餐店 [j] | — | 10.91<br>(14.09) | — | 0.21<br>(0.70) |
| 12. 只包括宾州的快餐店 [k] | — | −0.30<br>(22.00) | — | −0.33<br>(0.74) |

注：括号内为标准误。数据代表新泽西州虚拟变量［第（1）列和第（3）列］或起薪差距［第（2）列和第（4）列］在就业变化或就业百分比变化的回归模型中的系数估计值。所有模型还包括代表连锁品牌和公司直营的虚拟变量。

[a] 第二轮调查中 4 家临时歇业的餐馆的就业人数被设为 0（而非缺失值）。
[b] FTE 就业人数不包括经理和助理经理的人数。
[c] FTE 就业人数等于经理、助理经理和全职非管理人员的人数，加上 0.4 倍的兼职非管理人员的人数。
[d] FTE 就业人数等于经理、经理助理和全职非管理人员的人数，加上 0.6 倍的兼职非管理人员的人数。
[e] 样本不包括位于新泽西州海岸城镇的 35 家餐馆。
[f] 模型包括三个用于表示第二轮调查处于 1992 年 11 月至 12 月的第几周的虚拟变量。
[g] 样本不包括 70 家在第一轮调查前已经被联系过 3 次或更多次的餐馆（69 家在新泽西州）。
[h] 回归模型是通过加权最小二乘法（WLS）估计的，权重为第一轮调查得到的就业人数。
[i] 仅对纽瓦克郊区的 51 家餐馆进行抽样调查。
[j] 仅对卡姆登郊区的 54 家餐馆进行抽样调查。
[k] 仅对宾州的餐馆进行抽样调查。GAP 衡量的是将起薪提高到 5.05 美元所需的涨幅。

表 2.4 第 3 行至第 5 行用了其他衡量 FTE 就业人数的统计量作为因变量。第 3 行用的是剔除管理层的 FTE 就业人数，但结果与基本设定的结果并无二致。第 4 行、第 5 行中，我们将管理层重新纳入 FTE 就业人数，但将其中的兼职人数假设为全职人

数的40%和60%（而非50%）。[19]这些改动同样不会对就业人数变化产生什么影响，只会减小变化比例模型中的估计值。

不过我们的样本设计方法就曾因第二轮调查与第一轮调查不是在一年中的同一个时间进行（第一轮在冬季末，第二轮在感恩节后）而遭到过质疑，但这一点只有当受最低工资影响和不受影响的快餐店具有不同的季节性就业模式的时候才有意义。为了深入研究这个问题，我们继续开展了一系列模型设定方面的检验。表2.4第6行中，考虑到沿海地区快餐店就业的季节性规律与其他样本可能有所不同，因此在样本中剔除了新泽西州沿海地区的35家快餐店。我们发现剔除后的子样本的模型估计结果略微高估了最低工资的影响（即对就业有更积极的促进作用）。第7行是加入了代表在1992年11月到12月期间进行第二次调查时正处于第几周的虚拟变量，我们甚至还考虑了第一次调查所处日期的虚拟变量，但估计结果显示这些虚拟变量相比基本设定而言并不显著，即虚拟变量设为1并不会改变最低工资影响的估计值。

正如我们在本章末的注释中所指出的那样，我们的调查人员在第一次电话调查中非常努力，为了获得完整数据，给部分新泽西州快餐店甚至打了3次或更多次的电话。[20]所以，为了检验样本数据是否会受到该调查方法的干扰，我们还将新泽西州和宾州内电话调查次数多于2次的样本剔除后重新估计。得到的结果与基本设定的估计结果类似，列在了表2.4的第8行中。

表2.4的第9行是将就业人数的变化比例用各个快餐店的初始就业人数加权后得到的整体样本估计结果。理论上，加权后的

系数应该与绝对变化水平中推算出来的变化比例大致相似。正如预期所示，变化比例模型的加权估计值远大于非加权估计值，而且也显著不为0。新泽西州虚拟变量的加权估计值（0.13）意味着新泽西州FTE就业人数相对宾州增长了13%——正好与表2.2中DID方法估计出来的结果一样。

我们发现最低工资的上调导致就业率有显著的提高，对此的一种解释是，可能存在其他未知的需求冲击[1]能够抵消上调对就业的不利影响。此外，由于表2.3中展示的所有包含地区虚拟变量的模型都给出了对就业的积极影响，因此没有理由认为这些需求冲击会因地区变化而变化。当然，为了进一步探索未知的需求冲击的影响，我们在表2.4第10行和第11行列出了新泽西州内范围更小的两个区域的估计结果——纽瓦克周围的城镇（第10行）和卡姆登周围的城镇（第11行），精确的范围是根据邮政编码的前三位数字来确定的。[21]这两个区域的估计结果显示：就业变化与上调所带来的工资增长虽然在统计学意义上不显著，但至少是正相关的。由于样本中快餐店的产品和市场环境在范围非常小的地理区域内是完全相似的，所以可以认为我们的结论不是由未知的需求冲击带来的，本章后续的价格变化分析结果也支持这一结论。

表2.4的第12行是另一种模型设定检验，其中，我们（错误地）将宾州快餐店的 *GAP* 变量定义为将工资提高到5.05美元

---

[1] 需求冲击：指经济体中影响到产品和劳务需求的事件。

所需要的涨幅后再进行估计。对该州来说，理论上 GAP 变量的大小应该和就业人数的变化没有关系，实际情况也确实如此，没有发现 GAP 变量与就业增长有任何伪相关（spurious）的关系。

我们还检验了考虑一阶差分是否合适。一阶差分模型表示任何一期的就业水平都与前一期的就业水平相关，且前一期就业水平的系数为 1。如果需要平滑就业数据的波动，实际系数可能还会小于 1，但强制令系数为 1 很有可能导致估计结果有偏。为了做一阶差分模型的设定检验，我们将第一轮调查得到的就业数据单独作为一个解释变量，对以就业人数变化为因变量的模型重新进行估计。为了消除基期就业人数和就业人数变化之间天然的相关性（也可归于测量误差），我们将第一轮调查中得到的收银机数量与上午 11 点正在使用中的收银机的数量作为工具变量，再加入 GAP 变量、连锁品牌和公司直营与否的虚拟变量后估计模型，结果显示第一轮就业人数的系数为 0.04，标准误为 0.24。所以结论是：一阶差分的设定是合适的。

为了巩固结论，我们还比较了新泽西州和宾州中就业人数下降、保持不变和上升的快餐店比例，并通过简单筛选就业人数存在增减的快餐店，大大降低增减幅度过于异常的样本带来的干扰。筛选后结果列在了表 2.5 中。虽然任何时期就业增长本身就可能有很大的差异[22]，但我们的结果表明，相比宾州的快餐店，两轮调查期间新泽西州快餐店中就业人数有所萎缩的更少，有所增长的更多：调查期间宾州快餐店中就业人数有所增长的占到了 41%，这一比例在新泽西州为 52%；萎缩的比例在宾州为 53%，新泽西州为44%。该结果与我们之前得到的新泽西州快餐店的就业增长高于宾州的结论是一致的。但与此同时我们也看到，尽管平均就业水平有所上升，但无论是在绝对水平上还是在相比宾州的相对水平上，新泽西州确实存在许多就业人数下降的快餐店。

表 2.5 新泽西州和宾州快餐店就业人数增长模式

| 快餐店比例 | 新泽西州 | 宾州 |
| --- | --- | --- |
| 就业人数下降 | 44.0 | 53.3 |
| 就业人数不变 | 4.5 | 5.3 |
| 就业人数上升 | 51.5 | 41.3 |

综上所述，经过各种不同的模型设定检验，表 2.2 中 DID 方法得到的估计结果基本得到了确认。无论是将新泽西州内的低薪快餐店与宾州的快餐店比较，还是与新泽西州内工资原本就高于新最低工资标准的快餐店比较，上调似乎都能促进就业。随后经过一系列包括最基本的 DID 模型的设定检验，我们发现最低工资的影响显著不为 0，说明影响不太可能是偶然得到的。而在备择模型设定中，估计出的影响可能就不那么精确了。但至少就上调最低工资不利于受影响企业的就业情况这一判断，我们的结论提出了怀疑。值得注意的是，即使是我们最不精确的估计结果，仍旧可以拒绝快餐店的劳动力需求弹性的绝对值大于 0.3 的假设。[23] 具体来说，在上述因变量为就业变化比例的模型中，*GAP* 变量的估计系数可以理解为劳动力需求弹性，因为上调导致的工资增长比例与 *GAP* 变量正相关，而且如表 2.3 中第（8）列、第

（9）列所示，GAP 系数的标准误位于 ±0.3 范围内。

## 新泽西州最低工资对就业的其他相关影响

### 全职与兼职替代

到目前为止，我们的分析基于的都是 FTE 就业人数的数据，忽略了全职和兼职的变化比例可能会给估计结果带来的影响。上调最低工资可能会导致全职就业人数相比兼职就业人数有所增加，原因至少有两个。第一个原因，在传统就业需求模型中，我们假设上调能促使雇主用熟练工和资本来替代最低工资雇员。快餐店的全职雇员一般较为年长，而且比兼职雇员拥有更娴熟的工作技能。因此，一方面在传统模型中面对最低工资的上调，快餐店可能会提高全职雇员比例。但另一方面，在我们的第一轮调查中发现，81% 的快餐店中全职雇员和兼职雇员的起薪是相同的。[24] 这一发现说明，要么全职雇员与兼职雇员的技能娴熟程度相同，要么就是出于公平的考虑不得不给能力不同的雇员支付相同的工资。如果全职雇员的生产力更高，但工资却与兼职雇员相同，那么快餐店很可能会出于第二个原因——上调最低工资能使得所在行业吸引到更多的全职雇员，如果可能的话，快餐店当然希望全职雇员的比例越高越好——来用全职雇员代替兼职雇员。[25]

表 2.6 第 1 行显示的是两个州的快餐店在两轮调查期间全职雇员比例的平均变化，以及三个不同的回归模型的估计结果。第（4）列是第一个模型的估计结果，包含新泽西州虚拟变量、连锁品牌虚拟变量和公司直营虚拟变量。第（5）列是第二个模

## 第 2 章 最低工资标准上调后雇主的反馈：来自快餐业的证据

表 2.6 上调最低工资的其他影响

| 影响指标 | 因变量的平均变化 新泽西州 (1) | 因变量的平均变化 宾州 (2) | 因变量的平均变化 新泽西州-宾州 (3) | 将因变量的变化回归到如下自变量 新泽西州虚拟变量 (4) | 将因变量的变化回归到如下自变量 工资缺口[a] (5) | 将因变量的变化回归到如下自变量 工资缺口[b] (6) |
|---|---|---|---|---|---|---|
| 快餐店的特征 | | | | | | |
| 1. 全职雇员百分比[c] | 2.64 (1.71) | −4.65 (3.80) | 7.29 (4.17) | 7.30 (3.96) | 33.64 (20.95) | 20.28 (24.34) |
| 2. 每个工作日的营业时长 | 0.00 (0.06) | 0.11 (0.08) | −0.11 (0.10) | −0.11 (0.12) | −0.24 (0.65) | 0.04 (0.76) |
| 3. 收银机的数量 | −0.04 (0.04) | 0.13 (0.10) | −0.17 (0.11) | −0.18 (0.10) | −0.31 (0.53) | 0.29 (0.62) |
| 4. 上午 11 点使用中的收银机的数量 | −0.03 (0.05) | −0.20 (0.08) | 0.17 (0.10) | 0.17 (0.12) | 0.15 (0.62) | −0.47 (0.74) |
| 员工用餐计划 | | | | | | |
| 5. 廉价餐计划（%） | −4.67 (2.65) | −1.28 (3.86) | −3.39 (4.68) | −2.01 (5.63) | −30.31 (29.80) | −33.15 (35.04) |
| 6. 免费餐计划（%） | 8.41 (2.17) | 6.41 (3.33) | 2.00 (3.97) | 0.49 (4.50) | 29.90 (23.75) | 36.91 (27.90) |

61

续表

| 影响指标 | 因变量的平均变化 ||| 将因变量的变化回归到下自变量 |||
|---|---|---|---|---|---|---|
| | 新泽西州 (1) | 宾州 (2) | 新泽西州-宾州 (3) | 新泽西州虚拟变量 (4) | 工资缺口[a] (5) | 工资缺口[b] (6) |
| 7. 廉价餐和免费餐组合计划(%) | −4.04 (1.98) | −5.13 (3.11) | 1.09 (3.69) | 1.20 (4.32) | −11.87 (22.87) | −19.19 (26.81) |
| 工资情况 | | | | | | |
| 8. 距离第一次涨薪的周数 | 3.77 (0.89) | 1.26 (1.97) | 2.51 (2.16) | 2.21 (2.03) | 4.02 (10.81) | −5.10 (12.74) |
| 9. 第一次涨薪的常规幅度(美分) | −0.01 (0.01) | −0.02 (0.02) | 0.01 (0.02) | 0.01 (0.02) | 0.03 (0.11) | 0.03 (0.11) |
| 10. 工资变量的斜率(%/周) | −0.10 (0.04) | −0.11 (0.09) | 0.01 (0.10) | 0.01 (0.10) | −0.09 (0.56) | −0.08 (0.57) |

注:括号内为标准误。第(1)—(2)列表示的是位于子列表题所在的州中,且两轮调查都没有缺失数据的快餐店的相关变量的平均变化。第(4)—(6)列中是因变量变化值中目标模型中变量(新泽西州虚拟变量和工资缺口)的估计系数。所有回归模型中都包括连锁品牌虚拟变量和公司直营店虚拟变量。

[a] 工资缺口是需要变更的最低工资所需的工资增长比例。对于宾州快餐店,新泽西州东都的两个地区和宾州东都的虚拟变量。
[b] 第(6)列的模型包含新泽西州两个地区和宾州东都的虚拟变量。
[c] FTE 就业人数中全职雇员的比例。

型的估计结果，包含 GAP 变量、连锁品牌虚拟变量和公司直营的虚拟变量。第（6）列是第三个模型的估计结果，不仅包含 GAP 变量、连锁品牌虚拟变量和公司直营的虚拟变量，还包含代表新泽西州和宾州东部的四个不同地区的虚拟变量。总体来看，估计结果并没有给出任何明确的结论。如第（3）列和第（4）列的估计值所示，新泽西州快餐店的全职雇员相比宾州快餐店的增长了约 7.3%（$t$ 值 =1.84）。只是在包含 GAP 变量的估计结果中显示出很微弱的显著性。经过进一步的调查和证实，发现无论起薪高低，新泽西州各个快餐店的全职雇员比例的增速大致相同。

**营业时长和收银机数量**

表 2.6 中第 2—4 行是我们认为可能与快餐店就业情况相关的其他因素。具体来看，我们考虑最低工资的上调是否与快餐店的营业时长有关，是否与收银机的数量有关，是否与快餐店上午 11 点时正在使用中的收银机数量有关（通常是较为空闲的时间，此时店长一般可以自主决定配备多少雇员）。结果与我们之前关于就业人数的结论一致，即所有这些变量中，没有一个新泽西州的变量相比宾州出现显著下降。同样，包含 GAP 变量的回归方程估计结果也显示，没有证据表明上调最低工资会导致这些变量发生系统性的变化。值得注意的是，从快餐店的收银机数量和上午 11 点正在使用的收银机数量的估计结果来看，二者存在反相关关系。

### 非工资性的抵消

关于我们发现的上调最低工资并不会对就业产生不利影响的一个可能的解释是：快餐店通过减少非工资性质的报酬来抵消上调影响。例如，如果雇员对补充福利与工资的偏好相同，雇主在不得不提高最低工资的同时降低补充福利，才能保持用人成本不变。一般来说快餐店雇员的主要补充福利就是免费餐和廉价餐。第一轮调查中，提供免费餐的快餐店约19%，提供廉价餐的约72%，提供免费餐和廉价餐组合的为9%，不提供任何员工用餐计划的为10%。如果上调不可避免地会抬高实际支付的工资，那么显然第一个被削减的补充福利就是员工的餐费补贴。

表2.6中第5行和第6行显示的是上调最低工资对免费餐和廉价餐计划的影响。从1992年3月至11月期间，两个州提供廉价餐的快餐店比例都有所下降（新泽西州约−4.7%，宾州约−1.3%），其中新泽西州的下降幅度更大。但与此同时，新泽西州提供免费餐的比例相比宾州却有所上升：新泽西州增加了约8.4%，宾州增加了约6.4%。关于提供廉价餐和免费餐组合的比例，两个州都是下降的。总之，相比宾州，新泽西州的雇主倾向于选择更慷慨的福利（即相比廉价餐和无任何员工用餐计划，更倾向于免费餐和免费餐与廉价餐组合），但这些变化的幅度都很小，也不显著。

我们在表2.6的第（5）列和第（6）列中还发现，上调最低工资对商家转向廉价餐或免费餐计划的概率影响是不显著的。这两列中，我们还给出了在以员工用餐计划发生变化为因变量的回

归模型中 $GAP$ 变量的系数估计值。但并没有充分的证据能表明,新泽西州的雇主会通过削减免费餐或廉价餐的福利来抵消上调产生的额外成本。

### 工资曲线（Wage Profile）

面对上调最低工资带来的成本上升,雇主的另一个选择是减少入职培训的时长。减少入职培训时间会增加新雇员当前的实际产出,但会降低老员工的未来产出,导致工资剖面曲线（wage-tenure profile）[①]的扁平化（参见 Leighton and Mincer, 1981; Hashimoto, 1982）。我们通过快餐店经理关于正常涨薪前培训时长以及一般的涨薪幅度的反馈,来研究该扁平化现象是否存在。[26] 在表 2.6 的第 8 行、第 9 行中,我们列出了这两个变量在两轮调查期间的平均变化幅度,以及在包含 $GAP$ 变量的模型中的回归系数。虽然相比宾州,新泽西州内距离第一次涨薪的平均时长增加了约 2.5 周,但这一增长并不显著。此外,两个州快餐店的第一次涨薪幅度差不多。

我们还研究了该曲线的斜率——一般定义为第一次涨薪幅度和距离第一次涨薪的时长的"比率"。结果如表 2.6 的第 10 行所示,两个州的斜率都较为平缓,相对差异也不明显,斜率的变化与 $GAP$ 的变化也并不相关。总之,没有充分的证据表明新泽西

---

[①] 即平均工资与工作经验的曲线,一般来说,单人的曲线很难得到,但可以在某个时间点选取不同在职时长的员工的工资来描绘该曲线。

州的雇主会通过调整补充福利或工资曲线来抵消上调的影响。我们会在第五章研究工资"溢出效应"时再回到工资曲线的问题。

## 新泽西州最低工资对产品价格的影响

虽然竞争性需求理论认为观察最低工资调整的影响最直接的方式是观察各个企业的就业情况，但该理论同时也能在最低工资如何影响产品价格方面给出结论。在一个理想化的竞争市场中，对于行业内的所有企业，同一类产品只有一个可以交易的价格。如果所有公司的所有雇员无一例外都受到了最低工资调整的影响，那么根据该理论，该行业的产品价格的上升幅度应该等于工资上涨百分比与劳动力在成本中的占比的乘积。如果只有一部分雇员受到上调影响，那么需要修改公式，使得公式只涵盖该部分的雇员。我们看到，在最低工资上调生效前，新泽西州一家普通的快餐店约有一半的雇员工资低于5.05美元。如果要达到最低工资标准，则这些雇员的工资需要上调的幅度平均下来约为15%。举例来说，如果劳动力成本占比约为30%，那么上调最低工资后，新泽西州快餐店的套餐价格的预计上涨幅度不超过2.25%（=0.15×0.5×0.3）。[27]

如果企业不同，工资不同，产品价格也不同，那么该理论的结论就变得非常有意思了。为了更深入地理解该理论，我们需要先构建一个模型来解释为何企业不同，产品价格和工资也跟着不同。此时最简单的，同时也是"刻在经济学家们基因里"的关于工资与价格差异的模型，是假设每个企业都是本地市场上的完全竞争者，工资和产品价格都相同，不同市场之间工资和产品价格的差异只是由于场地和经营成本的外生差异造成的。如果该工资与价格差异的模型是正确的，那么对受影响的雇员比例稍加修改后，之前的统计方法仍适用于样本中的每一家新泽西州的快餐店。在起薪低于 4.25 美元且受上调影响的雇员比例较大的低薪市场中，快餐店产品价格的涨幅可能非常大（高达 5%）。但相比之下，起薪不低于 5 美元的高薪市场的产品价格可能不会有任何变化。[28]

更复杂的行业均衡模型还考虑了不同快餐店之间内生的土地租金差异（例如，在客流量较高的大型购物中心的快餐店和在客流量较低的街边小店）。这些模型的结论认为，上调最低工资会降低低薪快餐店所在区域的土地租金，同时抬高高薪快餐店所在区域的土地租金。而土地租金的变化反过来又会将上调带来的成本分散到各个快餐店，导致相关快餐店的产品价格小幅度上升，而不受直接影响的高薪快餐店的产品价格也会有一定幅度的上涨。

**价格数据**

在每次调查中，我们都会向快餐店经理询问三种标准单品的价格：主食、小份炸薯条和中份软饮料。在汉堡王、罗伊·罗杰斯和温蒂汉堡，主食是基础型汉堡，在肯德基是两块鸡肉。我们将"套餐"的价格定义为一份主食、一小份炸薯条和一杯中份软饮料的税后价格。

表2.7列出了两轮调查中新泽西州和宾州的快餐店的产品的均价，以及新泽西州快餐店的产品在三个工资区间内的均价。该表与表2.2具有相同的结构。相对于宾州，新泽西州的套餐价格增加了8~10美分，即大约3%。考虑到新泽西州在1992年将销售税下调了一个百分点，上述结果表明，税前价格上涨了大约4%。如果我们进一步将样本限制在两轮调查中都得到了有效价格数据的快餐店，那么产品相对价格的涨幅是显著的。

第（5）—（7）列是新泽西州快餐店在三个工资区间内的产品价格，通过比较我们发现两个有趣的异象（anomaly）。第一，起薪为4.25美元和不低于5美元的快餐店在第一轮调查中的平均产品价格没有明显的差异。第二，上调后两者的产品价格增速也基本相同。实际上高薪快餐店的涨价并不是因为最低工资的上调，而且涨幅往往比低薪快餐店的还略大。

表2.8中是上调最低工资对产品价格影响的估计结果，因变量是每家快餐店的套餐对数价格的变化，核心自变量为快餐店是否位于新泽西州内的虚拟变量，或满足最低工资所需的涨薪比例（*GAP* 变量）。第（1）列中新泽西州虚拟变量的估计结果显示，1992年2月到11月期间，新泽西州快餐店的税后套餐价格普遍比宾州的高3.3%。如果加入连锁品牌和公司直营与否的控制变量后，价差更为显著［第（2）列］。这些估计结果与表2.7中DID模型的估计结果类似，表明上调新泽西州最低工资导致产品税前价格提高了约4%——略高于完全覆盖上调带来的额外成本所需要的涨幅。

表 2.7 最低工资上调前后新泽西州快餐店的套餐价格

|  | 所有店<br>(1) | 按州划分 |  | 新泽西州与宾州的差异<br>(4) | 新泽西州快餐店[a] |  |  | 新泽西州样本内部差异[b] |  |
|---|---|---|---|---|---|---|---|---|---|
|  |  | 宾州<br>(2) | 新泽西州<br>(3) |  | 工资＝4.25美元<br>(5) | 4.26美元≤工资≤4.99美元<br>(6) | 工资≥5.00美元<br>(7) | 最小值−最大值<br>(8) | 中程数−最大值<br>(9) |
| 1. 上调前套餐价格（美元）（所有有效样本） | 3.29<br>(0.03) | 3.04<br>(0.07) | 3.35<br>(0.04) | 0.31<br>(0.08) | 3.33<br>(0.07) | 3.38<br>(0.06) | 3.38<br>(0.07) | −0.05<br>(0.10) | 0.00<br>(0.09) |
| 2. 上调后套餐价格（美元）（所有有效样本） | 3.34<br>(0.03) | 3.03<br>(0.07) | 3.42<br>(0.04) | 0.39<br>(0.08) | 3.40<br>(0.07) | 3.44<br>(0.06) | 3.47<br>(0.07) | −0.08<br>(0.10) | −0.03<br>(0.09) |
| 3. 套餐价格变化（美元） | 0.05<br>(0.02) | −0.01<br>(0.05) | 0.06<br>(0.03) | 0.08<br>(0.06) | 0.06<br>(0.05) | 0.06<br>(0.05) | 0.09<br>(0.06) | −0.03<br>(0.08) | −0.03<br>(0.07) |
| 4. 套餐价格变化（美元）（平衡样本）[c] | 0.05<br>(0.02) | −0.03<br>(0.04) | 0.07<br>(0.02) | 0.10<br>(0.04) | 0.06<br>(0.03) | 0.06<br>(0.04) | 0.08<br>(0.06) | −0.02<br>(0.06) | −0.02<br>(0.07) |
| 5. 套餐对数价格的变化百分比（平衡样本） | 1.5<br>(0.5) | −0.9<br>(1.1) | 2.0<br>(0.6) | 2.9<br>(1.3) | 1.9<br>(−0.7) | 1.9<br>(1.0) | 2.5<br>(1.6) | −0.6<br>(1.7) | −0.5<br>(1.9) |

注：括号内为标准误。样本包括价格数据未缺失的所有快餐店。一份完整的套餐包括一份主食、一小份炸薯条和一杯中份苏打水。

[a] 将新泽西州的快餐店第一轮调查得到的起薪数据按照等于4.25美元，4.26～4.99美元（不低于5.00美元）进行分类。

[b] 低薪（4.25美元）和高薪（不低于5.00美元）快餐店，以及中档工资（4.26~4.99美元）和高薪快餐店产品价格上的差异。

[c] 在两轮调查中就业数据都没有缺失的样本。

**表 2.8　以套餐价格变化为因变量的简化模型的估计结果**

|  | 因变量：套餐对数价格的变化 ||||| 
| --- | --- | --- | --- | --- | --- |
|  | (1) | (2) | (3) | (4) | (5) |
| 1. 新泽西州虚拟变量 | 0.033<br>(0.014) | 0.037<br>(0.014) | — | — | — |
| 2. 起薪缺口 [a] | — | — | 0.077<br>(0.075) | 0.146<br>(0.074) | 0.063<br>(0.089) |
| 3. 控制变量：连锁品牌及所有权 [b] | 否 | 是 | 否 | 是 | 是 |
| 4. 控制变量：地域 [c] | 否 | 否 | 否 | 否 | 是 |
| 5. 回归标准差 | 0.101 | 0.097 | 0.102 | 0.098 | 0.097 |

**注：** 括号内为标准误。样本包含两轮调查中产品价格、工资和就业数据都有效的 315 家快餐店。其中的系数是各自变量对套餐（一份主食、一小份炸薯条、一杯中份苏打水）的对数价格变化做回归后得到的估计系数，因变量的平均值和标准差分别为 0.0173 和 0.1017。

[a] 将工资提高到满足新的最低标准所需的增长比例。对于宾州的快餐店，工资缺口为 0。
[b] 包含了三个连锁品牌和公司直营与否的虚拟变量。
[c] 包含新泽西州两个地区和宾州东部两个地区的虚拟变量。

如果将 GAP 变量加入模型，则相当于默认了如下假设：1992 年 2 月到 3 月间各家快餐店的产品价格涨幅，与其在最低工资上调后需要相应上调工资的幅度呈正相关的关系。但正如我们在表 2.7 中看到的那样，相比两个州之间产品价格的变化规律，新泽西州内部的产品价格变化规律更不符合上调影响的"传导"效应。也正是由于这种偏差，表 2.8 的第（3）—（5）列中 GAP 变量的系数估计值很小，与 0 没有显著的差异。

这些估计结果并没有充分证明更高的最低工资会导致更高的

快餐价格，其中最明显的证据来自两个州之间快餐店的比较。一方面，相对价格的涨幅与竞争性需求理论的传统模型给出的结论一致。但另一方面，没有证据表明在新泽西州内，受上调影响最大的快餐店的产品价格涨得更快。对后者也有一个解释，即在同一款产品上，新泽西州快餐店是一个单一产品竞争市场，因此即便受上调影响最大的快餐店也无法比竞争对手更快地提高产品价格。相反，两个州内各自的快餐店由于是在不同的市场上竞争，因此当新泽西州整体成本上升时，新泽西州相比宾州的产品价格就会提高。值得注意的是，该解释与新泽西州内高薪与低薪快餐店之间观察到的较小价差是一致的，但却排除了起薪较低的快餐店在其他未知的需求冲击下实现就业增长的可能性。

## 关于新泽西州就业变化更广泛的证据

如果要说我们在企业层面的分析有什么结论的话，那就是新泽西州的最低工资上调促进了快餐业的就业。但问题来了，这个结论只是一个依赖样本的数据异象，还是快餐业中客观存在的现象？据此，我们通过查阅现时人口调查（CPS）月度数据，将新泽西州的就业趋势与周边州进行比较来试图印证我们的解释。依据 1991 年和 1992 年 CPS 月度数据，我们计算了新泽西州、宾州、纽约州和整个美国的青少年和成年人（25 岁及以上）的就业人口占比。由于新泽西州的最低工资是在 1992 年 4 月 1 日上调的，因此我们计算了 1991 年和 1992 年这两年的 4 月至 12 月的就业率，这样就可以通过新泽西州和周边州就业情况的相对变化来研究新最低工资法的影响。

相比成年人，青少年更有可能受到州最低工资上调的影响。例如上调前的三个月内，新泽西州16岁至19岁的雇员中有37%的工资在4.25~5.05美元，而成年人中这一比例只有5%。[29]因此，如果最低工资对就业有影响，那么对青少年的影响也应该比成年人更大。

表2.9中的数据是1991年与1992年的就业率估计值及其变化情况，我们将1991年和1992年的成年人就业率进行比较后发现，新泽西州劳动力市场的变化情况略差于宾州、纽约州和全美的劳动力市场。但在青少年方面却是反过来的。在新泽西州，青少年就业率在1991年至1992年之间略有下降，但上述三个地域范围的青少年就业率的下降速度比新泽西州更快。例如，相比宾州，新泽西州的青少年就业率尽管标准误很大（3.2%），但仍有2.0个百分点的上升。但很遗憾，我们在统计州范围内的青少年就业率时存在着相当大的抽样变异性（sampling variability）[①]，因此很难从CPS数据中得到一个准确的估计值。不过说回来，和我们之前得到的快餐业的结果一样，新泽西州内受上调影响最大的群体的相对就业人数非但没有下降，反而是上升的。

---

[①] 由于抽样过程的随机性，研究者无法保证每一次抽取的样本是完全相同的。这就导致基于样本计算的统计量的取值在每次抽样过程中具有变异性。

表 2.9　1991 年和 1992 年的 4 月至 12 月青少年与成年人的就业人口占比

|  | 就业人口占比 | | |
| --- | --- | --- | --- |
|  | 1991 年<br>(1) | 1992 年<br>(2) | 1991—1992 年的变化<br>(3) |
| 1. 新泽西州 | | | |
| 　a. 青少年 | 37.7<br>(1.8) | 37.0<br>(1.8) | −0.7<br>(2.2) |
| 　b. 年龄 25+ | 64.1<br>(0.5) | 61.5<br>(0.5) | −2.6<br>(0.6) |
| 2. 宾州 | | | |
| 　a. 青少年 | 48.0<br>(1.0) | 45.3<br>(1.9) | −2.7<br>(2.3) |
| 　b. 年龄 25+ | 58.8<br>(0.5) | 59.1<br>(0.5) | 0.3<br>(0.6) |
| 3. 纽约州 | | | |
| 　a. 青少年 | 31.4<br>(1.3) | 28.6<br>(1.3) | −2.8<br>(1.6) |
| 　b. 年龄 25+ | 59.6<br>(0.4) | 58.6<br>(0.4) | −1.0<br>(0.5) |
| 4. 全美 | | | |
| 　a. 青少年 | 43.5<br>(0.4) | 42.4<br>(0.4) | −1.1<br>(0.5) |
| 　b. 年龄 25+ | 62.7<br>(0.1) | 62.5<br>(0.1) | −0.2<br>(0.1) |

**资料来源**：从 1991 年和 1992 年的 4 月至 12 月之间的 CPS 月度数据估计得出。
**注**：括号内为标准误。

## 联邦最低工资对快餐店就业的影响：来自得州的证据

就在 1992 年新泽西州上调最低工资之前，联邦最低工资标准也曾在 1990 年和 1991 年两次被上调，这两次调整为我们分析法定最低工资标准的影响提供了一系列潜在的自然实验。本节中，我们的研究是基于从1990年12月到1991年8月初在得州快餐店的调查数据。在一项先于新泽西州和宾州比较研究的研究中，本书作者克鲁格和哈佛大学的卡兹对得州的快餐店进行了一系列的调查。结果和上调新泽西州最低工资后的结果一样，1991年4月1日的联邦最低工资上调只对其中的一部分快餐店产生了影响。因此，原先高于新标准的得州快餐店可以视为研究州内低薪快餐店所受影响的对照组。不过我们没能像在新泽西州-宾州的研究中那样，为得州快餐店找到其他州的对照组。实际上，我们在新泽西州-宾州研究中采用两州比较的原因之一就是为了弥补在得州研究中的这个缺陷。即便如此，鉴于我们以新泽西州高薪快餐店作为对照组的分析结论，与以最低工资不变的宾州快餐店作为对照组所得结论一致，这为我们将得州高薪快餐店作为对照组的这一方法提高了一定的可信度。

**得州的调查**

得州有两个特征使得该州被选为1990年和1991年联邦最低工资上调影响研究中的研究对象：第一，得州是个大州，各个不同的城市都有快餐店分布；第二，得州是一个工资相对较低的州，而且不设最低工资标准。因此，联邦最低工资标准对该州大部分快餐店具有约束力。

得州的第一次调查是在1990年12月进行的，即同年联邦最低工资上调到3.8美元的8个月后，而且4个月后的1991年

4月又进一步上调到了4.25美元。此次调查的样本架构为城市黄页上有记录的汉堡王、温蒂汉堡和肯德基旗下的294家连锁店，调查反馈率为57%，有效样本为167家店铺。

第二次调查是在8个月后的1991年7月和8月初进行的。不过在设计实验时，与新泽西州-宾州的研究不同，我们没有将样本限定在第一轮调查中给予有效反馈的快餐店，相反，我们将第二轮调查的样本架构扩大到1990年得州黄页中三个连锁品牌下的所有589家快餐店，反馈率为56%，即有效样本为330家店铺。第一轮调查过的快餐店的反馈率较高，因此就有110个两轮调查都得到有效信息的餐馆作为子样本。我们没有跟踪那些在第一轮调查给出有效反馈，但在第二轮中未能给出的快餐店。虽然在得州的研究中，歇业率并不是偏差的重要来源，但这成为了得州样本与新泽西州-宾州样本最重要的区别。

**对就业的影响**

在分析最低工资对就业的影响时，我们先估计一组DID模型。表2.10中的是104家在两轮调查中都提供了完整就业和工资数据的得州快餐店的相关统计量，并且按照1990年12月的起薪分为3.80美元（最低工资标准），3.81美元至4.24美元，以及不低于4.25美元三个区间进行统计。在整体快餐店样本中，平均FTE就业人数略有增加。[30] 在工资最高的快餐店样本中，平均FTE就业人数稍有下降，在工资最低的样本中，平均FTE就业人数略有上升。DID值显示，最低和最高工资餐馆之间的FTE就业人数差了4.89（约合30%）。

表 2.10 1991 年联邦最低工资上调前后得州快餐店的平均就业人数

| | 所有店 (1) | 工资 = 3.80 美元 (2) | 3.81 美元≤工资≤ 4.24 美元 (3) | 工资≥4.25 美元 (4) | 差异 最小值- 最大值 (5) | 差异 中程数- 最大值 (6) |
|---|---|---|---|---|---|---|
| 1. 上调前 FTE 就业人数 | 15.64 (0.65) | 14.65 (1.03) | 16.21 (0.88) | 16.50 (2.34) | −1.85 (2.56) | −0.29 (2.50) |
| 2. 上调后 FTE 就业人数 | 16.29 (0.63) | 16.90 (0.97) | 16.34 (0.88) | 13.87 (2.09) | 3.03 (2.30) | 2.47 (2.27) |
| 3. 前后 FTE 就业人数之差 | 0.65 (0.65) | 2.25 (1.06) | 0.14 (0.88) | −2.64 (2.07) | 4.89 (2.33) | 2.78 (2.25) |

注：括号内为标准误。FTE 就业人数表示零等全职就业人数，其数值等于全职雇员人数加上 0.57 倍的兼职雇员数。第（1）列的样本量为 104，第（2）列为 40，第（3）列为 53，第（4）列为 11。

76

与新泽西州中的研究结论一样,得州最低工资的上调幅度与依法上调最低工资的企业的就业人数的增加呈正相关的关系。

表 2.11 列出了 1990 年 12 月至 1991 年 7 月和 8 月初得州各快餐店就业和工资变化的回归估计结果。与新泽西州-宾州的分析一样,回归模型中关键的解释变量是衡量起薪达到新的最低标准所需的增长比例:

$$GAP = (4.25 - W_1) / W_1 \quad 如果 W_1 < 4.25$$
$$= 0 \quad 如果 W_1 \geq 4.25$$

其中 $W_1$ 是第一轮调查得到的起薪。模型中的其他解释变量包括代表连锁品牌和所有权(加盟还是公司直营)的虚拟变量,以及店铺所在城市的人口数。但表 2.11 中的两个就业人数模型的因变量不同,第(1)列用的是简单的、"刻在基因里的"就业人数,而第(2)列用的是 FTE 就业人数。第(3)列工资模型用的是两轮调查之间起薪的变化比例。

我们将数据[例如表 2.3 中第(8)列、第(9)列]代入与新泽西州-宾州研究中具有相似设定的模型后发现,就业人数模型中的 GAP 系数也是正的。而且代入 FTE 就业人数的模型中,GAP 系数在一般显著性水平下也是显著不为 0 的。[31] 图 2.4 说明了 GAP 变量与快餐店就业人数变化的相关性,图中每一个点表示样本中 101 家快餐店中的一家。作为参考,我们还展示了表 2.11 第(2)列中的估计值表示的回归线。尽管有些明显的异常值,但总体还是能辨认出就业增长与 GAP 变量之间存在正相关的关系。为了检测估计的回归线是否会受到少数几个异常值的干扰，我们用最小绝对偏差法（LAD）[①]对模型重新估计。结果显示，LAD 估计值比对应的 OLS 估计值要小，但仍然是正数。例如，表 2.11 第（2）列中 LAD 方法估计出来的 *GAP* 系数为 1.11，标准误为 0.69，说明上调最低工资对就业的积极作用是稳健的。

表 2.11　简化的就业变化模型（1990 年 12 月至 1991 年 7 月和 8 月初）的估计结果

|  | 因变量 | | |
| --- | --- | --- | --- |
|  | 就业人数变化比例 | FTE 就业人数变化比例 | 起薪变化比例 |
|  | (1) | (2) | (3) |
| 1. 起薪缺口 [a] | 0.44 | 2.48 | 1.07 |
|  | (0.22) | (0.96) | (0.07) |
| 2. 公司直营与否（1 = "是"） | −0.02 | −0.03 | 0.00 |
|  | (0.02) | (0.09) | (0.01) |
| 3. 汉堡王（1 = "是"） | 0.00 | −0.07 | −0.01 |
|  | (0.02) | (0.10) | (0.01) |
| 4. 肯德基（1 = "是"） | 0.02 | 0.02 | 0.02 |
|  | (0.03) | (0.11) | (0.01) |
| 5. 1986 年城镇对数人口（系数和标准误 ×10） | −0.04 | 0.01 | 0.05 |
|  | (0.07) | (0.03) | (0.02) |
| 6. 回归标准差 | 0.087 | 0.376 | 0.027 |

注：括号内为标准误。FTE 就业人数表示等量全职就业人数，其数值等于全职雇员人数加上 0.57 倍的兼职雇员数。样本量为 101。

[a] 将工资提高到满足新的最低标准所需的增长比例。

---

[①] 不同于 OLS 中最小化残差平方和，LAD 的损失函数为残差绝对值之和，比 OLS 更能抵抗异常值的干扰。

GAP 变量对得州快餐店工资增长的估计值与新泽西州-宾州研究中得到的估计值很接近，系数为 1.07 表示起薪涨幅略高于达到新最低工资标准所需要的涨幅。得州所有快餐店的 GAP 均值为 0.08，即联邦最低工资的上调使得该州的起薪平均上升了 8%。

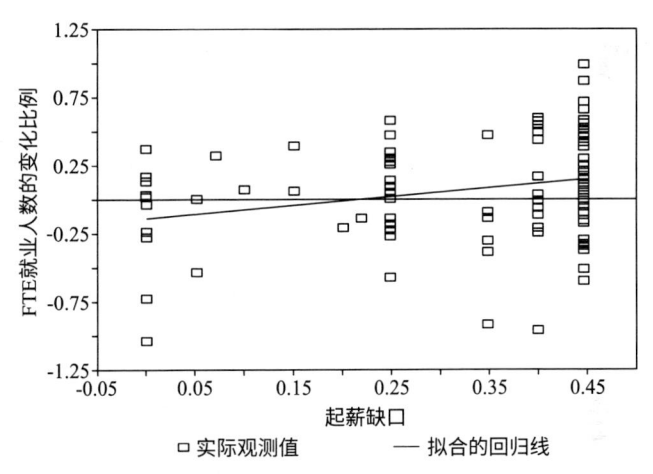

图 2.4 不同起薪缺口对应的得州快餐店就业变化

**对产品价格的影响**

我们用得州样本研究的第二个问题是最低工资对快餐价格的影响。在第二轮调查中，我们得到了一份主食（汉堡王和温蒂汉堡是基础型汉堡，肯德基是 6 块鸡肉）、一杯中份软饮料和一小份炸薯条的当前价格。除此之外，我们还调查了 1991 年 1 月，即上调的三个月前的价格。这么设计使得我们能够采用在第二轮调查中有效反馈的 266 家快餐店构成的样本，但代价是 1 月的价格数据很可能存在较大的测量误差。

表 2.12 列出了套餐价格（调查涉及的三款单品的价格之和）的对数价格变化，以及其中单品的价格变化，与表 2.11 中的就业人数模型一样，核心解释变量是 GAP。虽然估计结果不一定精确，但得到的结论与新泽西州产品价格变化的结论一样：与简单的价格"传导"效应相反，在受上调影响最大的快餐店，套餐均价却上涨得更慢。另一方面，软饮料和炸薯条的价格变化规律与主食的不同。考虑到这种规律和估计误差，就最低工资如何影响得州快餐店的产品价格这一问题，我们很难得出任何确定性的结论。

表 2.12 快餐店各款产品价格变化的简化模型的估计结果

|  | 各款产品的对数价格变化 ||||
|---|---|---|---|---|
|  | 套餐[a] | 主食 | 炸薯条 | 苏打水 |
|  | (1) | (2) | (3) | (4) |
| 1. 起薪缺口[b] | −0.019 | 0.025 | −0.077 | −0.027 |
|  | (0.028) | (0.042) | (0.043) | (0.047) |
| 2. 公司直营（1 = "是"） | −0.014 | −0.004 | 0.002 | −0.033 |
|  | (0.006) | (0.009) | (0.009) | (0.010) |
| 3. 汉堡王（1 = "是"） | −0.001 | 0.020 | 0.006 | −0.017 |
|  | (0.006) | (0.010) | (0.010) | (0.011) |
| 4. 肯德基（1 = "是"） | 0.009 | 0.025 | 0.002 | 0.002 |
|  | (0.007) | (0.010) | (0.010) | (0.011) |
| 5. 1986 年城镇对数人口 | −0.003 | 0.000 | −0.007 | −0.004 |
|  | (0.002) | (0.003) | (0.003) | (0.003) |
| 6. 回归标准差 | 0.038 | 0.056 | 0.058 | 0.064 |

注：括号内为标准误。所有模型都包含 7 个代表地域的虚拟变量，样本量为 266。
[a] 一份套餐由一份主食（汉堡王和温蒂汉堡是基础型汉堡，肯德基是 6 块鸡肉）、一小份炸薯条和一杯中份苏打水组成。
[b] 将工资提高到满足新的最低标准所需的增长比例。

## 最低工资对快餐店开业的影响

上调最低工资有一个潜在的不利影响是会阻碍很多新店铺的开业。在新泽西州-宾州的研究中,虽然我们的样本设计方式可以用来估计最低工资对新泽西州现有快餐店的影响,但无法估计对新店开业率的影响。[32] 为了估计这种影响,我们通过调查全美各州的麦当劳连锁店在 1986—1991 年期间已开业和新开业的数量来进行研究。选择这一时期的理由是许多州在 20 世纪 80 年代末相继出台了各自的最低工资政策,而且联邦最低工资也是在这一时期内上调的,所以这些政策给衡量最低工资法对各州快餐店开业率的影响提供了很好的背景。

麦当劳每年都会在其出版的《麦当劳餐馆指南》(*McDonald's Restaurant Guide*,以下简称《指南》)中罗列出当前所有快餐店和计划在年内开业的快餐店的位置。我们通过 1986 年与 1991 年的《指南》,计算每个州新开业的快餐店数量(即出现在 1991 年但未出现在 1986 年的《指南》中),歇业的数量(即出现在 1986 年但未出现在 1991 年的《指南》中),以及每个州每年的快餐店总数。

为了估计最低工资对一个州快餐店数量增长率的影响,我们制定了两个衡量 1986—1991 年期间最低工资变化产生的工资上涨压力的指标。第一个指标是该州内,1986 年的工资位于当年联邦最低工资(3.35 美元)和 1990 年 4 月当地有效最低工资(即 1990 年的联邦最低工资和 1990 年 4 月 1 日该州最低工资两者的较大值）之间的零售业雇员的比例。[33]第二个指标是1990年该州有效最低工资与1986年该州零售业雇员的平均时薪的比例。除了这些核心解释变量之外，我们还在模型中加入了另外两个控制变量：1986年至1991年该州人口的增长率和失业率的变化。

估计结果列在表2.13中。前4列是以一个州内快餐店数量变化比例为因变量的模型估计结果，第（5）—（8）列是以该州新开业快餐店与1986年已有快餐店数量的比值为因变量的模型估计结果。结果表明，没有充分证据能说明更高的最低工资标准会对一个州处于营业中和新开业的快餐店数量产生任何不利影响。与之相反，尽管有些估计值与0并无显著差异，但估计结果总体上表明，最低工资对营业中的快餐店数量或新开业的快餐店数量都有积极的作用。虽然上述结论只是基于一家连锁品牌的数据得到的，但我们仍认为这并不妨碍得出如下结论：最低工资标准的适度变化带来的工资变化不会对快餐店的开业有显著的影响。

## 第 2 章 最低工资标准上调后雇主的反馈：来自快餐业的证据

表 2.13 1986—1991 年最低工资对麦当劳快餐店数量的估计结果

| | 因变量：快餐店数量的增加比例 | | | | 因变量：新开业餐店的数量 / 1986 年已有快餐店的数量 | | | |
|---|---|---|---|---|---|---|---|---|
| | (1) | (2) | (3) | (4) | (5) | (6) | (7) | (8) |
| 最低工资变量 | | | | | | | | |
| 1. 1986 年工资处于影响范围内的零售业雇员比例[a] | 0.33 (0.20) | — | 0.13 (0.19) | — | 0.37 (0.22) | — | 0.16 (0.21) | — |
| 2. 1991 年州最低工资/1986 年零售业平均工资[b] | — | 0.38 (0.22) | — | 0.47 (0.22) | — | 0.47 (0.23) | — | 0.56 (0.24) |
| 其他控制变量 | | | | | | | | |
| 3. 1986—1991 年人口增长率 | — | — | 0.88 (0.23) | 1.03 (0.23) | — | — | 0.86 (0.25) | 1.04 (0.25) |
| 4. 1986—1991 年失业率的变化 | — | — | −1.78 (0.62) | −1.40 (0.61) | — | — | −1.85 (0.68) | −1.40 (0.65) |
| 5. 回归标准差 | 0.083 | 0.083 | 0.071 | 0.068 | 0.088 | 0.088 | 0.077 | 0.073 |

注：括号内为标准误。样本包括了1986—1991年新开业的麦当劳快餐店数量，并根据 51 个州（包括华盛顿哥伦比亚特区）的观察值分别进行汇总后得到最终数据。第（1）—（4）列的因变量为新开业的麦当劳快餐店数量为劳快餐店数量的增加比例，均值和标准差分别为 0.246 和 0.085。第（5）—（8）列因变量是 1986—1991 年已有快餐店数量与 1986 年已有快餐店数量的比值，均值和标准差分别为 0.293 和 0.091。所有回归样本经过 1986 年每个州的人口总数进行加权估计。

83

a 该州的所有零售业雇员中，1986年工资介于3.35美元到1990年的"有效"最低工资（即1990年3.80美元的联邦最低工资和1990年4月1日该州最低工资两者的较大值）这一区间内的比例。

b 在1990年4月1日这一天的州最低工资和联邦最低工资的较大值，除以1986年该州零售业雇员的平均工资。

## 总结、批评和反馈

本章详细介绍了两个关于上调最低工资带来的影响的研究成果。第一项研究的数据来自 1992 年 4 月新泽西州最低工资上调到 5.05 美元前后，新泽西州和宾州快餐店在公司层面的调查数据。第二项研究的数据来自 1991 年 4 月联邦最低工资上调前后，相应的得州快餐店数据。两项研究的重点都是比较受最低工资上调影响和不其受影响的快餐店的就业变化，这种简单的"实验组"和"对照组"的研究方法在用于研究最低工资影响时有诸多优势。最重要的是，不受影响的公司（对照组）的表现可以视为受影响的公司（实验组）在没有上调最低工资的情况下的反事实。要知道一个可靠的对照组在任何一项科学研究中都至关重要。例如，我们可以通过引入对照组来"剥离"任何可能影响两个组就业水平的季节性变化。

对于上调最低工资是否不利于就业这一核心问题，两项研究的结论都是相似的。在新泽西州-宾州的研究中，通过对两个州快餐店的比较可知，新泽西州的就业人数与最低工资未发生变化的宾州相比是增加的。通过比较新泽西州起薪在 5.00 美元以上的高薪快餐店和依法上调最低工资的低薪快餐店，结论也是类似的。相比高薪快餐店，受最低工资影响的快餐店的就业人数也是增加的。在得州的研究中得出的结论也是类似的，相比不受影响的高薪快餐店，依法上调最低工资到联邦新标准的快餐店的就业人数也是增加的。

尽管结论都是一致的，但还是有一些学者质疑和批评了我们使用的研究方法和结论，其中有些是有价值的，有些则是考虑欠妥的。我们在此做个总结，列出我们认为最重要的批评。其中一个批评是认为这些研究不应在新法生效后立刻开展，导致过早地衡量了最低工资的影响。但我们认为这不是一个严重的问题，原因有三。第一，如果雇主的长远打算是削减岗位，那么不太可能只是为了短期满足最低工资标准而增加岗位。第二，快餐店完全可以通过减少非高峰期的雇员、缩短营业时间或增加顾客的排队时间来调整人员配置，而且在上调工资后的几个月内就可以完成。更何况快餐业的高流动性使得经理们完全可以在不产生大量裁员成本（如较高的失业保险费）的情况下削减岗位。总之，如果上调最低工资不利于就业，那么 4~8 个月之后就应该会看到一些迹象。第三，通货膨胀会侵蚀最低工资的实际购买力，因此上调影响会随着时间的推移而逐渐减弱，所以适度上调后的几个月内其影响很有可能要大于随后的几年。

在这方面还有一个质疑，就是对上调前就业水平进行调查的时间离上调日期太近了。我们同样认为这点不是很重要。因为快餐店的人员流动性很高，如果一个经理想降低成本完全可以在几周内都不用招聘新员工，没有必要在上调最低工资前很早就"事先调整"人员配置。此外，在新泽西州的研究中，市场一开始对于是否真的会上调最低工资这一问题是不确定的，直到第一轮调查结束后才揭晓答案，因此我们对就业情况的基准估计不可能在上调还没落地的时候就调整。

一个更严肃的批评是，即使最低工资的上调对现有快餐店的影响很小甚至是没有，但仍有可能会遏制快餐行业的扩张。在新泽西州-宾州的研究中，我们设计的研究方法虽然使得我们能够衡量最低工资对上调前已开业快餐店的总体影响（包括对快餐店歇业的影响），但无法衡量对新店开业的影响。但通过对青少年就业率的分析，我们能够间接地解决该问题，具体方法是检验上调后青少年的就业机会是否减少。虽然检验结果并不精确，但还是指向了新泽西州低薪雇员的就业机会并没有相对减少的结论。我们还直接地解决了最低工资上调对新店开业的影响的问题，具体方法是在州层面比较麦当劳在1986年至1991年期间的新开业快餐店的数量，以及最低工资变化导致的工资上涨压力。结果显示，没有证据能证明上调最低工资不利于快餐业扩张。

对本章的结论还有一个批评是研究对象过于狭窄。虽然我们给出了州层面的青少年就业趋势数据，但统计对象只涵盖加盟的快餐店。我们在本章中提到过，快餐店是低薪雇员的主要雇主。而且由于快餐店必须严格履行最低工资法，不接受小费，因此最低工资对快餐店的影响可能要大于其他类型的餐馆。然而也有人认为，快餐店也有可能受益于最低工资的上调，但代价是牺牲其他低价快餐店的利益。例如，上调导致一些"夫妻店"歇业，进而有利于连锁快餐店的业绩。但如果真是这样，我们应该能看到新泽西州高薪快餐店的就业人数是相对增加的，因为这些快餐店的工资本来就高于新的最低标准。而实际上不受上调影响的高薪快餐店的就业人数增长率与宾州的快餐店是相同的。比较结果说明，不存在恰好也提升了新泽西州快餐店用工需求的相关需求冲击——无论关乎最低工资还是其他因素。

最后一个批评是针对研究方法本身的。我们在比较受影响和不受影响的快餐店就业趋势时所依赖的假设是，即使不上调最低工资，实验组和对照组也会表现出相同的趋势。但两组之间可能存在根本性的差异，导致一组内的就业情况相对于另一组发生周期性的变化。我们永远不能否认研究过程中还存在其他未知的经济冲击。即使这些冲击可能会抹平受影响和不受影响的快餐店的差异，但由于没有考虑到受未知冲击影响导致的抽样变异性，研究结论的准确性仍有可能是被夸大的。

相比在新泽西州或得州的内部比较相似快餐店的研究，该批评可能更适用于新泽西州-宾州的研究。但我们还是认可该批评的，所以我们的回答是：我们还需要通过更多的案例，更深入的研究，以及通过其他类型的数据来研究最低工资的影响，以获得更多的证据。在下一章中，我们介绍第三个案例研究——基于加州在1988年7月将最低工资上调到4.25美元的实证研究。在第4章中，我们重新检验了1990年和1991年联邦最低工资上调前后的情况，将所有数据在州层面进行汇总，并将各州就业数据与州内低薪雇员受到的影响进行回归。以上这些研究各有优缺点，因此在综合评估的时候需要仔细考虑各方面的权重。但如果在最低工资影响的问题上所有不同的证据都给出了相似的答案，那么整个研究中每个部分的说服力都会更强。

# 附　录

本章附录更详细地描述了我们在新泽西州-宾州研究中用到的快餐店样本的特征。我们还介绍了一些能够印证问卷反馈可靠性的数据，并描述了数据集中快餐店的不同子样本之间的特征差异。

## 样本架构和反馈率

样本是通过查询 1992 年 2 月新泽西州和宾州东部的电话列表得到的。该样本架构包括新泽西州电话簿白页[①]中列出的汉堡王、肯德基、温蒂汉堡和罗伊·罗杰斯的所有分店，以及这几个连锁品牌在部分宾州东部电话簿上列出的分店。最初的样本架构包含 502 个电话号码。

表 A.2.1 显示，1992 年 2 月至 3 月，当我们试图进行第一次调查时，样本架构中的 473 家快餐店有能拨通的电话号码。由于我们非常希望能得到新泽西州餐馆的大样本，我们嘱咐调查人员"尽可能多地"回调新泽西州的快餐店以获得调查机会。而且还嘱咐他们至少给宾州的快餐店回调两次。在获得完整的调查数据之前，调查员回调不低于三次的快餐店有 70 家，其中 69 家在新

---

① 白页和黄页一样，也是一种电话号码索引服务。电话号码和地址查询手册中用纸张颜色区分一般用户和商业用户。其中用白色纸的部分称为白页，用于一般用户（个人和家庭用户）的电话号码和地址的查找，而用黄色纸的部分称为黄页，用于商业用户（如公司和社会团体）电话号码和地址的查找。

泽西州。

表 A.2.1　样本设计和反馈率

|  | 所有店 | 快餐店（按州划分） | |
|---|---|---|---|
|  |  | 新泽西州 | 宾州 |
|  | (1) | (2) | (3) |
| 第一轮：1992 年 2 月 15 日—3 月 4 日 | | | |
| 1. 样本架构中的快餐店数量 [a] | 473 | 364 | 109 |
| 2. 拒绝调查的数量 | 63 | 33 | 30 |
| 3. 接受调查的数量 | 410 | 331 | 79 |
| 4. 反馈率（%） | 86.7 | 90.9 | 72.5 |
| 第二轮：1992 年 11 月 5 日—12 月 31 日 | | | |
| 5. 样本架构中的快餐店数量 | 410 | 331 | 79 |
| 6. 歇业的数量 | 6 | 5 | 1 |
| 7. 装修中的数量 | 2 | 2 | 0 |
| 8. 因其他原因临时歇业的数量 [b] | 2 | 2 | 0 |
| 9. 拒绝调查的数量 | 1 | 1 | 0 |
| 10. 接受调查的人数 [c] | 399 | 321 | 78 |

[a] 只包括电话号码有效的快餐店。原始样本框架中有 29 家餐馆的电话号码无法拨通。
[b] 包括一家因高速公路施工而歇业的餐馆，以及一家因火灾而歇业的餐馆。
[c] 包括 371 次电话调查，以及 28 次对拒绝初次电话调查请求的餐馆经理的个人调查。

我们从 410 家快餐店获得了完整的调查反馈（有一些没有反馈），总体反馈率约为 86.7%。正如预期的那样，新泽西州的反馈率（约 90.9%）高于宾州（约 72.5%），这正是由于在联系新泽西州快餐店时采用了更积极的回调策略。在这两个州，每次回电的反馈率几乎是相同的。在新泽西州，44.5% 的快餐店在第一次电话中就有所反馈，72.0% 的快餐店在两次回调后作出了反馈。在宾州，42.2% 的快餐店在第一次电话就有所反馈，71.6% 的快餐店在两次回调后作出了反馈。

第二轮调查是在 1992 年 11 月至 12 月进行的，大约是在最低工资上调的 8 个月后。第二轮调查只包含了第一轮调查中提供数据的 410 家快餐店。在 11 月，我们通过电话调查成功地联系上了这些快餐店中的 371 家（约 90%）。然后，我们聘请了一名调查人员开车前往 39 家未反馈的快餐店，以确定它们是否仍在营业，并在必要的情况下进行个人调查。调查人员发现，6 家未回复的快餐店（5 家在新泽西州，1 家在宾州）已经永久歇业。而且调查人员还发现有 4 家（都在新泽西州）临时歇业。其中，两家因装修而歇业，第三家因商场火灾而歇业，第四家因附近的高速公路施工而歇业。到 1993 年 4 月，因修路而歇业的快餐店和因装修而歇业的其中一家快餐店已经重新开张。

## 可靠性

我们可以通过检查 11 家餐馆的反馈来评估我们调查问题的可靠性。在第一轮调查中，由于这些餐馆的电话号码出现在了一个以上的电话簿中，因此无意间被调查了两次，而调查者和受访者都没有注意到之前已经进行过一次调查（我们猜测这两次调查是由每家餐馆的不同经理或副经理同意的）。表 A.2.2 的前四列列出了 410 家餐馆的全样本和 11 家被调查了两次的餐馆的子样本的 FTE 就业人数、起薪和套餐价格的均值与标准差。被重复调查的子样本的特征与全样本的特征非常相似。

表 A.2.2 的第（5）列为 FTE 就业人数、起薪和套餐价格这三个核心变量的可靠性比率。可靠性比率代表了观测变量中由真正的"信号"，而非测量误差引起的截面方差的占比。假设两次调查中的测量误差是相互独立的，并且与特定变量的实际值无关，那么可靠性比率可以通过两次调查中同一变量的两个测量值之间的相关系数来估计。如表 A.2.2 所示，估计的可靠性比率相当高——从 FTE 就业人数的 0.70 到套餐价格的 0.98。

表 A.2.2　FTE 就业人数、工资和价格的估计可靠性比率

|  | 全样本 均值 (1) | 全样本 标准差 (2) | 接受了两次调查的子样本 均值 (3) | 接受了两次调查的子样本 标准差 (4) | 可靠性比率[a] (5) |
| --- | --- | --- | --- | --- | --- |
| 1. FTE 就业人数 | 21.0 | 9.7 | 21.1 | 9.4 | 0.70 |
| 2. 起薪（美元 / 小时） | 4.62 | 0.35 | 4.77 | 0.48 | 0.83 |
| 3. 套餐价格（美元） | 3.29 | 0.65 | 3.26 | 0.65 | 0.98 |

注：第（1）列和第（2）列是基于 410 家快餐店的样本。第（3）列和第（4）列是基于接受了两次调查的快餐店子样本的第一次调查结果。

[a] 两次调查结果的相关性估计。

卡兹和克鲁格（Katz and Krueger, 1992）在对得州调查问卷的反馈进行更系统化的可靠性研究后，也得到了类似的可靠性比率。他们在第二轮调查中随机选择了 30 名受访者，并重新设计了调查问卷。在这个分析中，估计的可靠性比率如下：对数 FTE——–0.76；起薪——–0.76；中份苏打水的价格——–0.72；

小份炸薯条的价格——–0.65。

## 指定子样本特征

表 A.2.3 中列出了全样本中所有子样本的各类数据，包括：在两轮调查中工资和就业数据都完整有效的子样本［第（2）列］；两轮调查中工资、就业和价格数据都完整有效的子样本［第（3）列］；在第一轮调查中就业数据完整有效但在第二轮中缺失的子样本［第（4）列］；在第二轮调查中就业数据完整有效但在第一轮中缺失的子样本［第（5）列］；在第二轮调查中处于永久歇业状态的 6 家快餐店的子样本［第（6）列］；在第二轮调查中处于临时歇业状态的 4 家快餐店的子样本［第（7）列］。第（1）—（3）列的比较结果表明，就业、工资和价格数据完整有效的快餐店在其他方面与快餐店全样本是相似的。那些在第一轮中报告就业人数但在第二轮中没＋有报告的快餐店，它们在第一轮中的企业规模与平均水平差不多，而那些在第二轮中报告了就业人数但在第一轮中没有报告的快餐店，它们在第二轮中的企业规模略高于平均水平。除此之外，这两组快餐店的特征与两轮都有完整有效数据的子样本的快餐店相似。

第（6）列的结果表明，在第一轮和第二轮都处于歇业状态的快餐店比我们样本中的其他快餐店的规模要小得多——第（2）列和第（6）列中的子样本在第一轮调查时，就业差异的 $t$ 值是 6.4。这些快餐店的工资也比其他快餐店略低（低 0.29 美元，$t$ 值为 1.5）。永久歇业概率的 probit 模型估计结果表明，企业规模是

**表 A.2.3　不同子样本的就业、工资和价格的平均值**

| | 全样本 (1) | 有效样本 就业、工资 (2) | 有效样本 就业、工资、价格 (3) | 第二轮调查中就业数据缺失 (4) | 第一轮调查中就业数据缺失 (5) | 第二轮调查时处于永久歇业状态 (6) | 第二轮调查时处于临时歇业状态 (7) |
|---|---|---|---|---|---|---|---|
| 1. 第一轮平均 FTE 就业人数 | 21.00 (0.49) | 21.10 (0.53) | 20.72 (0.52) | 20.79 (1.47) | — | 12.38 (1.25) | 18.38 (3.36) |
| 2. 第二轮平均 FTE 就业人数 | 21.05 (0.46) | 20.86 (0.48) | 20.71 (0.46) | — | 24.80 (1.20) | — | — |
| 3. 第一轮的平均起薪（美元/时） | 4.62 (0.02) | 4.62 (0.02) | 4.62 (0.02) | 4.70 (0.09) | 4.59 (0.12) | 4.43 (0.12) | 4.79 (0.23) |
| 4. 第二轮的平均起薪（美元/时） | 5.00 (0.01) | 5.00 (0.01) | 4.99 (0.01) | 5.05 (—) | 5.02 (0.08) | — | — |
| 5. 第一轮的套餐均价（美元） | 3.29 (0.03) | 3.32 (0.04) | 3.26 (0.04) | 3.01 (0.10) | 3.21 (0.15) | 2.98 (0.09) | 2.95 (0.05) |
| 6. 第二轮的套餐均价（美元） | 3.34 (0.03) | 3.37 (0.04) | 3.38 (0.04) | 2.99 (0.06) | 3.09 (0.13) | — | — |
| 7. 在新泽西州的快餐店的百分比 | 80.7 (1.9) | 81.2 (2.1) | 80.8 (2.2) | 85.7 (9.4) | 83.3 (10.8) | 83.3 (15.2) | 100.0 |
| 8. 肯德基快餐店的百分比 | 19.5 (2.0) | 20.7 (2.1) | 22.7 (2.4) | 0.0 | 8.3 (8.0) | 0.0 | 0.0 |
| 9. 子样本的样本量 | 410 | 357 | 317 | 14 | 12 | 6 | 4 |

# 第2章 最低工资标准上调后雇主的反馈：来自快餐业的证据

注：括号内为标准误差。均值是用样本中特定变量的所有可用观测值进行计算的。FTE就业人数指的是等量等全职就业人数，其值等于全职雇员的数量加上0.5倍的兼职雇员的数量。套餐价格是指一份主食、一小份炸薯条和一杯中份苏打水的价格总和。

样本定义：
第(1)列：全样本。
第(2)列：在第一轮和第二轮中就业和工资数据都没有缺失的快餐店。
第(3)列：在第一轮和第二轮中就业、工资和价格数据都没有缺失的快餐店。
第(4)列：在第一轮和第二轮中就业数据有效但在第二轮中缺失的快餐店（包括四家暂时歇业的餐馆）。
第(5)列：在第一轮和第二轮中就业数据有效但在第一轮中缺失的快餐店。
第(6)列：在第二轮中处于永久歇业状态的快餐店。
第(7)列：在第二轮中处于临时歇业的快餐店（一家餐馆因公路施工而歇业，一家因火灾而歇业，两家因装修而歇业）。

歇业的主要因素。在控制了企业规模后，其他变量，包括公司直营与否和第一轮的起薪水平，对歇业率的影响在数值上很小，也不显著。

最后，我们对第二轮调查时处于临时歇业状态的快餐店的数据进行比较，发现这些快餐店与持续营业的快餐店的特征非常相似。四家临时歇业的快餐店在第一轮得到的就业人数略少，但第一轮得到的起薪却略高。

# 注　释

1. 莱斯特由于将基于自然实验的结果视为反对劳动力市场传统竞争性需求理论的主要证据而广受批评。
2. 社会科学家现在也经常用随机实验来研究诸如培训计划、收入支持计划和个体层面的劳动力市场干预措施的影响（参见 Burtless, 1993）。
3. 其他实验环境中也会出现类似现象。例如在传染病的疫苗测试中，治疗组在接种疫苗后也会降低对照组的感染率。该传染现象被认为是早期在小儿麻痹症疫苗测试中一直困扰着索尔克（Salk）的问题（参见 Freedman, Pisani, and Purves, 1978: 5–7）。
4. 另一个经常被引用的例子是在给印度各邦都造成不同程度影响的伤寒大爆发后，舒尔茨（Schultz, 1964）对各邦经济产出水平的分析。
5. Campbell（1957, 1969）针对起初用于研究教育考试分数的自然实验（或准实验），列出了一系列不利于其有效性的影响因素。对自然实验方法的讨论和批评，参见 Meyer（1994）。

6. 表面上对照组的有效性可以使用政策评价（program-evaluation）文献中的模型设定检验方法来检验（可参见 Lalonde, 1986; Heckman and Hotz, 1989）。对照组的有效性问题等价于在用于描述对照组和实验组的混合效应模型（pooled model）中，代表实验组状态的 0–1 变量在计量经济学意义上是否是外生的问题。

7. 参见 Hamermesh（1993, chapter 3）中对劳动力需求研究中的识别问题（identification）进行的广泛讨论。

8. 对计量经济学提出严厉批判的学者利默（Leamer, 1978）就曾描述过因模型筛选而产生的偏差。

9. 采用历史干预效果的证据来得出"无需模型"的结论，这一做法有时会受到经济学家们的批评，因为他们认为对某一干预措施的反应行为可能会随着时间的不同或场景的不同而改变。例如，小幅上调最低工资的影响可能不会给研究大幅上调最低工资产生的影响提供多少有用的信息。

10. 联邦最低工资法案的立法历史在第 10 章有更详细描述。

11. 见第 10 章的表 10.1，加盟店在餐饮业中的岗位占比是根据美国商务部（1990a）表 13 中的数据计算而来的。

12. 在沙内和弗雷泽的样本中，雇员的平均年龄是 20 岁。他们报告说，30% 的快餐店雇员年龄在 21 岁及以上。我们得到的数据可能比他们的高，一是因为我们是以 20 岁而不是 21 岁来划分的，二是因为自 1982 年以来的人口变化减少了青少年劳动力的规模。

13. 在得州研究的试验调查中，卡兹和克鲁格（Katz and Krueger, 1992）发现麦当劳餐馆的反馈率非常低。正是由于这个原因，麦当劳餐馆被排除在得州和新泽西州-宾州的研究样本之外。

14. 该类型的一般激励方式是给成功招聘到新员工的员工提供40~75美元的奖励。我们将其他非现金招聘奖金（如"月度最佳员工"称号）排除在我们的表格之外。

15. 另一种可能性是，季节性因素导致快餐店在2月和3月的就业率高于11月和12月。然而，一项对全美食品加工和服务人员的就业数据的分析显示，第四季度的平均就业率高于第一季度。

16. 为了研究快餐店销售额的周期性，我们将1976—1991年麦当劳销售额的逐年变化与平均失业率的相应变化进行回归。回归结果显示，失业率每增加一个百分点，销售额就减少2.57亿美元，$t$值为3.0。

17. 在没有其他控制变量的回归模型中，由于测量误差导致的 $GAP$ 系数的衰减幅度是 $GAP$ 变量的可靠性系数（reliability ratio）[①]（$\gamma_0$），我们估计约为0.70。在模型中加入地区虚拟变量后，衰减系数 $\gamma_1 = (\gamma_0 - R^2)/(1 - R^2)$，其中 $R^2$ 是 $GAP$ 对地区效应回归的拟合优度（等于0.30）。因此，我们预计在回归模型中加入地区虚拟变量后，估计的 $GAP$ 系数的衰减幅度为

---

[①] 也叫克朗巴哈系数（Cronbach's alpha），是衡量量表或测验的信度的一种方法。

$\gamma_1 / \gamma_0 = 0.8$。

18. 因为一些快餐店在第二轮调查中的就业人数为 0，所以我们不能用对数转换，而是将就业人数变化除以第一和第二轮的平均就业人数。结果显示，相比就业人数变化除以第一轮的就业人数的方法，二者系数非常相似，但该方法的标准误略小。对于第二轮中就业人数为 0 的快餐店，就业人数的变化比例被设定为 –1。

19. 对 1991 年 CPS 的分析显示，餐饮业兼职雇员的工作时间约为全职雇员的 46%。卡兹和克鲁格（Katz and Krueger, 1992）就假设快餐业中兼职雇员的工作时间与全职雇员的工作时间的比值为 0.57。

20. 电话调查者会给所有第一次未能成功调查的快餐店再进行至少两次调查。

21. 在新泽西州的三位数邮政编码地区中，070 开头的地区（纽瓦克周围）和 080 开头的地区（卡姆登周围）的快餐店数量最多，占新泽西州样本的 36%。

22. 部分（若称不上是大部分）这种变化也可以归于非正常反馈误差。我们估计新泽西州和宾州的反馈误差平均而言应该是在同一个数量级，因此不应该参与比较。

23. 哈默梅什（Hamermesh, 1993, chapter 3）的结论是，就业需求的产出不变弹性的"最佳估计值"是 –0.30。产出不变弹性在绝对值上必然小于我们分析中隐含的、允许产出发生变化的弹性。

24. 在另外 19% 的快餐店中，全职雇员的工资更高，通常会高出 10%。

25. 我们可以建立一个正式的模型来实现这些想法。

26. 在我们的第一轮调查中，"第一次常规涨薪"的平均时间为 18.9 周，涨薪的平均幅度为每小时 0.21 美元。

27. 根据麦当劳公司 1991 年的年度报告，工资支出和福利占麦当劳快餐业务运营成本的 31%。由于受最低工资上调影响的雇员的工资比其他雇员低，因此他们的成本占比低于他们在就业总人口中的占比。

28. 这些结论是基于自由进入市场（free entry）和规模报酬不变（constant returns to scale）这两个假设。此时，价格等于每个细分市场中企业的平均成本。

29. 这些数字来自 1992 年 CPS 的 1 月、2 月和 3 月的数据。

30. 我们将 FTE 就业人数定义为经理、助理经理、全职非管理层雇员和 0.57 倍的兼职非管理层雇员数量的总和。数字"0.57"是来自 1982—1983 年美国国家劳动与学习研究所（National Institute for Work and Learning）进行的一项调查中，对全职和兼职快餐店雇员的工作时间进行统计后得到的表格。关于这组数据的进一步描述参见 Charner and Fraser（1984）。

31. 如果将协变量扩大到包括七个地区的虚拟变量，则 FTE 就业模型中的系数会略有下降，但仍与 0 有略微显著的差异。

32. 对样本中连锁品牌的调查结果显示，1992 年期间，温蒂汉堡在新泽西州开了两家店，在宾州开了一家店。其他连锁品牌不愿意提供有关新开店的信息。

33. 我们使用1986年的CPS档案来构建最低工资变量。1990年各州的最低工资标准来自美国国家事务局（Bureau of National Affairs）（日期不详）。

# 第3章

## 1988年加州最低工资影响的州内证据

> 整个联邦制度非常乐于看到某一个州的公民愿意勇敢地选择本州作为新的经济或社会实验的试验田，而且这样也不会对联邦的其他地区带来风险。
>
> ——大法官 路易斯·D. 布兰代斯（Louis D. Brandeis）

正如我们在第2章中看到的，单一雇主并不一定会通过削减岗位来应对最低工资的上调，虽然这一发现非常出乎意料，也非常重要，但毕竟围绕着最低工资的讨论大部分都只关心总体结果，例如青少年就业率等。在本章中，我们基于卡德（Card, 1992b）的研究，从单一雇主的微观视角转向更广泛的州层面来研究1988年7月1日加州上调最低工资的影响。但这一视角的转变也会带来一系列新的问题：最低工资如何影响工资分布？上调最低工资是否不利于青少年或其他低薪群体的就业率？哪些行业受最低工资的影响最大？尽管研究的重点发生了变化，但我们在研究中依然选择使用自然实验的方法,具体而言,我们通过最低工资保持不变的州劳动力市场趋势,来推断在没有新法的情况下加州就业市场的发展情况。

鉴于加州的法律和经济特点,1988年最低工资发生变化这一事件非常具有参考价值。第一,最低工资从3.35美元上调到4.25美元这一近27%的上调幅度非常大,而且是一步到位的。在上调前,该州有11%的成年人和50%的青少年的收入介于3.35美元和4.24美元之间。毫无疑问,这一上调有可能会对加州的劳动力市场产生重大影响。第二,由于该州的规模较大,我们可以使用CPS的详细微观数据来研究上调对微观个体与宏观劳动力市场的影响。而且将这些数据与最低工资法保持不变的州的数据进行比较,可以得到相对精确的关于最低工资影响的估计结果。第三,由于历史上一个意外的法律裁决,导致4.25美元的最低工资的影响范围覆盖到了餐饮业中收小费的雇员(以下简称"小费雇员")群体,如此高的最低工资标准为这一经济中的重要部门提供了一个理想的自然实验。第四,1988年这一法律出台时间也恰逢一个通胀温和、失业率下降的时期。这种稳定的经济环境使得我们能够很容易地将最低工资的影响与劳动力市场中的其他经济冲击区分开。

我们对加州的分析表明,上调最低工资对低薪雇员的收入有很大的影响,而且对于青少年的收入影响更大。根据我们的估计结果,上调使得该州青少年的平均工资增加了10%。然而,我们却没有发现工资增长导致青少年或其他低薪雇员的就业率下降的任何证据。相反，我们发现上调还有可能提高该州青少年的工资和就业率。即使是在零售业，我们也未曾发现上调最低工资导致就业大幅度减少的证据。

## 立法简史

1988年年中加州最低工资的上调是在经过了长达一年时间的立法、行政和司法判决后才落地的。[1] 1987年5月，州众议院的劳工与就业委员会通过了将最低工资从3.35美元上调到4.25美元的法案，该法案从1988年1月1日起生效，并规定在1989年和1990年进一步上调。而议会两院随后又通过了一项法案，规定从1988年1月1日起一次性将最低工资上调到4.25美元。1987年9月，州长以州的产业福利委员会（Industrial Welfare Commission，以下简称"IWC"）尚未表决为由否决了该法案。根据加州法律，IWC有权为该州所有雇员制定最低工资标准，该委员会在1986年开始就新的最低工资标准进行听证。1987年12月，IWC宣布将最低工资提高到4.25美元，从1988年7月1日起生效。

IWC的裁决还为小费雇员群体规定了3.50美元的次级最低工资（subminimum）标准，但随后加州劳工联合会立即反对，并以次级最低工资标准违反《加利福尼亚州劳动法》（California Labor Code）为由提出上诉。上诉法院于1988年6月否决了这一次级最低标准。因此，当新的最低工资法于7月1日开始施行时，小费雇员的法定最低工资标准尚未明确。最终还是在1988

年 10 月 31 日，由州最高法院维持上诉法院判决并驳回次级最低工资标准后才得以解决。到 1988 年年底，除了低于 18 岁的雇员（受次级最低标准的约束）和少数职业或行业，所有加州雇员（包括小费雇员）的最低工资被明确设定在了 4.25 美元的标准。

## 1987年低薪雇员的特点

为了估计加州上调的最低工资的影响，我们需要先摸清各部门中受该法影响雇员的类型。表 3.1 中列出了该州在上调的前一年低薪雇员的人口特征和所属行业，这些数据来自 1987 年 12 次 CPS 月度调查的汇总数据。[2] 第（1）列为该州所有雇员的特征，第（2）列和第（3）列为调查时期工资低于当时标准 3.35 美元与介于 3.35 美元和 4.24 美元之间的雇员的特征。

1987 年，有 1.3% 的加州雇员的工资低于联邦最低工资。由于加州法律为大多数联邦法规覆盖范围之外的雇员规定了 3.35 美元的最低工资，所以这些人很有可能非法受雇于不遵守规定的雇主。[3] 其他人群，包括一些 16 岁和 17 岁的雇员以及一些居家办公的雇员，也属于法律上允许的可以不受联邦和州最低工资法约束的群体。第三组低于最低标准的雇员包括未能准确报出常规周收入或周工时的定薪雇员①（按周、月或年领取工资的雇员）。因为他们的工资一般是通过常规周收入除以常规周工时计算的，

---

① 定薪雇员（salaried workers）有时也译成受薪雇员，与小时工（hourly workers）不同的是前者领取的是固定薪水，没有加班费，而后者若周工时超过40个小时，雇主需要支付1.5倍的加班费。

所以如果某个雇员多报工时（例如实际只工作了37.5小时，但报告说工作了40小时），那么算出来的工资就会非常低。如下两组数据使得我们不得不重视该事实。第一，工资低于3.35美元的群体比工资介于3.35美元和4.24美元之间的群体所报告的平均工时要长。第二，虽然定薪雇员的平均收入远高于一般的时薪雇员，但他们自称低于最低工资的可能性却是后者的三倍。

与低于最低工资的雇员相比，更多的雇员（占加州所有雇员的10.8%）要么工资等于3.35美元，要么工资介于3.36美元和4.24美元之间。简单起见，我们将这些雇员统称为"受影响群体"。假设工资介于3.35美元和4.24美元之间的雇员从事的是最低工资涵盖的工作，并且雇主遵纪守法，那么该群体中的雇员将会直接面临因最低工资变化而失业的风险。1988年7月1日后，这部分雇员不是工资被上调就是失业。

表3.1　1987年加州的雇员特征

|  | 所有雇员<br>(1) | 工资处于该范围内的雇员 ||
|---|---|---|---|
|  |  | <3.35美元<br>(2) | 3.35~4.24美元<br>(3) |
| 1. 平均工资（美元/时） | 10.69 | 2.64 | 3.70 |
|  | (0.06) | (0.05) | (0.01) |
| 2. 常规周工时 | 38.5 | 36.9 | 30.7 |
|  | (0.1) | (1.9) | (0.4) |
| 3. 常规周收入（美元/周） | 426.3 | 97.9 | 114.3 |
|  | (2.8) | (5.4) | (1.4) |
| 4. 平均年龄（岁） | 35.3 | 31.9 | 27.7 |
| 5. 16—19岁的百分比 | 6.4 | 26.2 | 31.0 |

续表

| | 所有雇员<br>(1) | 工资处于该范围内的雇员 | |
|---|---|---|---|
| | | <3.35 美元<br>(2) | 3.35～4.24 美元<br>(3) |
| 6. 20—24 岁的百分比 | 14.1 | 14.7 | 23.0 |
| 7. 在校生百分比（16—24 岁人群中） | 30.1 | 41.8 | 47.0 |
| 8. 少数族裔（%） | | | |
|   a. 西班牙裔 | 22.5 | 36.8 | 39.0 |
|   b. 非西班牙裔黑人 | 6.1 | 4.1 | 4.6 |
|   c. 非西班牙裔白人 | 62.7 | 45.2 | 46.6 |
| 9. 女性百分比 | 45.8 | 67.2 | 57.9 |
| 10. 分布在市中心的百分比 | 37.4 | 47.6 | 39.4 |
| 11. 家庭平均收入[a]（美元/年） | 35,548 | 24,863 | 24,338 |
| | (222) | (2,023) | (649) |
| 12. 家庭收入<15,000 美元/年的百分比 | 19.0 | 48.8 | 44.2 |
| 13. 行业分布（%） | | | |
|   a. 农业 | 2.7 | 5.4 | 7.4 |
|   b. 低端制造业[b] | 2.3 | 9.4 | 7.3 |
|   c. 零售业 | 16.7 | 21.9 | 48.0 |
| 14. 样本量 | 11,591 | 150 | 1,220 |

资料来源：1987 年 CPS 数据。

注：括号内为标准误。雇员是指16—68岁不包括自由职业者和无偿雇员的时薪和定薪雇员。

[a] 用区间平均值代替。

[b] 服装、纺织品、家具、玩具和体育用品制造业。

相比整个加州的劳动力，受影响群体中妇女、西班牙裔、市中心贫民区居民以及在校生的比例更高。且受影响群体中的时薪雇员的周工时也少于低薪和高薪雇员。此外，这部分群体的年龄分布极不均衡：青少年占比略低于三分之一，23%是20—24岁的雇员。但实际上在1987年，52%的加州青少年和29%的20—24岁雇员的收入介于3.35美元和4.24美元之间。表3.1中第11行和第12行的家庭收入是基于前面12次CPS月度调查的收入数据所得。从中可见，受影响的时薪雇员所在的家庭中大约有44%年收入低于15,000美元。相比之下，1987年在加州所有16—68岁的劳动力中有24%的家庭收入水平也是如此，在加州所有雇员中这一比例为19%。正如我们会在第9章中详细讨论的那样，由于受影响群体集中在家庭收入分布的"左尾"，上调最低工资对家庭收入分布有着潜移默化的平衡作用。

表3.1中第13a—13c行是受影响群体的行业特征，从中可见近一半的员工受雇于零售业，其中约35%（占受影响群体的四分之一左右）在餐饮业中工作。考虑到大部分雇员集中在零售业及其下分的餐饮业中，因此本章中我们着重二者的研究。

## 最低工资对整个劳动力市场的影响

### 对工资分布的影响

第一个值得关注的问题是，加州上调最低工资是否会对该州的工资分布产生影响？正如图3.1所示，答案显然是"会"。其中子图（a）显示的是1987年第一季度至1989年第四季度期间，工资低于3.35美元、介于3.35美元和4.24美元之间以及正好为4.25美元的加州雇员比例。为便于比较，子图（b）显示了

# 第 3 章 1988 年加州最低工资影响的州内证据

1987—1989 年期间最低工资法保持不变的美国南部和西部各州在对应收入区间内的雇员比例。对照组中的样本包括来自亚利桑那州、佛罗里达州、佐治亚州、新墨西哥州和得州达拉斯-沃斯堡的雇员。虽然我们倾向于用与加州更相似的州——比如同样在

(a) 加州

(b) 对比地区

■ 低于 3.35 美元　□ 3.35~4.24 美元　▨ 等于 4.25 美元

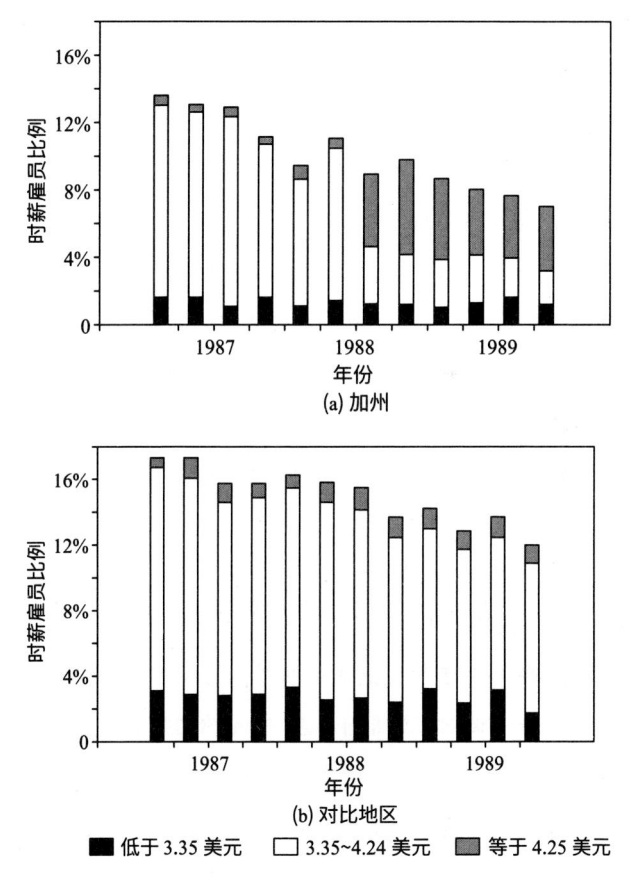

图 3.1　工资低于或等于 4.25 美元的比例

1988年年底或1989年年底上调最低工资的内华达州、俄勒冈州和华盛顿州——来充当对比样本,但我们还是选择了佛罗里达州、佐治亚州和达拉斯-沃斯堡这几个地区,与亚利桑那州和新墨西哥州一起纳入对照组样本(以下将对照组包括的这几个地区称为"对比地区")。[4]

在本章的附录中,我们比较了加州和对比地区的雇员特征。1987年,这两组雇员的劳动参与率、就业率和失业率都非常相似。尽管加州的西班牙裔雇员比例高于对比地区,但两个样本的年龄和教育分布大致是相似的,最大的区别也许就是平均工资——1987年加州的工资水平比对比地区高近22%。

如图3.1所示,1988年第二季度新的最低工资法生效后,工资为3.35~4.24美元的加州雇员比例急剧下降。与此同时,工资等于4.25美元的雇员比例却在上升。在对比地区的样本中,每个工资区间的雇员比例相对比较稳定。对1987年和1989年的年度平均值进行比较后发现,加州工资为3.35~4.24美元的雇员比例相比对比地区减少了5.2个百分点,而工资等于4.25美元的雇员比例相对增加了3.5%。

与工资高于3.35美元的雇员所受的影响相反,相比对比地区,最低工资上调对工资低于3.35美元的加州雇员的相对占比几乎没有影响。该不变性意味着在新的最低工资法生效后,次级最低工资雇员(包括工资低于3.35美元和1988年7月后工资为3.35~4.24美元的雇员)的相对规模有所扩大。我们用阿申费尔特和史密斯(Ashenfelter and Smith, 1979)对违规行为的度量方式进行估计,得到如下结论:在 1987 年工资不高于 3.35 美元的所有雇员中,有 31% 的收入低于法定最低标准。随着最低工资上调到 4.25 美元,违规率上升到 46%。

加州法律或许可以解释这种违规现象,他们允许对学徒以及 18 岁以下的雇员在最初就业的 160 个小时内采用较低的最低工资(3.60 美元)。为了证实该解释,我们统计出工资为 3.59～3.62 美元的加州青少年比例。在 1988 年 7 月 1 日到 1989 年 12 月 31 日的 6 个季度中,加州只有一位青少年(样本量为 877)声称自己的工资位于该区间内。正如我们将在第 5 章中提到的,大量证据表明企业很少会使用次级最低工资标准。面对违规率的上升,我们认为更合理的解释是,这其实是真实违规行为和与工资、收入和工作时长相关的测量误差共同作用的结果。

总结一下,通过将 1988 年 7 月前后工资分布进行对比,我们发现加州上调最低工资使得该州工资为 3.35～4.24 美元的雇员比例下降了约 5 个百分点,对工资低于 3.35 美元的雇员几乎没有影响。从工资分布中位于 4.25 美元处的尖峰来看,三分之二的受影响群体已经转移到了新的最低工资标准处。一些工资原本为 3.35～4.24 美元的雇员也被推到新标准之上,而其他人可能就失业了。为了研究后一种的可能性,我们转向就业率来寻找线索。

**对就业的影响**

通过比较加州和美国整体的就业和失业趋势,我们可以初步了解到上调最低工资对就业的影响。1987—1989年加州的失业率从5.8%下降到了5.1%，全国的失业率从6.2%下降到了5.3%，这两个趋势表明，加州的经济增长速度与美国其他地方的增长速度相似，甚至略慢一些。我们通过对总体就业率的分析也得出了同样的结论：1987—1989年加州的就业率提高了1.1个百分点，而全国则提高了1.5个百分点。

然而，对于加州的青少年来说，情况却截然不同。1987—1989年加州的青少年失业率下降了3个百分点（从16.9%到13.9%），而美国的平均失业率只下降了1.9个百分点（从16.9%到15.0%）。就业率的相对趋势更明显，加州提高了4.1个百分点（从43.0%到47.1%），全国只提高了2个百分点（从45.5%到47.5%）。由于在受上调影响的雇员中青少年占比较高，所以这些趋势与上调导致的就业流失并不吻合。

为了更仔细地分析最低工资对就业的影响，我们用美国劳工统计局公布的数据来比较加州相对于对比地区就业率的变化情况。[5] 表3.2列出的是1985—1990年的数据，我们认为1987年以前的数据可以用来检验对比地区样本的有效性。如果对比地区是一个合理的对照组，那么在整个1985—1987年期间，加州和对比地区的就业率的差异相对来说应该是稳定的。就总体就业率和青少年失业率而言，这一模型设定检验显然都是可以通过的。[6] 相比对比地区，加州的整体就业率在1987—1989年提高了0.6个百分点，这可能受益于加州青少年就业人数1个百分点的增长。[7] 然而从1987年到1989年，青少年就业人数的实际相对增长率为4.1个百分点，说明最低工资上调后青少年就业人数出现了无法解释的大幅增长。[8] 尽管1990年经济开始出现了衰退迹象（加州的总体就业率相比对比地区下降得尤其严重），联邦最低工资也于1990年4月1日上调到了3.80美元，但当年的就业数据很快就回到了以往的水平。

表3.2　1985—1990年加州与对比地区青少年和所有雇员的就业率

|  | 就业率（%） | | | | | |
| --- | --- | --- | --- | --- | --- | --- |
|  | 1985年<br>(1) | 1986年<br>(2) | 1987年<br>(3) | 1988年<br>(4) | 1989年<br>(5) | 1990年<br>(6) |
| 16岁以上的所有雇员 | | | | | | |
| 1. 加州 | 61.3<br>(0.4) | 62.0<br>(0.4) | 63.1<br>(0.4) | 63.8<br>(0.4) | 64.2<br>(0.4) | 63.1<br>(0.4) |
| 2. 对比地区 | 59.9<br>(0.3) | 60.9<br>(0.3) | 61.7<br>(0.3) | 62.4<br>(0.3) | 62.2<br>(0.3) | 62.2<br>(0.3) |
| 3. 加州-对比地区 | 1.4<br>(0.5) | 1.1<br>(0.5) | 1.4<br>(0.5) | 1.4<br>(0.5) | 2.0<br>(0.5) | 0.9<br>(0.5) |
| 青少年 | | | | | | |
| 4. 加州 | 41.0<br>(1.3) | 41.2<br>(1.3) | 43.0<br>(1.3) | 47.1<br>(1.3) | 47.1<br>(1.3) | 41.4<br>(1.3) |
| 5. 对比地区 | 45.7<br>(1.2) | 47.0<br>(1.2) | 47.0<br>(1.2) | 46.5<br>(1.2) | 47.0<br>(1.2) | 45.2<br>(1.2) |
| 6. 加州-对比地区 | −4.7<br>(1.8) | −5.8<br>(1.8) | −4.0<br>(1.8) | 0.6<br>(1.8) | 0.1<br>(1.8) | −3.8<br>(1.8) |

资料来源：就业率取自美国劳工部编纂的1985—1990年版《就业和失业的地理概况》（Geographic Profiles of Employment and Unemployment）。

注：括号内为标准误，它基于的是1989年调查数据的抽样误差。对比地区的数据是基于亚利桑那州、佛罗里达州、佐治亚州、新墨西哥州和得州达拉斯-沃斯堡的原始数据，并以1988年的人口为权重，两者得到的加权平均值。

**对特定群体的影响**

尽管表 3.2 中的就业率表明加州上调最低工资并未对青少年就业产生不利的影响，但我们还是需要把对比范围扩大到其他低薪群体。表 3.3 中的数据来自 CPS 的微观数据，其中列出了 1987—1989 年 18 组不同的年龄—种族—受教育程度的组合中每个组的工资、就业和失业的变化情况。选择这些组主要是为了确保每年加州能有至少 400 个观测值。表 3.3 的第（1）列是每组内 1987 年工资介于 3.35 美元和 4.24 美元之间的雇员比例，该衡量最低工资上调影响的统计量，其数值范围从代表学院白人毕业生的 1% 到代表两个青少年群体（非西班牙裔白人和西班牙裔白人）的 52% 不等。随后的三列是 1987 年三个劳动力市场典型统计量的均值：平均工资、就业率和失业率。最后三列是 1987—1989 年加州相对于对比地区的上述三个统计量的变化。[9] 这几个简单的 DID 统计量衡量了在此期间由于上调最低工资或其他未知的影响因素导致的加州劳动力市场上发生的额外变化。

大体上来看，1987—1989 年加州的工资相比对比地区略有下降（见表 3.3 的最后一行），但对于这 15 个群体中的 3 个群体（白人青少年、西班牙裔青少年和 20—24 岁西班牙裔）来说，加州的工资上涨速度明显加快。有意思的是，这三个群体的就业率都有一定程度的相对涨幅。在表 3.3 所列的其他群体中，工资、就业率和失业率的相对变化都有不同的规律。虽然这些变化不能被认为是显著的，但我们仍好奇，1987 年工资介于 3.35 美元和 4.24 美元之间的群体占比，与该群体的劳动力市场表现的相对变

表 3.3 工资、就业率与失业率（1987 年加州，1987—1989 年加州 – 对比地区）

| | 工资为 3.35～4.24 美元的比例 (1) | 1987 年加州 平均工资 (2) | 就业率 (3) | 失业率 (4) | DID[a] 平均工资 (5) | 就业率 (6) | 失业率 (7) |
|---|---|---|---|---|---|---|---|
| 非西班牙裔白人 | | | | | | | |
| 1. 16—19 岁 | 52.1 | 4.69 (0.10) | 48.2 (1.5) | 13.9 (1.4) | 9.6 (4.3) | 5.9 (3.1) | 0.2 (2.6) |
| 2. 20—24 岁，受教育年限 ≤12 | 13.8 | 7.65 (0.19) | 73.5 (1.6) | 7.9 (1.1) | 1.3 (5.8) | -0.9 (3.2) | -0.7 (2.2) |
| 3. 20—24 岁，受教育年限 >12 | 14.0 | 7.53 (0.16) | 77.0 (1.6) | 5.0 (0.9) | 0.7 (4.8) | 2.0 (3.1) | -0.6 (1.8) |
| 4. 25 岁以上，受教育年限 <12 | 14.6 | 9.17 (0.28) | 46.3 (1.5) | 9.3 (1.2) | 9.5 (7.0) | -2.3 (2.8) | -3.7 (1.9) |
| 5. 25 岁以上，受教育年限 =12 | 4.5 | 10.77 (0.13) | 65.7 (0.8) | 4.2 (0.4) | -2.3 (2.4) | 1.4 (1.4) | -0.3 (0.7) |
| 6. 25 岁以上，社区大学在读 | 3.2 | 12.35 (0.14) | 75.1 (0.8) | 3.3 (0.4) | -0.3 (2.5) | -0.4 (1.5) | -0.3 (0.7) |

续表

| | 工资为3.35~4.24美元的比例 | 1987年加州 平均工资 | 就业率 | 失业率 | DID[a] 平均工资 | 就业率 | 失业率 |
|---|---|---|---|---|---|---|---|
| | (1) | (2) | (3) | (4) | (5) | (6) | (7) |
| 7. 25岁以上，受教育年限≥16 | 1.0 | 16.45 (0.18) | 83.4 (0.6) | 2.3 (0.3) | 0.5 (2.4) | 0.5 (1.2) | −0.8 (0.5) |
| 非西班牙裔黑人 | | | | | | | |
| 8. 16—24岁 | 27.0 | 6.93 (0.37) | 46.9 (2.6) | 21.7 (2.8) | −8.6 (8.4) | −0.8 (5.0) | 1.5 (5.4) |
| 9. 25岁以上，受教育年限≤12 | 6.8 | 9.53 (0.29) | 53.5 (2.1) | 10.1 (1.6) | −2.9 (5.1) | 4.5 (3.5) | −1.2 (2.6) |
| 10. 25岁以上，受教育年限>12 | 1.4 | 12.35 (0.33) | 79.4 (1.7) | 6.4 (1.1) | 2.7 (6.1) | 5.7 (3.1) | −2.5 (1.9) |
| 西班牙裔 | | | | | | | |
| 11. 16—19岁 | 52.6 | 4.36 (0.11) | 37.7 (2.1) | 21.4 (2.6) | 23.1 (8.6) | 5.8 (4.8) | −4.9 (5.4) |

续表

| | 1987年加州 | | | | DID[a] | | |
|---|---|---|---|---|---|---|---|
| | 工资为3.35~4.24美元的比例 (1) | 平均工资 (2) | 就业率 (3) | 失业率 (4) | 平均工资 (5) | 就业率 (6) | 失业率 (7) |
| 12. 20—24岁 | 26.2 | 5.87 (0.12) | 69.8 (1.8) | 10.3 (1.3) | 12.4 (5.3) | 1.2 (3.9) | 1.4 (2.9) |
| 13. 25岁以上,受教育年限<12 | 22.9 | 6.49 (0.11) | 61.3 (1.2) | 8.5 (0.8) | 3.3 (5.5) | −0.1 (2.8) | −0.7 (2.1) |
| 14. 25岁以上,受教育年限=12 | 7.8 | 8.67 (0.18) | 71.7 (1.5) | 6.1 (0.9) | 4.1 (4.8) | 3.5 (3.1) | −1.8 (1.9) |
| 15. 25岁以上,受教育年限>12 | 3.5 | 12.20 (0.30) | 82.6 (1.5) | 4.2 (0.8) | −7.0 (5.3) | 3.6 (2.9) | −1.8 (1.6) |
| 其他非西班牙裔 | | | | | | | |
| 16. 16—24岁 | 23.7 | 6.10 (0.23) | 48.8 (2.3) | 10.5 (1.9) | — | — | — |
| 17. 25岁以上,受教育年限≤12 | 21.1 | 7.44 (0.24) | 58.6 (1.9) | 4.9 (1.1) | — | — | — |

续表

|  | 工资为 3.35～4.24 美元的比例 (1) | 1987年加州 平均工资 (2) | 1987年加州 就业率 (3) | 1987年加州 失业率 (4) | DID[a] 平均工资 (5) | DID[a] 就业率 (6) | DID[a] 失业率 (7) |
|---|---|---|---|---|---|---|---|
| 18. 25 岁以上，受教育年限 >12 | 3.1 | 13.04 (0.28) | 81.2 (1.2) | 3.2 (0.6) | — | — | — |
| 全部 |  |  |  |  |  |  |  |
| 19. 16—68 岁 | 10.8 | 10.69 (0.06) | 68.4 (0.3) | 5.8 (0.2) | −1.8 (1.2) | 0.8 (0.6) | −0.6 (0.4) |

注：括号内为标准误。其他非西班牙裔包括亚裔和原住民。
[a] 1987—1989 年加州相关数据的变动减去对比地区的对应变动。

化之间是否存在相关性。在工资方面的回答是：存在。如果我们将 DID 统计量与该群体占比进行简单的非加权回归，其系数估计值为 0.32，标准误为 0.10。相比之下，低薪雇员比例较高的群体似乎没有遭受任何就业损失。我们还发现，就业率的 DID 统计量与该群体占比的相关系数为 0.3。因此，就业率的相对变化与工资的相对变化呈正相关（0.29）。图 3.2 中可见这一规律，我们还在图中标记出了几个重要的群体，包括两个青少年群体和 20—24 岁西班牙裔群体。根据各组中就业和工资变化之间的正相关关系，我们可以得出如下结论：加州上调最低工资对该州低薪雇员的相对就业率不存在不利影响。

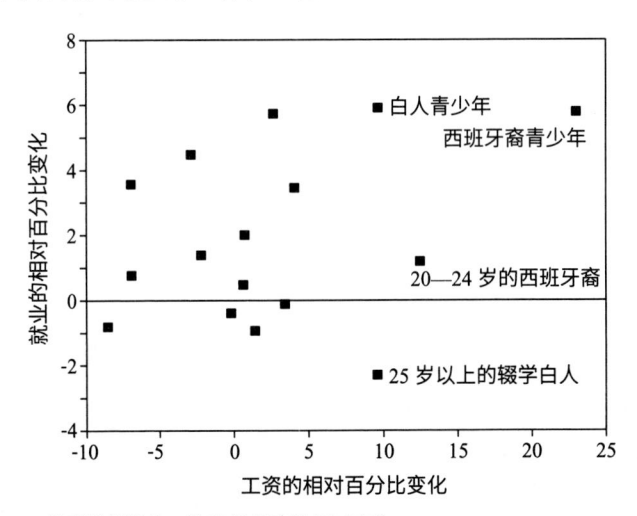

**图 3.2 按群体划分的工资和就业率的相对变化**

## 加州最低工资对青少年的影响

根据表 3.2 和表 3.3 的结论，我们转而对加州上调最低工资对青少年的影响进行更详细的研究。图 3.3 显示的是 1987 年和 1989 年加州和对比地区的青少年的工资分布情况。从中可见，1987 年两组样本的工资分布非常相似，例如众数都在联邦最低工资处，而且在 3.50 美元、4.00 美元和 5.00 美元处都有明显的尖峰。但在 1989 年，工资分布就变得明显不同。对比地区中许多青少年的工资仍停留在 3.35 美元、3.50 美元和 4.00 美元，而工资分布在左尾的加州雇员都已经转移到了 4.25 美元的新最低标准处。

表 3.4 中的数据证实了图 3.3 上的直观印象。1987 年，有 52% 的加州青少年和约 55% 的对比地区青少年的工资介于 3.35 美元和 4.24 美元之间，到了 1989 年，该范围内的对比地区青少年的比例约为 48%，而加州则下降到了约 9%，表明加州严格遵守最低工资规定的比例很高（80% 或更高）。对应的第（5）列中 DID 统计量的值约为 36 个百分点，与该值对应的是：工资为 4.25 美元的加州青少年的占比相对提高约 20%，其平均工资相对提高 10%。然而正如表 3.2 所示，青少年就业人数并没有出现补偿性减少。加州青少年的周工时与对比地区相比略有上升，就业率也相对上升了 5.6%。大部分额外就业来自劳动力的净流入：加州青少年的失业率只出现了小幅度的净下降。

# 第3章 1988年加州最低工资影响的州内证据

(a) 1987年

(b) 1989年

■ 加州青少年　　▨ 对比地区青少年

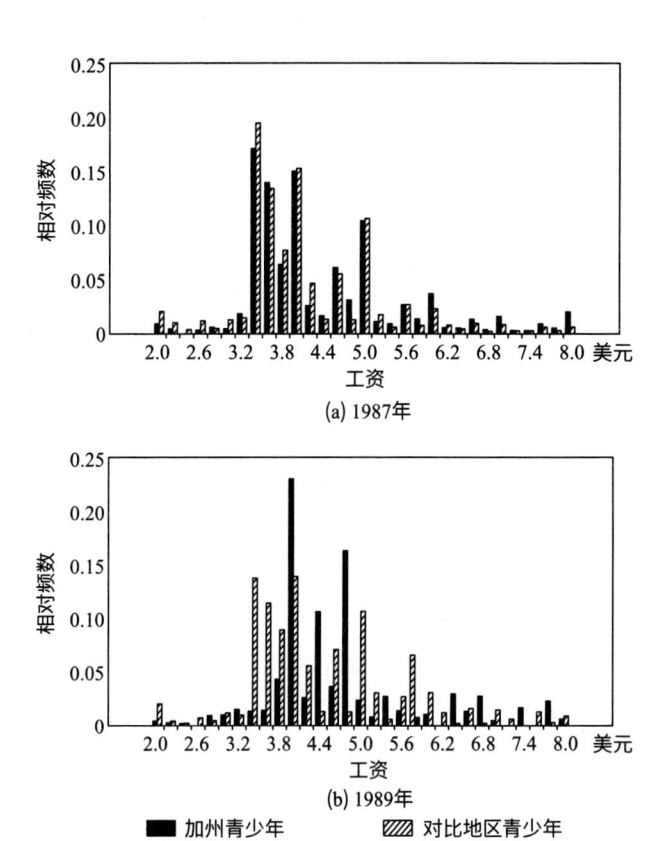

图3.3 青少年的工资分布

表3.4 1987年和1989年加州和对比地区青少年的特征

|  | 加州 |  | 对比地区 |  | DID[a] |
|---|---|---|---|---|---|
|  | 1987年 | 1989年 | 1987年 | 1989年 |  |
|  | (1) | (2) | (3) | (4) | (5) |
| 百分比 |  |  |  |  |  |
| 1. 工资 =3.35美元 | 15.5 | 0.7 | 16.1 | 11.3 | −10.1 |
|  | (1.3) | (0.3) | (1.2) | (1.0) | (2.1) |

续表

| | 加州 1987年 (1) | 加州 1989年 (2) | 对比地区 1987年 (3) | 对比地区 1989年 (4) | DID[a] (5) |
|---|---|---|---|---|---|
| 2. 工资介于3.35美元和4.24美元之间 | 52.0 (1.8) | 8.5 (1.1) | 55.3 (1.6) | 48.1 (1.6) | −36.5 (3.1) |
| 3. 工资=4.25美元 | 1.6 (0.5) | 22.5 (1.7) | 3.3 (0.6) | 4.4 (0.7) | 19.8 (1.9) |
| 其他特征 | | | | | |
| 4. 对数工资均值 | 1.46 (0.01) | 1.62 (0.01) | 1.40 (0.01) | 1.46 (0.01) | 0.10 (0.02) |
| 5. 常规周工时 | 26.2 (0.4) | 26.7 (0.5) | 27.9 (0.4) | 28.1 (0.4) | 0.3 (0.8) |
| 6. 常规周收入(美元) | 125.6 (3.5) | 149.8 (4.3) | 121.3 (2.4) | 132.1 (2.6) | 13.4 (6.6) |
| 7. 在校生比例(%) | 66.5 (1.0) | 63.1 (1.3) | 57.2 (1.0) | 59.2 (1.0) | −5.4 (2.2) |
| 8. 就业率(%) | 42.0 (1.1) | 47.4 (1.3) | 46.4 (1.0) | 46.1 (1.1) | 5.6 (2.3) |
| 9. 劳动参与率(%) | 50.5 (1.1) | 54.2 (1.3) | 56.9 (1.0) | 54.8 (1.1) | 5.9 (2.3) |
| 10. 失业率(%) | 16.7 (1.2) | 12.6 (1.2) | 18.5 (1.1) | 15.9 (1.1) | −1.5 (2.3) |
| 11. 在校生就业率[b] (%) | 34.2 (1.3) | 39.2 (1.6) | 37.0 (1.3) | 36.5 (1.3) | 5.5 (2.8) |
| 12. 样本量 | 2,032 | 1,381 | 2,354 | 2,206 | — |

注：括号内为标准误。样本为所有16—19岁的群体。
[a] 1987—1989年加州青少年的统计量变化减去对比地区青少年的统计量变化。
[b] 在校青少年的就业率。

图 3.4 从一个更广的范围描述加州青少年就业人数的增长。该图将 1989 年所有 50 个州（以及华盛顿哥伦比亚特区）的青少年就业率与 1987 年相应的就业率做了对比。图中我们重点标注了加州和 1987—1989 年上调最低工资的其他 13 个州所对应的点，并且将同一个州内 1987 年和 1989 年青少年就业率进行回归后得到的拟合回归线也画在了图上。1987—1989 年全美的青少年就业率上升了 2%，而加州上升了 4.1%，对比地区的变化可忽略不计。这一更广范围的比较表明，加州青少年就业率相比对照组的涨幅可能被高估了。例如，加州青少年就业率比图 3.4 中拟合回归线给出的预测值高了 1.7%（标准误为 3.4%）。如果用 1987 年青少年就业率的变化和 1987—1989 年总体就业率的变化进行回归来估计 1989 年青少年就业率，发现实际值比预测值高

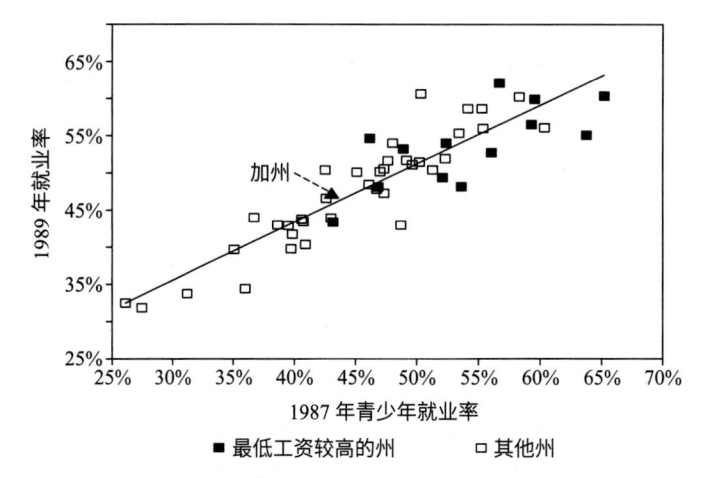

图 3.4 青少年就业率（1987 年与 1989 年）及其拟合回归线

出 2.2%（标准误为 3.1%），总之无论采用什么比较方法，我们都没有发现加州青少年就业率有明显的下降。

长期萦绕在最低工资研究领域中的一个问题是：最低工资的变化是否影响青少年的在校情况（参见 Ehrenberg and Marcus, 1980）。表 3.4 中的数据表明，最低工资上调后加州的在校生比例相比对比地区有所下降。但有意思的是，在校生比例的下降与加州就业率的相对上升并没有直接的关系。正如表 3.4 中倒数第 2 行所示，在校生就业人数的相对增长与所有青少年的增长幅度大致是一样的。

表 3.4 中的在校生比例是一年的平均值，而且综合了传统学校、暑期学校和其他学习项目。传统的在校生比例衡量指标是基于秋季月份的统计数据。由 9—12 月 DID 统计量可见，加州的下降幅度相对较小（-3.8%，标准误为 4.0%）。虽然估计得不是很准确，但该变量的影响还是比较大的。为了检查在校生变化比例这一数据的准确性，我们获取了 1987—1989 年加州和对比地区的高中与社区大学在校生比例的官方数据。综合公立高中和各类高等教育本科的在校生比例数据来看，在 1987 秋季和 1989 年秋季之间，加州的学生人数下降了 2 个百分点，而对比地区则提高了 1.3 个百分点。[10] 该差异与表 3.4 中显示的值基本是吻合的。

表 3.4 中的简单平均值和 DID 统计量并没有经过 CPS 中青少年的人口特征进行调整。理论上，经过加权后的 CPS 样本应该是总体中最具有代表性的样本；但经过如年龄、性别和种族等人口特征调整后可能会使得加州和对比地区的相对变化的估计值

更稳定、更精确。这些调整在回归中很容易实现,方法是收集加州和对比地区两年的样本、各种控制变量的数据,以及四个目标样本(1987 年和 1989 年的加州与对比地区)的数据和相关指标。随后,通过年龄(四个区间)、性别、种族(四类)、个人接受调查的月份和地点(加州四个主要城市和对比地区中的个别州)这几个控制变量估计 1987 年和 1989 年之间就业率、工资和在校生比例的相对变化,发现就业率和对数工资均值的相对变化与表 3.4 中未经调整的 DID 估计值基本相同,回归调整后差异的标准误也与表中的标准误非常相似。回归调整后的在校生比例的相对变化是 –3.1%,略低于未调整的 DID 估计值,而且与秋季在校生比例的相对变化很接近。

总之,增加控制变量并没有改变我们关于最低工资对青少年的就业影响的结论。相比对比地区,加州青少年就业率在 1987 年和 1989 年之间提高了 4.1%(表 3.2 中公布的数据)或 5.6%(通过表 3.4 中的微观数据得到的估计值)。此外,相比基于 1987 年和 1989 年之间各州青少年就业人数变化得到的估计值,1989 年加州青少年的就业率要高出 1.7% 至 2.2%。虽然这些估计不够精确,不足以拒绝最低工资对青少年就业率没有影响的假设,但足以拒绝就业率显著下降的假设。例如,第 6 章的时间序列文献中将提到,如果青少年就业率相比最低工资的弹性是 0.1,那么加州 27% 的最低工资上调幅度会使得青少年就业率下降 2.7 个百分点。我们得出的数据并不支持如此明显的影响。

## 对零售业的影响

1987年,工资介于原联邦最低工资标准和新的州最低工资标准之间的加州雇员中,有一半受雇于零售业。上调后零售业的变化非常有意思。因为设定新的最低标准的IWC原本还计划为餐饮业的小费雇员再设定一个次级最低工资标准,但后来被州最高法院推翻了,所以对于占该州零售业很大一部分体量的餐饮业而言,其最低标准比预期要高出20%。人们可能会认为这一非计划中的最低工资标准,其影响要大于原先特意选择的标准。

表3.5描述了1987年和1989年加州和对比地区零售业雇员的工资和人口特征。在新的最低标准生效后,加州工资介于3.35美元和4.24美元之间的雇员比例相对减少了很多。这一变化可能与零售业每小时和每周的收入约5%至7%的相对增长有关。但令人惊讶的是,零售业的周工时、劳动力的年龄或性别的比例却没有发生显著变化。其中相对明显的一个变化是加州的西班牙裔雇员比例增加了。所以与传统结论相反,通过这些比较,我们发现年轻或资历很浅的雇员并没有被替代。

表3.5  1987年和1989年加州和对比地区零售业的雇员特征

|  | 加州 1987年 (1) | 加州 1989年 (2) | 对比地区 1987年 (3) | 对比地区 1989年 (4) | DID[a] (5) |
|---|---|---|---|---|---|
| 百分比 |  |  |  |  |  |
| 1. 工资<3.35美元 | 1.7 (0.3) | 1.2 (0.3) | 7.1 (0.5) | 6.6 (0.5) | −0.1 (0.8) |

续表

|  | 加州 1987年 (1) | 加州 1989年 (2) | 对比地区 1987年 (3) | 对比地区 1989年 (4) | DID[a] (5) |
|---|---|---|---|---|---|
| 2. 工资=3.35美元 | 10.6 (0.7) | 0.7 (0.2) | 7.1 (0.5) | 4.7 (0.4) | −7.6 (1.0) |
| 3. 工资介于3.35美元和4.24美元之间 | 30.8 (1.1) | 4.7 (0.5) | 30.1 (0.9) | 24.2 (0.8) | −20.2 (1.7) |
| 4. 工资=4.25美元 | 0.8 (0.2) | 14.7 (0.9) | 1.7 (0.3) | 2.8 (0.3) | 12.7 (1.0) |
| 其他特征 |  |  |  |  |  |
| 5. 对数工资均值 | 1.80 (0.01) | 1.90 (0.01) | 1.67 (0.01) | 1.72 (0.01) | 0.05 (0.02) |
| 6. 常规周工时 | 34.9 (0.2) | 35.0 (0.3) | 36.7 (0.2) | 36.8 (0.2) | 0.1 (0.5) |
| 7. 常规周薪（美元） | 261.1 (5.0) | 291.2 (6.3) | 241.5 (4.0) | 252.4 (3.7) | 19.2 (9.8) |
| 8. 16—19岁比例（%） | 16.7 (0.7) | 16.4 (0.9) | 15.7 (0.6) | 16.1 (0.6) | −0.7 (1.4) |
| 9. 20—24岁比例（%） | 19.6 (0.8) | 19.0 (0.9) | 18.1 (0.7) | 17.4 (0.6) | 0.1 (1.5) |
| 10. 16—24岁在校生比例（%） | 14.9 (0.7) | 15.7 (0.8) | 12.7 (0.6) | 12.5 (0.6) | 1.0 (1.4) |
| 11. 女性比例（%） | 49.2 (1.0) | 46.4 (1.1) | 51.0 (0.9) | 49.9 (0.9) | −1.6 (1.9) |
| 12. 西班牙裔比例（%） | 20.6 (0.8) | 24.9 (1.0) | 11.9 (0.6) | 11.6 (0.6) | 4.5 (1.5) |
| 13. 样本量 | 2,521 | 1,889 | 3,394 | 3,388 | — |

注：括号内为标准误。样本包括16—68岁零售业的雇员。

[a] 1987年和1989年间加州的统计量变化减去对比地区的统计量变化。

我们对餐饮业雇员也进行了相同的比较。1987年，餐饮业人数约为加州零售业人数的30%，在工资介于3.35美元和4.24美元之间的雇员中更是超过了四分之一。比较结果见表3.6。上调后加州有约32%的餐饮业雇员声称享受了最低工资的新标准。我们还看到了对数工资均值也有8%的相对涨幅，但周工时和行业年轻雇员占比却没有显著变化。因此就整个餐饮业而言，上调最低工资后我们并没有发现"工作技能升级"的迹象。

表 3.6　1987 年和 1989 年加州和对比地区餐饮业的雇员特征

|  | 加州 1987年 (1) | 加州 1989年 (2) | 对比地区 1987年 (3) | 对比地区 1989年 (4) | DID[a] (5) |
|---|---|---|---|---|---|
| 百分比 | | | | | |
| 1. 工资 <3.35 美元 | 3.2 (0.7) | 2.0 (0.6) | 18.3 (1.3) | 18.2 (1.3) | −1.1 (2.1) |
| 2. 工资介于 3.35 美元和 4.24 美元之间 | 54.6 (2.0) | 7.7 (1.2) | 39.0 (1.7) | 34.7 (1.6) | −41.6 (3.2) |
| 3. 工资 = 4.25 美元 | 1.2 (0.4) | 32.1 (2.1) | 1.7 (0.4) | 1.9 (0.4) | 30.7 (2.2) |
| 其他特征 | | | | | |
| 4. 对数工资均值 | 1.52 (0.02) | 1.66 (0.02) | 1.42 (0.02) | 1.47 (0.02) | 0.08 (0.03) |
| 5. 常规周工时 | 32.3 (0.5) | 32.0 (0.5) | 34.6 (0.4) | 35.0 (0.4) | −0.6 (0.9) |
| 6. 16—19 岁比例 | 23.7 (1.6) | 23.3 (1.7) | 23.2 (1.3) | 22.2 (1.3) | 0.6 (3.0) |

续表

|  | 加州 1987年 (1) | 加州 1989年 (2) | 对比地区 1987年 (3) | 对比地区 1989年 (4) | DID[a] (5) |
|---|---|---|---|---|---|
| 7. 20—24岁比例 | 44.1 (1.8) | 45.0 (2.1) | 47.2 (1.6) | 42.5 (1.3) | 5.6 (3.5) |
| 8. 西班牙裔比例 | 26.0 (1.6) | 34.2 (2.0) | 12.8 (1.1) | 12.1 (1.0) | 8.9 (2.9) |

注：括号内为标准误。样本包括16—68岁餐饮业（食品和饮料）的雇员。
[a] 1987年和1989年间加州雇员的统计量变化减去对比地区雇员的统计量变化。

CPS 的微观数据显示，1987年至1989年期间，零售业和餐饮业雇员的工资有了明显的相对涨幅。为了衡量最低工资对就业的潜在影响，我们从《县级商务模式》(County Business Patterns，以下简称"CBP"）调查报告中获取行业数据，详见表3.7。CBP 的就业人数来自税收记录，而且适用区间可以延长至次年的3月31日。唯一的瑕疵是没有找到达拉斯-沃斯堡都会区的数据，因此我们采用了整个得州的数据。CBP 数据显示，1987年后整个加州零售业的就业增长速度略高于美国的其他地区（定义为整个美国减去加州）或对比地区，而且1987年至1989年餐饮业在这三个地区的相对就业增长几乎都相同。

表 3.7 零售业和餐饮业的就业情况

| | 1983 年<br>(1) | 1984 年<br>(2) | 1985 年<br>(3) | 1986 年<br>(4) | 就业指数（1987 年=100）<br>1987 年<br>(5) | 1988 年<br>(6) | 1989 年<br>(7) | 1990 年<br>(8) |
|---|---|---|---|---|---|---|---|---|
| 所有零售业 | | | | | | | | |
| 1. 加州 | 82.73 | 87.55 | 91.00 | 95.73 | 100.00 | 102.95 | 105.50 | 108.91 |
| 2. 对比地区 | 81.11 | 87.35 | 92.66 | 96.21 | 100.00 | 101.40 | 104.24 | 107.63 |
| 3. 除加州外的美国 | 82.70 | 87.29 | 91.57 | 95.24 | 100.00 | 101.98 | 104.92 | 107.43 |
| 餐饮业 | | | | | | | | |
| 4. 加州 | 80.70 | 86.21 | 89.25 | 93.95 | 100.00 | 103.66 | 105.60 | 108.56 |
| 5. 对比地区 | 76.76 | 82.43 | 88.54 | 94.87 | 100.00 | 101.71 | 105.56 | 109.47 |
| 6. 除加州外的美国 | 79.83 | 84.55 | 88.88 | 93.48 | 100.00 | 102.07 | 105.44 | 108.33 |

资料来源：CBP（1983—1990）。

注：对比地区为亚利桑那州、佐治亚州、新墨西哥州和得州，但仅限此表中。

图 3.5 显示的是上述这些就业的相对趋势。其中，子图（a）是整个零售部门的数据，子图（b）是餐饮业的数据。子图（b）

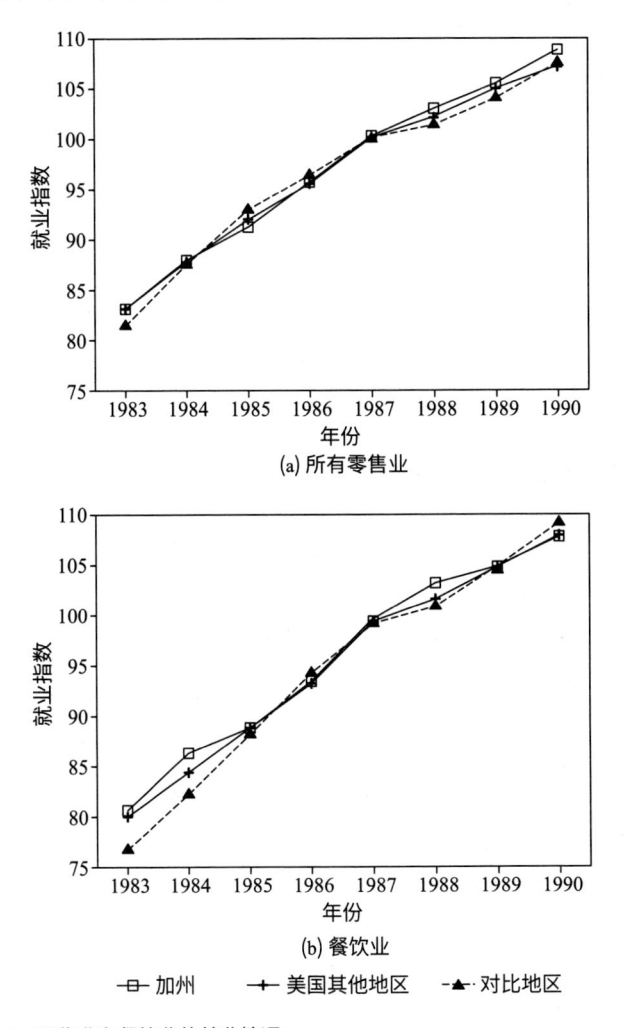

图 3.5 零售业和餐饮业的就业情况

中一个很明显的趋势是，加州餐饮业的就业在1987年3月至1988年3月期间呈相对增长，随后在1988年3月至1989年3月期间转为相对下降。因为最低工资是在1988年7月上调的，所以我们也可以将1988年视为评估最低工资影响的基期。我们发现，若以1988年为基期，在最低工资上调生效后，加州餐饮业的就业率下降了1.3%到1.9%。但我们无法得知如果最低工资保持不变，1987年至1988年期间加州餐馆就业的相对增长是否还会持续下去。最终我们的结论是，上调最低工资对餐饮业就业的影响可能是零（若以1987年为基期）或只在 –1% 和 –2% 之间（若以1988年为基期）。

## 关于就业增长的跨行业分析

我们关于加州最低工资上调几乎不影响该州就业增长的结论并非没有受到过质疑。在一篇论文中，金和泰勒（Kim and Taylor, 1994）提出的若干个模型就能很好拟合加州零售业细分行业的 CBP 数据。但得到的结论与我们的相反，他们认为加州最低工资的上调对该州的就业增长带来了巨大的不利影响。按照他们的估计结果，最低工资上调到4.25美元使得该州零售业就业率减少5%，餐饮业减少8%。[11] 但我们从表3.7和图3.5中看到，结果非常出人意料，零售业整体上并没有出现显著的就业率下降。然而金和泰勒却认为，这是因为加州零售业中存在能够抵消最低工资给就业带来的不利影响的未知的需求冲击。

在本节中，我们对金和泰勒的估计方法和结果进行分析和讨论。先简要概括下我们的结论：我们认为，他们的结论的主要问题在于 CBP 数据本身的缺陷。CBP 数据的一个主要问题是没有个体工资方面的信息，只有行业的就业人数（截至每年 3 月）及其工资总支出（当年第一季度）。所以，个体工资只能通过工资总支出除以就业人数来估计，但这就使得就业人数和该自定义的"工资"之间存在内生性。CBP 数据的第二个问题是，行业就业数据的随机波动非常巨大，任何关于最低工资的结论对采样期和估计方法都非常敏感，详见表 3.8。该表显示的是加州零售业的 7 个细分行业中，每个雇员的工资支出以及就业总人数相比全美的增长率。该表的结构与金和泰勒的文献中表 3.1 的结构相同。第（1）列到第（2）列是 1988 年（上调前）到 1989 年（上调后）的相对增长率。值得注意的是，该期间单个雇员工资支出增长较快的行业，其就业增长却较慢。金和泰勒将这种相关性视为最低工资不利于就业的证据，即 1988 年到 1989 年间依法上调最低工资的行业的就业都有不同程度的下降。第（3）列到第（4）列是 1987—1989 年单个雇员工资与就业人数的相对增长率。在这段时期内，各行业中并没有发现个体工资和就业总人数在相对增长率上有任何相关性。所以，如果 1988—1989 年的工资支出和就业变化是由最低工资导致的，就很难解释为什么基期的变化也会对结论产生影响。总之，经过我们一系列的模型设定检验，其结果质疑了金和泰勒的分析结论。

表 3.8　单个雇员工资和就业总人数的相对增长率（按行业划分，加州相比美国全境）

|  | 1988—1989 年变化幅度 |  | 1987—1989 年变化幅度 |  |
|---|---|---|---|---|
|  | 单个雇员工资 (1) | 就业人数 (2) | 单个雇员工资 (3) | 就业人数 (4) |
| 1. 一般商品 | 6.86 | −6.16 | 5.97 | 2.06 |
| 2. 餐馆 | 4.63 | −1.25 | 3.61 | 0.14 |
| 3. 食品店 | 2.36 | −0.37 | −3.28 | 0.81 |
| 4. 服装、饰品 | 2.31 | 1.20 | 6.28 | −0.28 |
| 5. 建筑用品 | 0.77 | 3.15 | 5.48 | −0.17 |
| 6. 家具 | 0.04 | 3.87 | 1.44 | 7.81 |
| 7. 汽车经销商和服务站 | −1.56 | 2.02 | −0.18 | −2.75 |

资料来源：通过美国商务部《县级商务模式》中公布的数据计算而来。

注：第（1）列和第（2）列的相对变化数据以 1988 年 3 月到 1989 年 3 月为期，第（3）列和第（4）列的相对变化数据以 1987 年 3 月到 1989 年 3 月为期。第（1）列和第（2）列中数据的相关性为 −0.90。第（3）列和第（4）列中的相关性是 −0.03。

另一组证据也表明最低工资的影响至少对餐饮业来说很小。根据各大城市外出就餐的餐品成本和快餐店汉堡的价格编制的价格指数显示，加州的价格增长速度与全美其他地区的增长速度相差无几。[12] 但这种相似与以下观点是不一致的，即最低工资对餐饮业产生了巨大的就业不利影响，而这种影响被我们观察到的需求冲击所抵消掉了。表 3.7 和图 3.5 中的实际数据是支持这种相似性的存在的。也就是说，加州餐饮业的就业总人数不受最低工资上调的影响（以 1987 年为基期）或只减少了 1% 至 2%（以 1988 年为基期）。

## 方法

金和泰勒用零售业中近60个四位数代码的细分行业（以下简称"四位数行业"）的CBP年度数据，然后将加州和美国其他地区之间就业人数的相对变化视为行业工资相对变化的函数：

$$\Delta E_{cit} - \Delta E_{Rit} = a + b \, ( \Delta W_{cit} - \Delta W_{Rit} ) + v_{it} \quad (3.1)$$

其中，$\Delta E_{cit}$ 代表加州行业 $i$ 在 $t-1$ 到 $t$ 年间就业人数的变化比例，$\Delta E_{Rit}$ 代表美国其他地区同一个行业 $i$ 内就业人数的变化比例，$\Delta W_{cit}$ 代表加州行业 $i$ 在 $t-1$ 到 $t$ 年间工资（花在每个雇员身上的工资支出）的变化比例，$\Delta W_{Rit}$ 代表美国其他地区同一个行业 $i$ 内单个雇员的工资变化比例，$v_{it}$ 代表与行业和年份相关的特定的经济冲击。金和泰勒将该方程称为结构性需求方程，系数 b 为就业需求对工资变动的弹性。

由于CBP数据不包含时薪数据，金和泰勒只能通过每年第一季度的行业工资总支出与3月31日的就业总人数之比来定义单个雇员的"工资"。一个企业所属的行业或其他数据源的变化导致的任何就业增长率的计算误差，都会导致工资增长率产生反向或同向误差。为了理解这一点，我们可以将加州行业的"工资"取对数，根据定义，该值就等于加州行业的对数工资总支出与对数就业总人数的差：

$$W_{cit} = P_{cit} - E_{cit}$$

假设自定义的对数就业人数不等于实际的对数就业人数 $E^*_{cit}$，这时我们可以引入一个测量误差：

$$E_{cit} = E_{cit}^* + u_{cit}$$

因此自定义的就业增长率为:

$$\Delta E_{cit} = \Delta E_{cit}^* + \Delta u_{cit}$$

其中第二项表示测量误差的变化。代入得到自定义工资的增长率:

$$\Delta W_{cit} = (\Delta P_{cit} - \Delta E_{cit}^*) - \Delta u_{cit}$$

注意自定义工资增长与实际工资增长的不同之处在于,前者与就业的测量误差的变化是负相关的。如果就业人数发生变化,那么自定义工资将发生反向变化。

图 3.6 表示就业和工资增长之间强烈的负相关关系。我们把 1988 年和 1989 年之间每个四位数行业中的就业人数相对变化与对应的工资相对变化进行比较,如果相对工资增长的方差都可以归因于就业人数的随机测量误差,那么此时所有数据呈现出的是斜率恰好为 –1 的直线,而我们实际数据显示,其拟合斜率与 –1 相差不大,见图 3.6。(如果通过普通的非加权 OLS 进行回归,其回归系数为 –0.89,标准误为 0.09。)从该图还能看出,CBP 数据中各个行业的增长率差异很大。相对于美国的其他地区,加州的工资增长率从 –22% 到 +11% 不等,就业人数的相对增长率从 –11% 到 +40% 不等。部分相对变化的幅度告诉我们,模型中存在较为显著的测量误差。[13]

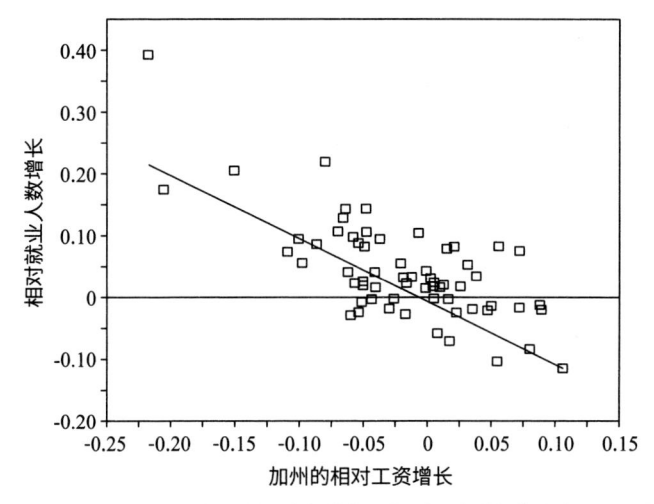

图 3.6 1988—1989 年间相对就业人数增长和相对工资增长的散点图，图中直线的斜率为 –1.0

由于用 CBP 数据估计出来的就业人数和工资之间存在着内生性，方程（3.1）中的系数 b 的 OLS 估计值约等于 –1。金和泰勒注意到了这个现象并试图通过引入工具变量（IV）来消除该偏差，消除未知的需求冲击 $v_{it}$ 和相对工资增长之间任何可能的相关性。他们用较早一段时期行业的对数工资均值，以及企业的对数规模均值作为工资相对变化的工具变量。为了估计工资的弹性，工具变量法只考虑工资变化中被工具变量解释的那部分，因此在用工具变量法估计的时候必须理解自变量中可解释的方差。

用更早的工资滞后值作为工资增长的工具变量的理由很显然：上调前工资较低的行业在依法上调后的工资增长幅度理应更大。因此，加州工资水平的滞后值理应与 1988—1989 年的相对工资的变化呈负相关关系。不过很不幸，任何测量误差都会导致 $t-1$ 期的工资与在 $t-1$ 到 $t$ 年间的就业人数增长产生内生性。为了避免这个问题，一个简单的方法是，用加州 $t-2$ 期的工资作为工资变化中由最低工资变化导致的那部分的工具变量。因为该变量不受 $t-1$ 或 $t$ 期就业人数的测量误差的影响。另一方面，1987年的行业平均工资水平理应能很好地解释最低工资法对1988年到1989年间工资增长的影响，因为行业间的工资差异在一段时间内是高度稳定的。

不过金和泰勒使用企业平均规模作为另一个工具变量的合理性就略逊一筹。人们印象中规模较小的企业的平均工资较低（Brown and Medoff, 1989），因此相对工资的增长与企业平均规模之间可能存在负相关的关系。但 CBP 数据显示，1988年到1989年间的相对工资增长与企业平均规模之间却是正相关的。金和泰勒认为这是由于部分企业的违规行为导致的。他们认为大企业更愿意严格遵守最低工资法，因此该法对大企业占比较高的行业影响较大。但与最低工资影响直接相关的，应是那些雇主是行业内遵纪守法的企业且原先工资低于新标准的雇员占比。由于工资低于新标准的现象发生在低薪小企业的比例更高，因此我们猜测最低工资的影响在小企业占比较高的行业中可能更大。

由于四位数行业的就业数据因测量误差的存在而波动巨大，因此方程（3.1）中工具变量的选择尤为重要。结构上看，CBP 数据中就业和工资变化的负相关关系导致方程（3.1）的 OLS 估计值偏小。此外，如果工具变量的有效性欠佳，IV 估计值会偏向 OLS 估计值（Nagar, 1959; Buse, 1992; Angrist and Krueger, 1994）。因此如果使用的工具变量与相对工资变化之间只是伪相关，那么会导致 IV 估计值是一个很大的负值。

**1988 年最低工资法对就业的影响**

金和泰勒非常慷慨地向我们提供了他们的原始数据，我们将其与 1990 年的数据进行合并来估计方程（3.1），结果如表 3.9 所示。表中上半部分的估计结果用的是相隔一年的工资和就业人数的差分值，下半部分用的是相隔两年的。理论上，无论相隔区间是长是短，只要该区间包含上调的生效时间——1988 年 7 月，那么得到的估计值理应是接近的。所以，表 3.9 上下两部分的比较可以视为对估计值含义的一个模型设定检验。我们在表中列出了 OLS 估计值和两个工具变量的估计值：加州行业工资的二阶滞后值和加州 1987 年企业对数规模均值。[14] 所有模型都是通过加权最小二乘法进行估计的，权重为 $t-2$ 年（一阶差分模型）或 $t-1$ 年（二阶差分模型）整个美国在该行业内的就业人数。为了方便对比，我们对一阶差分模型（也就是泰勒和金的文献中的模型设定）中 1988—1989 年的估计结果和二阶差分模型中 1987—1989 年和 1988—1990 年的估计结果进行了加粗显示。这三个估计结果所用的时间区间都包括了 1988 年 7 月 1 日。

表 3.9　不同时间段内相对就业增长模型的估计结果

|  | OLS | 工具变量 工资滞后值 | 工具变量 对数规模 |
|---|---|---|---|
|  | (1) | (2) | (3) |
| 一阶差分 |  |  |  |
| 1. 1987—1988 年 | −0.20 | 0.21 | −1.88 |
|  | (0.22) | (0.85) | (1.13) |
| **2. 1988—1989 年** | **−0.90** | **−0.38** | **−1.29** |
|  | **(0.08)** | **(0.36)** | **(0.20)** |
| 3. 1989—1990 年 | −0.81 | −0.62 | −0.59 |
|  | (0.10) | (0.45) | (0.24) |
| 二阶差分 |  |  |  |
| 4. 1986—1988 年 | −0.10 | −1.79 | −0.22 |
|  | (0.10) | (3.51) | (0.38) |
| **5. 1987—1989 年** | **0.23** | **−0.10** | **0.33** |
|  | **(0.23)** | **(0.53)** | **(2.27)** |
| **6. 1988—1990 年** | **−0.80** | **−0.29** | **−4.01** |
|  | **(0.12)** | **(0.89)** | **(5.07)** |

注：括号内为标准误。所有模型设定中的因变量是加州的对数就业人数的变化减去美国其他地区的对数就业人数的变化。解释变量是单个雇员的对数工资的相对变化。所有模型都包括常数项。这些模型对 52～56 个行业进行了估计。所有的估计结果都是经过加权的。在一阶差分情况下，权重是整个美国在该行业内的就业人数的二阶滞后值。在二阶差分情况下，权重是整个美国在该行业内的就业人数的一阶滞后值。

正如表 3.9 中第（1）列所示，方程（3.1）在一阶差分情况下的 OLS 估计值是负的，1988—1989 年和 1989—1990 年的估计值的绝对值很大且高度显著。二阶差分情况下的 OLS 估计值中，1987—1989 年的估计值为正，不同于一阶差分中均为负数的情况，而 1988—1990 年的估计值是一个很大的负数。如果将行业工资的滞后值作为工具变量［见第（2）列］，那么没有一个估计值是显著的。最核心的时间区间 1988—1989 年所对应的 IV 估计值为 −0.38，$t$ 值约为 1。因此从可视为两阶段最小二乘法（2SLS）中的第一阶段的估计结果可见，工资滞后值与 1988—1989 年的工资增长呈现出显著的负相关关系。相比之下，1987—1988 年和 1989—1990 年的第一阶段方程的估计结果却是不显著的，说明在最低工资保持不变的情况下，行业的工资增长与工资水平无关。[15]

将加州工资的滞后值作为工具变量的二阶差分 IV 估计值也是负的，但并不显著。而 1987—1989 年和 1988—1990 年的第一阶段方程的 IV 估计值却是显著的，说明在上调最低工资后，对于平均工资较低的行业，其工资上涨速度较快，但第二阶段的估计结果过于粗糙导致结果对于判断最低工资影响的参考意义不大。

表 3.9 的第（3）列显示的是用企业规模作为工具变量的 IV 估计值。首先，可以注意到第 2 行中对 1988—1989 年这一核心区间的 IV 估计值是高度显著的，甚至比对应的 OLS 估计值的负数更小，表明方程（3.1）的 OLS 估计值是偏正的。就第一阶段的回归结果来看，从 1988 到 1989 年，企业规模较大的行业的工资增长速度较快，就业人数增长较慢。但正如我们之前提到的，这并不能反映出最低工资对企业规模较大的行业有更大的影响。相反，也许这只能说明 1988 年的数据有一定的特殊性。为了进一步解释，考虑 1987—1989 年和 1988—1990 年的二阶差分方

程。因为这两段时间都跨越了1988年7月的最低工资上调日，如果二阶差分的设定能实际反映最低工资的影响，理论上应该得到与1988—1989年类似的结果。对于1987—1989年，使用企业规模作为工具变量的IV估计值是正的，对于1988—1990年，估计值很大，但并不精确。因此就第一阶段的回归结果来看，企业规模与1987—1989年或1988—1990年的行业工资增长的关系不大。如果最低工资对企业规模较大的行业的影响更大，那么1988—1989年、1987—1989年和1988—1990年的行业工资增长理应都与企业规模正相关。但情况并非如此，所以我们猜测企业规模与1988—1989年的行业工资增长率之间的正相关关系是不成立的。

**总结**

实行统一的最低工资理应导致低薪行业的工资增长速度更快。而我们也的确发现，在加州最低工资法生效前后的所有时间段内，低薪行业的相对工资增长都是更快的，因此观察到的现象与这一假设相一致。这一发现表明，在估计最低工资对就业的影响时，行业工资的滞后值可以视为一个有效的工具变量。最后的估计结果表明，其对就业的影响是不利的，但数值很小（–0.10到–0.38的弹性），而且不那么精确（0.36到0.89的标准误）。

在金和泰勒的模型设定中，他们用工资的滞后值和企业平均规模作为最低工资对行业工资增长影响的解释变量。如果将企业平均规模视为工具变量，那么1988—1989年间的IV估计值是一个绝对值很大的负数，正是这一核心结果使得他们得出就业具有很大的负弹性的结论。为了检验企业规模这一工具变量的有效性，我们重新估计了1987—1989年和1988—1990年的模型。这两个区间都跨越了新最低工资法的生效日期，理应得出与1988—1989年时期相同的结果。但我们发现在这两个较长的时间区间内，企业规模和行业工资增长率之间的相关性消失了，不免使人怀疑企业平均规模作为工资增长率的工具变量的有效性。最终我们认为，更合适的模型设定是用工资水平来衡量不同最低工资标准下的影响，而且得到的结论是1988年最低工资法对就业的影响很小且不显著。

## 结论

1988年加州最低工资的上调对该州的工资产生了重大影响。我们估计27%的上调幅度使得青少年的平均工资提高了10%，零售业雇员的平均工资提高了5%，餐饮业雇员的平均工资提高了8%。与传统的预测相反，但与第2章中的结论一致，我们发现上调最低工资对青少年就业人数有轻微的促进影响。就整个零售业而言，我们发现加州的就业趋势在上调后与一些南部和西部的对比州，以及整个美国的趋势非常相似。即使在小费雇员的最低工资由于一个意外的法律裁决而上调的餐饮业中，我们也发现相比对比州或美国其他地区，加州就业受损的证据非常模糊。

不过有学者比较了零售业中几个细分行业的就业数据后，对我们关于上调最低工资对就业几乎没有不利影响的结论提出了疑问。我们重新检验了他们的证据，发现这些证据依然说明最低工资对就业的影响很小，而且也不显著。尽管如此，其他估计方法的结果更倾向于认为就业人数有所下降，而非青少年就业人数的上升。总的来说，我们认为加州的研究结果表明，上调州最低工资只会对工资水平产生显著影响，对就业不会产生大的系统性影响。

# 附　录

本章使用的微观数据来自 CPS 中 1987—1989 年的向外轮替组（Outgoing Rotation Group，以下简称"ORG"）[1]档案的合并月度数据。所摘录的样本包括亚利桑那州、加利福尼亚州、佛罗里达州、佐治亚州和新墨西哥州的所有 16—68 岁的个人，以及所有被确认为居住在得州达拉斯-沃斯堡核心大都市统计区（PMSA，Primary Metropolitan Statistical Area）的居民。样本中按小时计算报酬的个人（其中 91% 为青少年）工资被视为"工资"；对于按周、月或其他间隔频率获得报酬的个人，我们将其周总收入与常规周工时的比值视为"工资"。1987 年，每周的收入数据可以从 CPS 中的两个字段获得：（1）经过上述工资转换且周薪低于 999 美元的自定义字段；（2）未经过工资转换且周薪低

---

[1] 详见 https://www.nber.org/research/data/current-population-survey-cps-merged-outgoing-rotation-group-earnings-data

于1,923美元的原始字段。我们将修订过的收入数据用于按周、月或其他频率领取报酬且转换后的周薪低于999美元的个人,将未修订过的数据用于转换且筛选过后被剔除的个人。至于那些按周或小时领取报酬的个人,以及换算或汇报的时薪低于1美元的个人都标为缺失数据,经过该处理的观测值在1987年有2个,1989年有18个。

表A.3.1列出了1987年加州和对比地区的样本特征。

表A.3.1 1987年加州和对比地区的样本特征

|  | 加州<br>(1) | 对比地区<br>(2) |
| --- | --- | --- |
| 1. 平均年龄 | 37.5 | 38.3 |
| 2. 女性(%) | 50.9 | 51.5 |
| 3. 16—19岁(%) | 8.7 | 8.7 |
| 4. 平均受教育年限 | 12.6 | 12.4 |
| 5. 学院(college)毕业生(%) | 21.4 | 17.7 |
| 6. 非西班牙裔白人(%) | 63.1 | 70.7 |
| 7. 非西班牙裔黑人(%) | 6.7 | 15.5 |
| 8. 西班牙裔(%) | 21.2 | 11.7 |
| 9. 亚裔和其他非西班牙裔(%) | 8.9 | 1.9 |
| 10. 目前具有已婚配偶(%) | 55.5 | 58.0 |
| 11. 居住在市中心(%) | 37.0 | 26.8 |
| 12. 工会会员(%) | 19.5 | 7.8 |
| 13. 政府工作人员(%) | 13.6 | 13.6 |
| 14. 自由职业者(%) | 8.5 | 6.9 |
| 15. 平均工资(美元/时) | 10.69 | 8.77 |
| 16. 行业分布 |  |  |
| a. 农业 | 3.4 | 2.7 |

续表

|  | 加州<br>(1) | 对比地区<br>(2) |
| --- | --- | --- |
| b. 建筑业 | 10.3 | 12.3 |
| c. 制造业 | 14.4 | 10.4 |
| d. 交通/通信/公用事业 | 6.6 | 7.3 |
| e. 贸易 | 23.1 | 25.2 |
| f. 金融/保险/房地产 | 7.2 | 7.4 |
| g. 服务业 | 34.0 | 32.8 |

注：均值是按照 CPS 补充收入调查中的样本权重进行加权计算的。

## 注 释

1. 本节中的信息来自美国国家事务局的《每日劳工报告》(*Daily Labor Report*)，包括 1987 DLR 157: A-2, 1987 DLR 246: A-4, 1988 DLR 127: A-2, 1988 DLR 135: A-4, 以及 1988 DLR 215: A-4。
2. CPS 样本在本章的附录中有所描述。
3. 例如，雇主不严格遵守规定可能是低工资制造业中大量雇员的工资低于 3.35 美元的一个原因。阿申费尔特和史密斯（Ashenfelter and Smith, 1979）描述了 20 世纪 70 年代早期违反联邦最低工资法规的情况。
4. 我们只将达拉斯−沃斯堡而非整个得州包含进来有两个原因。首先，在 20 世纪 80 年代中后期，得州许多地方的经济状况受到了油价下滑的影响。其次，只包含居住在达拉斯和沃斯堡的得州居民可以增加对比样本中城市雇员的相对比例。

5. 公开数据的一个核心优势是它们来自每个月的 CPS 全样本,而不是我们在本章其他表格中的估计结果用到的四分之一的样本。
6. 如果将对比样本扩大到包括整个得州,那么尽管 1987 年之后加州和对比地区的青少年就业率的差距缩减了 3 至 4 个百分点,但在 1985—1990 年期间总体就业率之间的差距的平稳性却变差了。
7. 正如第 4 章和第 6 章所述,青少年就业率对总体就业率的敏感系数通常大于 1。
8. 加州和对比样本之间的青少年年度就业率的差异的标准误约为 1.8%。因此,1987 年到 1989 年期间青少年就业人数的相对上升幅度(4.1%)不具有常规水平($t = 1.6$)下的显著性。
9. 由于加州以外的亚裔人数较少,因此"其他非西班牙裔"群体的样本量太小,无法在对比样本中产生有意义的分析结论。
10. 公立高中在校生比例的数据来自美国教育部《1991 年教育统计摘要》(*Digest of Education Statistics 1991*)中的表 39。本科生在校数据来自其中的表 185。
11. 他们更偏好的模型设定给出的就业对工资的弹性为 −1.0。考虑到我们估计出来的对最低工资对零售业和餐饮业工资的影响(表 3.5 和表 3.6),金和泰勒估计出来的弹性意味着这些行业的就业人数下降幅度为 5% 和 8%。
12. Card(1992b)中有关于该证据的描述。
13. 另一个检查 CBP 数据的方法是将其与美国劳工部每年在《就业和工资——年度均值汇总》(*Employment and Wages—Annual*

*Averages*）中的数据进行比较。该报告从名为 ES-202 的报告中收集失业保险数据来估计各州和各行业的就业总人数和平均周薪。我们比较了若干个零售业细分行业（如杂货店）的就业数据后发现，两个数据源之间存在巨大差异。

14. 在二阶差分的模型中，我们使用 $t-1$ 时期的加州工资作为工具变量，该变量与 $t$ 或 $t-2$ 时期就业人数的测量误差是正交的。

15. 值得注意的是，尽管第一阶段关于 1989 年到 1990 年之间工资变化的方程的估计结果是不显著的，但第二阶段关于就业人数的方程的估计系数是 $-0.62$，其标准误并不比 1988—1989 年关于就业的回归方程的标准误大多少。这说明一旦第一阶段方程的模型设定欠佳，那么在解释 IV 估计值时就可能会很困难。

# 第4章

## 联邦最低工资对低薪雇员的影响：
## 来自跨州比较的证据

> 任何归纳式研究都离不开假设条件。
>
> ——雅各布·维纳（Jacob Viner）

美国劳动力市场的一个显著特征是各州之间的工资水平差异巨大。例如，在1989年，工资水平最高的阿拉斯加州的平均工资比最低的密西西比州高出了约73%。[1] 正是由于这种差异，导致联邦政府在设定最低工资标准时只能因州而异。同时，反对整个联邦设置统一的最低工资标准的批评者也经常提到该差异。但相比之下，统一的联邦利率在最低工资影响的研究工作中却是一个非常有价值的变量。对于某些州而言，哪怕联邦最低工资有微小上调，受到其影响的雇员比例都会比其他州大得多。因此，这种州与州之间的差异为衡量最低工资影响的处理效应（treatment effect）创设了一个简单的自然实验，该处理效应的大小取决于每个州低于最低工资新标准的雇员占比。

上调联邦最低工资的自然实验能够巧妙地绕开第2章和第3章中在每个州内进行自然实验的过程中遇到的两个问题。一方面，每个州在决定是否上调联邦最低工资的政治程序中一般不会考虑本州的经济状况，况且也没有证据证明，上调联邦最低工资的法案通过会给本州的劳动力市场带来与其他州显著不同的趋势性影响。另一方面，如果每个州都上调，则自然会产生50个不同的实验。同时分析横截面上50个实验，可以防止实验结果在时间序列上也受到最低工资法冲击的干扰，更何况该冲击对各州的影响是不同的。

在本章中，我们基于卡德（Card, 1992a）的结论，采用1990—1991年上调联邦最低工资后各州劳动力市场的不同变化，来衡量最低工资对于不同低薪群体的影响，其中包括零售业中青少年和成年人这两个群体。早在20世纪80年代，各州密集出台的最低工资法就开始不断加剧各州之间的工资差异，有些州甚至将州最低工资上调到了高于联邦最低标准的水平。例如，在1989年，就有15个州和华盛顿哥伦比亚特区的最低工资高于联邦标准。对于工资位于1990年到1991年联邦最低工资上调前后区间内的低薪雇员，这些最低工资法的出台导致这部分群体的占比在各州之间差异巨大。图4.1显示的是每个州内工资介于3.35美元（1989年的联邦最低标准）和4.25美元（截至1991年4月的最低标准）之间的青少年占比。可见这一比例的跨度可以从新英格兰地区和加州的不到20%，上升到美国南部和中北部一些州的超过70%。在1990年和1991年的上调产生的诸多潜在影响中,这种差异为我们的实证分析奠定了一定的基础。

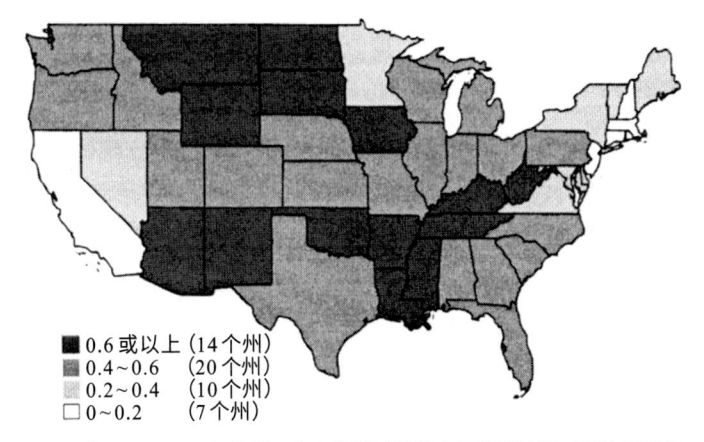

图4.1 受1990—1991年最低工资上调影响的青少年雇员比例(阿拉斯加州、夏威夷州和华盛顿哥伦比亚特区不在图中展示)

我们的研究结果进一步证实了最低工资的适度上调不会对低薪雇员的就业产生任何不利影响。尽管1990年和1991年的最低工资上调导致许多州的青少年和零售业雇员的收入显著增加,但同时期退出劳动力市场的数据却与这次上调没有任何关系。实际上,如果我们将研究范围扩展到工资估计值较低的雇员群体以及零售业和餐饮业的从业群体,可以得到类似的结论:各州的青少年就业趋势变动与联邦最低工资变动引起的工资变化不存在统计意义上的相关性。

## 1990年和1991年最低工资法

1981年1月1日,联邦最低工资上调至3.35美元,并在之后保持了10年。到了1989年,通货膨胀已经将最低工资的购买力侵蚀到了1950年1月以来的最低水平(见图1.2)。最低工资的购买力下降促使各个州的立法机构和工资委员会不得不出台高于联邦标准的州最低工资标准。新英格兰地区的各州率先通过了标准更高的最低工资法案——缅因州(3.45美元,1985年1月生效)、马萨诸塞州和罗得岛州(均为3.55美元,1986年7月生效)、新罕布什尔州(3.45美元,1987年1月生效)和康涅狄格州(3.75美元,1987年10月生效)。到1989年,大约25%的美国雇员享有高于联邦标准的州最低工资。[2]

1989年3月,随着众议院通过了在3年内将最低工资上调到4.55美元的议案,要求上调联邦最低工资标准的政治压力达到了顶峰。后来虽然参议院也通过了一项类似的议案,但被小布什总统否决了。到了1989年11月,另一项小幅上调并放宽次级最低工资标准的法案最终通过。[3] 该新法将最低工资的上调分成两个阶段实施——先在1990年4月1日上调到3.80美元;再在1991年4月1日上调到4.25美元,并将16—19岁雇员的次级标准设定为正常标准的85%。

而联邦最低工资法的其他规定在1989年11月的这次立法中仅略有修改。此外,一项允许员工将部分小费计入最低工资的小费抵免政策允许将抵免比例自1990年4月1日起从40%提高到45%，并于1991年4月1日起再次提高到50%。现实中我们也的确看到了小费雇员的联邦最低标准自1990年4月1日起从2.01美元上调到了2.09美元，并在1991年4月1日上调到了2.12美元。此外，对小企业的抵免政策也相应拓宽了受益范围，并简化了实施流程。原先年销售额低于25万美元的零售业和服务业企业可享受抵免。政策调整后，这一限额提高到了50万美元并拓展到了所有行业。[4]

## 最低工资对青少年的影响

### 青少年劳动力市场概况

正如在第3章中提到的，最低工资的上调会使得青少年成为受影响最直接的群体之一。表4.1展示的是在1990年和1991年联邦最低工资上调之前，青少年劳动力市场的一些描述性统计信息。其中为了便于与上调后的相应时间进行比较，样本仅囊括了1989年4月至12月的统计结果。表中第（1）列是所有青少年（包括雇员和非雇员）的数据，其余各列是在该期间内青少年雇员的信息以及每个工资区间的青少年占比。

表4.1　1989年青少年和青少年雇员的群体特征

|  | 所有青少年 (1) | 青少年雇员 (2) | 工资范围 | | | |
|---|---|---|---|---|---|---|
|  |  |  | <3.35 美元 (3) | 3.35~3.79 美元 (4) | 3.35~4.24 美元 (5) | >4.25 美元 (6) |
| 1. 所有青少年（%） | 100.0 | 49.0 | 3.6 | 12.6 | 20.3 | 25.1 |
| 2. 青少年雇员（%） | — | 100.0 | 7.4 | 25.7 | 41.4 | 51.2 |

续表

| | 所有青少年 (1) | 青少年雇员 (2) | 工资范围 |||| 
| | | | <3.35 美元 (3) | 3.35~3.79 美元 (4) | 3.35~4.24 美元 (5) | >4.25 美元 (6) |
| --- | --- | --- | --- | --- | --- | --- |
| 占青少年群体的百分比 | | | | | | |
| 3. 女性 | 49.7 | 48.3 | 61.0 | 53.4 | 52.8 | 43.7 |
| 4. 非白人 | 19.0 | 11.9 | 10.7 | 15.1 | 13.1 | 11.0 |
| 5. 西班牙裔 | 9.9 | 8.1 | 5.5 | 6.9 | 6.5 | 9.7 |
| 6. 16—17 岁 | 48.2 | 38.9 | 52.4 | 54.3 | 50.4 | 27.7 |
| 7. 受教育年限 <12 年 | 62.8 | 53.0 | 65.2 | 68.1 | 64.3 | 41.9 |
| 8. 在校生 | 56.5 | 45.6 | 51.3 | 55.8 | 52.7 | 39.1 |
| 劳动力市场数据 | | | | | | |
| 9. 周工时 | — | 26.6 | 22.0 | 22.5 | 23.6 | 30.0 |
| 10. 工资（美元/时） | — | 4.61 | 2.45 | 3.49 | 3.68 | 5.69 |
| 11. 含小费的工资（美元/时） | — | 4.77 | 3.07 | 3.61 | 3.80 | 5.81 |
| 12. 小费比例（%） | — | 11.6 | 25.5 | 12.2 | 11.2 | 10.0 |
| 行业 | | | | | | |
| 13. 农业 | — | 4.2 | 6.0 | 2.2 | 2.9 | 3.2 |
| 14. 零售贸易 | — | 50.1 | 49.5 | 68.4 | 65.0 | 40.8 |
| 15. 服务 | — | 25.0 | 35.2 | 21.5 | 22.3 | 24.6 |
| 16. 样本量 | 18,511 | 9,205 | 674 | 2,326 | 3,716 | 3,716 |

资料来源：数据来自 1989 年月度 CPS 档案中 4 月到 12 月的数据。

注：所有雇员包括无偿雇员和个体经营户，但工资的 4 个区间不包括这两类群体和定薪雇员。第 10 行的工资不包括小费；第 11 行的工资包含按比例支付的周平均小费。

表 4.1 前两列数据比较表明，在所有青少年和所有青少年雇员中，女性都约占一半。另一方面，相比在总人口中的比例，非

白人和西班牙裔在工作人口中的比例却要低得多。此外，青少年雇员往往比非雇员的青少年更年长，受教育年限也更长。大多数青少年（56.5%）在调查过程中称正就读于高中、社区大学或综合性大学。但由于青少年的在校生比例在一年中各不相同，比如1989年各月的在校生比例就从4月的77%到7月和8月的14%不等，所以这部分数据还需要更仔细的研究。

CPS中也会统计按小时支付（青少年中有93%的比例为该支付方式）工资的时薪数据，以及在其他年龄段的雇员中最为常见的按周支付工资的周薪数据。表4.1的第10行——工资（美元/时）是最常见的工资衡量标准，表示的是按小时支付工资的雇员的时薪，对于不按小时支付工资的雇员，表示的是常规周薪与常规周工时的比值所代表的平均时薪（后续将两类时薪统一称为"平均工资"）。我们还可以进一步将该单位时间内的工资称为单位工资（straight time wage）。根据该衡量标准，1989年青少年雇员的平均工资为4.61美元，而彼时美国所有雇员的平均工资却高达10.10美元。此外，从表4.1中第2行的各百分比可见，在所有工资数据有效的青少年中，有7.4%的工资低于当时3.35美元的联邦最低标准，位于3.35美元（原标准）到3.79美元（1990年4月1日的新标准）区间内的比例为25.7%，位于3.35美元（原标准）到4.25美元（1991年4月1日的新标准）区间内的比例为41.4%，高于4.25美元的比例为51.2%。[5]

但用单位工资作为衡量标准的一个问题是，按小时支付的青少年中有一部分会有小费或佣金的收入。该情况在雇员中超过一半的比例为青少年（见表 4.1 中第 14 行）的部分零售业内尤为普遍。不过对于按小时支付的群体，CPS 还会统计每周包括常规的小费和佣金在内的薪资收入。该数据可用于估计每周的平均小费和没有直接时薪数据情况下的时薪。我们可以从表 4.1 的第 11 行中看到，将按比例支付的小费也纳入统计后的工资水平，比单纯的单位工资水平高出了约 3%。与之相应的是，青少年雇员中大约有 12% 拥有小费和佣金等额外收入。

表 4.1 中第（3）列描述的是单位工资低于最低标准的青少年的特征。对于这种次级最低工资标准的存在有多种解释，比如统计范围未充分覆盖（例如，零售业中的小费雇员，以及次级标准覆盖范围内的全日制学生[6]）、雇主违规以及测量误差等。经过研究发现，工资低于 3.35 美元的青少年工资分布中，在接近 2.01 美元处有一个尖峰（占该区间内雇员总数的 21%），表明许多次级最低工资雇员并不受 3.35 美元标准的约束。这一可能性也在低于最低标准的青少年雇员拥有小费和佣金收入的概率更高这一事实中得到了进一步证实：工资为次级标准的雇员中有 26% 称有小费收入，而在整个青少年群体中，这一比例仅占 12%。如果将小费纳入工资的计算中，那么单位工资小于 3.35 美元的群体中会有 19% 的雇员，其实际有效工资高于最低水平。但即使以这种计算方式进行统计，1989 年仍有大量青少年雇员的工资低于最低标准。

雇主的违规行为对这些特征也具有一定的解释能力。与其他青少年相比，低于最低工资的雇员更有可能从事农业和家庭服务业，而这些领域的雇主违规的概率可能更高。而且这部分雇员也不太可能会对其雇主是否扣缴社会保障税进行汇报，这表明"按规定工作"但工资低于最低标准的雇员比例可能更高。[7]除此之外，工资低于最低标准的雇员的另一个特征是按周或按月支付工资的雇员比例要高于按小时支付的比例（分别占整个青少年的25%和7%）。一些定薪雇员在法律上可以不受最低工资的限制，而另一些雇员可能多报了他们常规的周工时，导致推算的工资被低估。[8]

表4.1中第（4）列描述的是工资介于3.35美元和3.79美元之间的青少年特征，正如第3章中所述，我们将该范围内的每一个个体都视为其工资会受到1990年4月1日联邦最低工资调整影响的雇员。其中在最低工资法覆盖行业的雇员会直接受到最低工资上调到3.8美元的影响。[9]第（5）列则将统计范围扩展到会受到1991年4月1日最低工资上调到4.25美元的影响的青少年群体，该列的数据描述的是该群体的特征。相比工资分布在两端的群体（最高工资群体和最低工资群体），这两个群体的特征较为相似，而且在校生的比例和零售业的占比都相对较高。1989年，有约10%的青少年雇员称其工资恰好等于3.35美元，分别占工资处于3.35美元到3.79美元区间内青少年雇员的40%，以及工资处于3.35美元到4.25美元区间内青少年雇员的25%。

### 最低工资上调后的总体变化

图 4.2 展示的是 1990 年和 1991 年联邦最低工资的上调对青少年雇员工资分布的影响。具体来看，该图显示的是从 1989 年到 1992 年每季度内工资低于 3.35 美元、恰好为 3.35 美元、处于 3.36～3.79 美元，以及处于 3.80～4.24 美元的雇员比例。我们可以发现，工资低于 3.80 美元的比例在 1990 年第二季度（适逢 4 月 1 日最低工资上调之后）急剧下降。该变化正是由于工资在 3.35～3.79 美元区间的雇员转移到了 3.80～4.25 美元的区间内造成的。而低于 3.35 美元的雇员比例几乎没有变化，低于 4.25 美元的雇员比例的总体趋势也几乎不变。

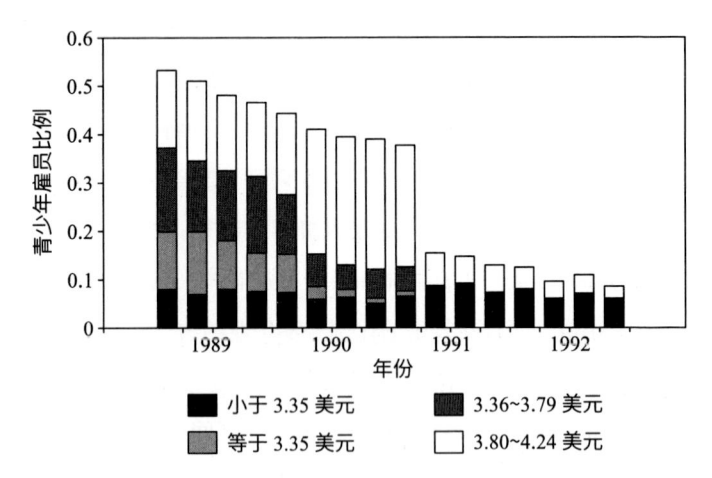

图 4.2 1989—1992 年工资低于 4.25 美元的青少年比例

1991 年 4 月 1 日联邦最低工资第二次上调生效后，工资低于 4.25 美元的青少年比例下降了 20 个百分点。尽管图 4.1 中未显示，但在该下降发生的同时，工资等于4.25美元（新的最低标准）的比例急剧上升，工资等于4.50美元的部分也适度增加。后者的上升表明，上调对原本工资就高于新的最低标准的雇员产生了溢出效应。为了进一步研究该可能性，我们计算了工资高达4.50美元和4.99美元的青少年比例。如果上调只是将工资在受影响区间内的雇员转移到新的最低标准，而对高薪雇员没有溢出效应，那么在1991年4月之后收入低于4.25美元的雇员比例应该是下降的，而工资低于更高水平的雇员比例应该是不变的。[10] 但结果与这一假设相反，1991年4月后工资高达4.50美元的青少年的总体比例相对于原来下降了6个百分点，而工资高达5.00美元的比例则下降了2至3个百分点。所以我们的结论是，上调最低工资对高薪雇员的工资有一定的溢出效应，在第5章中我们将进一步分析这种影响的证据。

图4.2有一个有意思的发现，即工资对最低工资变化的反应有滞后性。例如在1990年第二季度，工资为3.35美元的雇员比例突然大幅度下降，但在直到1991年该比例并没有完全消失。同样的，从1991年第二季度到1992年年底，工资在3.35~4.24美元的雇员比例逐渐减小，该滞后现象可能反映的正是工资调整的滞后效应，或是受访者向CPS延时报告了近期的工资变化。

表4.2的前四行数据是对图4.2中工资变化的定量估计，表中的数据选取的时间范围为1989—1992年每年的4月至12月。

表 4.2　1989—1992 年青少年劳动力市场的统计

|  | 1989 年 (1) | 1990 年 (2) | 1991 年 (3) | 1992 年 (4) |
| --- | --- | --- | --- | --- |
| 1. 工资低于 3.35 美元（%） | 7.4 | 5.9 | 6.1 | 5.3 |
| 2. 工资为 3.35～3.79 美元（%） | 25.7 | 7.7 | 2.6 | 1.5 |
| 3. 工资为 3.35～4.24 美元（%） | 41.4 | 34.4 | 8.7 | 4.9 |
| 4. 平均工资（美元/时） | 4.61 | 4.84 | 4.97 | 5.04 |
| 5. 平均周工时 | 26.6 | 26.4 | 25.1 | 24.9 |
| 6. 平均周工资（美元/周） | 134.3 | 137.8 | 134.9 | 134.0 |
| 7. 就业率（%） | 49.0 | 46.4 | 43.5 | 42.4 |
| 比较就业率 |  |  |  |  |
| 8. 所有 16 岁以上的人 | 63.0 | 62.7 | 61.6 | 61.4 |
| 9. 16 岁以上的男性 | 72.5 | 71.9 | 70.2 | 69.7 |

注：第 1—7 行的数据是从每年 4—12 月的月度 CPS 档案中得到的。第 8 行和第 9 行的数据适用于整个日历年，取自美国 1993 年《总统经济报告》（*Economic Report of the President*）中的表 B-34。

在此期间，工资为 3.35～4.24 美元的青少年的比例从 41.4% 下降到了 4.9%，平均工资上涨了约 40 美分，约合 9%。相比之下，1989—1992 年期间，成年男性雇员的平均工资上升了约 8%。[11] 这些数据表明，最低工资上调似乎只是使得青少年平均工资产生了小幅的相对增长。但不要忘了，自 20 世纪 80 年代初以来，低技能雇员的相对工资一直呈减少的趋势，而且美国在 1990—1992 年正处于经济衰退期。在最低工资不变的情况下，这两个因素都有可能导致青少年相对工资的减少。通过对各州最低工资的影响进行比较，我们发现最低工资的上调反而会导致青少年的平均工资上涨 8% 到 10%。

表4.2中第5—7行显示了周工时、周工资和青少年就业率的相应变化。在1989—1992年期间，青少年平均周工时的下降抵消了时薪的增长，导致周工资保持相对稳定。更重要的是，青少年的就业率下降了6.5个百分点。

这种下降的部分原因显然是1990年年中开始的经济衰退。青少年劳动力市场具有很强的周期性，在经济衰退期间，青少年就业率通常会下降。表4.2中第8行和第9行显示了1989—1992年所有雇员和男性雇员的就业率。从历史数据上看，青少年就业率对总人口就业率的敏感性系数在2.0~2.5。[12] 据此判断，1989年至1992年期间总人口就业率的下降可能会使这一时期的青少年就业率下降3.2至4.0个百分点。然而，6.6个百分点的实际下降幅度却远远大于该预测值。

虽然我们很想把这种差异归因于联邦最低工资的影响，但上调对所有劳动力市场的青少年应该有很大的影响，而且影响程度取决于联邦最低工资上调前的工资水平。因此，检验最低工资和青少年就业率下降之间的关系是否有效的一个重要方法是将就业趋势在不同州之间进行比较。我们添加了两种细化方法：第一种是根据1989年受影响的雇员的比例将不同的州分成三组，这样的话每组中样本量就足够大，也就能够按照图4.2进行季度数据的分析；第二种方法是用50个州（加上华盛顿哥伦比亚特区）中每个州在上调前后的年度数据。

### 分组分析

图 4.3（a）显示的是三组州中工资在 3.35～3.79 美元的雇员比例的季度数据。这三组州分别是：(1) 1989 年工资在 3.35～3.79 美元的青少年雇员比例超过 40% 的州（强影响州）；(2) 该比例小于 20% 的州（弱影响州）；(3) 其他所有州（中等影响州）。[13] 图 4.3（b）显示了同样的三组州中工资在 3.35～4.24 美元的青少年比例。这两张图说明了 1990 年和 1991 年联邦最低工资法对这三组州的影响非常不同。1989 年，工资在 3.35～4.24 美元的青少年占比从弱影响州的 25% 到强影响州的 70% 不等。到 1991 年年底，这三组州的比例大致相等。

图 4.4 和表 4.3 给出了三组州的青少年就业规律。图 4.4（a）是三组州的青少年就业率，图 4.4（b）是经过所在组的总体就业率调整后（假设青少年就业率对总体就业率的敏感性系数为 2.5）的青少年就业率。最后，表 4.3 显示了在上调前的基期（1989 年第一季度至 1990 年第一季度）与第一次上调（1990 年 4 月）后的一年，以及第二次上调（1991 年 4 月）后的 7 个季度这两段时期之间，三组的平均就业率的相对变化。

如图 4.4 所示，青少年就业率具有高度的季节性。即使剔除趋势项和季节性波动，三组州的季度青少年就业率也有些不稳定，这也反映了季度同比数据中的抽样误差和其他非系统性扰动。[14] 然而，图 4.4（a）中未经调整的就业率有一个明显的规律，即强、中等影响州的就业增长比弱影响州更快。这点从表 4.3 第 1 行和第 2 行的未经调整的就业率 DID 估计值中可见。相对于弱

## 第4章 联邦最低工资对低薪雇员的影响：来自跨州比较的证据

(a) 时薪为 3.35~3.79 美元

(b) 时薪为 3.35~4.24 美元

■ 强影响州　　＋ 中等影响州　　□ 弱影响州

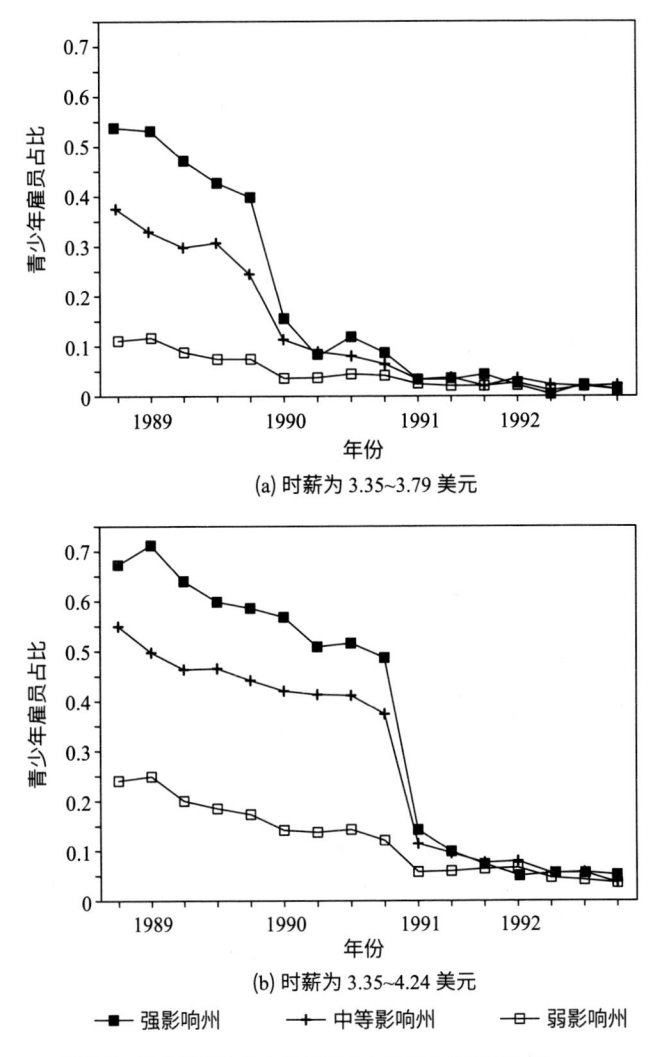

图 4.3　受最低工资上调影响的三组州样本中的青少年雇员比例

**■ 强影响州   + 中等影响州   □ 弱影响州**

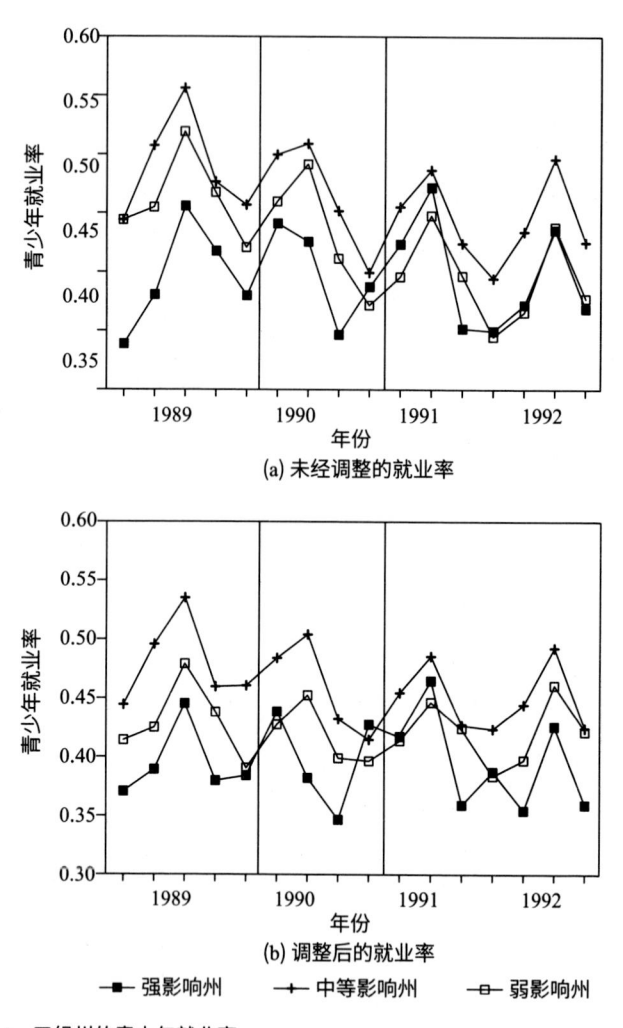

图 4.4　三组州的青少年就业率

影响州的青少年就业率,强影响州的青少年就业率在联邦最低工资首次上调后提高了 3.5 个百分点,并且在第二次上调后提高了 6.9 个百分点。如表 4.3 第(2)列所示,相对于中等影响州,强影响州的就业率也有所上升。在比较中等影响州和弱影响州［第(3)列］后并没有发现什么显著的结论,相比弱影响州,中等影响州的就业率在第一次上调后只提高了 0.5 个百分点,第二次上调后提高了 2.3 个百分点。

三组州就业率的相对差异大部分可归因于 1990—1992 年经济衰退产生的非对称影响。例如,在 1990 年第一季度到 1992 年第一季度,强影响州、中等影响州和弱影响州的总体就业率分别下降了 1.3%、1.1% 和 2.8%。若考虑该总体变化,那么就能得到表 4.3 第 3 行和第 4 行的比较结果。从中可见,即使考虑到整个劳动力市场的趋势,强影响州的青少年就业率也比弱影响州或中等影响州有所提高。另一方面,虽然中等影响州的青少年就业率相对弱影响州也略有下降,但该变化并不显著。

比较结果告诉我们,几乎没有证据可以表明联邦最低工资的上调会对就业产生系统性的影响。相对于其他州,青少年工资水平最低的州在 1990 年和 1991 年联邦最低工资上调后,其青少年就业率实际上是提高的。未经调整的青少年就业率也显示,相对于弱影响州,中等影响州的青少年就业率有小幅增长。然而,如果考虑总体就业趋势,调整后的青少年就业率显示,相对于强影响州,中等影响州的青少年就业率略有下降。总的来说,我们的结论是最低工资的上调对三组州的青少年相对就业率并没有显著的影响。

表 4.3　1990 年和 1991 年最低工资上调前后青少年就业率的 DID 估计值

|  | DID 估计值 | | |
|---|---|---|---|
|  | 强影响–弱影响 (1) | 强影响–中等影响 (2) | 中等影响–弱影响 (3) |
| 未调整的青少年就业率变化 | | | |
| 1. 1990 年 4 月—1991 年 3 月（相对于基期） | 3.5 (1.9) | 3.0 (1.9) | 0.5 (1.1) |
| 2. 1991 年 4 月—1992 年 12 月（相对于基期） | 6.9 (1.7) | 4.7 (1.7) | 2.3 (1.0) |
| 调整后的青少年就业率变化 [a] | | | |
| 3. 1990 年 4 月—1991 年 3 月（相对于基期） | 1.6 (2.4) | 2.4 (2.2) | −0.9 (1.3) |
| 4. 1991 年 4 月—1992 年 12 月（相对于基期） | 1.1 (2.1) | 3.0 (1.9) | −1.9 (1.1) |

注：括号内为标准误。表中的数据是列标题表示的各组之间的季度青少年就业率的平均变化（百分比）。所有 DID 估计值的基期是 1989 年 4 月至 1990 年 3 月。强影响州包括 1989 年工资介于 3.35 美元和 3.79 美元之间的青少年比例最高的 13 个州。弱影响州包括 1989 年工资介于 3.35 美元和 3.79 美元之间的青少年比例最低的 16 个州。中等影响州包括其余的 22 个州。

[a] 每一组的青少年就业率都通过所在组的总体就业率的变化，即 2.5 的敏感性系数进行了调整，见正文。

### 州层面分析

另一种分组方法是将每个州作为单个观测对象，并将就业、工资和其他结果的变化与该州受影响的雇员比例进行回归。州层面分析的优点是提供了比分组分析更多的"自由度"，有助于就最低工资对青少年就业变化的影响进行更仔细的研究。此外，最低工资对所有 50 个州的影响之间的差异比三组州之间的更大。

## 第4章 联邦最低工资对低薪雇员的影响：来自跨州比较的证据

CPS档案中每个州的观测值数量相对较少，因此我们没有试图去分析各州的季度数据，而是研究每个州的年度数据。

我们的分析结论汇总在了表4.4中。其中，以A、B、C为标题的每张子表分别代表不同时段内青少年雇员的就业和工资变化的分析结果。子表A使用的是1989年4月至12月和1990年对应月份的数据，比较结果衡量了1990年4月最低工资从3.35美元上调到3.80美元的影响。模型中核心的解释变量是该州受影响雇员的比例，该变量被定义为1989年4月至12月工资为3.35~3.79美元的青少年雇员的比例。为了控制劳动力市场总量的变化，我们还考虑了1989年和1990年之间该州就业率的变化。[15] 这些模型都是通过WLS估计的，权重用的是1989年每个州的CPS档案中青少年样本的大小。

表4.4中子表B的估计结果用的是1989年4月至12月和1991年4月至12月的数据，比较结果衡量了1990年4月和1991年4月最低工资上调的综合影响。考虑这两次上调，我们定义该子表中受影响雇员的比例为1989年4月至12月该州工资为3.35~4.24美元的青少年的比例。总体就业变量被定义为1989年至1991年该州总体就业率的变化。

最后，子表C列的是将数据替换成时间更长的1989年至1992年的分析结果。由于联邦最低工资在整个1989年（3.35美元）内和整个1992年（4.25美元）内是不变的，因此我们在该子表中使用1989年和1992年的所有12个月的公开就业数据，并定义该子表中受影响雇员的比例为1989年工资为3.35~4.24

美元的青少年雇员比例，[16] 而且总体就业变量被定义为 1989 年至 1992 年该州总体就业率的变化。

表 4.4 中三个子表中的研究结果惊人的相似。第（1）列和第（2）列的青少年工资增长模型表明，低薪州的青少年工资受到联邦最低工资上调的影响很大。1989—1990 年，影响比例变量的系数是 0.14（控制变量为总就业趋势），$t$ 值大于 3。如果上调只是让所有工资位于 3.35~3.79 美元区间内的雇员的工资依法上调到新标准，那么得到的估计值会略微下降：在这种假设下，影响比例的系数约为 0.10（即工资为 3.35～3.79 美元的雇员的平均工资比新的最低标准低约 10%，见表 4.1）。在 1989—1991 年或 1989—1992 年，各州的工资增长与影响比例之间的相关性更强。如果最低工资使得受影响雇员的工资上升至法定标准（假设他们的平均工资为 3.68 美元，系数为 0.15）。那么系数应该更高（0.22～0.24），高到与之前对高薪雇员产生溢出效应的水平一致，同时也说明上调会使美国青少年雇员的平均工资整体上升 8%。

表 4.4 青少年平均工资和就业率的州变化的回归模型估计结果

|  | 对数工资均值变化模型 |  | 就业率变化模型 |  |
| --- | --- | --- | --- | --- |
|  | (1) | (2) | (3) | (4) |
| A. 1989 年 4—12 月与 1990 年 4—12 月之间的变化 |  |  |  |  |
| 1. 受影响的青少年的比例 [a] | 0.15 (0.03) | 0.14 (0.04) | 0.02 (0.03) | −0.01 (0.03) |
| 2. 总体就业率的变化 [b] | — | 0.46 (0.60) | — | 1.24 (0.60) |

续表

| | 对数工资均值变化模型 | | 就业率变化模型 | |
|---|---|---|---|---|
| | (1) | (2) | (3) | (4) |
| 3. 可决系数 $R^2$ | 0.30 | 0.31 | 0.01 | 0.09 |
| B. 1989 年 4—12 月与 1991 年 4—12 月之间的变化 | | | | |
| 4. 受影响的青少年的比例[a] | 0.29 (0.04) | 0.24 (0.04) | 0.13 (0.04) | 0.04 (0.04) |
| 5. 总体就业率的变化[b] | — | 1.03 (0.41) | — | 1.69 (0.44) |
| 6. 可决系数 $R^2$ | 0.57 | 0.62 | 0.15 | 0.35 |
| C. 1989 年 1—12 月与 1992 年 1—12 月之间的变化 | | | | |
| 7. 受影响的青少年的比例[a] | 0.28 (0.04) | 0.22 (0.05) | 0.13 (0.03) | 0.01 (0.03) |
| 8. 总体就业率的变化[b] | — | 1.05 (0.51) | — | 1.94 (0.31) |
| 9. 可决系数 $R^2$ | 0.58 | 0.62 | 0.31 | 0.62 |

注：括号内为标准误。A 组和 B 组的模型是对 51 个州层面观测值（包括华盛顿哥伦比亚特区）进行估计而得，使用的数据来自 1989—1991 年 CPS 月度样本。C 组的模型是对 50 个州层面观测值（不包括华盛顿哥伦比亚特区）进行估计而得，使用的工资数据取自 1989 年和 1992 年 CPS 档案，青少年就业率取自美国劳工部《失业和就业的地理概况》（Geographic Profiles of Unemployment and Employment）。所有模型都是通过 WLS 估计的，权重为 1989 年 CPS 档案中该州的青少年人数。

[a] 1989 年该州工资位于 3.35～3.79 美元区间（A 组）或 3.35～4.24 美元区间（B 组和 C 组）的青少年比例。在 A 组和 B 组中，影响比例只用了 4—12 月的数据进行估计。在 C 组中，影响比例使用了 1989 年 12 个月的数据进行估计。

[b] 该州总体就业率的变化，取自《失业和就业地理概况》。

图 4.5（a）显示的是 1989 年至 1992 年影响比例与青少年工资增长之间的相关性。其中每个数据点代表一个州层面观测值，所有点较为紧密地围绕在一条直线上。相比之下，影响比例与青

少年就业率变化之间的相关性就弱得多［见图4.5（b）］。正如上

(a) 青少年工资水平的变化

(b) 青少年就业率的变化

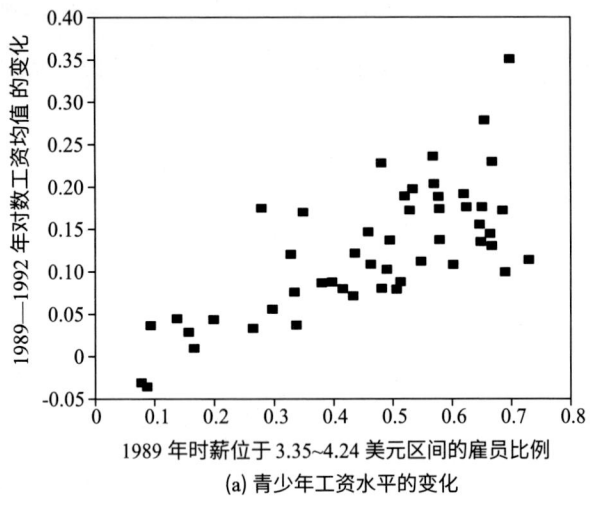

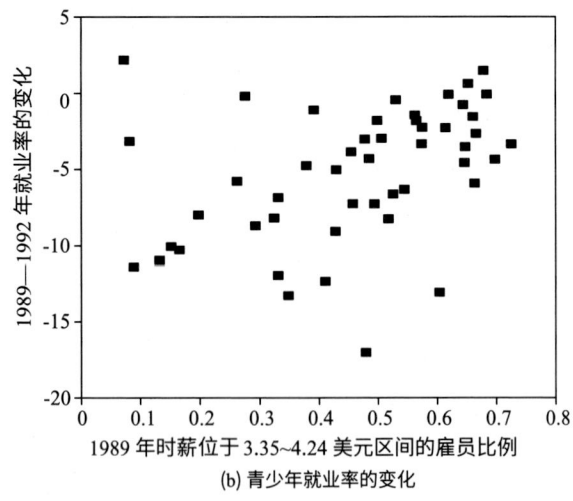

图4.5 1989—1992年工资和就业增长的散点图

一节的分组分析中的结论,表 4.4 中第(3)列的估计结果显示,1990 年和 1991 年联邦最低工资的上调正式生效后,实际发生的就业率的变化与影响比例是正相关的。但考虑不同的总体就业增长规律后,影响比例与青少年就业率基本上就无关了[见表 4.4 中第(4)列],而且标准误也相对较小。

我们也考虑了备择模型设定来检验结论的稳定性。表 4.5 列出了备择模型的估计结果。这些模型都与 1989—1992 年青少年的就业变化相关。表 4.5 第(1)列采用表 4.4 中子表 C 第(4)列的基础模型设定。第(2)列添加了一个新的控制变量——1989 年至 1992 年期间成年男性(25 岁及以上)对数工资均值的变化。虽然结果显示该变量对青少年的工资增长影响比较温和,但对青少年的就业变化和影响比例的系数没有影响。[17] 第(3)列考虑了地区虚拟变量(分别代表美国东北部、中北部、南部和西部地区)。如图 4.1 所示,1990 年和 1991 年的上调影响集中在南部和中北部各州,所以需要进一步研究地区特定因素的影响。

但在扩展模型中,地区虚拟变量却是联合不显著(jointly insignificant)[①]的,且影响比例的系数与第(1)列的结果相差无几。表 4.5 中第(4)列至第(6)列的模型考虑了总人口就业率的滞后值,以及 1989 年以前青少年就业率的滞后值。第(4)列增加了 6 个变量,分别代表 1987 年至 1992 年该州每年的总

---

① 回归系数的 F 检验,如果新增变量的系数全为 0 的原假设无法被拒绝,则认为变量为"jointly insignificant"。

**表 4.5　1989—1992 年各州平均青少年就业率变化的备择回归模型**

| | (1) | (2) | (3) | (4) | (5) | (6) | (7) | (8) |
|---|---|---|---|---|---|---|---|---|
| 1. 受影响的青少年的比例 [a] | 0.01 | 0.01 | 0.01 | 0.02 | 0.01 | 0.05 | 0.03 | 0.01 |
| | (0.03) | (0.03) | (0.03) | (0.03) | (0.03) | (0.03) | (0.03) | (0.03) |
| 2. 总体就业率的变化 [b] | 1.94 | 1.94 | 1.97 | — | 1.94 | — | 1.90 | 1.91 |
| | (0.31) | (0.32) | (0.33) | | (0.32) | | (0.31) | (0.31) |
| 3. 成年男性的工资变化 [c] | — | −0.01 | — | — | — | — | — | — |
| | | (0.17) | | | | | | |
| 4. 总体就业率的水平 | | | | | | | | |
| a. 1992 年 | — | — | — | 2.41 | — | 2.18 | — | — |
| | | | | (0.60) | | (0.60) | | |
| b. 1991 年 | — | — | — | −0.51 | — | −0.23 | — | — |
| | | | | (0.76) | | (0.79) | | |
| c. 1990 年 | — | — | — | −0.21 | — | −0.66 | — | — |
| | | | | (0.82) | | (0.80) | | |
| d. 1989 年 | — | — | — | −1.89 | — | −0.85 | — | — |
| | | | | (0.74) | | (0.77) | | |
| e. 1988 年 | — | — | — | −0.39 | — | −0.73 | — | — |
| | | | | (0.79) | | (0.78) | | |

续表

| | 因变量为青少年就业率的变化（1989—1992年） | | | | | | | |
|---|---|---|---|---|---|---|---|---|
| | (1) | (2) | (3) | (4) | (5) | (6) | (7) | (8) |
| f. 1987年 | — | — | — | 0.69<br>(0.64) | — | 0.56<br>(0.64) | — | — |
| 5. 青少年就业率的滞后值 | | | | | | | | |
| a. 1989年 | — | — | — | — | 0.01<br>(0.06) | −0.57<br>(0.17) | — | — |
| b. 1988年 | — | — | — | — | — | 0.34<br>(0.18) | — | — |
| c. 1987年 | — | — | — | — | — | 0.07<br>(0.15) | — | — |
| 6. H.R. 2 法案（1989）的州超额得票率 [d] | — | — | — | — | — | — | 0.03<br>(0.02) | 0.04<br>(0.02) |
| 7. 影响比例和 H.R. 2 法案的低得票率的交叉项 [e] | — | — | — | — | — | — | — | 0.01<br>(0.02) |
| 8. 地区虚拟变量 | 否 | 否 | 是 | 否 | 否 | 否 | 否 | 否 |
| 9. 可决系数 $R^2$ | 0.62 | 0.62 | 0.62 | 0.65 | 0.62 | 0.72 | 0.64 | 0.64 |

注：括号内为标准误。这些模型是基于 50 个州层面的观测值（不包括华盛顿哥伦比亚特区）估计的，使用的是 1989 年和 1992 年的青少年就业率，取自美国劳工部《失业和就业的地理概况》。所有模型都是通过 WLS 估计的，权重为 1989 年 CPS 档案中每个州的青少年人数。

a 1989 年该州工资为 3.35～4.24 美元的青少年比例，用的是 CPS 档案中 1989 年 12 个月的数据。

b 该州总体就业率的变化，取自《失业和就业的地理概况》。

c 1989 年至 1992 年该州 25 岁及以上男性的对数工资的变化，使用的是 CPS 档案中 1989 年和 1992 年 12 个月的数据。

d 根据众议院中民主党众议员的比例对数据进行调整后得到的，投票赞成 H.R. 2 法案（1989 年 3 月关于将联邦最低工资从 3.35 美元上调到 4.55 美元的法案）且代表该州的众议员比例。一是代表所在州的众议员投票支持 H.R. 2 法案的众议员调整后比例不低于所有州的 25% 分位数的哑变量。见正文。

e 以下两个变量的交叉项：一是受影响的青少年比例；二是代表所在州所有州的众议员投票支持 H.R. 2 法案的众议员调整后比例不低于所有州的 25% 分位数的哑变量。见正文。

体就业率。结果显示,1989年以前就业率与1990年和1991年的就业率是联合不显著的,而且对影响比例的系数几乎没有影响。为了检验因变量的一阶差分是否有效,我们在第(5)列中添加了1989年青少年就业率这一变量,估计出来的系数非常接近于零,表明一阶差分的设定是合适的。最后,第(6)列的模型增加了1987—1992年总体就业率的滞后值,以及1987—1989年青少年就业率的滞后值。相比第(1)列的基础模型设定,加入这些变量后模型的拟合优度稍有改善(联合P值为0.13),但影响比例的系数并没有发生明显变化。我们还估计了包含失业率而非(或同时也包含)总体就业率的模型。[18]估计结果与表4.5中的数值非常相近。例如,在与第(6)列相似但包含1987—1991年州失业率的模型中,影响比例的系数估计值为0.01,标准误为0.04。

在另一个未列入表格的模型设定中,我们引入青少年在校生比例作为控制变量。我们认为,虽然理应在模型中同时考虑就业率与在校生比例(而非只是将其视为就业率的外生变量),但早期文献中已有学者以这种方式建模(见第7章),而且结果很有意思,因此我们也不妨查看一下。在表4.4和表4.5的就业模型中,我们发现加入各州在校生比例的变化并未导致影响比例的系数发生变化[见卡德、卡兹和克鲁格(Card, Katz, and Krueger, 1994)中表3]。随后我们对州层面观测值进行不同方式的加权,再次对模型进行估计。我们还专门将以该州青少年人口作为权重的加权估计值和未加权估计值,与表4.4和表4.5中的加权估计值（以来自 CPS 样本的青少年人口作为权重）进行比较。所有这三组的估计结果都是相似的，且影响比例的系数都非常接近 0。

我们认为，由于各州的工资总体水平与现行的最低工资标准不同，联邦最低工资的影响在各州之间有很大的差异，不过这种差异也可能反映在对联邦最低工资上调的政治支持水平上。在上调最低工资会对工资和就业机会产生强烈影响的州，政治家们很有可能会反对上调，而在影响较小的州就可能会得到政治家们的支持。这表明我们可以用对上调联邦最低工资的支持程度作为一个州中与法律相关但不能直接观测的因素的代理变量。

为了实现这一想法，我们收集了 1989 年美国国会的关于众议院第 2 号法案（H.R. 2）——1989 年 3 月将联邦最低工资上调到 4.55 美元的投票数据。[19] 我们发现，按党派划分的投票结果中有 87% 的民主党人和 13% 的共和党人赞成该决议。这一发现与早期关于最低工资投票的研究成果一致（Bloch, 1980, 1989）。因此，我们为每个州构建一个代表对最低工资支持程度的"经过政党调整的"政治变量，将该变量定义为国会指定党派内投票支持该州上调最低工资的超额比例。[20] 表 4.5 第（7）列就是添加了该衡量政治支持的变量作为控制变量后的模型估计结果。从中可见，对于美国国会倾向于支持最低工资上调的州，其在 1989 年至 1992 年期间青少年就业增长较为强劲。但该变量的加入对影响比例的估计系数没有影响。如果使用未经调整的支持 H.R. 2 法案的该州国会议员比例，那么无论是否包含民主党比例的变量,结论都是类似的。

我们还使用了调整后的政治支持变量来定义反对最低工资最强烈的一组州。表4.5第(8)列是同时包含调整后的政治支持变量、影响比例与代表13个"最反对"州的虚拟变量的交叉项的估计结果。从中可见交互项系数虽很小,但也是正数,表明没有证据显示最低工资政策在最反对的州内有更为不利的影响。

表4.6是最后一系列模型的估计结果。在子表A中,我们将1986—1989年期间——即联邦最低工资上调前的3年内——青少年工资和就业的变化与1989年该州工资介于3.35~4.24美元的青少年比例进行回归。如果我们对1989—1992年期间影响比例变化的估计值是正确的,那么没有理由认为上调前各州的就业趋势与1990年和1991年上调最低工资的潜在影响是正相关的。[21] 然而,如果影响比例与该州劳动力市场的潜在趋势是伪相关的,那么我们很可能会认为该变量早在上调前就对就业趋势产生了积极影响。

正如表4.6第(1)列和第(2)列所示,影响比例与1986年至1989年期间青少年工资的增长呈负相关关系,也就是说对于某个州,1989年青少年平均工资水平与该年内工资介于3.35~4.24美元的青少年比例呈强烈的反向关系。更重要的是,影响比例与1986—1989年期间青少年就业率的变化并不相关。也就是说,1989年之后的样本研究结论不太可能因未知的青少年就业趋势产生偏差。

表 4.6　1986—1989 年各州青少年平均工资和平均就业率变化的回归模型估计结果

|  | 对数工资均值变化模型 |  | 就业率变化模型 |  |
| --- | --- | --- | --- | --- |
|  | (1) | (2) | (3) | (4) |
| A. 使用 1989 年工资介于 3.35～4.24 美元的青少年比例 |  |  |  |  |
| 1. 1989 年受影响的青少年的比例[a] | −0.25 (0.04) | −0.26 (0.04) | 0.02 (0.03) | 0.01 (0.03) |
| 2. 总体就业率的变化[b] | — | 1.11 (0.59) | — | 1.36 (0.45) |
| 3. 可决系数 $R^2$ | 0.50 | 0.53 | 0.01 | 0.17 |
| B. 使用 1986 年工资介于 3.35～4.24 美元的青少年比例 |  |  |  |  |
| 4. 1986 年受影响的青少年的比例[c] | −0.16 (0.10) | −0.16 (0.10) | 0.08 (0.06) | 0.07 (0.06) |
| 5. 总体就业率的变化[b] | — | 0.36 (0.82) | — | 1.35 (0.43) |
| 6. 可决系数 $R^2$ | 0.05 | 0.05 | 0.04 | 0.19 |

注：括号内为标准误。这些模型是用 51 个州（包括华盛顿哥伦比亚特区）的观测值进行估计的，使用的工资数据来自 1986 年和 1989 年的 CPS 档案，青少年就业数据来自美国劳工部《失业和就业的地理概况》。所有模型都是通过 WLS 估计的，权重为 1989 年 CPS 档案中该州的青少年人数。

[a] 1989 年该州工资介于 3.35～4.24 美元的青少年比例，使用 1989 年 12 个月的 CPS 数据进行估计。

[b] 1986 年至 1989 年期间该州总体就业率的变化，取自《失业和就业的地理概况》。

[c] 1986 年该州工资介于 3.35～4.24 美元的青少年比例，使用 1986 年 12 个月的 CPS 数据进行估计。

为了检查方法正确与否，我们专门将 1986—1989 年的工资和就业的变化与 1986 年该州工资介于 3.35～4.24 美元的青少年比例进行错误的回归，因为这段时期内影响比例与工资或就业趋势实际上是没有因果关系的，回归结果列于表 4.6 的子表 B 中。结果显示，1986 年工资介于 3.35～4.24 美元的青少年比例与接下来 3 年的工资增长或就业变化都没有明显的相关性。因此进一步证实了我们关于 1989—1992 年期间的研究结果的可信度，即影响比例与工资增长高度相关，但与就业变化无关。

总之，我们的估计结果表明，1990 年和 1991 年最低工资上调生效后，州与州之间青少年就业增长的差异与各自的法律对工资的影响无关。无论模型的设定如何变化，例如添加地区虚拟变量、用其他周期性变量代替，或是添加例如成年人工资趋势和青少年在校生比例的变化等控制变量，该结论都相对稳定。当然，鉴于我们的估计结果并不精确，我们也不能排除上调最低工资可能会对青少年就业产生轻微的不利影响。文献中的估计结果（Brown，Gilroy，and Kohen，1982）表明，1989—1992 年期间最低工资 27% 幅度的上调会使青少年就业率下降 1.3 至 4.0 个百分点。由于 1989 年工资介于 3.35～4.24 美元的青少年比例为 41%，表 4.5 第（1）列中基础模型的估计结果意味着最低工资的上调可以将青少年就业率提高 0.4 个百分点，标准误为 1.2 个百分点。这一估计结果虽与以往所有文献中对就业影响的估计值上限不符，但也不排除上调最低工资使就业率下降 1 到 2 个百分点的可能性。

## 最低工资对更广泛的低薪雇员群体的影响

通过上一节的方法，我们可以很容易地将最低工资影响的研究对象扩展到其他低薪雇员群体。本节的扩展模型基于的是最有可能受 1990 年和 1991 年联邦最低工资上调影响的雇员的工资和就业情况，我们先简要介绍该模型的研究结论。之前提到过，最有可能受上调影响的雇员是那些受雇于遵守最低工资法的企业（因此他们的工资不低于当时的标准），但工资却低于新标准的人。该群体不只有青少年，实际上1989年工资介于3.35～4.24美元的雇员占比为8.7%，其中只有1/3是青少年，其他的都是年轻的成年人、受教育程度较低的雇员，以及少数裔和女性雇员（见第9章）。

为了研究这一受直接影响的复杂群体，我们先构建了一个简单的线性概率模型，其中的因变量是代表1989年工资是否介于3.35～4.24美元的虚拟变量。方程的解释变量涵盖了1989年CPS样本中的所有雇员，包括种族与性别的交叉项构成的四组16—19岁的雇员和四组20—25岁的雇员。我们还添加了是否高中辍学的虚拟变量，衡量受教育年限、工作经验（三阶多项式）、种族、性别、是否西班牙裔的一组变量以及受教育年限、工作经验和性别交叉项的变量。随后我们将1989—1992年CPS样本中的整个成年人样本分为三组，用该模型来估计个体受1990年和1991年上调最低工资影响的概率，这三组分别为：（1）1989年工资介于3.35～4.24美元的概率位于前10%的群体；（2）该概率在后50%的群体；（3）其余雇员构成的群体。简单起见，我们将第（1）组称为较高概率受到1990年和1991年上调影响的组（以下简称"高概率组"），将第（2）组称为较低概率受到上调影响的组（以下简称"低概率组"）。

对高概率组的研究结果表明：该群体中大约60%由青少年

构成，另外12%的年龄在20—25岁。其次，该群体有2/3为女性，21%为非裔美国人，平均受教育年限为10.3年（1989年所有雇员的平均受教育年限为13年）。相比之下，低概率组的年龄都在25岁以上，平均有14.4年的受教育年限，白人男性的比例过高（男性占70%，白人占94%）。

我们沿用了在分析各州青少年劳动力市场时的研究方法，估计了1989年各州工资介于3.35～4.24美元且属于高概率组的雇员比例，以及1989年和1992年他们的对数工资均值和就业率。然后我们将各州高概率组的对数工资均值和就业率的变化，与1989年高概率组雇员中工资位于受影响范围内的比例，以及该州就业率的变化进行回归。表4.7列出了这些估计值（呈现格式与上一节青少年表格中使用的相同）。

表4.7 较高概率受到1990年和1991年上调最低工资影响的雇员，他们的工资和就业率的州均值变化的回归模型估计结果

|  | 对数工资均值变化模型 ||| 就业率变化模型 |||
| --- | --- | --- | --- | --- | --- | --- |
|  | (1) | (2) | (3) | (4) | (5) | (6) |
| 1. 1989年影响比例 [a] | 0.22 | 0.19 | 0.19 | 0.11 | 0.03 | 0.03 |
|  | (0.03) | (0.05) | (0.05) | (0.02) | (0.03) | (0.03) |
| 2. 总体就业率的变化 [b] | — | 0.46 | 0.38 | — | 1.05 | 1.03 |
|  |  | (0.51) | (0.51) |  | (0.30) | (0.30) |
| 3. 低概率组的工资变化 [c] | — | — | 0.41 | — | — | 0.09 |
|  |  |  | (0.28) |  |  | (0.17) |
| 4. 可决系数 $R^2$ | 0.46 | 0.47 | 0.50 | 0.31 | 0.45 | 0.46 |

注：括号内为标准误。这些模型是用50个州（不包括华盛顿哥伦比亚特区）的观测值进行估计的，使用的就业和工资数据来自1989年和1992年的CPS档案。因变量是CPS档案中1989年工资介于3.35～4.24美元的概率在前10%内的雇员，他们的对数工资均值的变化[第（1）列至第（3）列]和就业率的变化[第（4）列至第（6）列]。

外生变量包括年龄、性别、受教育年限和种族,以及部分交叉项(见正文)。所有模型都是通过 WLS 估计的,权重为 1989 年 CPS 数据中该州的青少年人数。

[a] 在较高概率受到 1990 年和 1991 年上调最低工资影响的所有雇员中,该州 1989 年实际收入介于 3.35~4.24 美元的雇员比例。

[b] 1989 年至 1992 年该州总体就业率的变化,取自美国劳工部《失业和就业的地理概况》。

[c] 1986 年该州工资介于 3.35~4.24 美元的青少年比例,用 1986 年 CPS 档案中所有 12 个月的数据进行估计。

可见对更广泛的"高风险"雇员的估计结果与对青少年的估计结果非常相似。在工资增长的模型中,1989 年工资介于 3.34~4.24 美元且属于高概率组的雇员比例的系数估计值约为 0.2,标准误较小。在就业率变化模型中,影响比例的系数估计值是一个很小但显著不为零的正数。表 4.7 第(3)列和第(6)列中也展示了低概率组雇员的平均工资增长模型的估计结果。正如我们在青少年中的研究结论那样,对于受联邦最低工资影响最直接的雇员而言,添加州整体工资趋势对工资或就业的影响微乎其微。

综合这些结果可以得到两个结论:第一,青少年的估计结果代表了 1990 年和 1991 年最低工资的上调对更广泛的低薪群体的影响;第二,尽管最低工资的上调与许多州的低薪雇员的工资大幅上涨呈正相关的关系,但工资的上涨并没有导致就业机会的减少。

## 对零售业和餐饮业的影响

### 概述

零售业是受最低工资影响最直接的行业,1989 年,零售业中有25%的雇员的工资介于3.35~4.24美元。而最低工资对餐饮业的影响更加明显。1989年，有35%的餐饮业雇员的工资介于3.35~4.24美元。整个零售业和餐饮业也是美国经济中低薪工作的主要来源。1989年，所有工资介于3.35~4.24美元的雇员中，有47%受雇于零售业，略高于20%的雇员受雇于餐饮业。这些统计数字表明，餐饮业和零售业雇主在最低工资的劳动力市场上发挥着关键作用。

在本节中，我们通过将零售业和餐饮业雇员的CPS工资数据与基于机构的就业数据相结合，来估计1990年和1991年最低工资上调的影响。大致结论是，这与我们关于青少年的研究结果非常相似。我们发现，1990年和1991年的上调导致零售业和餐饮业雇员的工资大幅上涨，但没有任何证据表明就业会出现抵消性质的损失。如果换成来自其他数据源的州就业数据，朗（Lang, 1994）在餐饮业方面得到的结论也是类似的。

我们先在表4.8中对1989年和1992年零售业和餐饮业雇员的特征做一个大致的描述。相比整个劳动力市场［第（1）列和第（4）列］，零售业雇员群体更偏向于年轻人、受教育程度较低的人和女性雇员。这些特征在餐饮业方面更明显。1989年，零售业的平均工资约为市场平均水平的65%；餐饮业的平均"单位"工资约为市场平均水平的50%，但如果把小费也计算在内，这一比例会上升到55%左右。

表 4.8　1989 年和 1992 年零售业和餐饮业雇员的特征

|  | 1989 年 | | | 1992 年 | | |
|---|---|---|---|---|---|---|
|  | 全市场 (1) | 零售业 (2) | 餐饮业 (3) | 全市场 (4) | 零售业 (5) | 餐饮业 (6) |
| 1. 工资为 3.35~4.24 美元/时（%） | 8.7 | 24.6 | 34.5 | 1.4 | 2.9 | 5.0 |
| 2. 工资为 4.25 美元/时（%） | 1.3 | 3.8 | 6.1 | 2.9 | 8.6 | 14.7 |
| 属于以下情况的雇员百分比 | | | | | | |
| 3. 女性 | 47.0 | 53.1 | 57.2 | 47.8 | 52.5 | 55.1 |
| 4. 非裔美国人 | 11.0 | 9.5 | 11.4 | 11.0 | 9.2 | 12.2 |
| 5. 西班牙裔 | 7.7 | 8.4 | 11.2 | 8.0 | 9.0 | 12.2 |
| 6. 16—19 岁 | 6.5 | 20.2 | 27.8 | 5.1 | 16.3 | 23.8 |
| 7. 20—24 岁 | 12.3 | 19.7 | 22.4 | 11.3 | 19.6 | 23.1 |
| 8. 高中辍学者 | 15.7 | 24.3 | 34.5 | 13.6 | 21.0 | 31.5 |
| 其他劳动力市场的结果 | | | | | | |
| 9. 周工时 | 38.6 | 34.6 | 32.0 | 38.4 | 34.3 | 31.8 |
| 10. 工资（美元/时） | 10.14 | 6.54 | 4.95 | 11.31 | 7.37 | 5.65 |
| 11. 含小费的工资（美元/时） | 10.34 | 6.90 | 5.61 | 11.53 | 7.70 | 6.33 |
| 12. 含小费的百分比 | 10.1 | 15.7 | 25.7 | 9.6 | 15.6 | 25.2 |
| 13. 含小费的工资为 3.35~4.24 美元/时（%） | 8.1 | 22.7 | 31.6 | 1.3 | 2.8 | 4.8 |
| 行业 | | | | | | |
| 14. 零售业 | 16.7 | — | — | 16.9 | — | — |
| 15. 餐饮业 | 5.1 | 30.5 | — | 5.2 | 31.1 | — |
| 16. 样本量 | 168,398 | 28,238 | 8,575 | 171,241 | 28,865 | 8,995 |

注：数据取自 1989 年和 1992 年 12 个月的 CPS 档案。样本不包括无偿雇员和自由职业者，以及所有定薪雇员。第 10 行的工资不包括小费；第 11 行的工资包含按比例支付的周平均小费。第 1 行和第 2 行的工资不包括小费。

表4.8中前两行数据说明了1990年和1991年上调最低工资的影响：1989—1992年，零售业中雇员工资介于3.35美元和4.24美元之间的比例从25%下降到3%。餐饮业的下降幅度更大，从35%下降到5%。然而，与所有行业相比，伴随这些变化的却是平均工资的小幅增长。1989—1992年，零售业和餐饮业的工资增速比整个劳动力市场的工资增速分别快了1.2%和2.6%。就像在青少年案例中做过的类似对比，对这些工资的相对变化也要仔细分析。年轻和受教育程度较低的雇员的实际工资长期呈下降趋势，加上受1990—1991年经济衰退的影响，如果没有上调最低工资，零售业和餐饮业雇员的相对工资很有可能会持续下降。

**关于最低工资影响的跨州证据**

与我们对青少年劳动力市场的跨州分析一样，衡量最低工资对工资的影响更好的方法是，比较1989—1992年的工资趋势与上调前工资介于3.35～4.24美元的雇员比例，分析结果见表4.9第（1）列至第（4）列。其中，子表A是零售业的估计结果，子表B是餐饮业的估计结果。我们使用1989年的CPS微观数据来计算各州零售业和餐饮业中不包括小费的工资介于3.35～4.24美元的雇员比例。然后，我们将平均工资的变化（从1989年和1992年的CPS微观数据中计算而来）与行业相关的影响比例，以及其他协变量进行回归。估计结果与对青少年和其他低薪雇员的估计结果非常相似。影响比例的估计系数为0.13—0.25，$t$值都不低于3。即使在模型中加入衡量成年男性雇员工资增长的变量，估计值也没有太大差别［见表4.9第（4）列］。假设影响比例的系数为0.22，那么估计结果意味着联邦最低工资的上调使零售业和餐饮业的平均工资分别提高了4.8%和6.5%。[22]不过在许多低工资的州，其影响会远远大于此数值。

为了衡量最低工资对零售业和餐饮业的就业影响，我们从美国劳工部、劳工统计局的出版物《就业和工资——年度均值》中收集了各州就业人数的年度数据，该数据统计的是各州失业保险制度所覆盖的所有非政府机构中的就业人数。[23]表4.9第（5）列至第（8）列是以1989年至1992年各州整个零售业（子表A）或餐饮业（子表B）的对数就业人数的变化为因变量的估计结果。

如果不考虑各州不同的周期性就业规律的控制变量［第（5）列］，影响比例的估计系数是一个很大的正数。如果添加各州就业率变化，该系数略有下降［第（6）列］，当我们用的周期性指标是失业率时，该系数进一步下降［第（7）列］。在第（8）列中，我们包括了就业率和失业率的变化，以及该州成年男性的对数工资均值的变化和一组代表三个地区的虚拟变量。扩展后的模型估计结果显示，餐饮业的影响比例的系数是正的，在常规的显著性水平上与0不同。[24]我们还扩展了模型设定，例如包含周期性变量的非限制性（unrestricted）滞后值，以及放松因变量的一阶差分形式的限制。扩展后的估计结果显示，影响比例的系数与表4.9中所列的数值非常相似。

## 第4章 联邦最低工资对低薪雇员的影响：来自跨州比较的证据

表4.9 1989—1992年各州零售业和餐饮业的工资和就业人数均值变化的回归模型估计结果

| | 对数工资均值变化的模型 | | | | 对数就业人数均值变化的模型 | | | |
|---|---|---|---|---|---|---|---|---|
| | (1) | (2) | (3) | (4) | (5) | (6) | (7) | (8) |
| A. 整个零售业 | | | | | | | | |
| 1. 1989年影响比例 [a] | 0.23 (0.04) | 0.21 (0.05) | 0.25 (0.06) | 0.23 (0.07) | 0.36 (0.07) | 0.29 (0.07) | 0.03 (0.07) | 0.08 (0.05) |
| 2. 各州就业率变化 [b] | — | 0.19 (0.36) | — | 0.66 (0.45) | — | 0.83 (0.54) | — | −0.39 (0.34) |
| 3. 各州失业率变化 [c] | — | — | 0.27 (0.54) | 1.37 (0.76) | — | — | −3.54 (0.63) | −2.64 (0.59) |
| 4. 成年男性的对数工资变化 [d] | — | — | — | 0.13 (0.20) | — | — | — | 0.33 (0.15) |
| 5. 地区效应 | 否 | 否 | 否 | 是 | 否 | 否 | 否 | 是 |
| 6. 可决系数 $R^2$ | 0.40 | 0.41 | 0.41 | 0.49 | 0.42 | 0.45 | 0.65 | 0.87 |
| B. 仅餐饮业 | | | | | | | | |
| 7. 1989年影响比例 [e] | 0.17 (0.04) | 0.13 (0.05) | 0.21 (0.07) | 0.22 (0.07) | 0.29 (0.04) | 0.27 (0.04) | 0.13 (0.05) | 0.09 (0.04) |
| 8. 各州就业率变化 [b] | — | 0.80 (0.53) | — | 1.65 (0.66) | — | 0.25 (0.43) | — | −0.55 (0.34) |

续表

|  | 对数工资均值变化的模型 ||||  对数就业人数均值变化的模型 ||||
| --- | --- | --- | --- | --- | --- | --- | --- | --- |
|  | (1) | (2) | (3) | (4) | (5) | (6) | (7) | (8) |
| 9. 各州失业率变化[c] | — | — | 0.54 | 2.10 | — | — | -2.34 | -2.44 |
|  |  |  | (0.85) | (1.15) |  |  | (0.59) | (0.60) |
| 10. 成年男性的对数工资变化[d] | — | — | — | -0.39 | — | — | — | 0.38 |
|  |  |  |  | (0.29) |  |  |  | (0.15) |
| 11. 地区效应 | 否 | 否 | 否 | 是 | 否 | 否 | 否 | 是 |
| 12. 可决系数 $R^2$ | 0.25 | 0.28 | 0.25 | 0.38 | 0.58 | 0.58 | 0.69 | 0.85 |

注：括号内为标准误。这些模型是用 50 个州（不包括华盛顿哥伦比亚特区）的观测值进行估计的，使用的工资数据来自 1989 年和 1992 年的 CPS 档案，就业率零售业的 1992 年就业和工资的变化——年度均值。所有模型都是通过 OLS 估计的。

[a] 1989 年至 1992 年该州零售业中工资介于 3.35 美元和 4.24 美元之间的雇员比例。

[b] 1989 年至 1992 年该州总体就业变化，取自美国劳工部《失业和就业的地理概况》。

[c] 1989 年至 1992 年该州总体失业率的变化，取自美国劳工部《失业和就业的地理概况》。

[d] 1989 年至 1992 年该州 25 岁及以上男性对数工资均值的变化，使用 1989 年和 1992 年各 12 个月的 CPS 数据进行估计。

[e] 1989 年该州餐饮业中工资介于 3.35 美元和 4.24 美元之间的雇员比例。

第 4 章 联邦最低工资对低薪雇员的影响：来自跨州比较的证据

**最低工资对餐饮价格的影响**

正如我们在第 2 章中指出的，传统经济模型认为，上调最低工资将导致最低工资雇员生产产品的价格上涨。考虑到低薪劳动力在餐饮业中的重要性，我们自然要问，上调联邦最低工资带来的工资增长是否会导致餐饮价格出现较大的变化幅度。为了研究这个问题，我们从另外两个数据源收集价格数据。第一个是美国劳工统计局的居民消费价格指数（Consumer Price Index，以下简称"CPI"）中每个城市用于衡量外出就餐食品（以下简称"外食"）价格的分项，地区覆盖了从纽约市到阿拉斯加州安克雷奇市的 29 个主要城市。第二个数据来源是美国商会研究协会（American Chamber of Commerce Research Association，以下简称"ACCRA"），该协会公布了大约 300 个城市的 59 个标准化商品的季度价格数据。ACCRA 通过定期获取麦当劳的一个四分之一磅汉堡的价格（如果有的话），得到该城市的汉堡价格的时间序列。因此，我们可以通过 ACCRA 的价格数据来衡量该城市或州快餐业的价格变化。

表 4.10 是我们对以上两个不同来源的餐饮价格数据进行分析后的结果。为了分析最低工资对外食价格的影响，我们用 CPS 数据计算了 1989 年每个城市中工资介于 3.35～4.24 美元的餐饮业雇员比例，以及 1989—1992 年每个城市中餐饮业雇员的对数工资均值。我们还从《失业和就业的地理概况》中获取了每个城市的就业率和失业率。[25] 然后将 1989—1992 年外食的对数价格指数的变化，与 1989 年城市中受影响的餐饮业雇员的比例，以

及就业率、失业率这两个劳动力市场指标进行回归。为了便于比较，我们对29个城市的餐饮业雇员的对数工资均值的变化也构建了相似的模型进行估计。

表4.10 1989—1992年餐饮业市或州的平均价格和平均工资变化的回归模型估计结果

|  | 对数价格变化的模型 ||| 对数工资均值变化的模型 |||
| --- | --- | --- | --- | --- | --- | --- |
|  | (1) | (2) | (3) | (4) | (5) | (6) |
| A. 估计样本为29个有外食价格指数的城市 ||||||||
| 1. 1989年影响比例 [a] | 0.11 (0.03) | 0.13 (0.04) | 0.06 (0.04) | 0.30 (0.11) | 0.28 (0.14) | 0.18 (0.14) |
| 2. 城市就业率的变化 [b] | — | −0.29 (0.33) | — | — | 0.28 (1.07) | — |
| 3. 城市失业率的变化 [c] | — | — | −0.69 (0.47) | — | — | −2.02 (1.52) |
| 4. 可决系数 $R^2$ | 0.28 | 0.30 | 0.34 | 0.23 | 0.23 | 0.28 |
| B. 估计样本为39个有四分之一磅汉堡包的ACCRA数据的州 ||||||||
| 5. 1989年影响比例 [d] | 0.09 (0.03) | 0.04 (0.03) | 0.04 (0.04) | 0.21 (0.07) | 0.08 (0.09) | 0.16 (0.12) |
| 6. 州就业率的变化 [e] | — | 0.55 (0.22) | — | — | 1.56 (0.61) | — |
| 7. 州失业率的变化 [f] | — | — | −0.60 (0.40) | — | — | −0.71 (1.18) |
| 8. 可决系数 $R^2$ | 0.24 | 0.36 | 0.29 | 0.18 | 0.30 | 0.19 |

注：括号内为标准误。A组是对28个城市的观测数据进行估计的模型，使用CPI中关于外食的价格数据和从CPS档案中得到的城市工资数据。B组是对39州的观测数据进行估计的模型，使用ACCRA的四分之一磅汉堡包的价格数据，取自《生活成本指数：291个城市地区的比较数据》（*Cost of Living Index: Comparative Data for 291 Urban Areas*），以及来自CPS档案的工资数据。A组的模型是通过OLS估计的。B组的模型是通过WLS估计的，权重为该州价格发生变化的观测值数量。

[a] 1989年该城市零售业中工资介于3.35~4.24美元的雇员比例。

[b] 1989—1992年该城市总体就业率的变化，取自美国劳工部《失业和就业的地理概

况》，其中安克雷奇和火奴鲁鲁的数据是基于州平均数。
　　[c] 1989—1992 年该城市总体失业率的变化，取自《失业和就业的地理概况》。安克雷奇和火奴鲁鲁的数据是基于州平均数。
　　[d] 1989 年该州餐饮业中工资介于 3.35～4.24 美元的雇员比例。
　　[e] 1989—1992 年该州总体就业率的变化，取自《失业和就业的地理概况》。
　　[f] 1989—1992 年该州总体失业率的变化，取自《失业和就业的地理概况》。

　　尽管估计结果并不精确，但至少能看出在餐饮业雇员受联邦最低工资上调影响的比例较高的城市中，外食成本上升更快。这一点可以通过将价格和工资模型中影响比例的系数进行比较后发现。根据标准经济模型，工资上涨理应导致价格上涨，上涨幅度与最低工资劳动力的成本在产品成本中的比例呈正相关关系。表4.10 中第 1 行第（3）列和第（6）列的结果表明，低工资劳动力的成本大约占到了 1/3，与快餐业劳动力成本的实际比例没有太大差别。同样令人欣慰的是，在工资变化模型中，影响比例的系数与表 4.9 中的系数非常相近。

　　为了分析 ACCRA 的汉堡价格数据，我们先挑选了在 1990年第一季度和 1992 年第一季度都具有汉堡价格的一组城市，[26]然后得到该州所有这些城市的汉堡价格变化的均值。由于ACCRA 的数据都是企业自愿填报的，因此会缺失一些州的数据。[27] 我们发现，只有 39 个州有至少一个城市具有 1990 年第一季度和 1992 年第一季度的价格数据。我们将每个州的汉堡均价的变化分别与该州 1989 年工资介于 3.35～4.24 美元的餐饮业雇员比例，以及衡量 1989—1992 年该州总体就业率或失业率变化的相关变量进行回归，随后我们将因变量替换成同一时间段内餐饮业雇员的对数工资均值的变化后再做一次同样的回归。

与此同时，与基于城市 CPI 的估计结果一样，基于 ACCRA 数据的估计结果也不精确，但发现联邦最低工资的上调使得受其影响最大的几个州的产品价格快速上涨，而且影响比例的系数为 0.25～0.50。

根据上述两个不同来源的价格数据的估计结果，我们得出结论：在 1990 年和 1991 年最低工资的上调导致餐饮业工资上涨较明显的城市或州内，餐饮价格可能上涨较快。与餐饮业雇员的工资相比，餐饮价格的相对上涨幅度与快餐业劳动力成本的占比大致相当。但这两个数据来源的估计结果都太不精确，因此无法就最低工资对餐饮价格的影响得到一个更可靠的结论。

## 结论

美国实行统一的工资标准，这是一个非常有效的自然实验。在这个实验中，每个州的"处理效应"都取决于原收入低于最低工资新标准的雇员比例。到 20 世纪 80 年代末，就青少年和其他低技能雇员的工资水平而言，各州之间差异巨大。许多州已经通过了本州的最低工资法，而且其标准普遍高于当时的联邦最低标准，考虑到当时美国各地工资的差异以及这些已经生效的法律，受 1990 年和 1991 年联邦最低工资上调影响的低薪雇员比例，从新英格兰地区以及加州的不到 20%，到南部一些州的 60% 以上。

1990 年和 1991 年的上调将最低工资提高了 27%。文献中的估计结果表明，这一上调使得青少年就业率降低了 3 至 8 个百分点。然而，更重要的是，理论上这部分失业数据应该集中在低薪州，这样就能证实这些变化是由最低工资引起的。但通过将每个州的微观个体数据进行分组后发现，在影响比例较高的州，最低工资的上调却使青少年的平均工资高于这一比例较低的州。而且工资增幅等于甚至略高于将低于原标准的工资上调到新标准所需的涨幅。另一方面也没有证据能表明，在受影响较大的州，上调会大大降低青少年的就业率。当我们把范围扩大到因年龄、受教育年限和其他特征而受到上调影响的更广泛的群体时，得到的结论也是类似的。

我们用类似的方法来研究最低工资对零售业及其下分的餐饮业的就业情况和工资的影响。我们再次发现，工资的变化与上调后工资的变化方式是一致的，而且也没有迹象表明有抵消性质的失业现象发生。事实上，我们对餐饮业的估计结果表明，在上调后工资涨幅最大的州，就业人数反而增加最多。最后，我们还就餐饮业研究了两个地区的价格数据，发现在工资因上调而增加的州，餐饮价格上升得更快。

## 注　释

1. 阿拉斯加州的平均工资为 13.53 美元；密西西比州的平均工资为 7.81 美元。这些数字来自 1989 年 CPS 月度档案。
2. 各州最低工资标准普遍高于联邦标准，这是前所未有的。例如，库伦（Cullen, 1961）就观察到，1940 年至 1960 年联邦最低工资的标准竟是各州最低工资的上限。

3. 在第 10 章中,我们列出了详细年表,介绍 1990—1991 年上调最低工资的政治过程。

4. 见美国国家事务局(日期不详,第 1415—1422 页)。

5. 5% 的青少年雇员是自由职业者、无偿雇员或者没有报告收入信息,这部分被排除在工资区间的统计样本之外。

6. 根据 1989 年以前的法律,零售业、农业和高等教育行业的雇主被允许向全日制学生支付比正常工资低 15% 的次级最低工资。现有的证据表明,这种豁免权的使用情况相对较少(见第五章)。

7. 这一比较是基于 1993 年 4 月的 CPS 数据。

8. 也有可能是一些定薪雇员报告了他们每周的到手工资,而非税前工资。

9. 我们从受影响的群体中剔除了领取次级最低工资(每小时 2.01 美元)而且还有小费收入的青少年,因为 1990 年和 1991 年联邦最低工资的上调对这部分群体的影响很小。

10. 这一结论忽略了最低工资对就业的影响。然而,正如我们的结论所示,最低工资上调后似乎没有出现失业的现象。

11. 这个数字是根据 1989 年和 1992 年 CPS 档案中 25 岁及以上男性的对数时薪表得到的。

12. 例如,用 1975—1989 年的数据对青少年就业率与总体就业率以及线性趋势进行回归,得到以下公式:

青少年就业率 = 常数 − 0.86 × 趋势 + 2.17 × 总体就业率

该模型的可决系数 $R^2$ 为 0.99。

13. 弱影响州包括 16 个州和华盛顿哥伦比亚特区，其中大多数州已经通过了高于 3.35 美元的州最低工资法，这些州和地区包括：阿拉斯加州、加利福尼亚州、特拉华州、哥伦比亚特区、夏威夷州、马里兰州、明尼苏达州、内华达州、整个新英格兰地区、新泽西州、纽约州和华盛顿州。强影响州由美国南部、山区和中北部各州构成，包括：阿肯色州、肯塔基州、路易斯安那州、密西西比州、蒙大拿州、新墨西哥州、北达科他州、俄克拉荷马州、南卡罗来纳州、南达科他州、田纳西州、西弗吉尼亚州和怀俄明州。中等影响州包括其余 22 个州。

14. 这三组的季度就业率的一般抽样误差如下：强影响州为 1.5 个百分点；中等影响州为 0.9 个百分点；弱影响州为 1.1 个百分点。

15. 这个加总变量来自美国劳工部和劳工统计局出版的《失业和就业的地理概况》，而非 CPS 档案。

16. 来自《失业和就业的地理概况》公布的就业数据，基于的是 CPS 的月度全样本，而非我们使用的微观数据中的季度样本。

17. 青少年对数工资均值变化的模型估计结果显示，成年男性工资的系数为 0.35，标准误为 0.28。影响比例和总体就业率的估计系数与表 4.4 中 C 子表第（2）列的系数基本相同。

18. 当总体就业率和总体失业率都被列为周期性指标时，失业率变量是联合不显著的，而且估计系数普遍偏小，但就业率变量仍是显著的。

19. 关于 20 世纪 80 年代末提出的各种联邦最低工资法案的详细讨论

见第 10 章。众议院和参议院通过了该法案，但被总统否决了。

20. 为了构建这一变量，我们将 H.R. 2 法案的投票数视为党派的简单函数，以此构建线性概率模型并进行估计，然后取出残差均值并按州统计。

21. 但这种说法并不完全正确，因为人们可能觉得青少年就业增长较明显的州更有可能上调所在州的最低工资标准。在这种情况下，1986 年至 1989 年的就业增长可能与 1989 年各州最低工资是否高于 3.35 美元和影响比例相关。

22. 我们将表 4.8 第 1 行的 1989 年至 1992 年影响比例的变化乘以 0.22 后得到的这些估计值。

23. 例如，参见美国劳工部和劳工统计局 1990 年版《就业和工资——年度均值》中第 1 页。失业保险报告也称为 ES-202 报告。

24. 在零售业模型中，影响比例的 $P$ 值为 12%，在餐饮业模型中为 3%。

25. 在有 CPI 的 29 个城市中，除了火奴鲁鲁和安克雷奇这 2 个城市我们分别用了夏威夷州和阿拉斯加州的就业和失业数据来代替，其他城市都有这些数据。

26. 共 208 个城市有 1990 第一季度和 1992 第一季度的数据。

27. 1991 年 11 月，与 ACCRA 的爱德华·斯特金（Edward Sturgeon）先生的私人交谈。

# 第5章

## 其他就业方面的结论

> 事情应该力求简单,但不能过于简单。
> ——阿尔伯特·爱因斯坦(Albert Einstein)

除了对就业的影响外,劳动力市场的标准经济模型对最低工资政策在其他方面的影响也给出了一些结论。例如,首先,依法上调最低工资的企业可能会通过减少员工的补充福利、收取制服费用或其他手段来避免最低工资法的影响。其次,只要条件允许,之前以低于最低标准的工资雇佣符合条件雇员的任何一家企业,都可能会使用次级最低工资标准。除此之外,企业在最低工资的约束下会减少在雇员培训方面的投资。最后,还有一部分企业可能考虑将业务转移到监管视线之外的地方,通过非法手段来躲避最低工资的约束。本章着重研究最低工资对其他几个就业方面的影响。我们首先研究了最低工资对工资分布的影响,然后讨论了次级最低工资标准。接下来,我们研究了企业是否会因为最低工资而削减补充福利和员工培训项目。最后,我们研究了最低工资是否会影响求职率和离职率。

先预告一下本章结论,以下是我们的几项发现,从低薪劳动力市场标准模型的角度来看,它们颇为异常。第一,看似无差异的雇员和岗位却有着较大的工资差异,这点在传统模型中无法解释。第二,工资分布中在最低工资处有一个巨大的尖峰。布朗(Brown, 1988)也认为,该尖峰表示能力不同的雇员领取的工资却是相同的,这一现象与标准模型的假设不一致。但更令人费解的是,即使是那些无需遵守最低工资法的企业,其工资分布在最低工资处也有一个尖峰。第三,上调最低工资会在一些企业中产生溢出效应,使得原工资高于最低标准的雇员也享受到了涨薪。但这种溢出效应并不会很明显地体现在工资分布中。第四,部分研究发现,在美国,几乎没有任何雇主使用次级最低工资标准。例如,在1990—1993年只有小部分快餐店在上调前支付给青少年的工资低于最低工资标准的情况下,使用了该次级标准。第五,我们发现企业似乎没有通过减少员工的补充福利或雇主提供的在职培训项目来抵消上调的影响。

从最简单的传统模型的视角来看,这些发现都是令人费解的,将它们综合起来看使得人们进一步质疑该模型对低薪劳动力市场的解释力。我们在第11章讨论的另一个模型能够解释其中的一些异象,但其中有一些仍旧无法得到解释。

## 对工资分布的影响

### 一价定律和最低工资尖峰

"一价定律"认为,同质商品应该以同一个价格进行交易。在劳动力市场上就意味着具有相同技能的雇员应该得到相同的报酬(这里的报酬被广泛地理解为工资、补充福利和工作环境)。在大宗商品和金融市场中,一价定律很容易被理解。在这些市场中,完全相同的商品在一群只考虑效用最大化的代理人之间被不断地交易,此时各种交易价格之间的任何价差都会很快被抹平。然而在劳动力市场中,有各种各样的因素可能会阻碍一价定律的实现。例如,如果雇员的工作积极性和努力程度取决于他们认为自己是否得到了足够多的报酬或公平的待遇,那么企业在制定工资标准时就可能会考虑加入激励部分,而不仅仅是支付必要的最低工资。

长期以来,经济学家一直在争论同等技能的雇员是否在劳动力市场的不同部门获得了同等报酬。自斯利克特(Slichter,1950)开始,长期存在于各个行业内的巨大工资差异被经济学家们一一记录了下来。例如,汽车公司支付给安保人员的工资长期高于服务业公司。此外,大公司的工资往往比小公司高(参见 Brown and Medoff, 1989)。此外,特定职业和行业中不同公司之间违背一价定律的工资也有文献记录。例如,驾驶同一类型飞机的飞行员在不同的航空公司得到的报酬就大不相同(Card,1989)。理查德·莱斯特等修正主义经济学家将看似无差异的雇员之间的工资差异视为新古典主义模型的不完善，以及简单的边际主义（marginalist）无法解释最低工资的证据。

不过这一分支的研究存在一个难点，那就是我们不清楚这些差异是否是对不同企业之间雇员技能差异的补偿。我们在研究中尝试了两种方法来控制雇员的技能差异，而能解释工资溢价的可能正是这个差异。首先，许多研究是通过对雇员的职业、受教育程度和工作经验等在内的特征进行控制。其次，有些研究使用面板数据来估计同一雇员从一个行业跳到另一个行业，或从小公司跳到大公司时产生的工资差。[1]尽管通过这些统计方法得到的经行业或公司规模调整后的工资差异似乎是稳健的，但这些差异仍有可能是来自雇员技能或工作环境等未知或无法衡量的因素。

无差异雇员之间的工资差异的存在意义如下：如果无差异雇员在不同企业内同工不同酬，那么工资结构的组成成分中就包含标准模型以外的因素。另外，不同企业对看似无差异的雇员支付不同的工资也有可能是由于雇主考虑到如激励、方便招人、减少人员流动或提升忠诚度等目标的实现，所以在制定工资标准上需要有一定程度的灵活性。我们在第 11 章中介绍的经济模型给出的预测是：如果企业考虑到一些自身因素，而非只是根据市场统一水平来设定工资水平，那么最低工资的适度上调可能会促进就业。

根据关于不同企业间工资差异方面的文献来看，低薪劳动力市场中不同雇主支付不同工资其实并不奇怪。在第 2 章中，我们也曾提到过不同快餐店之间起薪的差异（见图 2.2）。例如，在

1992年新泽西州上调最低工资之前，各个快餐店的起薪差异这一变量的系数为7%，而且联邦最低工资标准可能已经降低了工资差异，其中三分之一的快餐店都已经按照新的联邦最低标准支付工资。虽然这种差异可能是劳动力市场的地域不同导致的，但我们发现，即使是在某一快餐店的三位邮政编码所在范围内的劳动力市场上，工资差异也相当大。而且代表该区域的变量只能解释17%的快餐店工资差异。也就是说，即使相互比邻的快餐店也依然会支付不同的起薪。

最低工资的上调压缩了工资差异。最明显的是，在工资分布的最低工资处形成了一个尖峰。该现象我们在第2章讨论过的快餐店起薪分布中也有体现（见图2.2）。当新泽西州将最低工资上调到5.05美元时，该州快餐店的起薪差异系数从7%下降到了2%以下。此外，得州快餐店的工资数据显示，联邦最低工资从3.35美元上调到4.25美元后，情况也基本相同：工资差异的系数从1990年4月前的7%下降到了1991年8月的2%。

从图5.1的整个工资分布中也能发现在最低工资分布处的尖峰。该分布图显示的是工资在3.00美元到7.00美元之间每5美分区间内的青少年雇员比例，我们还将3.35美元、3.80美元和4.25美元这三个值所在的区间重点标注出来。[2] 工资数据涵盖1989年、1990年和1991年的4—8月。1989年的最低工资是3.35美元，由图5.1（a）可见，工资分布在3.35美元处有一个明显的尖峰。在1990年4月1日上调到3.80美元后，3.35美元处的尖峰下降了，而在3.80美元处新出现了一个尖峰。[3] 由于上调前很少有雇员的工资是 3.80 美元,因此 3.80 美元处的尖峰特别重要。1989—1990 年,工资落在 3.35 美元左右两边 5 美分区间内(即 3.30～3.40 美元)的雇员比例从 17.4% 下降到了 4.1%,而落在

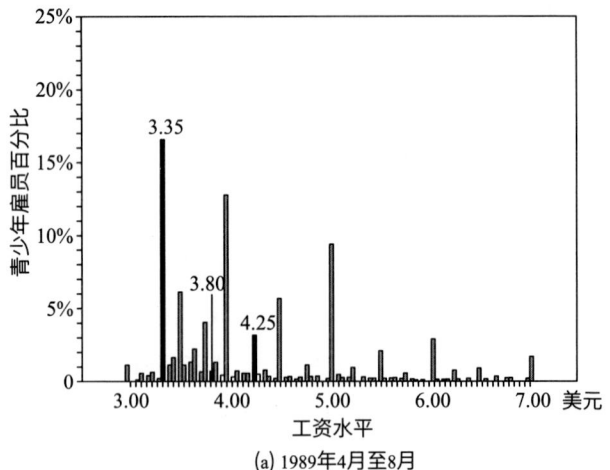

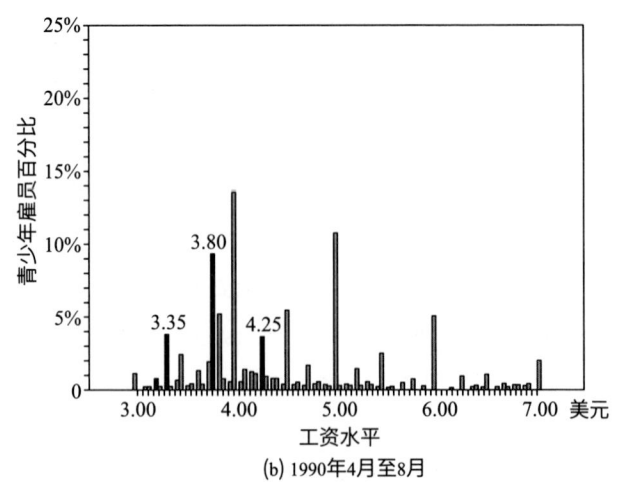

(a) 1989年4月至8月

(b) 1990年4月至8月

(c) 1991年4月至8月

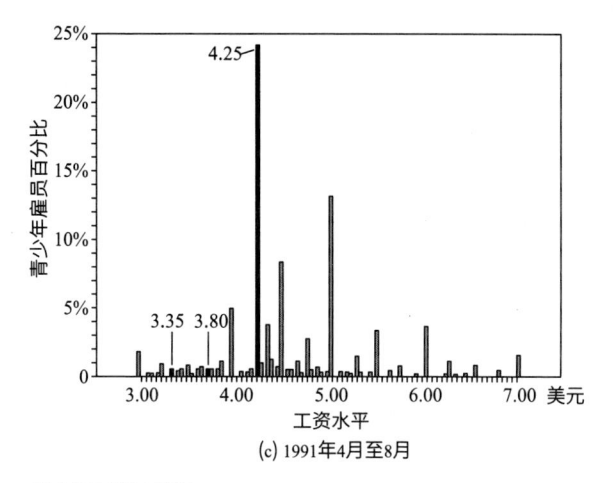

**图 5.1 青少年工资柱状图**

3.80 美元左右两边 5 美分区间内的比例从 5.6% 上升到了 15.9%。据图 5.1（c）显示，在 1991 年 4 月 1 日上调到 4.25 美元后，工资分布的尖峰又移动到了 4.25 美元。事实上，24% 的青少年的工资正好是 4.25 美元，也就是说最低工资成为青少年雇员工资的新标准了。

最低工资处的尖峰是工资分布中反复出现也是最特别的特征之一。对于一价定律而言，这更是一个意外：如果在上调前所有雇员的工资与生产力是相匹配的，那么尖峰就意味着生产力不同的雇员在上调后都得到了相同的工资。实际上，在能用工资的微观数据进行研究前，很多经济学家都认为，数据中的部分工资分布只不过会在最低工资处被截断而已，就像分布中低于最低工资的部分被"咬"掉一口。例如，斯蒂格勒（Stigler, 1946）在他的经典文章中假设"……产出价值低于最低工资的雇员被解雇了"。但与该假设相反，图5.1表明，许多在上调前低于新标准的雇员的工资都被上调到了新标准。

不过在上调最低工资后，企业的确有可能会减少非工资性报酬，或给工资曾低于最低标准的雇员增加工作强度。虽然工资分布会在最低工资处显示出一个尖峰，但企业的这些行为产生的抵消性成本也会对该分布起到一定程度的"平滑"作用。例如，对于一个原工资为3.35美元的雇员来说，如果补充福利减少90美分，那么上调后雇主的成本依然是4.25美元。我们会在本章后半部分讨论非工资性补偿的问题。现在只需要认识到，一价定律本来就不能解释最低工资处的尖峰，所以能力相同的雇员的工资本来就是不同的。

在最低工资标准下，关于工资分布中尖峰的另一个奇怪现象是，它似乎也存在于不被最低工资覆盖的企业的工资分布中，尽管明显程度要小于被覆盖的企业。假设在一个两部门的劳动力市场模型中，一个部门的企业被最低工资覆盖，而另一个没有（或未遵守最低工资标准），那么可以预见的是，在被覆盖的部门中失业的雇员会前往未被覆盖的部门寻找工作，从而压低后者的低技能雇员的工资（该模型的讨论详见第11章）。因此，理论上在未被覆盖的部门中就不会有很多最低工资雇员，因为低技能雇员已经严重过剩。但在美国最低工资研究委员会（Minimum Wage Study Commission）的一项研究中，弗里奇（Fritsch, 1981）发现，许多因销量过低而未受法律约束的零售业机构在任何情况下都倾向于支付最低工资。我们也发现在最低工资调整后,未覆盖的企业的工资分布中也的确出现了明显的尖峰。

此外,我们还在未缴纳社会保险税的企业雇员身上发现了一个现象。CPS 的调查除了其他问题外,还会询问雇员,他们的雇主是否会为他们从工资中扣除一部分用于缴纳社会保险税,并将该结果汇总到雇员福利补充报告(Employee Benefits Supplement)中,我们也基于 1993 年 4 月报告中的数据进行分析。结果发现,大约有 8% 的雇员声称他们的雇主并没有缴纳社会保险税。未缴纳的企业雇员,他们的工资均值和标准差要高于依法缴纳的企业雇员。[4] 并且在未缴纳的企业中,有 10% 的雇员的工资低于最低工资,而在依法缴纳的企业中,这部分雇员的比例只有 2%。不过大部分未缴纳的企业可能属于 FLSA 的豁免对象,或者即使被最低工资标准所覆盖,企业也认为无需遵守。[5] 用 1993 年 4 月的数据集进行估计后,我们发现在依法缴纳社保税的企业雇员中,有 2.3% 的雇员的工资正好是 4.25 美元的最低工资。而在未缴纳的企业雇员中,该比例为 1.5%,大致为前者的三分之二。该发现进一步证实,许多无需遵守最低工资标准的企业在实际中也支付了最低工资。[6]

虽然传统的两部门模型无法解释,为什么无需遵守最低工资法的企业的工资分布中也会在最低工资处出现一个尖峰,但存在另一种解释,即最低工资代表着未来的、可接受的工资目标。如果雇员普遍认为最低工资是一个"公平"的工资标准,那么不受约束的雇主也会按照该标准支付工资,这样就会影响雇员的保留工资。此外，如果在最低工资执行前工资分布本来就存在随意性或不确定性，那么雇主认为，即使按照最低工资来支付，这部分的不确定性也依旧存在，那么还不如支付其他数额的工资，而且还会带来更高的雇员忠诚度等其他额外好处。

上调最低工资的另一个结果是缩小了与雇主或雇员特征相关的工资差异。例如，卡兹和克鲁格（Katz and Krueger, 1992）发现，在1990年4月联邦最低工资上调之前，直营快餐店和得州较低失业率的县快餐店所支付的工资明显高于该州的其他快餐店。[7]实际上在上调前，公司直营与否与当地失业率能够解释28%的起薪标准差异。到1991年8月从3.35美元上调到4.25美元后，这两个变量就变得不显著了，解释力下降到只有5%。

最后我们发现了一些劳动力市场的歧视现象，这同样不符合一价定律。因为根据定义，"歧视"意味着生产力相同的雇员只是因为不同的个人特征而得到了不同的工资。有研究发现，美国劳动力市场上存在着明显的由种族或性别歧视造成的工资差异。[8]例如，哈默梅什和比德尔（Hamermesh and Biddle, 1994），以及萨金特和布兰奇福劳（Sargent and Blanchflower, 1994）发现，外貌更有吸引力的雇员的工资更高，甚至有更高的职位。[9]我们甚至发现对于歧视的指控并不局限于高薪雇主，例如温蒂汉堡、丹尼斯（Denny's）、肖尼斯（Shoney's）和塔可钟（Taco Bell）快餐连锁店都曾因为对雇员或顾客产生过种族歧视而被起诉。[10]

如果低薪雇主因与生产力无关的个人特征产生一些歧视雇员

的行为，那么低薪劳动力市场就不会像教科书中的模型假设的那样是充分竞争的了，模型对最低工资的影响作出的明确预测自然也不再适用。例如，莱斯特（Lester, 1994）曾指出，在20世纪40年代和50年代，美国许多南方纺织业雇主向白人雇员支付的工资要高于从事同样工作的黑人雇员。在这种情况下，如果黑人雇员的工资只是由于最低工资标准而被提高，那么雇主不太可能因此解雇他们，这与标准模型的预测相反。

**工资的溢出效应**

我们偶然间还发现最低工资有时会产生溢出效应，或者说涟漪效应，即最低标准被上调后，随着一部分雇员的工资上涨到新的最低标准之上，另一部分原本工资就高于最低标准的雇员的工资也上涨了。溢出效应的发现给标准模型及其各种改进模型带来了挑战，因为任何原本工资低于最低标准的雇员都不应该因为最低工资的上调而获得高于最低标准的工资。

业内专家也经常暗示最低工资的涟漪效应。例如，新泽西州工商协会的杰弗里·斯托勒（Jeffrey Stoller）曾提到："这不仅关乎发生在领取最低工资的雇员身上的事，还有涟漪效应……一旦工资上涨，收入高于最低标准的那部分雇员也会对工资有更高的期望，因为如果有人刚入职就赚得和他们一样多，甚至更多，那么他们就会很不高兴。"[11] 同样的，SG&A公司在1992年的年报中也有提到：

兼职销售人员以及一部分分销中心的雇员，从上调生效的1991财年开始是公司内唯一直接受联邦最低工资上调影响的群体。上调使得SG&A公司1990和1991财年的费用增加了不到1%。而且也对其他商店和配送中心员工的工资产生了轻微的涟漪效应。

第一个关于最低工资上调是否产生溢出效应的实证研究是由格罗斯曼（Grossman, 1983）开展的。格罗斯曼研究了7个职业，将每一个职业的平均工资变化与1960—1975年16个标准化大都市统计区（SMSA）的最低工资的当前值与滞后值进行回归。结果表明，在上调最低工资后，工资差距会在很短的时间内缩小，但随着时间的推移，雇员间的工资结构还会逐渐恢复到原来的状态。格罗斯曼认为，上调导致的工资结构的最终分布状态符合溢出效应的假设。然而，在解释这些发现的过程中还有一个绕不开的因素，即考虑到通胀对最低工资实际购买力的侵蚀，所以上调后的工资差距看上去可能并没有小很多。

我们在第2章中曾提到过，在得州快餐店的第二轮调查中，我们得到了关于公司如何应对1991年4月联邦最低工资上调的一手信息。[12] 举个例子，假设一家企业在1991年4月之前向新员工支付的工资是3.80美元，之后当然需要将起薪提高到4.25美元。但对于那些4.00美元的高级雇员，企业会怎么做？表5.1第3行的调查结果显示，此时有16%的企业会选择在保持工资级别不变的情况下，将 4.00 美元的雇员工资也提高到新的起薪水平之上。数据显示，在起薪介于 3.80 和 4.25 美元之间的快餐店中，有三分之一在最低工资上调生效后，将高于起薪但低于新的最低标准的雇员的工资提高到 4.25 美元以上。

在得州的第一轮调查中我们也提出过一个类似的问题：当联邦最低工资从 3.35 美元上调到 3.80 美元后，那些超过 3.35 美元但低于 3.80 美元的雇员的工资具体发生了哪些变化？结果表明，有 41% 的快餐店保持了雇员之间的相对工资结构。因此，1990 年上调后保持新老员工之间工资差异的企业比例要高于 1991 年上调后的比例。1991 年上调后，学界对于企业内部公平性的关注度明显下降，可能的一个解释是，1991 年的最低标准比 1990 年的最低标准更高于市场均衡水平。

还有一个问题，上调最低工资后企业是否会提高那些收入已经超过新的最低标准的雇员的工资？如表 5.1 第 4 行所示，在 1991 年 4 月上调之前，起薪较高的快餐店更有可能给工资已经达到 4.50 美元的雇员涨薪。在起薪最低的快餐店中［第（1）列］，只有 9% 的快餐店在 4.25 美元的标准出台后给 4.50 美元的雇员涨薪，在起薪较高的快餐店中［第（2）列和第（3）列］，对应的占比更高。因此这些证据表明，对于工资高于新的最低标准的雇员来说，工资的溢出效应是存在的，但仅限于起薪相对较高的企业。

表 5.1　得州快餐店对最低工资变化的反应，按 1991 年 4 月 1 日前的起薪计算

|  | 起薪等于 3.80 美元<br>(1) | 起薪介于 3.80 美元和 4.25 美元之间<br>(2) | 起薪不低于 4.25 美元<br>(3) |
|---|---|---|---|
| 1. 1991 年 4 月 1 日前的平均起薪（美元） | 3.8 | 3.93 | 4.28 |
| 2. 1991 年 4 月 1 日至 12 月期间起薪的增长比例（美元） | 0.46 | 0.37 | 0.20 |
| 3. 工资级别保持不变的比例 [a] | 0.16 | 0.33 | — |
| 4. 对工资为 4.50 美元的雇员产生溢出效应的比例 [b] | 0.09 | 0.29 | 0.60 |
| 5. 减少首次涨薪额度的比例 | 0.05 | 0.03 | 0.00 |
| 6. 推迟首次涨薪时间的比例 | 0.03 | 0.05 | 0.00 |
| 7. 使用青年次级最低标准的比例 | 0.06 | 0.03 | 0.06 |
| 8. 削减补充福利的比例 | 0.04 | 0.04 | 0.06 |
| 9. 样本量 | 174 | 122 | 17 |

**资料来源**：Katz and Krueger (1992), Table 3。

[a] "工资级别保持不变的比例"是指 1991 年 4 月 1 日之后向原工资在原起薪和 4.25 美元之间的雇员支付高于新起薪的工资的快餐店占比。

[b] "对工资为 4.50 美元的雇员产生溢出效应的比例"是指在最低工资上调生效后，为 4.50 美元的雇员提高工资的快餐店占比。

我们还研究了在最低工资上调后，企业是否会推迟雇员首次涨薪的时间，或减少首次涨薪的额度。表 5.1 第 5 行和第 6 行中的数据可能会提供一些答案。虽然理论上因上调而提高起薪的快餐店更有可能会推迟首次涨薪时间，并减少涨薪额度，但实际上这么做的快餐店只有一小部分。而对于其他大多数没有采取这些措施的企业，上调前后的在职时长–收入关系如图 5.2 所示。长期来看，如果企业保持原来的加薪制度，那么由于整个曲线的上

抬，就会产生溢出效应。对于确实改变了涨薪时间或额度的企业，那么在职时长-收入关系图就变成了图 5.3（a）或图 5.3（b）。

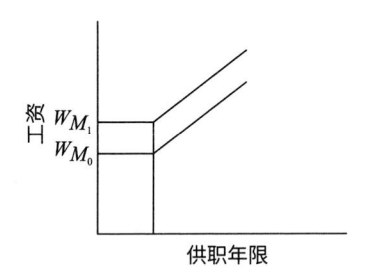

图 5.2　在最低工资上调前后的在职时长-收入关系图，图中我们假设在职时长的增长是线性的。$W_{M_0}$ 代表上调前的最低工资，$W_{M_1}$ 代表上调后的工资

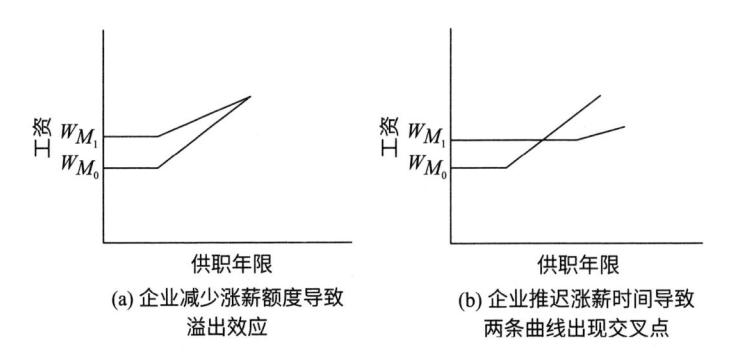

(a) 企业减少涨薪额度导致溢出效应

(b) 企业推迟涨薪时间导致两条曲线出现交叉点

图 5.3　最低工资上调前后的在职时长-收入关系图。其中，$W_{M_0}$ 代表上调前的最低工资，$W_{M_1}$ 代表上调后的工资

图 5.4 进一步说明了溢出效应。图中是 1989 年至 1992 年期间工资低于 4.50 美元和低于 5.00 美元的青少年雇员比例的季度数据。[13] 按照第 4 章的方法，我们根据直接受最低工资上调影响

(a) 低于 4.50 美元的比例

(b) 低于 5.00 美元的比例

■ 强影响州　＋ 中等影响州　□ 弱影响州

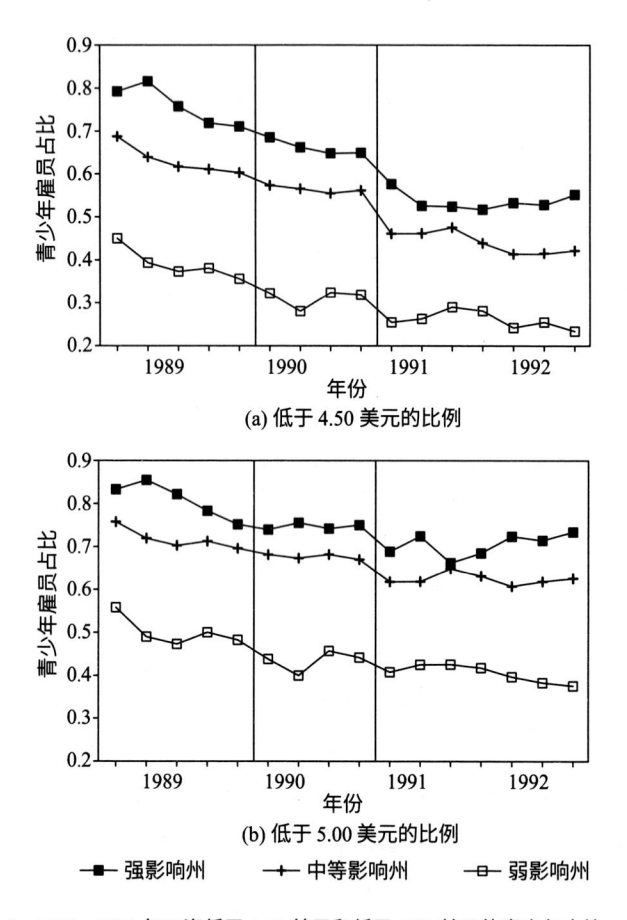

图 5.4　1989—1992 年工资低于 4.50 美元和低于 5.00 美元的青少年占比

的青少年比例的高、中、低，将所有的州分为三组。在第 4 章中，我们还发现，在受上调影响的青少年比例较高的州，青少年就业人数的增长幅度更大。所以，如果 4.50 美元以上的区间内没有出现溢出效应，那么我们可以认为，强影响州中工资低于

4.50美元和低于5.00美元的雇员比例相对弱影响州将保持不变。如果溢出效应波及4.50美元至5.00美元的区间，那么我们认为，在强影响州和弱影响州中，工资低于5.00美元的雇员比例将会遵循相同的变化趋势，但在强影响州中，工资低于4.50美元的雇员比例会相对减少。

结果表明工资低于4.50美元的部分的确存在溢出效应，但4.50美元以上的部分并不存在。例如，在强影响州中，低于4.50美元的雇员比例从1989年年初的80%下降到1991年4月上调最低工资后的50%。在弱影响州中，低于4.50美元的部分也有所下滑，但下滑幅度没有强影响州或中等影响州大。

### 为何次级最低工资标准的使用率如此之低

在某些情况下，FLSA也允许雇主按照次级最低工资标准向指定的雇员群体支付工资。在老布什执政时期，最低工资政策中重要的一项内容是扩大次级最低工资的覆盖面。在1989年6月，老布什总统否决了肯尼迪-霍金斯（Kennedy-Hawkins）对FLSA的修正案，并解释道："我明确表示，虽然可以接受上调最低工资，但为了抵消就业上的损失，上调幅度必须是适度的，而且同时也需要为公司的新雇员提供一定的培训工资。"（美国国家事务局，1989）1989年通过的FLSA修正案允许雇主向新雇佣的青少年雇员支付比最低工资低15%的次级最低工资，支付时长可达6个月。主要适用于青少年的次级标准经过3年的试行后终于通过了。尽管自1961年以来，FLSA已经允许按照次级标准向全日制学生支付工资，但新立法将次级标准的覆盖范围扩大到所有青少年，企业也可以更容易地获得豁免而使用次级标准。实际中雇主可以在不需要进行任何额外的培训，或提交任何特殊的文件的情况下，按照次级标准向青少年支付工资，而且时长可达90天。如果向美国劳工部提交适当的培训计划，还可以再延长90天，但任何雇员领取次级最低工资的时长都不能超过180天。[14]

对于没有经验的雇员，由于他们的生产力低于最低工资标准的相应水平，因此次级标准的逻辑是允许雇主雇佣该群体，否则他们无法参与就业，即便是标准模型也绕不开这个逻辑。标准模型的预测是，在上调最低工资之前，所有按照低于新的最低标准支付工资的雇主在允许的情况下都会使用次级标准。但大量证据表明，这么做的雇主很少。

弗里曼、格雷和伊奇尼奥夫斯基（Freeman, Gray, and Ichniowski, 1981）发现，在20世纪70年代末，享受全日制学生的次级标准的学生雇员占比只有3%。根据第2章中提到的得州快餐店的调查结果，卡兹和克鲁格（Katz and Krueger, 1992）的结论显示，1991年只有4.8%的快餐店使用了青年次级标准（见表5.1第7行）。在类似的一项研究中，斯普里格斯、斯温顿和西蒙斯（Spriggs, Swinton, and Simmons, 1992）发现，在密西西比州和北卡罗来纳州，只有不到2%的快餐店使用了次级标准。此外，全美餐饮业协会（National Restaurant Association）对所有餐馆进行的一项非随机调查发现，只有8%的快餐店使用了青年次级标准。[15]卡兹和克鲁格（Katz and Krueger, 1990）还发现，1990 年出台的青年次级标准对青少年雇员的工资没有显著影响。图 5.1（c）进一步证实，企业确实很少使用次级标准：包含 3.62 美元（1991 年的次级标准）的工资分布中没有发现明显的尖峰。最后，也是最确定的是，1993 年美国劳工部的一项对工资和工作时间的调查研究发现，所有雇主中只有 1% 使用了次级标准，并且在至少向一名雇员支付最低工资的雇主中，使用次级标准的也只有 2%。[16]

那为什么使用次级标准的雇主这么少呢？在某些情况下，雇主会给雇员支付高于最低标准的起薪；在另一些情况下，他们不会考虑雇佣青少年，所以也没有机会使用次级标准。不过对于大多数快餐店来说情况并非如此。快餐业一直在为反对上调最低工资游说，也一直是次级标准的坚定支持者（Bureau of National Affairs, 1985）。就在最低工资上调到 4.25 美元之前，95% 的得州快餐店针对新员工给出的工资标准低于 4.25 美元。此外，快餐业的人员流动率非常高，估计每年达 300%（Bureau of National Affairs, 1985）。再加上该行业会雇佣非常多第一次参加工作的雇员，快餐店非常有动力使用次级标准。[17]

在得州快餐店的第二轮调查中，卡兹和克鲁格（Katz and Krueger, 1992）研究了次级标准使用率低的原因。1991 年，未使用次级标准的餐馆经理中有 62% 认为"次级最低工资无法吸引到（合格的）青少年雇员"。这是一个全新的发现，因为这些快餐店中绝大多数在最低工资上调前支付的工资是低于 4.25 美元的。对该现象的一种解释是，在上调后，快餐店无法再以过去的工资吸引到足够多的雇员，因为上调抬升了潜在求职者的保留工资。雇主也认为，相对工资对雇员是很重要的，因为如果面对同样一份工作，年轻雇员的工资比年长雇员的低，那么他们就不会接受这份工作或在岗位上偷懒。

该调查还发现，在没有使用次级标准的企业中，约20%的经理认为这是不"公平"的。大约二分之一的经理认为，如果次级最低工资可以支付给所有雇员，而非仅仅是青少年雇员，那么他们就会考虑使用次级标准。23%的经理认为，客观困难是他们的快餐店不愿使用次级标准的理由之一。最后，大约三分之一的经理表示，如果次级标准的执行障碍再减少一点（例如取消时间限制或培训要求），那么他们的快餐店就会考虑使用次级标准。虽然任何人都可以将官僚主义的繁文缛节认为是雇主不愿使用次级标准的障碍，但实际上执行次级标准所需要的管理工作量是相对较小的。如果如此轻的行政负担还能阻碍该标准的推广，那么可以想见它能带来的好处真的很少。

果不其然，考虑到次级标准的接受度非常有限，美国国会在1993年没有选择继续实行该标准。此外，即便是该标准到期，媒体也几乎没有给予任何关注，大家都一致认为次级标准并没有达到促进就业培训或扩大就业市场的作用。

## 非工资性补偿

### 补充福利

教科书上的最低工资模型往往忽视了补充福利和其他非工资

性报酬，但实际上即使是低薪雇员也会享受到一些补充福利。面对最低工资的立法上调，减少非工资性报酬是企业的自然反应。一些经济学家认为，上调带来的工资缺口会部分甚至完全被非工资性福利的减少所抵消。因为在一个竞争性的劳动力市场上，上调后会出现一个等待最低工资工作的雇员队列，那么雇主完全可以在削减非工资性报酬的同时还能招到足够多的雇员。

但实际上，雇主不想或不能减少非工资性福利来抵消上调带来的成本是有原因的。[18] 首先，上调带来的工资缺口可能会给雇主带来一些好处。例如，工资上涨会减少人员流动，有利于招聘或减少偷懒现象。其次，不能只针对最低工资雇员削减非工资性福利。[19] 例如，快餐店不可能在不影响其他雇员的工作条件和顾客用餐环境的情况下，不让最低工资雇员使用空调。最后，部分雇主可能还会受到一些非负性约束（non-negativity constraints）——原来就没有提供足够多的非工资性福利，以至于即便想减少补充福利来抵消最低工资的大幅度上调也没有什么空间。

如何选择合适的可量化的非工资性补偿措施来应对最低工资的上调，这是一个开放性的问题。显然，最低工资雇员从雇主方得到的健康保险和其他补充福利不可能比高薪雇员高，但该差距可能只是由于补充福利被视为了一种"普通商品"——高薪雇员"使用"他们的一些报酬来"购买"非工资的福利。还存在一种与税收有关的激励因素——由于这些福利是不需要缴税的，因此高薪雇员有动力去获得更多的补充福利。

还有一些文献研究最低工资的上调在多大程度上会被补充福利的减少抵消。韦塞尔斯（Wessels, 1980）发现，有不到1%的零售店自称，由于纽约州在1957年上调了最低工资，他们减少了雇员的年终奖、带薪休假、病假或打折促销活动。阿尔珀特（Alpert, 1986）发现，在20世纪70年代，餐饮业也以适度减少补充福利作为对最低工资大幅上调的反应。所有这些文献能给出的结论最多就是，补充福利的减少只在部分程度上抵消最低工资上调带来的成本上涨。

在我们的新泽西州-宾州快餐店的研究中也提到了补充福利的问题。我们发现，竟有91%的快餐店至少会向雇员提供部分的补充福利，最常见的是免费餐和廉价餐。我们不能证明新泽西州快餐店在该州最低工资上调后减少了补充福利。正如第2章中提到的，直接受上调影响的快餐店削减免费餐的可能性，并不比宾州快餐店或新泽西州高薪快餐店高。同样，表5.1第8行也显示，受1991年联邦最低工资上调影响而提高工资的得州快餐店削减补充福利的可能性并不一定会比该州高薪快餐店高。因此这些证据表明，面对最低工资的上调，那些显性的补充福利中只有很小一部分会被抵消。我们将在本章后续讨论求职队列和人员流动（离职）时再回到这个问题上。

### 技能培训

根据人力资本模型（human-capital model）的预测，雇员以接受较低的起薪来变相支付技能培训的费用，因此最低工资的上调有可能会影响企业的培训计划。但对这一假设的检验主要还是从工资方面寻找证据,而不是在最低工资上调前后考察培训计划是否发生变化。在人力资本模型中,雇员的工资可能会因技能培训而上涨,因此上调后涨薪速度的下滑可被视为培训计划减少的间接证据。莱顿与明瑟(Leighton and Mincer, 1981)和桥本(Hashimoto, 1982)研究了上调最低工资对涨薪速度的影响,发现最低工资与涨薪速度呈负相关的关系,即最低工资标准越高,涨薪速度越慢。他们将其视为最低工资的上调导致企业削减技能培训计划的证据。相比之下,拉齐尔和米勒(Lazear and Miller, 1981)发现,将最低工资扩展到其他行业,似乎也没有改变这些行业的涨薪速度。他们认为,该发现是由于"被新覆盖到的行业本来就是最不可能遭受任何不利影响的行业"。

根据涨薪速度来检验技能培训是否被削减时有两个主要问题。[20]第一,随着时间的推移,工资也可以由于其他因素而上涨。其中的一个假设是,陡峭的工资曲线可以起到抑制员工偷懒的作用(参见 Becker and Stigler, 1974; Lazear, 1981)。如果上调给雇员创造了工资缺口,那么雇员就会更加珍惜工作,减少偷懒现象。在最低工资上调后,由于雇主不需要提供其他防止员工偷懒的措施,因而可以逐渐压平工资曲线。第二,技能培训抵消的假设认为,在最低工资上调后,高级雇员积累的培训总量会减少,因此在职时长-收入曲线会穿过上调前的曲线,如图 5.3(b)所示。我们对该假设的检验并没有从曲线是否相交来看,而是关注上调后工资曲线是否更平坦。所以,以下这种情况也是完全有可能的，即上调抬高起薪并降低在职时长曲线的斜率，但进一步上调后，所有不同资历不平的雇员的工资都被抬高［如图5.3(a)］，此时我们就无法判断培训计划是否被削减了，因为资深雇员的工资也没有下降。我们发现快餐店并没有推迟首次涨薪，也没有减少涨薪额度，这与上调后不同资历雇员的工资都会被抬高的观点是一致的。

图5.5中是该问题的补充证据。该图展示了1987—1989年，即1988年7月加州上调最低工资前后，加州和5个对比地区的年龄-收入关系。其中每一个点代表对应年龄范围内的雇员的对数工资均值。正如大家的直觉，年龄-收入曲线是向上倾斜的，1987年加州和对比地区的16—17岁雇员的几何平均工资是3.67美元（= $e^{1.3}$）。1988年加州的最低工资上调到4.25美元，因此该州雇员的平均工资大幅度上涨，而对比地区16—17岁雇员的平均工资仅略有上涨。图5.5显示，上调后，相比对比地区雇员的年龄-收入曲线，加州雇员的曲线变得较为平缓，但二者没有相交。实际上，加州的曲线在上调后比原先更像对比地区的曲线。但仅从这张图上很难得出培训计划会因上调最低工资而被削减的结论。

最近一篇文献中，格罗斯伯格和西西里安（Grossberg and Sicilian, 1994）试图通过比较起薪低于、等于和高于最低工资的职位所在的企业提供的技能培训级别，来衡量最低工资对技能培训计划的影响（支付次级最低工资的雇主要么不受最低工资的约束，要么就是未遵守法律）。显然，我们很难衡量技能培训活动。

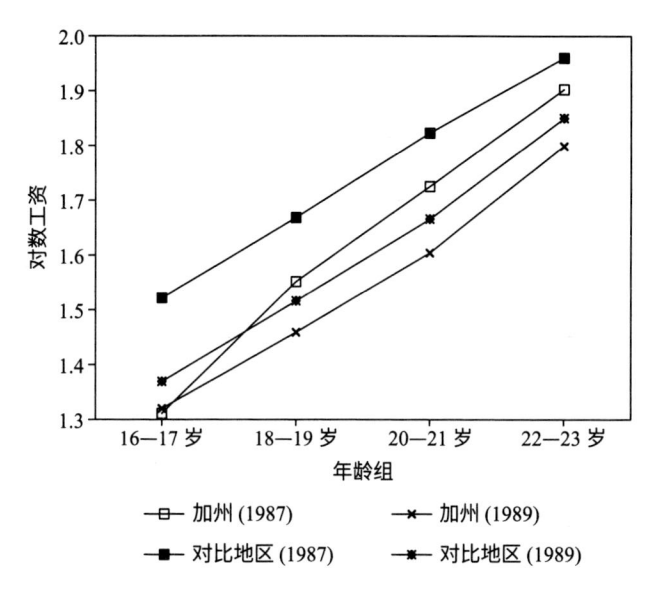

图 5.5　1987—1989 年加州和对比地区的青年雇员的年龄-工资曲线

格罗斯伯格和西西里安分析了来自就业机会试点项目（Employment Opportunity Pilot Project，以下简称"EOPP"）的数据，该数据包含样本内的低薪雇主提供给最新一位雇员的技能培训小时数及相关信息。他们估计了一个包含培训强度变量的模型，其中核心解释变量是代表该工作的起薪是否不高于最低工资的虚拟变量，基准组（base group）由起薪高于最低工资的雇员构成。估计后并没有发现明确的结论。对于女性雇员，他们发现起薪等于最低工资的工作所提供的培训比低于或高于最低工资的工作提供的要多，但这种差异并不显著。而对于男性雇员，起薪等于最低工资的工作提供的培训比低于或高于最低工资的工作提供的要少，但低于最低工资与等于最低工资的工作提供的培训差异也是不显著的。因而男性雇员的估计结果只能说明企业为低薪雇员提供的培训较少,并不能说明这是最低工资的影响。此外,起薪等于最低工资的女性雇员的培训率较高这一发现也很有意义,因为女性占最低工资雇员的比例较大。

## 求职队列与人员流动

如果最低工资给相关雇员带来了工资缺口,那么人们就会认为最低工资的工作会吸引大量求职者前来申请,而且人员流动性相对较低。相反,如果最低工资产生的额外补偿被补充福利的削减或工作环境的负向变化完全抵消,那么最低工资的工作就不会吸引到较长的求职者队列,或保证较低的人员流动性。

如果我们把注意力集中在那些对技能要求不高,可以由技能相同的雇员相互填补的工作上,那么就很容易理解为什么申请最低工资工作的队列,要长于提供的工资高于或低于最低标准的工作的队列(假设不会完全被非工资性福利抵消)。此时差异均等化(equalizing differences)理论认为,相比高于或等于最低工资的工作,低于最低工资的工作必须提供更舒适的工作条件或更吸引人的非工资性福利,否则一旦出现空缺将无人填补。同样,高于最低工资的工作提供的工作条件应稍显简陋,或非工资性福利较少。均衡情况下,所有可以由技能相同的雇员相互填补的工作的求职者数量都是相等的,如果最低工资打破了这一均衡状态,而且是在没有被非工资性福利的减少抵消的情况下,那么支付最低工资的工作会比高于或低于最低工资的工作吸引到更多的求职者。

霍尔泽、卡兹和克鲁格（Holzer, Katz, and Krueger, 1991）通过 EOPP 数据集来估计最低工资的工作是否会比低于或高于最低工资的工作吸引到更多的求职者。求职者队列的长度定义为样本企业最新一个空缺职位的申请人数。他们发现起薪等于最低工资的工作的求职者比低于最低工资的工作的求职者多了 36%，比高于最低工资但低于 5.00 美元的工作的求职者多了 21%。当他们把样本限制在起薪低于最低工资标准 25 美分以内的新工作时，发现这类工作中平均每个空缺职位能吸引到 6.7 位求职者，而在等于最低工资的工作中，这一数字为 11.5，在高于最低工资的工作中则为 10.9。等于最低工资工作的求职者数量与高于最低工资工作的求职者数量的差异是显著的，而与低于最低工资的求职者数量的差异是不显著的。即便是控制职业、行业、对数工资、人口相关、公司规模和工会地位这几个变量后再进行回归，求职者数量差异的尖峰依然存在。

经济理论中，某个职位的求职队列长度可以认为是衡量该职位吸引力的可靠指标。但实际上，求职队列很难衡量。最重要的是，各企业的求职数据不一定具有可比性，一些潜在求职者可能因不想被选中而放弃申请。此外，如果通过上调前后申请率的比较来检验最低工资工作的申请率是否更高，那么结论会更有说服力。尽管如此，相比略高和略低于最低工资的工作，最低工资工作的求职队列依然更长，这与该类工作更能得到低技能雇员青睐的观点是一致的。

## 人员流动性

还有很多文献发现了人员流动性和工资支付标准的负相关关系（可参见 Parker and Burton, 1967; Pencavel, 1970）。研究人员还发现大公司的人员流动性比小公司低，参加工会的雇员的流动性比不参加工会的低。如果最低工资迫使总的补偿福利增加并超过竞争均衡水平，那么人们可能就会认为引入最低工资标准后的主动离职率会低于不引入时的离职率。

韦塞尔斯（Wessels, 1980），以及西西里安和格罗斯伯格（Sicilian and Grossberg, 1993）研究了人员流动性和最低工资之间的关系。韦塞尔斯用 14 个制造业的对数离职率的月度时间序列进行回归分析。核心解释变量为滞后 4 个月的最低工资百分比变化。[21] 结果表明，就最低工资的上调和人员流动性的关系，在低薪行业中是负相关的，但在高薪行业中是正相关的。

西西里安和格罗斯伯格（Sicilian and Grossberg, 1993）用 EOPP 数据集研究离职率与样本企业中最新一个招到雇员的岗位的起薪之间的关系。核心解释变量是代表起薪是否低于或等于最低工资的虚拟变量，基准组由起薪高于最低工资的雇员构成。他们将雇员的在职时长作为一个解释变量。但该变量有个问题，有些职位几年前就已经招到人了，有些是最近才招到的，因此该变量是内生的。在职时长与是否等于最低工资的虚拟变量，而非与是否低于最低工资的虚拟变量存在相互影响的关系，因此最终的估计结果也很难解释。采用 EOPP 数据还有一个问题。EOPP 的样本设计是询问企业最近一次招到人的职位,因而有可能高估流动性。保罗·西西里安(Paul Sicilian)提供给我们的简单列表包含了在过去一年内所有入职雇员的离职率,这些数据取自 EEOP。[22] 其中,最低工资职位的离职率为 22%,与次级最低工资职位的 21% 相差不大,但与工资高于最低工资职位的 15% 相差较大。然而,我们还不清楚,最低工资职位的离职率比工资高于最低工资职位的离职率高,是否只能说明高薪工作的流动性普遍比较低而已。

## 结论

本章描述了低薪劳动力市场的一些异象。第一,即使同一个低技能岗位(如汉堡翻烤员),工资差异也可以是巨大的,说明相同技能的雇员获取的工资是不同的。第二,最低工资压缩了工资差距。第三,工资分布在最低工资处有一个很高的尖峰。1991 年,在没有出台州最低工资法的州,青少年雇员中工资等于联邦最低标准的比例为四分之一。该尖峰说明能力不同的雇员也得到了相同的工资。第四,即使是最低工资法覆盖范围之外的企业的雇员,他们的工资分布在最低工资处也有一个尖峰。第五,上调最低工资会产生轻微的涟漪效应,使得雇主为收入略高于新的最低标准的雇员涨薪。第六,也许是因为担心公平问题,雇主非常不愿意使用青年次级最低工资标准。第七,最低工资的上调是以抬高起薪来减缓涨薪速度,而非以降低资深雇员的工资来实现。

第八，上调最低工资时，补充福利和技能培训似乎并没有被大幅度削减。第九，有初步证据表明，与未引入最低工资标准时的情况相比，最低工资的工作能吸引更多的求职者，而且人员流动性也较低。

以上这些发现中的每一个单独拿出来看，可能证据还并不充分，但放到一起整体来看，我们认为这些足以证明低薪劳动力市场的运作机制并不符合标准经济模型的预测。此外，结合我们在第 2 章至第 4 章中得到的结论，即上调最低工资对就业的不利影响微乎其微，甚至是积极影响，这些异象对认为最低工资不利于就业的传统模型构成了巨大挑战。在接下来的三章中，我们重新检验支持该假设的文献。

# 注　释

1. 参见 Krueger and Summers, 1987; Gibbons and Katz, 1992; Murphy and Topel, 1987; Brown and Medoff, 1989。
2. 这些数据取自 CPS。我们将样本限制在 1990 年 4 月 1 日州最低工资不超过 3.35 美元的 25 个州的雇员上。这 25 个州是：亚拉巴马州、亚利桑那州、阿肯色州、科罗拉多州、佛罗里达州、佐治亚州、印第安纳州、堪萨斯州、肯塔基州、路易斯安那州、密歇根州、密西西比州、密苏里州、内布拉斯加州、内华达州、新泽西州、新墨西哥州、北卡罗来纳州、俄亥俄州、南卡罗来纳州、田纳西州、得克萨斯州、弗吉尼亚州、西弗吉尼亚州和怀俄明州。

3. 3.35美元以下处的尖峰不太可能说明使用了次级最低工资标准，因为无法享受次级标准的20至21岁雇员的工资在3.35美元也有一个尖峰（参见Katz and Krueger, 1990）。

4. 在未扣除社会保险税的企业中，雇员的平均工资是12.30美元，标准差是8.39美元。而在扣除社会保险税的企业中，雇员的平均工资是11.77美元，标准差是7.12美元。

5. 对于初犯者，不遵守美国《社会安全法》（Social Security Act）的处罚远远大于不遵守FLSA的处罚。

6. 当然，覆盖范围之外的企业在最低工资处的尖峰也有可能来自分类错误，也就是说，一些雇员虽然被弗里奇（Fritsch, 1981）归为受雇于覆盖范围之外的企业，但他们的真实雇主可能是范围之内的企业。此时，有一个尖峰就不足为奇了，但对于主动声称雇主未给他们缴纳社会保险税的雇员来说，这种解释似乎不太成立。

7. 参见克鲁格（Krueger, 1991）关于企业直营快餐店为何支付较高工资的讨论。

8. 参见Freeman, 1981; Heckman and Paynor, 1989; Ashenfelter and Hannan, 1986。

9. 萨金特和布兰奇福劳发现，女性雇员的体重与工资是负相关的，而男性则不然，这表明这些工资差异是由歧视造成的，而不是由其他未知的个人特征造成的。

10. 温蒂餐饮连锁店因涉嫌歧视被起诉，这场集体诉讼涉及700家门店（参见美国国家事务局，1994）。丹尼斯同意在两起联邦集体诉讼案中达成 5,400 万美元的和解，一起被指控针对顾客的种族歧视（参见《纽约时报》，1994 年 5 月 29 日，第 4 页），另一起被指控针对雇员的种族歧视[参见《老实人》(*The Plain Dealer*)，1993 年 6 月 16 日]。据报道，肖尼斯公司声称为受到种族歧视的雇员提供了 1.05 亿美元的援助（参见《华尔街日报》，1992 年 11 月 4 日）。塔可贝尔公司声称向因雇佣"过多"黑人员工而被解雇的经理支付了 14 万美元的和解金（参见《明星论坛报》，1993 年 7 月 17 日）。

11. 援引自《克莱恩纽约商业周刊》(*Crain's New York Business*)，1993 年 9 月 27 日，第 33 页。

12. 本资料来自卡兹和克鲁格（Katz and Krueger, 1992）。

13. 这几张图取自 CPS 数据，这些数据在第 4 章中有所描述。

14. 此外，支付次级最低工资的工时数不能超过该雇主总工时（work-force hours）的 25%，如果为了给次级最低工资的新雇员腾出空位而解雇老雇员，则不能支付次级最低工资。

15. 参见美国国家事务局（1993）。

16. 同一项研究发现，只有 4.7% 的零售业企业使用次级最低工资标准，这一数字与卡兹和克鲁格（Katz and Krueger, 1992）的估计结果非常接近，美国劳工部的研究结果可参见美国国家事务局（1993）。

17. 事实上，根据洛夫（Love, 1986）估计，的确每 15 个雇员中就有 1 个雇员的第一份工作是在麦当劳。尽管我们不确定这一估计是否准确，但许多年轻雇员无疑是在快餐业获得了他们的第一份工作。

18. 关于这些问题的阐述，参见 Holzer, Katz, and Krueger, 1991; Wessels, 1980。

19. 关于这一点，法律规定，如果企业向任何一位雇员提供补充福利，那么就需要向所有雇员都提供该福利。

20. 参见格罗斯伯格和西西里安（Grossberg and Sicilian, 1994）中对使用涨薪速度来检验技能培训被抵消程度的批评。

21. 回归中还包括对数职位空缺率、制造业流水线雇员的对数时薪、月份虚拟变量和时间趋势的二次项。人们可能会质疑加入空缺率的合理性，因为任何由最低工资引起的人员流动性的降低也有可能会降低职位空缺率。

22. 来自 1994 年 6 月 24 日的私人通信，我们非常感谢保罗·西西里安提供给我们这一信息。

# 第6章

## 时间序列证据的评估

> 但凡有新的资料,我是不会无动于衷的。
> ——受约翰·梅纳德·凯恩斯(John Maynard Keynes)启发

第 2 章到第 4 章的结论是最低工资的上调不会不利于就业,那为什么与过去的文献结论有如此大的出入?过去一般用来印证最低工资不利于就业的证据来自对时间序列的分析结果——通常是青少年总体就业率,采用时间序列模型的研究通常将某一年的就业率与当年最低工资相关变量进行回归,目的是确定"覆盖范围调整后的最低工资"处于较高(较低)水平时,就业率是否会降低(提高)。在本章中我们重新回顾了采用时间序列模型进行的最低工资方面的研究(以下简称"时序研究"或"时序文献")。

据此得出的三个主要结论足以让我们质疑最低工资不利于就业的观点。第一,时序研究所基于的方法论是不稳定的。第二,一项"元分析"表明,已发表的时序研究都会受到"发表偏差"(publication bias)[①]或"模型筛选"的影响,导致得到的都是倾向于认为最低工资具有显著影响的结论。第三,对20世纪80年代的时间序列模型进行梳理后发现,无论最低工资和青少年就业率之间存在什么关系,一旦将历史数据延长到过去10至15年,该关系都会变得非常弱。

## 方法论和回顾

自1970年以来,关于美国最低工资影响的时序研究多达三十多项,其中较为代表性的一项研究是将与最低工资相关的变量和青少年就业率进行回归。严格来说,文献中的标准方程具有如下的形式:

$$Y_t = g(MW_t, X_{t1} \cdots X_{tk}) + \varepsilon_t \qquad (6.1)$$

其中,$Y_t$代表t年的就业或失业情况;$g(\cdot)$是一组解释变量的函数;$\varepsilon_t$代表随机误差项。大多数研究都集中在就业而非失业上,因为两部门模型得到的关于最低工资如何影响失业的结论不清晰(例如,参见Mincer, 1976)。方程中主要的解释变量是$t$期的最低工资变量$MW_t$。

如果考虑是否要将其他解释变量(用$X_1 \cdots X_k$表示)纳入方程,那么还涉及一个核心问题。大多数研究都会包含一个衡量总需求的变量,如成年男性失业率。通常,文献中的模型设定还会

---

[①] 发表偏差是指阳性(统计显著)结果的论文比阴性结果的论文更容易发表的现象。

包含一些供给变量，例如参加培训计划的青少年占比、军人占比；少部分研究会包含在校生比例。变量 X 可能还会包括一些长期趋势项，如时间的一次或二次项。此外，该模型的因变量通常是以对数形式出现，也有一些研究使用线性形式。函数 $g(\cdot)$ 几乎都是被假设成解释变量的简单线性函数（无论是非对数形式还是对数形式）。数据方面，虽然有些研究用的是月度或年度数据，但大多数研究用的都是季度数据，样本量一般从 40 到 140 个季度数据不等。约有一半的研究还会将残差进行自相关修正。总体来看，尽管领取最低工资的雇员中有三分之二是成年人，但时序文献主要集中在对青少年的研究上，主要原因是大多数成年人的收入远远超过最低工资，而青少年中有 15% 到 30% 拿的是最低工资，不过这一比例取决于具体年份。

在时序文献中，最常见的最低工资变量是所谓 Kaitz 指数，该指数由海曼·凯茨（Hyman Kaitz）在 20 世纪 70 年代提出，当时青少年和其他低薪雇员的工资数据远比当今数据要少。Kaitz 指数被定义为：

$$MW_t = \Sigma_i f_{it} \left( \frac{m_t}{w_{it}} \right) c_{it} \qquad (6.2)$$

其中，$f_{it}$ 是 $t$ 年行业 $i$ 中青少年的就业比例；$m_t$ 是 $t$ 年的最低工资；$w_{it}$ 是 $t$ 年行业的平均时薪；$c_{it}$ 是 $t$ 年行业 $i$ 中被最低工资覆盖的雇员比例。[1] 换句话说，Kaitz 指数是相对于行业平均工资，且经覆盖范围加权后得到的最低工资。Kaitz 指数概括了最低工资的几个方面：覆盖范围，最低工资相对于平均工资的水平，以及青少年就业的行业分布。

约有一半的时序研究将就业率与同期的 Kaitz 指数进行回归，另一半采用的是滞后期的 Kaitz 指数。在回顾时序文献的过程中，布朗、吉尔罗伊和科恩（Brown, Gilroy, and Kohen, 1982: 507）发现"假设最低工资的影响非常短暂的研究，和假设存在滞后反应的研究之间几乎没有差别"。值得注意的是，无论模型包含的是同期还是只有几个滞后期的 Kaitz 指数，这些对季度或月度数据的研究中，最低工资对就业的影响持续时间都比我们在第 2 章中研究的对快餐业的影响时间要短。

### 时序[①] 研究的总结

布朗、吉尔罗伊和科恩（Brown, Gilroy, and Kohen, 1982）全面总结了截至 20 世纪 80 年代初所有关于最低工资影响的时序研究，回顾结果见表 6.1。该表将每篇文献中的影响估计值统一换算成最低工资每上调 10% 后就业率的百分比变化，他们对这些文献的总结如下（Brown, Gilroy, and Kohen, 1982: 508）：

> 总之，我们的调查显示，联邦最低工资上调 10% 会使得青少年就业率下降 1% 到 3%，我们认为这个范围的左端还算

---

[①] 此处及下文多处的"时序"（或"时间序列"），英文原文为 aggregate time-series，是指在面板数据的基础上将同一个时间点上的多个个体数据进行汇总（aggregate）。后文还有专门的面板数据的分析，因此统一将 aggregate time-series 的直译"汇总时间序列"省略为"时间序列"或"时序"。

是比较合理的，因为这也是大多数的研究（涵盖了20世纪70年代的数据，并且对最低工资的覆盖范围进行了仔细处理）认为合理的范围。

最低工资上调10%会使得青少年就业率下降1%到3%的预测已经根深蒂固，也经常被美国国会和学术界关于最低工资方面的研究所引用。[2] 因为青少年就业率平均约为50%，所以1%至3%的下降相当于青少年就业率下降0.5~1.5个百分点。

布朗、吉尔罗伊和科恩的其他结论受到的关注比较少。首先，他们从文献回顾中得出的结论认为最低工资对青少年失业率的影响比对青少年就业率的影响要小。其次，另一个重要的结论是"虽然人们经常认为黑人受最低工资的不利影响比白人更大，但过往的研究在这个问题上却给出了与之相矛盾的证据……这种观点必须建立在理论而不是经验的基础上"（Brown, Gilroy, and Kohen, 1982: 508）。他们进一步得出结论，最低工资对年轻成人（20—24岁）的影响比对青少年的影响小。

表6.1 最低工资上调10%对16—19岁青少年就业的影响估计：早期研究

| 研究 | 就业率百分比变化 (1) | 时期 (2) |
| --- | --- | --- |
| 1. Kaitz(1970) | −0.98* | 1954—1968年 |
| 2. Kosters and Welch(1972) | −2.96[a] | 1954—1968年 |
| 3. Kelly(1975) | −1.20[a] | 1954—1968年 |
| 4. Kelly(1976) | −0.66[a] | 1954—1974年 |
| 5. Gramlich(1976) | −0.94[a] | 1948—1975年 |

续表

| 研究 | 就业率百分比变化 (1) | 时期 (2) |
| --- | --- | --- |
| 6. Hashimoto and Mincer(1970); Mincer(1976) | −2.31[a] | 1954—1969 年 |
| 7. Welch(1976) | −1.78* | 1954—1968 年 |
| 8. Ragan(1977) | −0.65[a] | 1963—1972 年 |
| 9. Mattila(1978) | −0.84[a] | 1947—1976 年 |
| 10. Freeman(1979) | −2.46[a] | 1948—1977 年 |
| 11. Wachter and Kim(1979) | −2.52[a] | 1962—1978 年 |
| 12. Iden(1980) | −2.26[a] | 1954—1979 年 |
| 13. Ragan(1981) | −0.52[a] | 1963—1978 年 |
| 14. Abowd and Killingsworth(1981) | −2.13 | 1954—1979 年 |
| 15. Betsey and Dunson(1981) | −1.39[a] | 1954—1979 年 |
| 16. Boschen and Grossman(1981) | −1.50 | 1948—1979 年 |
| 17. Brown, Gilroy, and Kohen(1983) | −0.96 | 1954—1979 年 |
| 18. Hamermesh(1981) | −1.21 | 1954—1978 年 |
| **19. 均值** | **−1.52** | |

资料来源：Brown, Gilroy, and Kohen(1982), Tables 1 and 3。
* 在 0.10 的水平上是显著的。
[a] 系数来自零散的数据，所以没有显著性检验结果。

表 6.2 中，我们把美国就业市场时序文献的回顾范围扩大到现在[①]。³ 每一篇我们都会着重关注作者倾向于认为能准确反应青少年群体的估计值。近期的三项研究发现，最低工资对就业的影响比布朗、吉尔罗伊和科恩的结论要小。这三项研究的结

---

① 本书写作时间为20世纪90年代初。

论是，最低工资上调10%会使得就业率平均下降0.7%。克勒曼（Klerman, 1992）对最新数据进行研究后发现的影响估计值是目前为止最小的。韦林顿（Wellington, 1991: 45）总结了她自己的发现："结果表明，1%的下降幅度可能是对青少年就业损失的高估——该研究的结果表明下降幅度大约只有0.60个百分点。此外，我没有发现上调最低工资不利于年轻成人就业的任何证据。"韦林顿还发现，尽管非白人和青少年女性远比白人和青少年男性更有可能成为最低工资群体，但最低工资对该群体的就业影响要小于整个青少年群体。此外，她还发现："最低工资指数上涨导致的青少年失业率的变化基本等于零。"（Wellington, 1991: 42）

表6.2 最低工资上调10%对16—19岁青少年就业的影响估计：近期研究

| 研究 | 就业率百分比变化<br>(1) | 时期<br>(2) |
| --- | --- | --- |
| 1. Solon(1985) | −0.99* | 1954—1979年 |
| 2. Wellington(1991) | −0.6 | 1954—1986年 |
| 3. Klerman(1992) | −0.52* | 1954—1988年 |
| **4. 均值** | **−0.70** | |

\* 在0.10的水平上是显著的。

丹尼尔·哈默梅什（Hamermesh, 1993: 188）在其非常有影响力的著作《劳动需求》（*Labor Demand*）中认为，最近的时序研究中，普遍将最低工资影响较小的原因解释为："在20世纪80年代，实际有效的最低工资标准位于工资分布的左尾深处，因此其变化不可能对青少年就业产生非常大的影响。"也许这是对的，但该观点可能忽略了一点，大多数时序研究使用的变量是 Kaitz 指数，由于覆盖范围大幅度扩张，因此该指数在 20 世纪 80 年代上升到比 20 世纪 50 至 60 年代更高的位置（见图 6.3）。因此，最近研究中发现的影响变小并不能归因于大幅下降的 Kaitz 指数。此外，Kaitz 指数是相对平均工资而言的，因此有效最低工资的下降会体现在 Kaitz 指数中。如果人们认可 Kaitz 指数是最低工资的有效度量方式，那么一定能从最近的研究中得出如下结论：当前最低工资对就业的影响要比早期研究得到的小得多。

## 时间序列研究中的方法论问题

通常情况下，政策制定者关注的是联邦最低工资对全美就业情况的影响，而不是对任何特定行业或地区的局部影响。时间序列（以下简称"时序"）方法的主要优点是，因变量（就业总量）衡量的是所有经济部门的就业情况。在时序方法下，如果最低工资导致一部分雇员从被覆盖的部门转移到未覆盖的部门，那么他们仍被认为是处于就业状态的。时序研究的另一个优点是，与跨州研究的情况不同，跨州工作不会被计入就业的变化。

时序方法也有很大的缺点。第一，反事实不清晰，时序方法相当于把最低工资较高时的就业情况与较低时的就业情况做比较。但时过境迁，我们很难将最低工资对就业的单独影响与其他因素区分开。尽管时序方法也试图引入一些控制变量（例如商业周期状态等外生变量）的变化影响，但人们永远无法确定引入的控制变量是否充分。该方法的隐含假设是,在控制其他解释变量的情况下,如果最低工资不变,就业率将保持不变。但不幸的是,没有什么办法能检验该假设是否成立,因为时序研究并不会试图识别哪些群体不受最低工资的影响。

与之相关的一个问题是,政府可能会根据经济变化情况来选择上调的时机。例如,政府发现在就业扩张期可能更容易制定最低工资上调的法律,但到真的开始分段施行时,经济可能已经疲软,导致最低工资和就业之间呈伪相关关系。换句话说,目前还不清楚就业环境是否会影响最低工资的上调,或者最低工资的上调是否会影响就业环境。如果不清楚政府是如何调整最低工资的,那么因此产生的内生性问题会使得时序研究的结论在很多方面出现偏差。

第二,根据经济理论,就业需求函数的典型变量包含相关雇员的工资。诸如最低工资标准的变化这一类工资变化的外生因素可以用来确定需求弹性,但最低工资或覆盖面的变化只通过对工资的影响来间接影响就业。在时序文献中,可能是因为青少年的工资直到20世纪70年代中期才开始有数据,所以Kaitz指数一般被用作青少年工资的代理变量。人们总是默认青少年的平均工资与Kaitz指数高度相关,因此就可以代替衡量工资的变量而代入就业需求方程中。在计量经济学术语中,将就业率作为Kaitz指数的函数表达式的标准模型设定被称为一种"简化"(reduced-form)模型。

在要素需求的静态理论下,就业需求函数取决于投入和产出的价格。例如，如果生产要素是青少年劳动力、成年劳动力和资本，单位价格分别为 $W^T$、$W^A$ 和 $r$，产出价格为 $p$，那么将青少年劳动力的需求函数 $L^T$ 定义为：

$$L^T = D(W^T, W^A, r, p) \qquad (6.3)$$

根据标准理论，需求函数是零阶齐次（homogeneous of degree zero）的，这意味着所有价格都可以除以其他某一个价格而不改变关系。[4] 例如，这一特点使我们可以将青少年劳动力工资用成年人工资进行标准化，如下所示：

$$L^T = D\left(\frac{W^T}{W^A}, 1, \frac{r}{W^A}, \frac{p}{W^A}\right) \qquad (6.4)$$

另外，标准化过程也可以通过除以产出价格来实现，得到如下方程：

$$L^T = D\left(\frac{W^T}{p}, \frac{W^A}{p}, \frac{r}{p}, 1\right) \qquad (6.5)$$

现在来看引入该理论的原因。假设所有行业都被最低工资所覆盖，所有青少年领取的都是最低工资，而且就业完全由需求决定。此时我们观察到的就业需求取决于与成年人相比的相对最低工资、相对资本成本和相对产出价格（在该例中，由于假设覆盖面为100%，与成年人工资相比的相对最低工资就是Kaitz指数）。文献中的方程一般不包括衡量产出价格或资本成本的控制变量。方程（6.4）或（6.5）的形式代表用来标准化其他产出价格的变量 $p$ 是可以从就业模型中略去的。但在标准模型中，青少年工资除以的是成年人工资，即青少年工资的标准化用的是成年人工资。此时，相对于成年人平均工资的资本成本和产出价格也应该在青少年模型中得到体现。[5]

为了修正该问题，我们可以分别把最低工资和成人工资作为单独的解释变量。我们考虑像文献中常见的那样，将Kaitz指数以对数形式表达，并且略去资本成本，那么就很容易将最低工资和成年人工资视为单独的解释变量体现在模型中，假设政策覆盖率为100%，定义：

$$\log(Kaitz) = \log\left(\frac{W^M}{W^A}\right)$$

代入后得到一个定义明确的半对数就业方程：

$$L^T = \beta_1 \log\left(\frac{W^M}{p}\right) + \beta_2 \log\left(\frac{W^A}{p}\right)$$
$$= \beta_1 \log(Kaitz) + (\beta_2 - \beta_1)\log\left(\frac{W^A}{p}\right) \quad (6.6)$$

其中，$\beta_s$是系数。从这个角度看，文献中常见的方程遗漏了一个重要的潜在解释变量，即成年人工资除以对数产出价格。

还要注意的是，劳动力需求理论模型的因变量是一个特定群体的工作小时数，因此可能要根据每小时工作的努力程度进行调整。这一点在过往的时序研究中并没有这么处理，而是把兼职雇员和全职雇员同等对待。

正如我们所提到的，现有文献还有一个问题是关于控制变量的选择。该问题在时序研究中尤为突出。理论上，工资高于最低工资的雇员的就业情况由供需双方共同决定。文献中的就业方程通常被认为是需求方程，然而许多研究却将代表供给的变量当作解释变量，如雇员群体的规模、在校生比例或参加技能培训的雇员比例。

虽然我们可以认为由于劳动力供给条件发生变化会影响最低工资的约束力，例如青少年占比等代表供给的外生变量理应被纳入汇总就业方程中，但要进一步证明可以控制受影响的供给变量（如在校生比例）不变是很困难的。[6] 如果上调导致学生因更有吸引力的工作而离开学校，或者因工作很难找而拉长学生留在学校的时间，那么在校生比例就不是一个合理的解释变量。实际上也的确有许多研究试图探索最低工资是如何影响在校生比例的。总之，许多时序研究包含了可能直接受最低工资影响的供给变量，这一点是很有问题的。

## 发表偏差

另一个与当前最低工资文献有关的问题是，学术期刊很有可能倾向于发表结论具有"统计学意义"的成果，判断标准是看 $t$ 值——最低工资变量的回归系数与标准误的比值——的绝对值是否大于 2。因为如果一项统计工作拒绝了原假设（该假设为最低工资没有影响），那么就证明了该工作对决策的制定是有意义的，审阅人和编辑自然倾向于选择这类研究。

此外，经济学家们在最低工资问题上有一个很强的理论假设，即最低工资的上调是不利于就业的。该假设使得编辑和审阅人更倾向于发表符合该预期的研究。但很不幸，正如我们之前提到的，在时序研究中，并没有对模型设定是否合适进行严格的讨论。研究人员对他们使用的解释变量和函数形式、关注的年龄组、分析用的样本以及估计方法有很大的选择空间，研究过程可能也会因为某些原因而选择结论是显著不利于就业的模型，而且审阅人和编辑可能也会因为其他原因选择这些研究进行发表，而忽略无显著影响的研究。[7]

不过幸运的是，人们已经开始使用被称为"元分析"的统计方法来评估发表偏差的影响。[8] 最近的时序研究中有一个很自然的现象是，研究用到的数据越来越多。第一批时序研究是在20世纪70年代初进行的，当时可用的时序数据相对较少，通常只能追溯到1954年。而最近的研究已经能够将长达几十年的数据纳入样本。[9]

在20世纪80年代末的研究里，观测值是早期的两倍多。我们知道抽样理论中的一个标准结论是：样本量、标准误和 $t$ 值之间存在着紧密的联系。在其他条件相同的情况下，如果新添加的数据与原始数据是独立的，那么样本量增加一倍理应会使得 $t$ 值上升约40%。更一般地说，$t$ 值绝对值的变化与自由度的平方根是成正比的，如果将 $t$ 值的对数与自由度的平方根的对数进行回归，该系数应该为1。

但理论上时序数据不太可能是独立的。然而，许多时序研究是通过修正误差项来调整变量之间的相关性的。而没有调整的研究则默认自变量之间都是独立的，因而 $t$ 统计量与样本量之间的关系就能视为对发表偏差的检验。[10]

我们不禁要问，是什么阻碍了 $t$ 值随着样本量的增加而上升？一个明显的可能性是发表偏差。如果研究成果只有达到了2或更高的$t$值才能被发表，而且要是研究员为了获得显著的估计结果而选择特定的模型，那么在早期研究中，尽管样本量很小，但都倾向于得到一个很高的$t$值。另一种可能性是，存在改变统计模型的结构性变化。此时随着样本量的上升，$t$值可能上升也可能下降。例如，如果最低工资的影响随着时间的推移而减弱，那么随着样本量的上升，$t$值可能保持不变或下降。

为了研究关于最低工资和就业关系的时序文献中是否存在发表偏差，我们将表 6.1 和表 6.2 所列文献中得出的 $t$ 值与其各自的样本量和其他特征进行回归，并将分析对象限制在 15 个使用季度数据的研究中。对于使用对数模型的研究，我们从我们认为是作者最青睐的模型中挑选出最低工资相关变量的 $t$ 值。[11] 对于使用线性模型的研究，我们从作者最青睐的线性模型中挑选 $t$ 值。由于函数形式是研究人员可以自行决定的，不妨将不同函数形式的 $t$ 值放在一起比较。即使我们将样本限制在使用对数模型的文献中，我们的结论依然不变。

图 6.1 是每项研究中 $t$ 值的绝对值与自由度的平方根之间的关系。[12] 图中每一点代表一项研究，旁边的数字对应表 6.3 中的研究代号，还显示了 OLS 的拟合线。从图 6.1 中可以发现：与统计抽样理论中 $t$ 值和样本量成正比例关系的结论相反，图中直线是负斜率的。除了 $t$ 值为 4 的 7 号研究显然是一个异常点外，其他研究都较为紧密地围绕在拟合线上下。

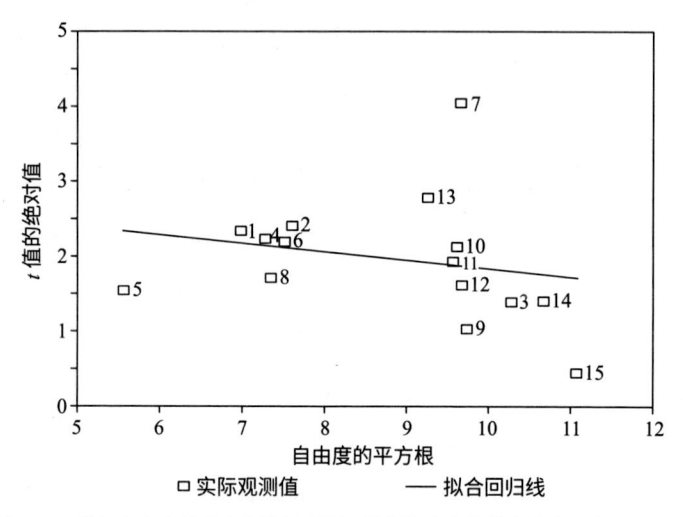

图 6.1　$t$ 值与自由度的平方根的关系图。比邻每个点的数字代表研究的代号

表 6.3　图 6.1 和图 6.2 中各项研究的作者

| 研究代号 | 作者 |
| --- | --- |
| 1 | Kaitz (1970) |
| 2 | Mincer (1976) |
| 3 | Gramlich (1976) |
| 4 | Welch (1976) |
| 5 | Ragan (1977) |
| 6 | Wachter and Kim (1979) |
| 7 | Iden (1980) |
| 8 | Ragan (1981) |
| 9 | Abowd and Killingsworth (1981) |
| 10 | Betsey and Dunson (1981) |
| 11 | Brown, Gilroy, and Kohen (1983) |
| 12 | Hamermesh (1981) |
| 13 | Solon (1985) |

续表

| 研究代号 | 作者 |
|---|---|
| 14 | Wellington (1991) |
| 15 | Klerman (1992) |

为了控制研究的其他特征，我们将图 6.1 中的数据代入一组多元回归模型中进行估计。其中因变量是 15 项研究的 $t$ 值的对数；核心自变量是自由度的平方根的对数，抽样理论认为该变量的系数为 1。此外，我们引入了一组虚拟变量：代表模型是否为对数形式的虚拟变量，"是"则为 1；代表样本是否包含所有青少年（而非仅仅一个子集）的虚拟变量，"是"则为 1；代表残差是否经过自相关修正的虚拟变量，"是"则为 1。还有一个变量表示原始模型中包含的协变量的数量，估计结果列在表 6.4 中。

表 6.4　时序研究中 $t$ 值的元分析统计

|  | 模型的估计值 | | |
|---|---|---|---|
|  | (1) | (2) | (3) |
| 1. 自由度的平方根的对数 | −0.81 | −0.86 | −0.98 |
|  | (0.70) | (0.77) | (0.86) |
| 2. 残差是否经过自相关修正（1="是"） | — | 0.02 | −0.02 |
|  |  | (0.35) | (0.39) |
| 3. 是否包含所有青少年（1="是"） | — | 0.28 | 0.37 |
|  |  | (0.40) | (0.49) |
| 4. 模型是否为对数形式（1="是"） | — | −0.37 | −0.30 |
|  |  | (0.45) | (0.51) |

续表

|  | 模型的估计值 |  |  |
| --- | --- | --- | --- |
|  | (1) | (2) | (3) |
| 5. 解释变量的个数 | — | — | 0.02 |
|  |  |  | (0.04) |
| 6. 截距 | 2.87 | 2.87 | 3.02 |
|  | (1.36) | (1.65) | (1.76) |
| 7. 调整后的可决系数 $R^2$ | 0.02 | 0.10 | 0.01 |
| 8. $F$ 检验的 $P$ 值 | 0.27 | 0.31 | 0.45 |

注：括号内为标准误。所有模型中的因变量是最低工资的 $t$ 值的绝对值取对数，样本量为15，详细解释见正文。

回归结果表明，各项研究的 $t$ 值与自由度之间呈负相关关系，自由度的平方根的系数距离理论值 1 非常远[13]，添加其他解释变量并不改变系数的符号或减轻其影响。不过意外的是，解释变量并没有对各项研究中 $t$ 值的变化范围产生很大的影响。在进行常规的 $F$ 检验后，我们发现所有与研究相关的特征是联合不显著的。

我们还对这些研究中的三个子集进行回归。第一个子集是剔除 1985 年以后发表的三项研究。当只关注 1985 年以前的文献后，我们发现，这些研究的 $t$ 值与自由度之间是负相关或弱相关的。第二个子集是剔除异常值（7 号研究）后再进行回归（见图 6.1）。我们发现 $t$ 值和自由度之间负相关的关系变得更显著了。最后一个子集是只用对数形式的 11 项研究进行回归，发现的依旧是负相关关系。

另一种类型的元分析是将每项研究中的系数估计值与标准误进行回归,如果就业函数是稳定的,那么系数估计值与标准误之间理应没有关系,因为系数估计值是真实系数的无偏估计值,与标准误无关。然而如果发表偏差导致大家普遍倾向于得到 $t$ 值的绝对值大于 2 的研究,那么理论上系数估计值与标准误之间就会是正相关的。例如,假设期刊只会选择 $t$ 值大于 2 的研究,一旦研究人员发现这一偏好,他们就可能会调整模型直到最低工资的系数的 $t$ 值为 2,由于 $t = \dfrac{b}{se}$,其中 $b$ 是系数,$se$ 是标准误,也就是 $b = 2 \times se$。可见,该命题很容易检验。

然而,在研究系数与标准误之间的关系时有个困难,不同的研究用的是不同的函数表达式,因此系数不能直接比较。为了解决该问题,我们采用布朗、吉尔罗伊和科恩考察的 15 项研究中每项研究在最低工资变化 10% 的情况下的就业率变化情况的 $t$ 值,在此基础上推算这些"弹性系数"估计值的隐含标准误。图 6.2 是最低工资的弹性系数与标准误的散点图,图中还显示一条相当于 2 倍标准误的直线。可见,该直线的拟合程度相当不错。[14] 阿波德和基林斯沃思(Abowd and Killingsworth, 1981)的 9 号研究与克勒曼(Klerman, 1992)的 15 号研究明显低于该直线,而艾登(Iden, 1980)的 7 号研究高于该线,其他研究与该直线非常接近。与一般情况下对一个具有稳定参数的模型进行经典的假设检验后得到的结论相反,文献中估计的就业弹性与 Kaitz 指数普遍呈现出约 2 倍标准误的关系。

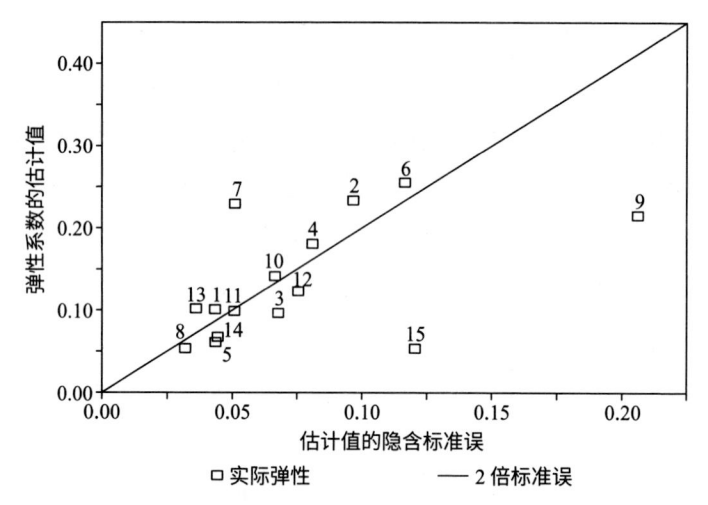

图 6.2 弹性与标准误的关系图。比邻每个点的数字代表研究的代号

我们不禁要问，是什么原因导致 $t$ 值随着样本量的减少而下降，而且研究中无论系数多大，$t$ 值普遍接近于 2？存在结构性变化是一种可能。理论上，最低工资的实际效果可能会随着时间的推移而减弱，而且减弱速度可能比标准误衰减得更快。但如果存在结构性变化，时序方法的有效性就会有问题。文献中的研究并没有假设数据中存在结构性变化，而是假定结构是稳定的。此外，如果真的发生了结构性变化，那么我们很有可能会得出最低工资对就业的影响是不显著的结论（参见 Wellington, 1991；Klerman, 1992；以及下一部分）。

但我们认为更有可能的解释是，由于早期经济学界倾向于认同发现最低工资显著不利于就业的研究，所以当时的文献受模型筛选和发表偏差的影响较大。正如爱德华·利默（Edward Leamer, 1981）指出的，非实验性的计量经济学研究特别容易受到模型筛选和数据挖掘的影响。我们猜测，正是早期研究中恰好发现的一些控制变量、样本选择以及函数形式的组合，使得研究人员得到了所谓最低工资对就业的显著负面影响。模型也是早期研究人员主观选择的，其中有一部分是以 $t$ 值是否大于 2 这一显著的分界线为标准进行筛选的。而后来的研究人员也倾向于沿用早期文献中的模型和数据。然而早期研究高估了最低工资影响的显著性，因此后来的研究普遍得到的是影响减弱的结论。

菲尼斯·韦尔奇（Finis Welch）撰写的一系列关于最低工资的文章（1974、1976 和 1977）提供的例子就能很好地说明这种现象。在 1974 年的文章中，韦尔奇估计，最低工资每上调 10%，14—19 岁的人的就业率就会下降 2% 至 3%。他的结论是："有证据表明，随着最低工资标准的上调或覆盖面的扩大，青少年与成年人就业率的比值会显著下降。"在试图复现韦尔奇的结论时，弗雷德·西斯金德（Fred Siskind, 1977）随后发现，韦尔奇在从非公开的美国劳工统计局资料中收集数据时犯了一个错误（韦尔奇后来也承认了这个错误），就是韦尔奇无意中把 16—19 岁的就业率数据和 14—19 岁的数据拼接了在一起。也就是说，在韦尔奇的研究中，因变量是 14—19 岁青少年就业率与成年人就业率的比值取对数，但样本的最后三年（1966—1968 年）却代入了 16—19 岁的就业数据，因此这三年的青少年就业人数自然比前几年少得多而这三年也恰逢 1967 年和 1968 年的联邦最低工资上调。

当西斯金德用修正后的14—19岁的数据（韦尔奇原本计划使用的样本）代入韦尔奇的模型中重新估计后，发现最低工资的影响要小得多——即最低工资上调10%导致就业率只下降了0.3%至0.8%。更重要的是，该影响与0没有显著差异（$t$值从0.44到0.74不等）。

在随后的两篇文章（Welch, 1976, 1977）中，韦尔奇将原来的非公开数据替换成公开数据后重新估计了时序模型。[15]此外，他在分析过程中还添加了一个新的序列——16—19岁的青少年相对于成年人的就业水平。将修正后的14—19岁的数据代入后，韦尔奇发现正如西斯金德的结论一样，最低工资的影响很小，而且也不显著。但16—19岁的青少年的估计值是负的，而且略微显著。这些与预期相反的估计结果意味着，最低工资对年长青少年的就业影响要大于对年轻青少年的影响。尽管韦尔奇的初衷是想分析基于14—19岁的青少年数据，但重新估计后，他把结果的解释范围限制在了16—19岁的青少年，并给出如下理由（Welch, 1976: 27）：

> 对于该异象，只有两种可能的解释：一是最低工资的上调增加了最年轻的青少年的就业率；另一个是CPS样本中14—15岁的就业数据不准确。由于几乎所有的模型都会给出14—15岁的就业率相对16—19岁是下降的预测，所以我更倾向于第二种解释。也正由于该原因，我的结论仅局限在子

表 B，即 16—19 岁青少年的就业情况。

同样，韦尔奇（Welch, 1977）在回复西斯金德时还猜测，14—15 岁数据的抽样误差正是造成 14—19 岁的估计结果不显著的原因。因为就业数据是根据人口样本估计的，自然存在 14—19 岁群体和 16—19 岁群体的抽样误差。然而，由于测量有误的变量（青少年与成年人就业率的比值）是因变量，抽样误差只会增加回归标准差，但估计出来的系数仍然是无偏的，所以抽样误差并不是唯一的原因（参见 Maddala, 1977: 292–293）。此外，在对 14—19 岁的样本进行回归后，标准误实际上比 16—19 岁的要小，可决系数 $R^2$ 也更高，表明抽样误差对 16—19 岁样本的影响更大。

我们认为，在许多经济学领域中发表偏差与模型筛选并不是很严重的问题，但在关于最低工资的时序文献中，我们的确发现 $t$ 值会随着样本量的增加而下降，而且弹性估计值与标准误是正相关的，说明过去确实倾向于发表具有显著统计学意义的研究结论。另一种解释是，经济的结构发生变化，所以 20 世纪 70 年代初使用的统计模型可能不像以前那样适用。我们将在下一节讨论这一问题。然而无论哪种情况，时序方法的研究结论依然不太支持关于最低工资的传统观点。

## 对时序文献的进一步研究和更新

为了用时序模型估计最低工资的影响，我们获得了艾利森·韦林顿（Allison Wellington）发表在1991年《人力资源杂志》（*Journal of Human Resources*）上关于最低工资影响的时序研究中用到的数据，并将其更新到最近。韦林顿的数据前半部分取自布朗、吉尔罗伊和科恩（Brown, Gilroy, and Kohen, 1983），我们将其更新到1993年的最后一个季度。这样做的优点在于可以包含1990年和1991年两次联邦最低工资的上调。

为了确保我们对数据的使用方法是正确的，我们先用数据复现韦林顿（Wellington, 1991）和布朗、吉尔罗伊和科恩（Brown, Gilroy, and Kohen, 1983）的最低工资分析。结果是我们完全复现了后者，但无法完全复现前者。可能的原因是，在修正自相关这一步所用的电脑软件有差异。但是，两者的估计值是非常接近的。[16]

我们将韦林顿的数据更新到1993年年底。[17]图6.3是从1954年到1993年Kaitz指数的季度数据，该指数呈现出一种锯齿状的走势，从中可见最低工资的定期上调和FLSA对覆盖行业的扩展。尽管指数偶尔会出现下降，但在1954年到1980年，Kaitz指数一般都是上升的。不过到了20世纪80年代，该指数开始逐渐下降，因为在1981年至1990年间，最低工资的名义标准被固定在了3.35美元。在1990年和1991年，Kaitz指数又由于联邦最低工资在这两年的4月被上调而急剧上升。我们可以认为，Kaitz 指数在 20 世纪 80 年代的下降和随后在 20 世纪 90 年代初的上升为估计最低工资对就业的影响又提供了一个很好的时间序列。

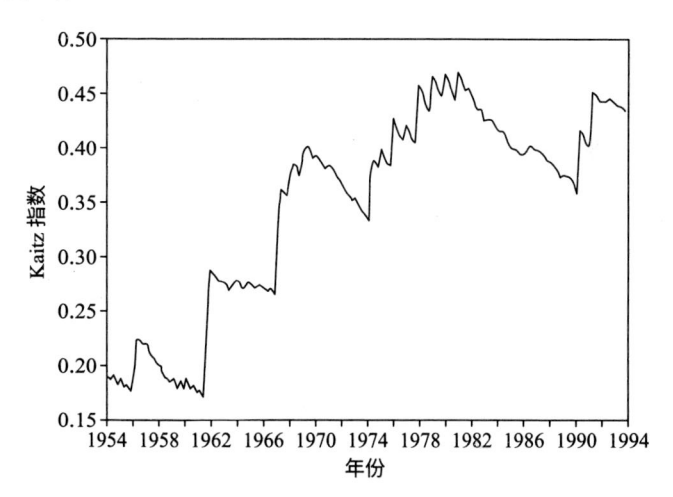

**图 6.3** 1954—1993 年 Kaitz 指数

图 6.4 是 1954—1993 年 16—19 岁青少年的季度就业率。点线表示未经季节调整的就业率。图中可见该数据有着强烈的季节性规律，这很好理解：青少年就业率会在夏季达到高峰。该强烈的季节性波动表明，雇主能够相对快速地调整青少年的就业情况。需要注意的是，除了周期性变化的青少年就业率之外，我们还发现在 20 世纪 80 年代初和 90 年代的经济衰退期间，就业率大幅下降了。Kaitz 指数和就业率之间原始数据的相关性为 0.27。不过随着时间推移而发生变化的也可能是其他因素，因此在研究 Kaitz 指数和青少年就业率之间的关系时，我们自然也希望对这

些因素进行调整。

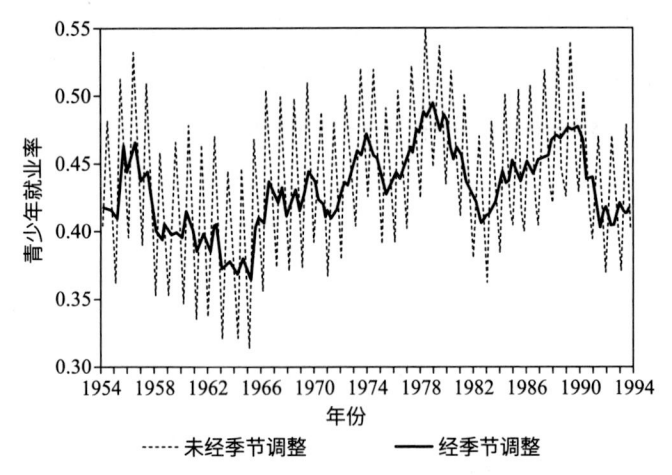

**图 6.4　1954—1993 年 16—19 岁青少年就业率的季度数据**

我们用当时最新的数据来估计各个时期的就业模型。我们的实证模型设定与韦林顿的模型设定相同，除了一个区别：我们剔除了衡量公共部门培训级别的变量，因为在 1986 年后，该变量的获取难度较大。[18] 表 6.5.A 中列出了最低工资影响的双对数（log-log）模型①的估计值，而表 6.5.B 为同期数据的线性模型的估计值。在所有模型中，我们采用 Beach-MacKinnon②方法对存

---

① 即自变量和因变量都是对数形式的模型。
② 该极大似然估计法相比同样用于修正自相关的Cochrane-Orcutt迭代法和Hildreth-Lu区间搜索法，不同之处在于估计过程将第一个观测值纳入计算，给出的估计值更为高效，具体可参见Charles M. Beach and James G. Mackinnon（1978），*A Maximum Likelihood Procedure for Regression With Autocorrelated Errors*. https://www.jstor.org/stable/1913644

在一阶自相关的残差进行了修正,得到了几个有意思的结论:第一,在线性模型中,Kaitz 指数从未在 0.05 的水平上显著过;第二,在双对数模型中,Kaitz 指数在早期文献中是显著的,但后期则不显著,而且 $t$ 值也从由 1954—1972 年数据得到的 2.15 下降到由 1954—1993 年数据得到的 1.72;第三,当我们把数据更新到 1993 年,估计的影响比韦林顿发现的略大,但仍小于公认范围的最小值;第四,一阶自相关的程度会随着代入模型的数据量的增加而上升,这也部分解释了为什么标准误并没有随着时序观测值的增加而减少。

表 6.5.A 各时间段内就业的时间序列模型的估计结果(对数模型)

|  | 1954—1972 年 (1) | 1954—1979 年 (2) | 1954—1986 年 (3) | 1954—1993 年 (4) |
| --- | --- | --- | --- | --- |
| 1. 对数 Kaitz 指数 | −0.088 (0.041) | −0.086 (0.040) | −0.064 (0.046) | −0.072 (0.042) |
| 2. 对数成年男性失业率 | −0.116 (0.019) | −0.102 (0.017) | −0.097 (0.020) | −0.091 (0.019) |
| 3. 16—19 岁人群中 16—17 岁人口的比例 | −1.129 (0.306) | −1.139 (0.384) | −1.169 (0.507) | −1.161 (0.464) |
| 4. 服役群体中 16—19 岁人口的比例 | 0.328 (0.919) | 0.925 (0.969) | 1.521 (1.186) | 0.958 (1.100) |
| 5. 16—19 岁人口比例的对数 | −0.580 (0.227) | −0.153 (0.261) | 0.296 (0.376) | 0.006 (0.345) |
| 6. 是否为第二季度(1="是") | 0.084 (0.015) | 0.100 (0.013) | 0.114 (0.013) | 0.111 (0.011) |
| 7. 是否为第三季度(1="是") | 0.213 (0.019) | 0.240 (0.016) | 0.277 (0.016) | 0.288 (0.014) |

续表

|  | 1954—1972年 (1) | 1954—1979年 (2) | 1954—1986年 (3) | 1954—1993年 (4) |
| --- | --- | --- | --- | --- |
| 8. 是否为第四季度（1="是"） | 0.061 (0.018) | 0.086 (0.015) | 0.093 (0.014) | 0.093 (0.013) |
| 9. 时间、时间平方、时间和时间平方与三个季度虚拟变量的交叉项 | 是 | 是 | 是 | 是 |
| 10. 可决系数 $R^2$ | 0.98 | 0.98 | 0.97 | 0.97 |
| 11. 德宾-沃森（Durbin-Watson,以下简称"DW"）统计量 | 1.83 | 1.97 | 2.14 | 2.22 |
| 12. 一阶自相关系数 ($\rho$) | 0.57 (0.11) | 0.72 (0.08) | 0.90 (0.04) | 0.93 (0.03) |
| 13. 观测值数量 | 76 | 104 | 132 | 160 |

注：括号内为标准误。所有模型的因变量是未经季节调整的青少年就业率的对数。

表6.5.B 各时间段内时间序列模型的估计结果（线性模型）

|  | 1954—1972年 (1) | 1954—1979年 (2) | 1954—1986年 (3) | 1954—1993年 (4) |
| --- | --- | --- | --- | --- |
| 1. 对数Kaitz指数 | −0.080 (0.074) | −0.101 (0.060) | −0.070 (0.059) | −0.076 (0.053) |
| 2. 对数成年男性失业率 | −1.076 (0.252) | −1.006 (0.179) | −0.942 (0.165) | −0.870 (0.155) |
| 3. 16—19岁人群中16—17岁人口的比例 | −0.503 (0.153) | −0.482 (0.161) | −0.486 (0.186) | −0.483 (0.175) |
| 4. 服役群体中16—19岁人口的比例 | 0.346 (0.415) | 0.516 (0.382) | 0.619 (0.424) | 0.347 (0.407) |
| 5. 16—19岁人口比例的对数 | −1.464 (1.180) | −0.001 (1.073) | 1.707 (1.429) | 0.281 (1.368) |

续表

|  | 1954—1972年 (1) | 1954—1979年 (2) | 1954—1986年 (3) | 1954—1993年 (4) |
| --- | --- | --- | --- | --- |
| 6. 是否为第二季度（1="是"） | 0.365<br>(0.007) | 0.039<br>(0.005) | 0.041<br>(0.005) | 0.040<br>(0.004) |
| 7. 是否为第三季度（1="是"） | 0.103<br>(0.008) | 0.106<br>(0.007) | 0.115<br>(0.006) | 0.119<br>(0.005) |
| 8. 是否为第四季度（1="是"） | 0.029<br>(0.008) | 0.032<br>(0.006) | 0.033<br>(0.005) | 0.034<br>(0.005) |
| 9. 时间、时间平方、时间和时间平方与三个季度虚拟变量的交叉项 | 是 | 是 | 是 | 是 |
| 10. 可决系数 $R^2$ | 0.98 | 0.98 | 0.98 | 0.98 |
| 11. DW 统计量 | 1.74 | 1.85 | 2.07 | 2.13 |
| 12. 一阶自相关系数 ($\rho$) | 0.65<br>(0.10) | 0.74<br>(0.08) | 0.90<br>(0.04) | 0.94<br>(0.03) |
| 13. 观测值数量 | 76 | 104 | 132 | 160 |

注：括号内为标准误。所有模型的因变量是未经季节调整的青少年就业率的对数。

在表 6.6 中，我们讨论了对数 Kaitz 指数的系数对自相关修正这一过程的敏感性。模型形式主要关注表 6.5.A 中第（4）列的双对数形式。表 6.6 中的第 1 行显示的是 OLS 估计值和未经调整的标准误。在未修正自相关性的情况下，OLS 估计值虽然是无偏的，但却不是有效的。未经调整的 OLS 标准误通常也会下偏。如果自相关性经过广义最小二乘法（以下简称"GLS"）的修正，那么估计出来的系数会大于 OLS 的系数。但令人惊讶的是，我们发现未经调整的 OLS 估计值的标准误要大于经一阶自相关修正后 GLS 估计值的标准误。

在OLS估计结果中，DW统计量为0.19，代表存在正的自相关性，说明未经调整的OLS的标准误是不准确的。首先，Newey-West方法可以在自相关形式未知的情况下给出具有一致性的标准误。给出的Newey-West标准误比未经调整的OLS标准误要大得多，而且隐含的$t$值为0.80。其次，Beach-MacKinnon方法、基于网格搜索的"极大似然估计法"（以下简称"MLE"）和一阶差分模型的估计值都得到了相似的Kaitz指数的系数和标准误，$t$值普遍在1.74至1.84之间。最后，Cochrane-Orcutt迭代法和Hildreth-Lu回归法得出的系数估计值稍大，标准误稍小。[19] 我们的结论是：Beach-MacKinnon方法的系数和标准误大约位于估计区间的中间。根据Newey-West方法对$t$值的保守估计，我们无法拒绝变量之间偶然的关系，但Hildreth-Lu回归法给出的$t$值是显著的。

表6.6 衡量最低工资影响的OLS估计值和各种一阶自相关修正方法调整后的估计值

| | 系数 | 系数标准误 | $t$值 | 样本量 |
| --- | --- | --- | --- | --- |
| | (1) | (2) | (3) | (4) |
| 1. OLS | −0.050 | 0.048 | −1.040 | 160 |
| 2. Newey-West方法 | −0.050 | 0.063 | −0.796 | 160 |
| 3. Beach-MacKinnon方法 | −0.072 | 0.042 | −1.740 | 160 |
| 4. MLE（基于网格搜索） | −0.072 | 0.042 | −1.740 | 160 |
| 5. 一阶差分 | −0.077 | 0.042 | −1.835 | 159 |
| 6. Cochrane-Orcutt迭代法 | −0.087 | 0.041 | −2.097 | 159 |
| 7. Hildreth-Lu回归法 | −0.087 | 0.041 | −2.097 | 159 |

注：模型是基于表6.5.A中第（4）列的双对数形式。

在表 6.7 中，我们增加了两个解释变量来检验估计值的稳定性：(1) 成年男性（25 岁及以上）的就业率；(2) 制造业雇员的平均工资。为了便于比较，表 6.7 的第（1）列复制了表 6.5.A 中第（4）列的估计值。在表 6.7 的第（2）列中，我们加入了成年男性就业率的对数，可见成年人就业率对青少年就业有很大的正面影响（$t$ 值为 3.66）。有趣的是，加入这个变量后，失业率的系数大大下降。此外，当成年男性就业率被加到模型中后，Kaitz 指数的系数也下降了大约 25%，变为 0.055。此外，Kaitz 指数的 $t$ 值也下降到 1.36。最后，在第（3）列中我们加入了制造业工资均值的对数作为对方程（6.6）的模型设定的一种近似值。然而这个变量是不显著的，该变量的加入并没有改变同样不显著的 Kaitz 指数的系数。

表 6.7 添加新的解释变量后时间序列模型的估计结果

|  | (1) | (2) | (3) |
| --- | --- | --- | --- |
| 1. 对数 Kaitz 指数 | −0.072 | −0.055 | −0.055 |
|  | (0.042) | (0.041) | (0.041) |
| 2. 对数成年男性失业率 | −0.091 | −0.020 | −0.011 |
|  | (0.019) | (0.027) | (0.028) |
| 3. 16—19 岁人群中 16—17 岁人口的比例 | −1.161 | −1.177 | −1.227 |
|  | (0.464) | (0.447) | (0.450) |
| 4. 服役群体中 16—19 岁人口的比例 | 0.958 | 0.754 | 0.798 |
|  | (1.100) | (1.058) | (1.059) |
| 5. 16—19 岁人口比例的对数 | 0.006 | 0.039 | 0.054 |
|  | (0.345) | (0.341) | (0.338) |
| 6. 是否为第二季度（1="是"） | 0.111 | 0.097 | 0.099 |
|  | (0.011) | (0.011) | (0.012) |

**续表**

| | (1) | (2) | (3) |
|---|---|---|---|
| 7. 是否为第三季度（1="是"） | 0.288 | 0.275 | 0.281 |
| | (0.014) | (0.014) | (0.015) |
| 8. 是否为第四季度（1="是"） | 0.093 | 0.085 | 0.088 |
| | (0.013) | (0.012) | (0.013) |
| 9. 对数成年男性就业率 | — | 1.904 | 1.932 |
| | | (0.518) | (0.520) |
| 10. 对数制造业平均工资 | — | — | 0.276 |
| | | | (0.302) |
| 11. 时间、时间平方、时间和时间平方与三个季度虚拟变量的交叉项 | 是 | 是 | 是 |
| 12. 可决系数 $R^2$ | 0.97 | 0.97 | 0.97 |
| 13. DW 统计量 | 2.22 | 2.12 | 2.12 |
| 14. 一阶自相关系数 (ρ) | 0.93 | 0.94 | 0.94 |
| | (0.03) | (0.03) | (0.03) |
| 15. 观测值数量 | 160 | 160 | 160 |

注：括号内为标准误。所有模型中的因变量都是未经季节调整的青少年就业率的对数。所有模型都是用 Beach-MacKinnon 方法对存在一阶自相关的残差进行调整的。

图 6.5 描述了青少年就业率与 Kaitz 指数的偏回归（partial-regression）估计结果。我们分别将对数青少年就业率和对数 Kaitz 指数与表 6.7 第（2）列模型中的其他解释变量（不包括 Kaitz 指数）进行回归，并将残差绘制在图 6.5 上。图 6.6 将这些残差绘制成时间序列。从中可见，青少年就业率在 20 世纪 80 年代初的经济衰退中下降，在该年代中期上升，到该年代末又开始下降。在整个 20 世纪 80 年代，尽管 Kaitz 指数大幅下降，但就业率没有表现出任何稳定的长期趋势，也许这就解释了为什么在韦林顿和克勒曼的分析中，Kaitz 指数的系数比在早期文献中的

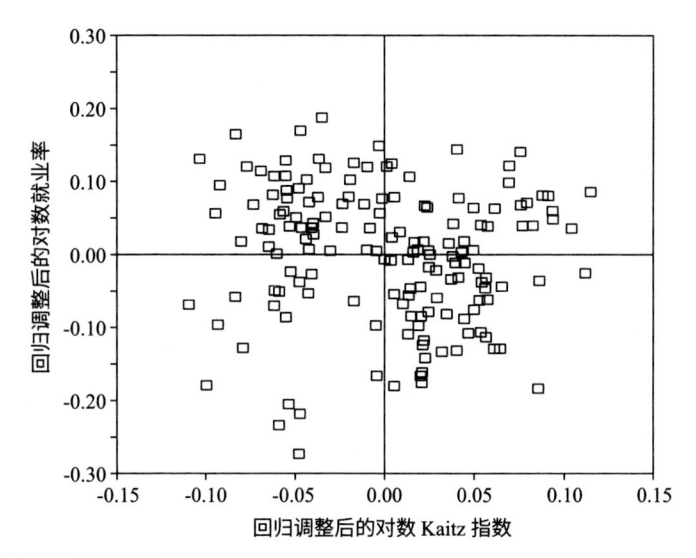

图 6.5 偏回归图

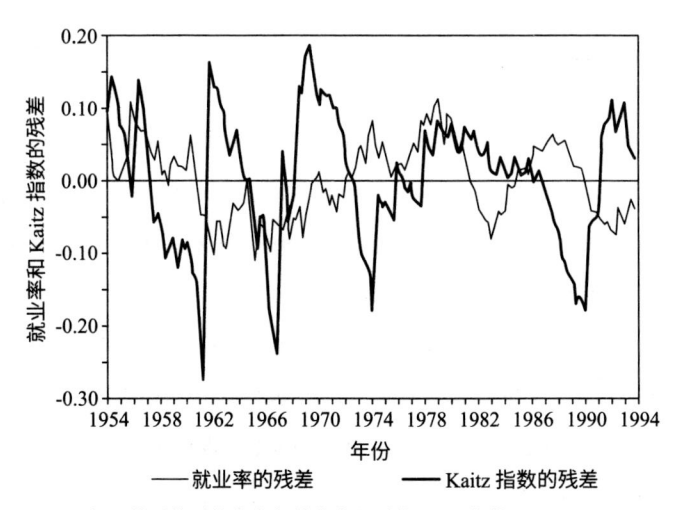

图 6.6 回归调整后的对数青少年就业率与对数 Kaitz 指数

系数要小。20世纪90年代初，Kaitz指数的上升伴随着就业率的下降，但这种下降是在Kaitz指数上升之前的几个季度就开始的。[20]当我们把模型数据更新到1993年后，Kaitz指数的系数也略有变大，这与该结论是一致的。不过尽管如此，这些数字也最多只能证明青少年就业和Kaitz指数之间的关系很微弱。

我们还估计了几种不同设定形式的最低工资变量的模型，包括与表6.5.A第（4）列的模型相同的控制变量。表6.8汇总了这些备择模型的估计结果。第一种形式是对数Kaitz指数的平方，该形式允许最低工资指数（此处为Kaitz指数）针对不同的就业水平产生不同的影响。结果显示，线性项和平方项的系数都是正的，表明Kaitz指数的上涨会带来青少年更多的就业。虽然两个最低工资变量在这一形式中是联合不显著的，然而结果并不支持以下观点，即当覆盖范围调整后的最低工资位于相对较高的水平时，最低工资对就业会产生不利影响。在第二种形式中，我们把对数最低工资、对数覆盖率和对数制造业平均工资单独作为解释变量。结果显示，最低工资与就业负相关（$t = 1.75$），而扩大覆盖范围可以促进就业。[21]单独看制造业工资这一变量，在所有模型中，该变量与青少年就业都是正相关的，但并不显著。

第三种形式与格拉姆利克（Gramlich，1976）的模型中用到的相同，即覆盖率乘以实际最低工资的对数①。估计后发现最低工资变量的系数是一个很小且不显著的负数。第四种形式是覆盖率

---

① 定义见第7章。

的平方乘以最低工资的对数,结果也是一样的。这些设定形式并没有给出最低工资不利于就业的有力证明。

综合考虑后,我们还是采用工具变量法,将最低工资作为Kaitz指数的工具变量。采用这种估计方法的原因是,在基础模型中,Kaitz指数的变动因素来自四个方面:(1)最低工资的立法变更;(2)覆盖范围的变化;(3)青少年就业的行业分布的变化;(4)不同行业雇员的平均工资的变化。通过将最低工资作为工具变量,我们可以得到完全依赖最低工资立法变更的Kaitz指数的影响估计值。具体来说,我们对一阶差分形式的双对数模型进行估计,得到合适的标准误后,再用对数最低工资的变化作为排他性(excluded)工具变量[①]。在表6.5.A第(4)列的一阶差分模型中,Kaitz指数的IV系数为–0.107,标准误为0.072。尽管该系数比一阶差分模型的OLS估计值要大一些,但IV系数并不非常显著($t$值为1.48)。

表6.8 不同形式的最低工资变量

| 形式 | 系数 |
| --- | --- |
| 1. log(Kaitz指数) | 0.022 |
|  | (0.197) |
| [log(Kaitz指数)]$^2$ | 0.036 |
|  | (0.074) |
| 2. log(最低工资) | –0.088 |
|  | (0.050) |

---

① 排他性约束,即工具变量只能通过内生变量这一条途径影响因变量。

续表

| 形式 | 系数 |
| --- | --- |
| log（覆盖率） | 0.025 |
|  | (0.067) |
| log（制造业工资） | 0.280 |
|  | (0.317) |
| 3. 覆盖率 × log（最低工资） | −0.042 |
|  | (0.051) |
| log（制造业工资） | 0.229 |
|  | (0.318) |
| 4. （覆盖率）$^2$ × log（最低工资） | −0.012 |
|  | (0.054) |
| log（制造业工资） | 0.216 |
|  | (0.318) |

注：括号内为标准误。因变量是青少年就业率的对数。覆盖率是最低工资覆盖的加权平均雇员比例，权重为各行业青少年就业比例。除了本表列出的变量外，其他包含的解释变量与表6.5.A中的变量相同。所有形式的模型都使用Beach-MacKinnon方法对一阶自相关的残差进行了调整。

### 分别按种族和性别进行估计

表6.9列出了分别针对白种人和非白种人，以及男性和女性的对数Kaitz指数的系数。模型除了专门针对16—19岁青少年中16—17岁的人群进行了种族或性别的分组这一个区别外，控制变量和其他设定与表6.7第（2）列中的双对数模型没有区别。结果显示，尽管四个群体的估计值都是负的，但没有一个群体的影响是显著的。

表 6.9 1956—1993 年对数 Kaitz 指数对青少年就业率的影响估计（按种族和性别划分）

| 组别 | Kaitz 指数的系数 |
| --- | --- |
| 1. 全部 | −0.055 |
|  | (0.041) |
| 2. 白种人 | −0.055 |
|  | (0.042) |
| 3. 非白种人 | −0.093 |
|  | (0.079) |
| 4. 男性 | −0.069 |
|  | (0.045) |
| 5. 女性 | −0.033 |
|  | (0.050) |

注：括号内为标准误。估计结果是基于双对数形式的模型。模型除了专门针对 16—19 岁青少年中 16—17 岁的人群进行了种族或性别的分组这一个区别外，其他方面与表 6.7 第（2）列中的模型没有区别。所有形式的模型都使用 Beach-MacKinnon 方法对一阶自相关的残差进行了调整。

从估计结果来看，对数 Kaitz 指数对非白种人的就业影响要大于白种人，但考虑到抽样变异性，我们不能拒绝两者系数是相同的这一原假设。韦林顿（Wellington，1991）在对 1954 年至 1986 年期间的数据进行估计后发现，非白种人的系数（−0.064）比白种人的（−0.062）略小。还有一点，正如韦林顿所发现的，对男性的影响在绝对值上大于女性。事实上，女性的系数是非常小的。考虑到女性占所有最低工资雇员的 60% 以上，因此对该群体的影响最小这一结论值得我们关注。

## 总结

本章的各种结论让人怀疑时序研究的结论是否支持最低工资不利于青少年就业这一传统观点。第一，我们讨论了一些关于时序研究的方法论问题。第二，由早些研究的 t 值与样本量呈负相关的关系可见，发表偏差、模型筛选和结构性变化的存在对估计结果产生了重要影响。第三，如果将更新到最近的数据，也就是将 20 世纪 80 年代和 90 年代初的数据代入时间序列模型中，发现估计结果与早期文献的结论相悖。正如其他学者的发现，如果时间序列模型和早些文献中的一样，只不过包含了更多的新数据，那么就会发现最低工资对就业的影响比较小，并不显著。

我们如何根据这些发现解释时间序列模型的结论呢？首先，我们注意到早期时序模型的结论普遍支持最低工资的传统观点。[22] 这与劳动经济学中的其他大多数领域形成鲜明对比。在过去 20 年中，时序模型的结论基本已经失宠（参见 Stafford, 1986），但仍有许多经济学家和政策分析专家引用这些模型预测，即上调最低工资 10% 会使得就业率下降 1% 至 3%。我们从这些文献的回顾和复现中得到两个主要结论：一方面，代入的新数据越多，预测出对就业的影响范围就越小。另一方面，时序模型在方法论上的问题，应该能启发我们重新思考该方法是否是估计最低工资上调对就业影响的最理想的方法。

## 注 释

1. 该描述多多少少被简化了一部分。许多研究人员还根据1980年和更早年份被纳入覆盖范围的雇员的最低工资来调整 Kaitz 指数。1980年后,刚被覆盖的雇员的最低工资标准只适用于一小部分覆盖范围内的雇员。
2. 例如,里根政府时期的经济顾问委员会主席默里·韦登鲍姆(Murray Weidenbaum, 1993)声称,"最低工资研究委员会在1981年得出结论,最低工资上调10%会使那些从事最低工资工作的群体(主要是青少年)的失业率上升1%~3%"。
3. 我们在该表中剔除了"Adams (1989)",因为不清楚他的估计对象是针对青少年还是针对所有雇员,而且也缺少样本期的信息。
4. 产出不变的需求曲线在要素价格上也是零阶齐次的。
5. 费希尔(Fisher, 1973)和哈默梅什(Hamermesh, 1980)也提出了相关的批评意见。
6. 科克伦(Cochran, 1957)针对这类问题给出了一个典型的例子。他描述了一个农业实验:为了提高产量,随机选择燕麦田进行烟熏以减少小线虫。该实验中,有两个因变量:(1)作物产量;(2)剩余的小线虫数量。科克伦告诫说,在试图估计烟熏方法对作物产量的影响时,不建议控制小线虫的数量。
7. 德隆和朗(De Long and Lang, 1992)提供了经济学期刊中存在发表偏差的证据。而且发表偏差也绝不是经济学研究中所特有的。这个问题在关于癌症治疗的医学研究中也特别突出(参见

Berlin, Begg, and Louis，1989）。

8. 参见 Begg and Berlin（1988）。贝格和柏林在研究发表偏差时考虑的一个因素是样本量和显著性之间的关系。他们将癌症治疗的临床试验中样本量和显著性之间不存在相关关系的结论视为发表偏差的证据。

9. 不是所有的研究都是从 1954 年的数据开始的，因此发表日期与样本量并不完全相关。

10. 还要注意的是，如果存在相关观测值（dependent observations）现象，$t$ 值也会随着样本量的增加而增加。

11. 拉根（Ragan, 1977, 1981）只报告了非汇总的青少年群体的 $t$ 值，此时，我们用的是 $t$ 值平均值。明瑟（Mincer, 1976）没有给出 $t$ 值，但给出了最低工资对白人青少年的影响在 0.01 水平上是显著的这一结论，此时，我们用的是在 0.01 水平上对原假设进行双边检验后得到的临界 $t$ 值 2.39。

12. 自由度等于样本量减去解释变量的个数。

13. 表 6.1 中的标准误是假定回归方程的误差是独立的情况下的标准误。但因为相应研究中的数据中有重叠的部分，所以这个假设是不正确的。对标准误的解释不应停留在表面的数值上。

14. 弹性对标准误的回归（不含常数）系数为 1.51，标准误为 0.21。

15. 韦尔奇还发现，他在分析青少年相对于成年人的就业率的行业分布时也犯了类似的错误。当他将样本修正为覆盖 14—19 岁的青少年群体后，他发现与原来的结果相反，最低工资对制造部门的影响比对零售和服务部门的影响大得多。更正后的结果令人费解，因为服务和零售部门中最低工资雇员的比例远远高于制造部门。

16. 韦林顿在研究中使用了 Cochrane-Orcutt 类型的方法，以序列初始值进行自相关调整。我们无法在 RATS 中用 Beach-MacKinnon 方法完全复现该研究中的估计结果。我们还试图用 Cochrane-Orcutt 方法复现估计结果，在 TSP 和 RATS 这两个软件中使用该方法无需用到序列初始值。在数据相同的条件下，这两个方法也给出了很小的差异，这个差异与我们和韦林顿的估计值差异是一个数量级的，以至于我们怀疑这么小的差异是否可以忽略。

17. 为了保证数据的可比性，我们计算了 1983 年以来的 Kaitz 指数，以此来确保我们与韦林顿的估计在重叠的年份中是一样的。

18. 当我们剔除该变量时，用韦林顿的样本期估计出来的 Kaitz 指数的系数变化很小。

19. 各种估计方法的系数之间的差异并不是由初始观测值的影响造成的。如果我们忽略 1954 年第一季度的观测值，Beach-MacKinnon 和极大似然系数估计值都下降到 0.065，标准误为 0.041。

20. 回顾一下第 4 章，我们发现，20 世纪 80 年代末和 90 年代初在最低工资对工资分布影响最小的州内，青少年就业的下降幅度最大。

21. 覆盖率被定义为指定行业覆盖率的加权平均数，其中权重为该行业中青少年雇员的占比。
22. 有一部分经济学家从不关心最低工资方面的时序研究。例如，在为最低工资研究委员会进行的一项研究中，赫克曼和赛德拉切克（Heckman and Sedlacek, 1981）尖锐地批评了时间序列方法。

# 第7章

## 横截面和面板数据的估计

> 无知并不可怕，可怕的是以为自己知道的都是对的。
> ——受威尔·罗杰斯（Will Rogers）的启发

在关于最低工资的学术研讨会和美国国会听证会上，被引用的大部分文献都是基于时间序列数据的分析，也有一些是基于横截面数据和面板数据。横截面研究是采用某一个时间点的最低工资的变化来确定最低工资的影响，而面板数据研究是跟踪一个州或单个人在一段时间内的变化。与时序研究不同，横截面和面板数据研究（二者以下简称"截面研究"）并不依赖美国最低工资的变化。

人们通常认为截面研究在最低工资的影响上无法提供比时序研究更有力的证据，例如，布朗、吉尔罗伊和科恩（Brown, Gilroy, and Kohen, 1982: 512）就曾认为："人们对于只通过截面研究得到的结论都不免有点信心不足。"但即使如此，用截面方法研究最低工资的兴趣却一直在增加。我们认为，由于传统时序方法未能得到最低工资显著不利于就业的证据，人们对截面方法的热情会在该领域中进一步提高。

本章中我们回顾了过往采用截面方法研究最低工资如何影响就业的文献。由于早期文献已经回顾过了，因此我们把重点放在最近的研究上，而且大众媒体和经济学家也非常关注最近的研究。这些文献使用了三种基本方法。[1]第一种方法中，某个州的数据是沿时间轴展开的。也就是说某年某个州青少年的就业率与最低工资变量有关。该变量的变化因素包括各州法律的变化、各州当前工资水平的变化，或者影响所有州的联邦法律的变化。第二种方法中，将低薪雇员与高薪雇员的历史就业情况进行比较。许多低薪雇员的工资标准直接受最低工资的影响，因而上调后可能会被解雇。因此研究人员试图研究在上调后的一年内，低薪雇员再就业的可能性是否很低。第三种方法中，我们对不上调最低工资标准情况下的工资水平假设了一个分布，如对数正态分布。随后我们利用该假设分布和实际分布的差异来估计所有职位中因最低工资上调而消失的比例。

相比汇总时序研究，基于微观数据的分析有三个主要优势：第一，微观样本中的观测值单元（如雇员和企业）通常对应着经济理论中的单个决策者，因此便于将理论与实践联系得更紧密。第二，截面方法与时序方法不同，多种因素的变化并不都以时间轴展开。第三，也是最重要的，在微观个体的研究中，我们可以将一个对照组与受政策影响的实验组进行比较。在回顾以往的基于微观数据的研究中，我们尤其关注以下四个只要是研究最低工资影响都需要面对的问题：

1. **是否值得成为一项研究？** 换句话说，是否有证据表明衡量最低工资影响的变量与受影响雇员的工资呈正相关的关系？答案可能看起来很显然，不值得深入研究。但该问题在其他任何研究中都至关重要，因为很多政府项目之所以没有实施成功或执行到位，就是因为没有对这些变量进行正确的衡量。一般而言，确定自变量与所关心的因变量是否相关会直接涉及模型的设定问题，这有助于回答下一个问题。

2. **在保持模型中其他变量不变的情况下，核心解释变量的变化来源是什么？** 在第2章至第4章中，我们强调了正确选择对照组的重要性。了解自变量（如最低工资变量）因样本中观测值而异的原因，对于解释实证结果以及判断对照组是否可信来说至关重要。

3. **对照组的可信度如何？** 有时（如随机分配实验组和对照组时），我们可以利用先验信息来判断对照组的合理性。然而，我们在任何条件允许的情况下都应该检验对照组的合理性。例如，我们在对新泽西州和宾州快餐店的研究中比较了两个对照组的就业趋势。新泽西州快餐店的工资高于州最低工资的新标准，而宾州快餐店则没有受到影响。此外，在某些情况下，我们可以检验自变量是否影响对照组中的结果。

例如，在第 2 章中我们发现，GAP 变量对宾州快餐店的就业增长没有影响。如果实验变量会影响对照组，那么实验变量很有可能是一个伪变量。如果实验设计合理，实验变量不应该影响对照组，因此该检验有时也被称为"容错"检验。

**4. 实证结论相对模型设定变化的稳健性如何？** 许多实证研究中保持不变的变量实际上可能是内生变量。例如，我们可以认为最低工资影响在校生比例。如果真是这样，那么添加或剔除可能的内生变量会在多大程度上影响实验结果，这一稳健性问题非常重要。同样，我们可能也很想了解引入地区或州的虚拟变量，或者模型采用一阶差分形式进行估计的稳健程度。如果在不同的模型设定和估计方法下，实证结果没有本质上的区别，那么结论就会更有说服力。

## 跨州研究

在跨州方法中，我们将就业与最低工资变量和其他解释变量进行回归，典型的数据集一般是由 50 个州数年的样本进行混合后构成，就业方程如下：

$$E_{it} = \alpha_0 + MW_{it}\beta + X_{it}\gamma + T_t\tau + S_i\delta + \varepsilon_{it} \quad (7.1)$$

其中，$E_{it}$ 是州 $i$ 在 $t$ 年的青少年就业率；$MW_{it}$ 是最低工资指数（通常是州级 Kaitz 指数）；$X_{it}$ 是一组包括在校生比例的解释变量；$T_t$ 是一组年份虚拟变量；$S_i$ 是一组州或地区的虚拟变量。误

差用 $\varepsilon_{it}$ 表示，其他希腊字母表示估计的参数，估计方法通常为 OLS 回归。此外，最低工资变量的系数 β 是我们最关心的核心参数。在某些模型中，因变量和最低工资变量是以自然对数形式出现的，此时 β 被解释为就业相对于最低工资的弹性。

我们通过回顾最近两篇采用跨州分析研究最低工资的文章来说明这种方法并进行评价。这两篇文章在最近关于是否上调美国最低工资的辩论中起到了举足轻重的作用。

### 诺伊马克和瓦舍尔（1992）[2]

诺伊马克和瓦舍尔（Neumark and Wascher, 1992）用 1973 年至 1989 年的州级数据来估计方程（7.1）。[3] 大部分数据直接取自 5 月的 CPS 档案。他们定义的最低工资变量（MW）就是在第 6 章中详细介绍过的州级 Kaitz 指数。该变量等于指定"州-年"观测值对应的州或联邦最低工资的最大值，除以该州成年人的平均工资，再乘以该州 FLSA 的总覆盖率。随后，诺伊马克和瓦舍尔分别对 16—19 岁和 16—24 岁群体的就业率进行估计。我们主要关注他们对 16—19 岁群体的估计结果，原因有二。第一，人们可能会认为最低工资对该人群就业产生的影响最大。第二，大多数文献都会对这一群体进行研究。诺伊马克和瓦舍尔非常友好地将他们的数据提供给了我们。表 7.1 的前两列数据复现了他们对 16—19 岁群体的方程（7.1）的估计结果。在比较这两列时，我们注意到，最低工资变量的负面影响关键在于，诺伊马克和瓦舍尔定义的"对应年龄组的在校生比例"这一变量是否被纳入模型作为回归变量。[4] 如果剔除该变量［第（1）列］，那么最低工资指数对青少年就业的同期影响是一个不显著的正数；如果纳入这个变量［第（2）列］，那么最低工资指数对就业的影响是一个显著的负数。因此，对其估计结果的解释取决于就业方程的形式。

诺伊马克和瓦舍尔将任何在校就读并同时在工作或寻找工作的人视为非在校生，并衍生出"在校年龄组占比"的变量。[5] 也就是说，这个变量衡量的是某年龄组内不处于工作状态也不找工作但在校就读的人数总和的占比。事实上，大多数正在工作（或正在寻找工作）的青少年也在学校就读。不过也正是因为他们"顺理成章"地将正在工作或找工作的学生排除在在校生群体之外，导致在校生比例被大大低估。他们估计 16—19 岁群体的在校生比例平均为 40%。相比之下，我们计算出的在 1986 年 5 月期间，16—19 岁群体的在校生比例约为 75%，而劳动力中青少年的真实在校生比例仅略低于这一数字。在参加工作的青少年中，有 65% 的人也同时在学校就读中。

诺伊马克和瓦舍尔对在校生比例的定义会导致一个严重的统计问题：因变量（就业率）与核心自变量（在校生比例）从构造上看就显然是相关的。如果一个州有相对较多的学生参与工作，那么根据定义，该州的在校生比例就相对较低。此外，在校生比例的下降将与就业率的上升成正比。各州青少年就业率的所有变化（包括抽样变异性）都会自动体现在在校生比例这一变量中，无论产生的是正向还是反向的影响。这种关系将导致在校生比例

### 表 7.1 重新估计诺伊马克和瓦舍尔（Neumark and Wascher, 1992）的跨州数据

| 解释变量 | 青少年就业率 (1) | (2) | (3) | (4) | (5) | (6) | 青少年的对数工资均值 (7) | (8) | (9) | (10) |
|---|---|---|---|---|---|---|---|---|---|---|
| 1. 经覆盖率调整后的相邦最低工资 [a] | 0.07 (0.10) | -0.17 (0.07) | — | — | — | — | -0.88 (0.22) | -0.10 (0.35) | — | — |
| 2. 州最低工资的对数 [b] | — | — | 0.16 (0.08) | 0.04 (0.05) | 0.17 (0.08) | 0.03 (0.61) | — | — | 0.63 (0.18) | 0.52 (0.18) |
| 3. 在校并且不参加工作的青少年比例 [c] | — | -0.75 (0.03) | — | -0.74 (0.03) | — | -0.75 (0.03) | — | — | — | — |
| 4. 成年人工资均值的对数 | — | — | — | — | -0.03 (0.04) | 0.03 (0.03) | — | 0.41 (0.15) | — | 0.41 (0.09) |
| 5. 青少年在州人口中的比例 | -0.19 (0.22) | -0.11 (0.15) | -0.16 (0.22) | -0.14 (0.15) | -0.19 (0.22) | -0.11 (0.15) | -0.54 (0.49) | -0.34 (0.49) | -0.65 (0.49) | -0.31 (0.49) |
| 6. 青春期男性失业率 | -0.54 (0.10) | -0.31 (0.07) | -0.52 (0.11) | -0.32 (0.07) | -0.54 (0.11) | -0.30 (0.07) | -0.80 (0.24) | -0.69 (0.24) | -0.80 (0.24) | -0.66 (0.24) |
| 7. 州和年份的影响 | 是 | 是 | 是 | 是 | 是 | 是 | 是 | 是 | 是 | 是 |
| 8. 可决系数 $R^2$ | 0.72 | 0.87 | 0.72 | 0.87 | 0.72 | 0.87 | 0.77 | 0.78 | 0.77 | 0.78 |

注：括号内为标准误。所有模型的数据都取自这个由 751 个（州—年）观测值组成的样本。第（1）—（4）列的因变量是当年 5 月该州青少年的就业率。因变量的均值和标准差分别为 0.432 和 0.090。第（5）—（8）列的因变量是当年 5 月该州青少年平均时薪的对数。

因变量的均值和标准差分别为 1.267 和 0.225。

a 指定州或联邦最低工资的最大值,除以该州成年人的平均工资,再乘以该州受联邦最低工资保障的雇员的估计比例。

b 指定州或联邦最低工资的最大值取对数。

c 该州内不处于工作状态(在 5 月 CPS 开展调查所在周内)且在校的青少年比例。

变量的系数偏向于 –1。后来诺伊马克和瓦舍尔的回归估计也确实表明，在校生比例的提高对就业有很大的不利影响，而且 $t$ 值超过了 25。相比之下，其他变量的 $t$ 值都没有超过 4，而高的 $t$ 值正是因变量和在校生比例之间的存在相关关系的表现。我们将在另一项跨州研究中看到，通过学校档案记录中的在校学生数据，我们发现在校生比例对青少年就业的影响要小得多，而且也不显著。[6] 诺伊马克和瓦舍尔（Neumark and Wascher, 1994）在随后的研究中换了一种在校生比例的定义。他们用与 1992 年的研究中相同的 5 月 CPS 档案中的数据，计算在调查所在的周中主要社会活动为"上学"的青少年的比例。在用该变量代替原先的"在校"变量后，得到的最低工资变量的系数是负数，但不显著。此外，新定义的在校生比例的系数和 $t$ 值约为先前估计结果的一半。尽管该定义比以前的定义有所改进，但依然有很多问题。最主要的一点就是，如果一个学生自称主要社会活动是"工作"，那么该学生就不会被问及在校情况。因此，基于诺伊马克和瓦舍尔新定义的在校生比例与青少年就业率仍然是相关的，只是相关程度比原来的定义要小。

第二个问题是，由于诺伊马克和瓦舍尔对在校生比例和就业率的估计结果是从同一个青少年样本计算出来的，因此，抽样误差会同时出现在在校生比例和就业率中。用一个月的 CPS 数据做州级别估计，其中的抽样变异性是相当大的。[7] 正如我们之前提到的，调查所在周内自称其主要社会活动为"工作"的学生，在他们新定义的变量中不能被算作在校生。如果存在抽样变异性，比如某个州的 5 月 CPS 样本中青少年样本包含的就业学生比例异常高，那么该样本中的在校生比例必然会很低，从而导致就业率和在校生比例之间呈负相关关系。

还有一个与统计问题无关的概念问题。在用就业模型估计最低工资影响时，是否应将一个内生变量（如在校生比例）视为一个解释变量。正如第 6 章中讨论的那样，如果我们把就业方程（7.1）视为受最低工资影响的市场中的劳动力需求方程与不受政策影响的市场中的劳动力供需简化方程的结合，那么劳动力供给的外生变量就可以光明正大地出现在就业方程中。但显然，我们不应把类似在校生比例这种可能受最低工资影响的供给变量视为可以"保持不变"的控制变量。

在我们看来，在校生比例应被视为可能受最低工资影响的结果。[8]也的确有文献反映出这一点：在布朗、吉尔罗伊和科恩（Brown, Gilroy, and Kohen, 1982）调查的 24 项时序研究中，只有 4 项将在校生比例作为解释变量。结果显示，除了对就业机会存在潜在的影响外，没有证据表明在最低工资水平不同的州中，最低工资还会影响在校生比例，尤其是当回归模型中包含了州和年份后。因此在校生比例可以从就业模型中剔除，而且不影响估计结果。所以我们认为，诺伊马克和瓦舍尔的模型中最合适的应是不包括在校生比例的模型。[9]因此结果与第 4 章中的估计结果一样，最低工资对青少年就业没有显著影响。

**州级 Kaitz 指数**

分析州级面板数据而非汇总时序数据的好处是，各州不同的最低工资汇总时序数据可以用来估计最低工资的影响。尤其是，通过代表所在州和所在年的虚拟变量，最低工资的影响完全可以从每个州各自不同的最低工资指数的走势上看出来。任何影响所有州的时间方向上的变化（例如，使得联邦最低工资在某一年被上调）都会被时间虚拟变量吸收。于是，相对最低工资指数的剩余变化就可以归因到各州最低工资的变化、覆盖率的差异和各州平均工资差异等其他因素了。所以，重要的是了解结果的变动是由最低工资指数的哪部分引起的。

之前我们提到过，州级 Kaitz 指数的定义是 $MW = C \times M/W$，其中，$C$ 是该州内被联邦最低工资覆盖的全年龄段的雇员占比，$M$ 是联邦最低工资和州最低工资之间的最大值，$W$ 是该州成年人的平均工资。但该州级的 Kaitz 指数也有许多正如我们在第 6 章时序模型中指出的局限性，比如 Kaitz 指数的分母与经济活动和青少年工资是相关的。因为导致一个州的成年人工资增加的因素，如该州经济好转，也会导致 Kaitz 指数的下降，同时青少年工资也会增加。如果这些因素是州级 Kaitz 指数变化的主要动因，那么最低工资指数与青少年工资会呈负相关的关系。

为了研究青少年雇员的工资和最低工资之间的关系，表 7.1 的第（7）列至第（10）列显示了回归结果，我们用 16—19 岁人群的工资均值的对数作为因变量。[10] 第（7）列的结果显示，诺伊马克和瓦舍尔使用的州级最低工资指数的上升与青少年工资的下降相关，对应的 $t$ 值为 $-4$。我们还猜测这种负相关关系可能也反映了该州的成年人平均工资和青少年平均工资之间存在强烈的正相关关系。对于第（1）列和第（2）列的估计结果，不管哪个模型，Kaitz 指数对青少年平均工资的不利影响都给估计结果的解释带来了一定的困难。因为这表明，就最低工资标准带来的上升压力而言，最低工资指数不是一个好的代理变量。

诺伊马克和瓦舍尔在他们的回归中把 Kaitz 指数作为一个解释变量，但没有把成年人的平均工资包括在内。然而，即使除了青少年和成年人的劳动之外没有其他供给因素，一个青少年劳动就业方程也应该将 Kaitz 指数和成年人工资包括在内（见第 6 章）。这就衍生出了一个问题：在成年人平均工资不变的情况下，青少年工资是否与 Kaitz 指数正相关。如表 7.1 第（8）列所示，Kaitz 指数与青少年相对成年人的工资仍然是负相关的，但不显著。这些结果说明，Kaitz 指数不是一个合适的，用于衡量最低工资带来的更高的劳动成本的指标。

相比之下，正如我们所预期的那样，从第（9）列可见，对数最低工资与青少年工资呈显著的正相关关系。此外，在保持成年人工资不变的情况下，最低工资对青少年工资仍有显著的正向影响。这些结果意味着，如果没有任何进一步的调整，那么最低工资比 Kaitz 指数更适合作为衡量最低工资对劳动力成本影响的变量。

州级 Kaitz 指数的另一个局限性来自最低工资政策覆盖率的测量方式。诺伊马克和瓦舍尔定义的 FLSA 覆盖率指的是对所有雇员，而不仅仅是对青少年的覆盖率。该局限性不容忽视，因为青少年和成年人一般受雇于不同的行业——青少年在零售和服务部门中的比例较高，而在制造和金融部门，以及政府中的比例非常低。因此，整体覆盖率的上升并不代表对青少年的覆盖率会有很大的提高。例如，1985年由于覆盖范围扩大到了公共部门，整个经济领域内，FLSA的覆盖率跃升了13%。但该变化对青少年的影响不大。另一个局限性是，覆盖率的测量方式没有考虑到各州的最低工资法，有些州的最低工资标准会在联邦的基础上进一步抬升。最后一个问题是，该覆盖率的测量方式没有考虑到违法情况。

与包含这些问题的Kaitz指数相比，我们青睐的最低工资这一变量本身与青少年的工资就是正相关的。由于最低工资所覆盖的青少年比例相对较高，而且在20世纪80年代也相当稳定，因此可以说是比州级Kaitz指数更合适的变量。此外，最低工资本身也是政策制定者最为感兴趣的变量。在表7.1的第（3）列至第（6）列中，我们选择将州最低标准的对数，而非最低工资指数直接纳入就业方程。此外，我们在第（5）列和第（6）列中还另外添加了成年人的平均工资这一解释变量，结果同样显示最低工资与青少年就业率正相关。而且从第（3）列和第（5）列中可见，即使剔除了测量有误的在校生比例，该相关性仍是显著的。此外，即使将诺伊马克和瓦舍尔定义的在校生比例纳入模型，也发现上调最低工资对就业有积极的影响。

总之，我们重新估计后的结果表明，在诺伊马克和瓦舍尔的研究中最低工资不利于就业的结论来自对在校生比例的特殊度量方式。此外，他们用于代表最低工资的 Kaitz 指数与青少年的平均工资也是负相关的。而实际上，最低工资本身与青少年工资是正相关的，当我们用诺伊马克和瓦舍尔的数据估计青少年就业与最低工资之间的关系后发现最低工资的上调对就业有积极的影响。

### 尼古拉斯·威廉斯（1993）

近期另一个跨州分析是由尼古拉斯·威廉斯（Nicolas Williams，1993）进行的。他的样本由 1977 年至 1989 年的 50 个州的年份观测值构成。[11] 威廉斯估计了一个类似于方程（7.1）的模型，但包含的是 8 个地区虚拟变量，而不是 50 个州虚拟变量。他的一个研究特点是，在某些模型中允许最低工资对不同地区的就业有不同的影响。这一点不同于我们在第 4 章中，以及诺伊马克和瓦舍尔的估计过程中的最低工资在全国所有地区都具有相同影响的假设。

威廉斯使用了两种衡量最低工资的方法。第一个方法是联邦最低工资与各州制造业平均时薪的比率，第二个是联邦最低工资除以州级隐性物价平减指数。威廉斯没有根据 FLSA 的覆盖范围调整这两个最低工资指数。[12] 他也没有对州最低工资进行任何调整，他的理由是，只有 6.6% 的州在该样本期内州最低工资标准与联邦最低工资标准不同。也由于这些简化，在任一年份内每个州的最低工资都被设定在了同一水平。[13]

威廉斯估计的第一个方程是：

$$\log(E_{it}) = \alpha_0 + \log\left(\frac{M_t}{W_{it}}\right)\beta + X_{it}\gamma + T_t\tau + R_i\delta + \varepsilon_{it} \quad (7.2)$$

其中，$\log(E_{it})$是青少年就业率的自然对数；$\log\left(\frac{M_t}{W_{it}}\right)$是最低工资指数（$t$年的名义最低工资与该州平均制造业工资的比值）；$X_{it}$是一个向量，包括成年人失业率、青少年人口比例和青少年在校生比例；$T_t$是一组年份虚拟变量；$R_i$是一组8个地区虚拟变量；$\varepsilon_{it}$是残差。

请注意，由于最低工资指数是对数形式的，而且所有年份各州之间的最低工资都没有发生相对的变化，方程（7.2）可以改写为：

$$\log(E_{it}) = \alpha_0 + \log\left(\frac{1}{W_{it}}\right)\beta + X_{it}\gamma + T_t\tau' + R_i\delta + \varepsilon_{it} \quad (7.3)$$

其中，该州制造业平均工资的倒数替代了最低工资指数，经过变换后年份虚拟变量的系数为 $\tau'_t = \tau_t + \log(M_t)\beta$。被威廉斯定义为最低工资影响的系数 $\beta$，在方程（7.2）和方程（7.3）中是相同的。换句话说，如果我们把每年的最低工资设为1（或其他数字），那么威廉斯定义的方程中的最低工资系数（$\beta$）将会是一样的，这是由于假设了在任一年份内所有州的最低工资标准都是一样的，年份虚拟变量的变化也就完全吸收了最低工资的变化。或者更一般而言，任何只与时间相关的变量的变化都会被年份虚拟变量吸收。

为了证明这一点，我们在表7.2的第（1）列中列出了威廉斯原始方程的估计值。[14] 在第（2）列中，我们用制造业平均工资倒数的对数来代替最低工资指数（这相当于每年将最低工资设定为 1 美元）。注意，第 1 行和第 2 行的系数是相同的，所以最低工资在威廉斯的估计过程中没有发挥任何作用，所有的变化都只来自制造业工资的变化。

表 7.2 在威廉斯（Williams, 1993）的跨州分析基础上添加相对最低工资变量后重新进行估计

|  | (1) | (2) | (3) |
|---|---|---|---|
| 1. log（最低工资/制造业平均工资） | −0.182 | — | — |
|  | (0.036) |  |  |
| 2. log（1/制造业平均工资） | — | −0.182 | −0.038 |
|  |  | (0.036) | (0.062) |
| 3. log（成年人失业率） | −0.384 | −0.384 | −0.175 |
|  | (0.015) | (0.015) | (0.012) |
| 4. log（青少年人口比例） | 0.042 | 0.042 | −0.150 |
|  | (0.055) | (0.055) | (0.060) |
| 5. log（青少年在校生比例） | 0.064 | 0.064 | −0.020 |
|  | (0.056) | (0.056) | (0.060) |
| 6. 8 个地区虚拟变量 | 是 | 是 | 否 |
| 7. 49 个州虚拟变量 | 否 | 否 | 是 |
| 8. 12 个年份虚拟变量 | 是 | 是 | 是 |
| 9. 可决系数 $R^2$ | 0.727 | 0.727 | 0.922 |

注：括号内为标准误。所有模型中的因变量为对数青少年就业率。数据来源的描述见 Williams (1993)。样本量为 650 个州的逐年观测值。每个回归包含 1 个截距项。

虽然法定最低工资并没有在估计中发挥作用，但依旧可以从估计中找到关于上调最低工资如何影响就业的蛛丝马迹。其中就

有一点，如果人们认为在制造业工资较低的州，上调联邦最低工资对青少年相对成年人的工资的提升幅度，要比制造业工资较高的州更大，那么制造业工资倒数的系数就可以反映最低工资的影响。然而，对于为什么制造业工资的倒数可能与州的青少年就业相关这一问题，还有另一个解释：在经济状况良好的州，制造业工资较高（因此倒数较低），青少年的就业率也就相应较高，此时最低工资指数就不怎么反映劳动力成本，而是反映州的经济的强劲程度。

一种检验被剔除的州层面变量的重要性的方法，是对州固定效应回归模型进行估计。[15] 该模型的自变量包含一组州虚拟变量。与诺伊马克和瓦舍尔（Neumark and Wascher, 1992）不同，威廉斯的模型中并不包含州虚拟变量，而且也分别在包含和不包含地区虚拟变量的情况下进行了估计。结果显示，包含地区虚拟变量的情况下，最低工资变量的系数几乎小了一半。所以，如果某个地区内各州之间的经济状况存在永久性的差异，那么就有必要纳入州虚拟变量。

在表 7.2 的第（3）列中，我们基于威廉斯的原始模型新添加了 49 个州虚拟变量。结果表明，制造业工资倒数的对数对青少年就业是一个不显著的、较小的不利影响。制造业平均工资上升 10% 使得青少年就业率增长 0.038%。但 $t$ 值只有 0.62，说明上述估计出来的不利影响的出现也只是一个偶然。此外，$F$ 检验结果显示，相比地区虚拟变量，州虚拟变量对青少年就业率的影响更为显著（$F$ 值 =35.5）。正如我们猜测的那样，加入州虚拟变量可以大大提高模型的解释能力，而且可决系数 $R^2$ 也从 73% 上升到 92%。可见，加入州固定效应的模型的拟合效果更好，说明制造业工资水平对青少年就业率没有影响。

威廉斯还做了一些估计，其中加入了最低工资指数与地区虚拟变量的交叉项，从而允许最低工资（也就是制造业工资的倒数）在不同地区产生不同的影响。纳入交叉项是考虑到最低工资可能会对某些地区的就业产生比其他地区更大的影响，比如大家可能认为最低工资的上调对低工资地区的就业影响会更大。该预期是很合理的，所以加入该交叉项是一个合理的方法。然而，由于最低工资指数仅取决于州与州之间制造业平均工资的相对变化，结论很难给出一个明确的解释。此外，模型得到的不同地区的就业影响估计值意义不大，因为威廉斯发现，对工资较高的太平洋地区的不利影响最大（$\beta = -0.62$），而低工资的中西部地区则接近于 0，而且不显著。我们认为，这也说明了该方程并未捕捉到最低工资变化产生的影响。

在暂时搁置这些估计结果之前，还需要注意到，威廉斯还额外纳入了一个衡量在校情况的解释变量。回想一下，正是由于纳入了在校生比例这一变量，诺伊马克和瓦舍尔才发现最低工资不利于就业的证据。我们认为，他们定义的不包括青少年雇员的在校生比例，与他们的因变量从定义上就是相关的，因而估计也是有偏的。威廉斯将在校生比例变量定义为该州就读高中的学生人数与该州 16—19 岁人口的比值，该定义来源于官方在校数据，因此不会受到上述相关性问题的影响。从表 7.2 中可见，在使用威廉斯的数据进行估计后,保持地区虚拟变量不变,在校生比例对青少年就业的影响是很小的正面影响,不显著;而当纳入州虚拟变量时,影响就变成很小的负数了,而且同样不显著。[16] 这些结果与诺伊马克和瓦舍尔的估计结果(在校生比例的 $t$ 值为 25,系数为 $-0.75$)形成鲜明对比。考虑到诺伊马克和瓦舍尔使用的因变量与在校生比例变量的内生性,我们把该反差同样视为他们的估计值有偏的证据。如果在校生比例这一变量几乎没有内生性,那么该变量几乎不影响青少年就业,也不影响对最低工资影响的进一步推断。

### 考虑基于物价平减指数的最低工资

威廉斯的第二个方法是用联邦最低工资除以州生产总值(GSP)隐性物价平减指数来衡量最低工资。[17] 方程表达式为:

$$\log(E_{it}) = \alpha_0 + \log\left(\frac{M_t}{P_{it}}\right)\beta_1 + \log\left(\frac{W_{it}}{P_{it}}\right)\beta_2 \\ + X_{it}\gamma + T_t\tau + R_i\delta + \varepsilon_{it} \tag{7.4}$$

其中,$M_t$ 表示联邦最低工资;$P_{it}$ 表示物价平减指数;$W_{it}$ 是制造业的平均工资;所有其他变量的定义与方程(7.3)相同;系数 $\beta_1$ 被解释为"实际最低工资"对青少年就业的影响。

需要注意,与方程(7.2)一样,联邦最低工资的变化完全可以被年份虚拟变量吸收。因此,"实际最低工资"的差异完全来自各州和不同时期物价平减指数的差异,而不是来自最低工资标准的任何立法变化。

表 7.3 在 Williams (1993) 的跨州分析基础上添加经物价平减调整的最低工资后重新估计

| | (1) | (2) | (3) |
|---|---|---|---|
| 1. log（最低工资/物价平减指数） | −0.325 | — | — |
| | (0.111) | | |
| 2. log（1/物价平减指数） | — | −0.325 | 0.042 |
| | | (0.111) | (0.089) |
| 3. log（制造业平均工资/物价平减指数） | 0.187 | 0.187 | 0.061 |
| | (0.036) | (0.036) | (0.064) |
| 4. log（成年人失业率） | −0.249 | −0.249 | −0.178 |
| | (0.015) | (0.015) | (0.012) |
| 5. log（青少年人口） | −0.102 | −0.102 | −0.160 |
| | (0.057) | (0.057) | (0.061) |
| 6. log（青少年在校生比例） | 0.081 | 0.081 | −0.032 |
| | (0.058) | (0.058) | (0.060) |
| 7. 8 个地区虚拟变量 | 是 | 是 | 否 |
| 8. 49 个州虚拟变量 | 否 | 否 | 是 |
| 9. 12 个年份虚拟变量 | 是 | 是 | 是 |
| 10. 可决系数 $R^2$ | 0.717 | 0.717 | 0.922 |

注：括号内为标准误。所有模型中的因变量为对数青少年就业率。数据来源的描述见 Williams (1993)。样本量为 650 个州的逐年观测值。每个回归包含 1 个截距项。

表 7.3 是将威廉斯的数据代入公式（7.4）后的估计结果。第（1）列复制了他的估计值。实际最低工资变量的估计值与以往所有文献中的最大值相当，意味着实际最低工资每上升 10% 就会减少 3% 的就业。第（2）列中我们验证了物价平减指数是否可以单独解释最低工资的影响。结果发现，物价平减指数倒数的对数对青少年就业有显著的不利影响。原因何在？我们猜测这组估计结果只反映了局部地区的菲利普斯曲线（Phillips Curve）。在

经济繁荣且失业率较低的州，商品价格相对较高。由于青少年就业率是顺周期的，因此当一个州的经济发展良好时，青少年就业率自然也较高。

为了进一步研究这些估计结果，我们在表7.3的第（3）列中添加了州的虚拟变量来捕捉先前被剔除的所属州的影响。结果表明，实际最低工资对就业有微弱但正面的影响。同样，州的虚拟变量也是青少年就业率的显著影响因素。不过也有一些关于所属州的地区影响的反对意见，主要的反对意见认为州的虚拟变量不能充分反映价格指数的变动，所以估计结果并不精确。但可能此处并不需要考虑该问题，因为包含州虚拟变量的模型估计出来的最低工资变量的标准误，要小于只包含地区虚拟变量的标准误。所以，一旦考虑到州的影响，青少年就业率与州的价格指数之间就没有明显的相关关系。

## 对个体在时间方向上的研究

文献中衡量最低工资影响的第二种方法是观察单个雇员在上调前后的变化情况。首先，我们按照依赖于个人特征得到的工资估计值将单个雇员进行分类。对于起薪低于新最低标准的雇员而言，由于上调使得雇佣他们的成本高于其边际产出，他们可能比高薪雇员更难保住工作。彼得·林内曼（Peter Linneman, 1982）在《政治经济学杂志》（*Journal of Political Economy*）上发表的一篇文章就是该方法的一个著名应用案例。随后，阿申费尔特和卡德（Ashenfelter and Card, 1981），以及柯里和法利克（Currie and Fallick, 1994）做了进一步的扩展。

林内曼关注的是1973年到1974年最低工资的上调。1974年4月1日，保持5年未变的最低工资从1.60美元上调到2.00美元，并在1975年4月1日进一步上调到2.10美元。林内曼先针对成年人雇员做了一个工资方面的回归，来确定收入低于新最低标准的雇员特征。其中工资的解释变量包括受教育程度、工作经验和其他人口方面的变量。回归用的数据来自上调前的1973年家庭收入动态面板数据研究（Panel Study of Income Dynamics，以下简称"PSID"）中户主或其配偶相关的数据。随后，林内曼对样本中每个成员在1974年和1975年的工资水平进行了估计。对于1973年未处于工作状态的人来说，未来几年的工资估计值是由整个1973年雇员样本的估计系数，再经过通胀调整，最后与个人特征的数据进行结合后得到的。而对于处于工作状态的人来说，1974年和1975年的工资估计值则是基于经通胀调整后的1973年的工资。

然后，林内曼计算每个雇员的实际工资或工资估计值与最低工资之间的差距。结果显示，工资低于最低标准的雇员数量在1974年和1975年间大幅下降，而且工资大大高于最低标准的雇员数量也有所下降，只不过下降幅度不如前者大。我们猜测该下降反映的是自1974年年末开始的经济衰退。林内曼没有计算成年人就业的减少中有多少是由于上调引起的。然而，布朗、吉尔罗伊和科恩（Brown, Gilroy, and Kohen, 1982）曾指出，林内曼的估计结果意味着最低工资上调10%会减少10%以上的就业。

这数字比一般文献中的估计结果要大得多。

初看上去林内曼的方法似乎是合理的，而且与我们在第 2 章中讨论的基于企业层面的研究也是相对应的。新古典理论认为，工资位于直接受最低工资上调影响范围内的雇员，在上调后就业率会降低（至少是在被覆盖的部门内）。但林内曼的分析有一个严重的问题，就是低薪雇员和低技能雇员的就业率相比高薪雇员本来就比较低，工作经历也非常不稳定，即使在最低工资保持不变的年份内也是如此。因此，相比高薪雇员的样本，我们通常会认为当年低薪雇员群体的就业率到了下一年本来就会下降。

第二个问题是，在林内曼的样本中，受影响的雇员年龄普遍偏大——领取次级最低工资的群体平均年龄为 56 岁，高工资的雇员平均年龄为 43 岁。在平均年龄为 56 岁的样本中，很多雇员可能已经退休了。但根据林内曼的结果，我们无法判断 1973 年至 1975 年期间次级最低工资群体的就业率下降是由上调最低工资引起的，还是由低薪雇员和老年雇员固有的较高的职场流动性引起的。[18]

林内曼的方法还有一个根本的缺陷，就是在受影响群体的工作经历中没有一个可靠的"反事实"。在低薪雇员的研究中，高薪雇员的工作经历不能算是一个理想的比较对象。我们从实证研究的"自然实验"方法中得到的启示是，为受影响群体找一个能代表其在没有经历上调时的情况的对照组是非常必要的。在林内曼的研究中，高薪雇员显然不是一个合适的对照组，因为这些雇员往往有比低薪雇员更稳定的工作经历，而这本身与最低工资是否上调无关。[19]

阿申费尔特和卡德（Ashenfelter and Card, 1981）也重新检验了林内曼研究的最低工资上调影响，但使用的对照组更合理。具体来说，他们将1973年工资低于2.10美元，且在未被最低工资所覆盖的经济部门中工作的雇员（以下简称"未覆盖雇员"），视为同样低于2.10美元，但在已被最低工资所覆盖的经济部门中工作的雇员（以下简称"覆盖雇员"）的对照组。[20] 虽然离职后的覆盖雇员很有可能会在未覆盖部门中找到新工作，但我们仍然可以预计在上调后不久，这部分人的就业率会低于未覆盖雇员的就业率。原因在于后者的工作往往是依赖地理位置的（如农业），或者只是因为统计过程中存在滞后调整。阿申费尔特和卡德在选择对照组时有个特点，就是在上调之前，对照组的雇员与实验组的雇员的工资水平非常相似。我们还可以通过研究1973年两个部门中工资超过2.10美元的雇员的就业率，来检验两个部门面对政策的冲击后是否经历了不同的变化。他们的分析基于三个数据集：（1）PSID；（2）美国全国年轻女性纵向调查（National Longitudinal Study of Young Women）；（3）美国全国年轻男性纵向调查（National Longitudinal Study of Young Men）。

表7.4总结了阿申费尔特和卡德对年轻女性就业率的估计结果。[21] 该表显示，1973年工资低于2.10美元的女性覆盖雇员中，有68.9%在1975年最低工资上调到2.10美元后仍在工作。工资低于2.10美元但起先未覆盖的女性雇员中，有几乎相同比例的人在1975年仍在工作（在统计学上，68.9%和67.8%是无法区

分的)。相比之下，工资不低于 2.10 美元的女性覆盖雇员中，有 81.9% 在 1975 年仍在工作，而在收入类似的未覆盖雇员中，有 80.0% 仍在工作。在低于 2.10 美元的雇员中，覆盖雇员比未覆盖雇员更有可能继续在同一部门中工作（未在表中显示）。如果最低工资对覆盖范围内就业的影响像林内曼估计的那样大，那么 1973 年至 1975 年期间最低工资 31% 的上调幅度，会使得覆盖雇员相对于低工资的未覆盖雇员的就业率下降至少 21 个百分点。即使存在抽样变异性，这种程度的影响仍然是显著的。

表 7.4　根据 1973 年的工资和 FLSA 覆盖范围得到的 1975 年年轻女性的就业率

|  | 1973 年 FLSA 覆盖情况 | |
| --- | --- | --- |
|  | 覆盖<br>(1) | 未覆盖<br>(2) |
| 1. 1973 年工资低于 2.10 美元 | 68.9<br>(2.5) | 67.8<br>(2.5) |
| 2. 1973 年工资不低于 2.10 美元 | 81.9<br>(2.0) | 80.0<br>(2.1) |

注：括号内为标准误。表中的数据是 1973 年开始工作的年轻女性在 1975 年的就业率。这些估计值是根据 Ashenfelter and Card (1981) 中的表 2.6 和表 2.9，以及美国全国年轻女性纵向调查数据计算出来的。样本量为 1,277 名覆盖部门的雇员和 810 名未覆盖部门的雇员。

如果将工资低于 2.10 美元的雇员的就业率与不低于 2.10 美元的进行比较（正如林内曼所为），结果显示仍在工作的低薪雇员的比例较低。但可以肯定的是，该结论与最低工资无关，因为在未覆盖部门中也是这样的。此外，无论是覆盖雇员还是未覆盖雇员，1973年工资高于2.10美元的雇员两年后的就业率大致不变，说明两部门的总体就业规律大致是相似的。

这些简单的数据并未提供任何证据能够证明1974年和1975年最低工资的大幅上调不利于年轻女性的就业。实际上，这些数据反而能说明上调不会对就业产生任何影响。值得注意的是，表7.4中研究的与林内曼研究的是同一次上调。但两项研究得到的结论不同，因为阿申费尔特和卡德选择了一个更合理的对照组：他们将低薪雇员的就业历史与低薪的未覆盖雇员的就业历史进行了比较。

覆盖部门和未覆盖部门的比较也有一个局限性，就是在将雇员分配到这两个部门的过程中可能会出错。阿申费尔特和卡德的分类是根据雇员原先的行业来分配属于覆盖还是未覆盖部门，而分类的随机错误会使得两组之间的就业率趋于一致。但20世纪70年代初，FLSA的覆盖范围远没有今天这么完整。很大一部分零售业雇员被排除在覆盖范围之外，因此整个部门被阿申费尔特和卡德视为未覆盖部门。尽管如此，分类的随机错误还会使得两部门的雇员数据看上去是一样的。

柯里和法利克（Currie and Fallick, 1994）近期对最低工资进行的另一项研究，其思想与林内曼的研究类似。他们使用美国全国青年纵向调查数据来研究1980年和1981年联邦最低工资上调的影响。1980年1月1日，最低工资从2.90美元上调到了3.10美元，在1981年1月1日又进一步上调到3.35美元。柯里和法利克在1979—1987年期间追踪了11,607名雇员。虽然最低工资在 1981—1987 年间没有变化，但这些样本观测值却都被记录了下来。他们定义了一个 $GAP$ 变量，该变量等于每个雇员在基准年的工资和下一年的最低工资之间的差距。例如，如果一个雇员受雇于覆盖部门，且 1979 年的工资为 2.95 美元，那么 $GAP$ 变量根据定义就等于 15 美分；如果同样一个雇员，在 1980 年的工资为 3.10 美元，那么该变量等于 25 美分。对于基准年的工资低于现有最低标准，或高于新的最低标准，或受雇于未覆盖部门的雇员，$GAP$ 变量就等于 0。因此根据定义，不管原先的就业情况如何，1980 年以后的每一年，所有雇员的 $GAP$ 都等于 0。柯里和法利克还定义了一个虚拟变量 $BOUND$，如果一个雇员在 1979 年或 1980 年的工资位于新旧最低标准之间，并且受雇于覆盖部门，那么这个变量就等于 1，而对所有其他雇员来说就等于 0。因此从定义上看，$BOUND$ 变量表示该雇员是否会直接受到 1980 年或 1981 年最低工资上调的影响。

$GAP$ 变量的目的是衡量每个雇员的工资需要增加多少才能满足新的最低标准，因此首要的问题是，$GAP$ 变量需要与当年到下一年的工资增长呈正相关关系。但柯里和法利克并没有给出有力的证据。当他们把对数工资的变化与 $GAP$ 变量放到一起，发现两者的关系很弱但并不显著。但剔除了年薪涨幅超过 100% 的 2,595 个观测值（占样本的 5%）后，发现最低工资对工资的增长有显著影响，且是促进作用。

柯里和法利克在分析中把个人的就业概率与 $GAP$ 和 $BOUND$ 变量放到一起回归，结果表明，相比对照组的雇员，工资直接受上调影响的雇员在下一年被雇佣的概率较小。但该结果也在意料之中,因为对照组中87%的雇员的工资高于新的最低标准。[22] 正如我们之前提到的,高工资的工薪雇员通常比低工资的工薪雇员的就业率更高。柯里和法利克也意识到该问题,并通过两种不同方法来纠正偏差。

第一种方法是用1981年至1987年最低工资上调后的个人就业率数据来消除就业率的永久性差异。柯里和法利克的模型包含了个体的固定效应。直观来看,就是通过每个个体在样本期内的数据与自己的均值之间的年度偏差值,来确定最低工资的影响。如果一部分人的就业率一直较高,另一部分一直较低,那么这种固定效应方法就可以消除微观异质性带来的偏差。但没有充足的理由可以认为,NLSY样本中未观测到的与基准年的工资相关的个体效应在一段较长的时间内都是固定或近似固定的。在柯里和法利克的1979年至1980年的样本中,雇员的平均年龄小于18岁。显然,该年龄段的雇员频繁穿梭在学校和不同工作岗位之间,因此个体生产力、工资和就业率会随着时间的推移而快速发生变化。[23]

柯里和法利克的第二种方法是比较受影响组与其他三个对比组,它们分别是:(1)高于最低工资的群体;(2)低于最低工资的群体;(3)工资会受到上调影响的未覆盖雇员。[24] 在我们看来,后面三个对比组工资与受影响组的工资非常相似,因此是一个非常好的实证意义上的对照组。当他们通过回归来比较工资位于影响范围内的覆盖部门和未覆盖部门群体的就业率时发现,相比覆盖雇员，未覆盖雇员就业率的下降幅度更大（约 8 个百分点），而且非常显著（$t$ 值 = 5.3）。即便添加个体固定效应，也并未改变这一幅度和显著性。

柯里和法利克的回归模型是基于最低工资上调后 6 年内对个体进行持续追踪后得到的样本。可能有人会认为，对于受影响群体的未来就业情况，6 年的时间足以使得原先属于覆盖部门这一影响因素被其他因素逐渐淡化。表 7.5 展示的是基于柯里和法利克的 NLSY 样本对上调后一年内的就业率进行估计后的结果。[25] 表中分别就覆盖和未覆盖部门列出 3 组群体的就业率，这些组是:（1）上一年（基准年）工资低于当年最低标准的群体；（2）上一年工资介于新旧最低工资标准之间的群体（即直接受到影响的雇员）；（3）上一年工资高于新的最低标准的群体。与柯里和法利克的估计结果一样，表 7.5 中第 2 行的数据显示，供职于覆盖部门且工资位于影响范围内的雇员的就业率，要高于同一个工资范围内未覆盖部门的雇员的就业率。该差异不仅显著（$t$ 值 = 2.3），而且也不支持受雇于覆盖部门且工资也在影响范围内的雇员因上调而失业的判断。该表还说明，在覆盖部门和未覆盖部门的群体中，高于最低工资的雇员在随后数年内的就业经历大致相同，而且低于最低工资且原先受雇于覆盖部门的雇员的就业率也会逐渐上升。综上所述，这些估计结果表明，直接受上调影响的雇员的就业数据，不一定逊于起薪相似但从事的工作不会因上调而被迫涨薪的雇员，甚至更好。

表 7.5　根据上一年的工资和 FLSA 覆盖率得到的 1980 年和 1981 年年轻雇员的就业率

|  | 上一年的 FLSA 覆盖状况 | |
|---|---|---|
|  | 覆盖 | 未覆盖 |
|  | (1) | (2) |
| 1. 上一年的工资低于当年的最低标准 | 71.3 | 65.4 |
|  | (1.2) | (2.1) |
| 2. 上一年的工资处于当年的最低标准和后来新的最低标准之间 | 74.4 | 67.3 |
|  | (1.1) | (2.8) |
| 3. 上一年的工资高于新的最低标准 | 83.3 | 82.1 |
|  | (0.6) | (1.9) |

注：括号内为标准误。表中的数据是上一年（基准年）处于就业状态的雇员在 1980 年和 1981 年的就业率。估计值是根据珍妮特·柯里（Janet Currie）提供的未发表的数据和美国全国青年纵向调查数据计算出来的。样本量为 7,621 名覆盖雇员和 1,178 名未覆盖雇员。

柯里和法利克也意识到了我们认为说服力不足的原因，因此否定了覆盖部门和未覆盖部门之间的比较结论。他们认为（Currie and Fallick, 1994: 14）：

> 原始方程的解释力完全来自不同的工资水平，而非覆盖行业和未覆盖行业的雇员之间的比较。不过该群体的人数本来就较少，而且在我们定义的未覆盖行业中，也并不是所有人都从事被标为未覆盖行业的工作，因此这一点也就不足为奇。此外，除了在 FLSA 中的地位之外，我们定义的覆盖行业与未覆盖行业可能在其他方面也有很多不同之处，我们并没有对这些方面进行控制。显然，我们试图识别未覆盖行业的尝试过于粗糙，所以没有提供什么高质量的信息。

不过该观点有几个问题。第一，柯里和法利克通过未覆盖部门中工资位于影响范围内的含256个观测值的样本，得到了覆盖部门与未覆盖部门之间的显著差异的估计值。我们只有在样本太小而无法得到足够精确的结论时才会关心样本量。就覆盖部门与未覆盖部门内受影响雇员的就业率差异而言，如果覆盖部门的雇员更有可能失业，那么该差异的 $t$ 值高达5.3的概率大约只有百万分之一。而他们的样本足够大，足以得到如下结论：未覆盖部门相比覆盖部门的就业率较低的现象并不偶然。

第二，如前所述，覆盖状态的分类错误往往会导致各组看起来非常相似，因而就业特征也非常相似。然而，柯里和法利克发现的覆盖部门与未覆盖部门之间就业率的显著差异，证明分类错误对结果不会产生明显的干扰。此外，他们的数据还显示，他们的行业分类准确地区分了覆盖雇员和未覆盖雇员。而且进一步发现，在未覆盖部门中，低于最低工资的雇员比例异常高。[26]这正符合人们的猜测，因为法律允许未覆盖部门的雇主支付次级最低工资。

第三，柯里和法利克是可以检验自己的观点的，即覆盖部门的雇主或雇员与未覆盖部门在许多方面有着不同之处，"而不仅仅是在FLSA中的地位"。例如，分别在覆盖部门和未覆盖部门内比较原来收入超过新的最低标准的雇员的年度就业率。阿申费尔特和卡德就做了类似的比较，结论是：1973年至1975年间，覆盖部门和未覆盖部门的就业特征非常相似（见表7.4）。表7.5中的结果源自柯里和法利克的数据，这些数据给出选择未覆盖雇员作为对照组的可靠性证明。表中数据显示：一方面，两个部门中工资已经超过新标准的雇员在上调后的就业率非常相似；另一方面，覆盖部门中次级最低工资雇员的就业率，比未覆盖部门中的高（表 7.5 第 1 行）。有意思的是，在覆盖部门和未覆盖部门之间，次级最低工资雇员的就业率差异（两部门相差 5.9%）和工资处于受影响范围内的雇员的就业率差异（两部门相差 7.1%）也非常相似。总的来说，没有证据表明，相比高薪或低薪雇员，工资处于受影响范围内的覆盖雇员的就业率在上调后会下降。

## 基于工资分布的估计

罗伯特·迈耶和戴维·怀斯（Robert Meyer and David Wise, 1983a, 1983b）提出了第三种方法来估计最低工资对就业的影响，方法如下：在引入最低工资之前，工资水平呈现出一种特定的分布。例如，图 7.1 中假设工资分布服从对数正态分布。该图展示了每一个工资水平下的雇员总数。

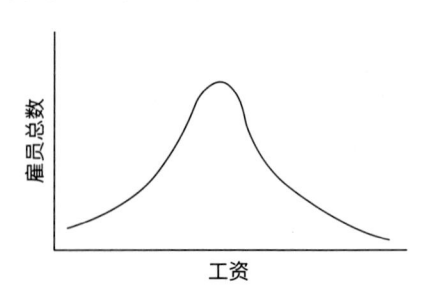

图 7.1 引入最低工资之前的工资分布

假设劳动力市场开始引入最低工资，那么可能会对某些工资水平以下的雇员数产生一些影响。在他们的模型中，迈耶和怀斯假设引入最低工资会影响就业，使得部分次级最低工资雇员转移到最低工资处，并导致一部分人失业。具体来说，在原收入低于最低工资的雇员中，迈耶和怀斯将转移到新的最低标准的雇员比例设为 $p_1$，因雇主不遵守规定或被豁免而保持次级最低工资的雇员比例设为 $p_2$，失业的比例就为 $1 - p_1 - p_2$。影响的过程见图 7.2，阴影部分表示工资分布在引入最低工资前后发生的变化。需要注意的是，迈耶和怀斯已经将对原本收入高于最低工资的雇员产生的溢出效应，和原本收入低于最低工资的雇员一下子跳跃到最低工资以上水平的情况排除在外了。

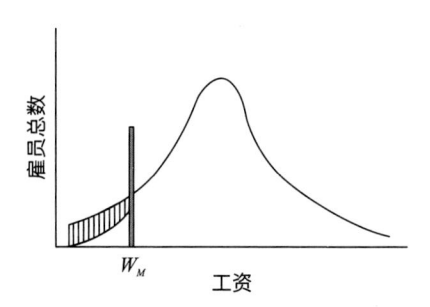

图 7.2 迈耶和怀斯的模型中，引入最低工资之后的工资分布。其中 $W_M$ 表示最低工资

不过该方法中没有人知道在引入最低工资前，工资确切的分布是什么。迈耶和怀斯先对分布的形状参数作出假设，此处他们选择了对数正态分布，然后基于工资高于最低工资的微观数据，通过极大似然方法估计出该参数。也就是说，工资分布的形状是

通过将分布中高于最低工资的部分进行对数正态曲线拟合得来的。在得到参数的估计值后，他们就可以进一步推断出低于或等于最低工资的雇员的工资分布情况，那么基于拟合的分布得到的这部分雇员的估计人数与实际人数之间的差值，就可以认为是最低工资对就业的影响了。

该方法在估计引入最低工资前后劳动力市场的就业差异上特别巧妙，然而它是基于几个非常严格的假设的。首先，我们根本不知道引入最低工资之前工资水平的分布是什么样的，因为美国联邦最低工资的历史已经超过50年了。分布是需要估算的，但估计引入最低工资之前的工资分布所依据的假设条件是有争议的。更何况该工资分布服从对数正态分布这一假设也是有待商榷的。我们假设分布形状非常重要，因为我们需要以拟合得到的分布右尾为基础"构建"分布的左尾，进而估计对就业的影响。在引入最低工资之前，不同的工资分布假设可能会导致截然不同的估计值。

第二个问题涉及另一个假设，即引入最低工资并不改变原本收入就高于最低工资的雇员的工资结构。正如我们在第5章中讨论的，有证据表明，上调后一些企业仍试图保持内部的工资级别不变。例如，当1990年最低工资上调到3.80美元后，得州有相当一部分快餐店也提高了原工资超过3.80美元的雇员的工资来保持内部工资级别。此外，我们也在第5章中指出，上调后企业也试图保持内部的在职时长-收入结构，也就是说随着时间的推移，上调会将影响"溢出"到更高工资水平上的雇员。图7.3展示了溢出效应,其中最低工资以上的深色部分就是溢出效应的结果。该效应给迈耶和怀斯的方法带来的问题是,除非明确考虑该效应,否则高于最低工资的工资分布会对人们关于引入之前的分布的认识形成误导。

不过尽管有这些限制条件,迈耶和怀斯(Meyer and Wise,1983b)仍认为:如果不引入最低工资,1973—1978 年美国 16—19 岁的辍学男性的就业率会比实际高出 7%。不过该结论很难与其他文献进行比较,因为它是将引入最低工资的劳动力市场就业情况与不引入的就业情况进行比较,而其他文献比较的是最低工资标准发生边际上的变动后就业的对应变化。

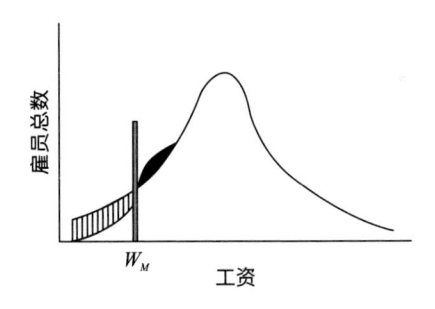

图 7.3 引入最低工资之后的工资分布及溢出效应,其中 $W_M$ 表示最低工资

迪肯斯、梅钦和曼宁(Dickens, Machin, and Manning, 1994)也采用了迈耶与怀斯的方法,并代入 1987 年至 1990 年期间大不列颠岛零售部门雇员的数据进行估计,而且在方法上也稍有扩展。第一,他们对稍高于最低标准的工资数据进行对数正态分布拟合,以便像迈耶和怀斯一样进一步估算出整个工资分布的

形状。第二，除了对数正态分布，他们还拟合了更一般的Singh-Maddala分布，因为他们认为该分布比对数正态分布更适合用来拟合工资分布的右尾。第三，他们考虑了不同的工资分界点来估计工资分布的参数。为了估计分布形状，迈耶和怀斯采用所有工资至少比最低工资高1美分的个人工资数据。而迪肯斯、梅钦和曼宁认为，如果最低工资的引入导致溢出效应，而且没有溢出到很高的工资水平，那么最好用更高的工资分界点。[27]具体来说，他们尝试使用工资分布的10%、20%、30%和40%分位数作为分界点。此外，他们还进一步扩展了模型设定检验的方法，并在批发贸易部门中估计了迈耶-怀斯的模型。在他们研究期间，该部门没有被最低工资覆盖，但为了测试迈耶-怀斯方法，他们人为地将零售部门的最低工资引入批发贸易部门中。如果迈耶-怀斯方法是有效的，那么应该不会得出就业受损的结论。

迪肯斯、梅钦和曼宁得到了一些有意思的结论。我们总结了他们代入1990年数据后的估计结果，尽管前几年的结果也是类似的。首先，他们用10%分位数作为分界点来拟合男性雇员的对数正态分布。结果显示，1987年最低工资导致零售部门的男性雇员就业率下降了29%，而在最低工资没有覆盖的批发贸易部门中，就业率实际下降了39%。女性雇员的估计结果需要设置更高的分界线，因为工资分布的10%分位数低于实际最低工资。当他们用20%分位数作为分界点后发现，最低工资导致零售部门女性的就业率下降了90%，在批发贸易部门下降了47%。也就是说我们在一个未覆盖部门内发现了对就业的不利影响，这对方法的有效性提出了较大挑战。此外，不同的分界点对估计值的影响也较大。最后，他们发现基于 Singh-Maddala 分布的估计值与基于对数正态分布的估计值之间有较大的差异，基于 Singh-Maddala 分布的估计值说明最低工资有利于就业的增加。

迪肯斯、梅钦和曼宁（Dickens, Machin, and Manning, 1994: 30）将他们的发现总结如下：

> 在估计最低工资对就业的影响方面，迈耶-怀斯方法初看上去非常吸引人。但在实践中我们发现，最低工资似乎只是影响了分布中高于最低工资的部分，加上该分布无法被双参数模型充分拟合，因此该方法得到的对就业的影响非常值得怀疑。

我们还想对这一方法再提几句。在迈耶-怀斯方法中，就业因最低工资而减少的百分比为 $1 - p_1 - p_2$，概率值 $p_1$ 和 $p_1$ 被限制为严格意义上的正数，而且为了便于进行极大似然估计，两者总和也是小于 1 的。因此，该方法只能得出最低工资对就业有不利影响或没有影响的结论。在我们看来，这是对数据的一个相当强的先验限制。迪肯斯、梅钦和曼宁则放松了这一假设，所以可以发现最低工资对就业有正面的影响。

## 结论

我们在本章和前一章中的目的不是贬低早些旨在估计最低工资对就业影响的研究。相反，我们的主要目的是探索以往这些估计方法的稳健性。我们试图回答关于文献的一些问题：估计结果是否内部自洽？是否受到最低工资以外的其他因素的影响？怎么解释不同研究之间的差异？对替代规范的评估有多可靠？如果我们要用实证工作为政策制定者提供建议或经济理论的指导，就必须解决这些问题。

经过仔细研究，关于最低工资对就业的影响的大部分实证结论与我们在第 2—4 章中的结论基本一致，即最低工资的上调对就业有小幅度的积极而非不利的影响。我们认为，支撑上调必定不利于就业的传统观念的证据非常薄弱。我们相信，我们对文献的回顾应该能鼓励经济学家们对最低工资的影响持开放的态度。

## 注　释

1. 本章不讨论行业内影响的研究，因为在第 2 章中已经有所涉及。
2. 本节材料部分来自 Card, Katz, and Krueger（1994）。关于这些问题的更多讨论，感兴趣的读者可以参考卡德、卡兹和克鲁格（Card, Katz, and Krueger, 1994）以及诺伊马克和瓦舍尔（Neumark and Wascher, 1994）的交流意见。
3. 诺伊马克和瓦舍尔的样本由 751 个观测值组成：1977—1989 年 50 个州和华盛顿哥伦比亚特区的数据，以及 1973—1976 年被 CPS 单独统计的 22 个州的数据。
4. 诺伊马克和瓦舍尔（Neumark and Wascher, 1992）还在模型中加入最低工资的滞后期，以及用邻近州的最低工资来构建该州的最低工资指数。在这两项试验中，他们发现，如果从方程中剔除代表在校生比例的变量，那么最低工资对16—19岁群体的就业影响是不显著的。

5. 就业变量和在校生比例变量都是由 CPS 档案中的就业状态记录（Employment Status Recode，以下简称"ESR"）变量计算而来的，由于产生了该问题。ESR 变量的设计是为了衡量就业与失业情况。根据定义，无论一个人的在校时间多长，只要在调查所在周内工作过不低于 1 小时，就会被标为处于就业状态。在诺伊马克和瓦舍尔研究的多数年份中，真实的在校生比例是无法从 5 月的 CPS 档案中计算出来的。

6. 还有其他证据表明，诺伊马克和瓦舍尔用在校生比例来分析对就业的影响其实是个伪回归，该证据来自我们对美国劳工统计局的出版物《失业和就业的地理概况》中就业数据的分析。其中的数据是基于每年里 12 个月而非仅 1 个月的 CPS 调查结果。因此，就业率与 5 月 CPS 在校生比例数据之间的相关性要小得多。通过这个数据，我们发现他们定义的在校生比例这一变量的影响只有原来的五分之一，参见 Card, Katz, and Krueger（1994）。

7. 由于担心抽样变异性，除了 8 个最大的州，美国劳工统计局并没有用 1 个月的 CPS 数据来计算各州的失业率。

8. 事实上，有文献研究了最低工资对在校生比例的影响，例如，参见 Ehrenberg and Marcus（1982）和 Mattila（1981）。这些文献发现，即使上调有影响，也是与更高的在校生比例有关，但诺伊马克和瓦舍尔的数据显示的关系是相反的。

9. 诺伊马克和瓦舍尔（Neumark and Wascher, 1994）提出添加在校生比例变量的理由如下："如果最低工资降低了就业率，那么对青少年的影响应该比对年轻成年人的影响更大，因为青少年中最低工资雇员的比例更高。但事实证明，这个结果只在模型包含在校生比例时才成立……我们认为这种差异说明不包含在校生比例的模型设定是错误的。"考虑到不包含在校生比例变量的先验原因，我们认为这一理由并不令人信服。

10. 这些工资的回归模型不包括诺伊马克和瓦舍尔的在校生比例变量。即使包括在内，这个变量也是不显著的，而其他系数都不会发生本质上的变化。

11. 我们感谢尼古拉斯·威廉斯向我们提供他文章中用到的数据。

12. 威廉斯指出，最低工资在1976年覆盖了全美83.8%的雇员，1989年覆盖了87.7%。他认为，覆盖率的小幅提高不太可能使他的结果有偏。我们也认为无需担心覆盖面缺乏调整。

13. 1977年联邦最低工资是2.30美元，1978年是2.65美元，1979年是2.90美元，1980年是3.10美元，1981年至1989年是3.35美元。

14. 这些估计结果对应Williams（1993）中表1的第2列，系数也是相同的。此外，威廉斯还报告了怀特修正后的标准误。我们只计算了未修正的标准误，比前者略微小一些（核心系数的差异约为13%）。

15. 在他的表3中，威廉斯试图通过在模型中纳入衡量人均福利支出、州总产值和工会会员比例的变量来达到控制州特征的目的。

16. 当威廉斯剔除地区虚拟变量时,在校生比例的系数为 0.40, $t$ 值高于 6。

17. 州生产总值(GSP)隐性物价平减指数是非公开的,威廉斯是通过计算美国经济分析局(Bureau of Economic Analysis)的名义 GSP 和实际 GSP 之间的比例来估算的。

18. 布朗、吉尔罗伊和科恩(Brown, Gilroy, and Kohen, 1982: 514)也注意到了该问题。他们指出:"他的结果可能反映的是低薪雇员不太可能被雇佣的事实,但关于这是否是由最低工资导致的,目前还不清楚。"

19. 林内曼的研究类似于对癌症治疗效果的研究,即所有癌症患者都接受一种治疗方法。如果一年后发现那些起初病情较重(工资较低)的患者在治疗后比病情较轻(工资较高)的患者更容易死亡,我们的结论不是"癌症治疗导致了他们的死亡(就业下降)",而是"这个实验根本得不出什么结论"。

20. 选择 2.10 美元为分界线是因为最低工资在 1975 年上调到了 2.10 美元,而阿申费尔特和卡德研究的是 1973—1975 年的就业情况。

21. 尽管他们对男性雇员的估计结果在本质上与之相似,但我们还是侧重于对年轻女性雇员的估计结果,因为这一群体的就业最有可能受到最低工资上调的不利影响。

22. 87% 的数字来自柯里和法利克中表 4 的信息。

23. 我们认为要更充分地利用他们样本中 1981—1987 年的数据，方法应该是在 20 世纪 80 年代中期的某个时间点假设执行了最低工资，再采用同样的方法进行估计，然后再来检验。例如，柯里和法利克可以在 1986 年假设一个对应 1979 年和 1980 年的 *GAP* 和 *BOUND* 变量，然后预测 1986 年和 1987 年之间就业的变化（最好是对数据进行加权，使得本文中的样本年龄分布与 1979 年至 1980 年的分布大致相同）。如果低薪雇员的就业比例非常少，那么他们早期的估计结果就会被质疑。如果实验中没有发现不利于就业的影响，那么他们的方法就能得到验证。
24. 在州和地方政府、农业和家政服务行业里的雇员被归为未覆盖部门。
25. 珍妮特·柯里慷慨地向我们提供了本表的源数据。
26. 1979 年和 1980 年期间，在收入低于原最低工资标准的雇员中，有 24% 的人属于未覆盖部门，在新旧最低工资标准之间的人中，这一比例为 14%，在高于新标准的人中，这一比例为 10%。大多数自称低于最低工资的覆盖雇员有可能误报了他们的工资水平，或者受雇于未遵守法律的雇主。
27. 他们还指出，即使在没有溢出效应的情况下，较高的分界线也不会得到有偏的估计结果。

# 第8章

# 国际证据

> 如果旨在清晰地了解对就业的影响,我们需要研究的是一个能咬住而不是蚕食就业市场边缘的最低工资标准。
>
> ——艾莉达·卡斯蒂略-弗里曼(Alida Castillo-Freeman)和理查德·弗里曼(Richard Freeman)

大多数工业化国家都实施了法定最低工资。有些国家的最低工资是以小时为单位进行设定的,有些则是以日、月或年为单位设定的。此外,许多国家的最低工资标准因部门、年龄和性别而异。还有一些国家,最低工资的覆盖范围和遵守程度远远低于100%。这种差异导致我们很难在各国之间进行最低工资水平的比较。带着这些需要注意的点,我们在表8.1中列出了部分国家在1992年的最低工资水平。而且为了便于比较,每个国家的最低工资都按照合理的汇率转换成了美元。我们还列出了最低工资与制造业生产岗位雇员的平均工资的比值。

从表 8.1 中可见，最低工资相对制造业平均工资的水平可以从西班牙的 17%，一直到澳大利亚、新西兰、波多黎各和土耳其的 40% 以上不等。按照国际标准，美国本土最低工资的相对水平——制造业平均工资的 26.3%——是一个相对温和的水平。[1] 这一观察表明很多其他国家的最低工资相对水平较高，或者最低工资的决策流程与机构与美国不同。通过研究这些国家的最低工资的影响，我们可以学到很多经验。本章中，我们研究波多黎各、加拿大和英国最低工资的影响。我们把大部分精力放在波多黎各，因为按照国际标准，波多黎各的最低工资相对当地一般的工资水平是非常高的，而且其最低工资的绝对标准也是由美国联邦政府规定的。虽然一些经济学家认为波多黎各是检验最低工资的标准模型最理想的"实验室"，但我们发现，波多黎各的证据非常脆弱。由于数据的局限性和其他问题，我们的结论是，波多黎各并不能提供一个如想象中那样独特或强有力的自然实验。

表 8.1　1992 年部分国家的最低工资水平

| 国家 | 最低工资<br>（美元）<br>(1) | 制造业生产岗位雇员的<br>最低工资 / 平均补偿成本<br>(2) |
| --- | --- | --- |
| 1. 澳大利亚 | 每周 241.00 | 0.464 |
| 2. 奥地利 | 每年 12,000.00 | 0.377 |
| 3. 比利时 | 每月 900.00 | 0.356 |
| 4. 加拿大（安大略省） | 每小时 5.26 | 0.351 |
| 5. 加拿大（魁北克省） | 每小时 4.72 | 0.315 |

续表

| 国家 | 最低工资<br>（美元）<br>(1) | 制造业生产岗位雇员的<br>最低工资/平均补偿成本<br>(2) |
| --- | --- | --- |
| 6. 法国 | 每小时 6.43[a] | 0.381 |
| 7. 希腊 | 每天 20.13 | 0.359 |
| 8. 以色列 | 每月 519.00 | 0.265 |
| 9. 日本 | 每天 32.26~37.56[b] | 0.262 |
| 10. 墨西哥 | 每天 4.01 | 0.274 |
| 11. 荷兰 | 每周 259.00 | 0.354 |
| 12. 新西兰 | 每小时 3.29 | 0.417 |
| 13. 波多黎各 | 每小时 3.75~4.25[c] | 0.493[d] |
| 14. 西班牙 | 每小时 2.29 | 0.171 |
| 15. 土耳其 | 每月 210.00 | 0.463 |
| 16. 美国 | 每小时 4.25 | 0.263 |

**资料来源**：美国劳工部、国际劳工事务局（1992—1993），以及《就业与收入》（1993年2月）。

**注**：最低工资的计算方法是将本国货币换算为美元。对于墨西哥和荷兰，使用的是1991年的数据。我们用以下方法来计算相对于制造业生产岗位平均补偿成本的最低工资[第（2）列]：对于奥地利，我们用年度最低工资除以所有雇员平均周工时和每年50个周的乘积，得到每小时的最低工资；对于比利时、以色列和土耳其，我们用月度最低工资除以所有雇员平均周工时与每月4个周的乘积，得出每小时的最低工资。分母是制造业平均补偿成本。对于以色列，我们用平均月度最低工资；对于澳大利亚和荷兰，我们通过每周最低工资除以平均周工时得出每小时的最低工资；对于澳大利亚，我们用到了男性雇员的平均周工时；对于日本、希腊和墨西哥，我们通过所有雇员的每日最低工资除以平均周工时，再乘以每周的5天，得出每小时最低工资；对于墨西哥，平均周工时用的是1990年的数据；对于法国、新西兰、波多黎各、西班牙、加拿大（安大略省、魁北克省）和美国，最低工资是以小时为单位确定的。

[a] 基于1991年的汇率。
[b] 数据取自1992年4月1日开始的财政年度。
[c] 基于阶段式四级制度的行业平均工资。
[d] 对于波多黎各，我们只得到制造业中生产岗位雇员的平均工资数据。我们将时薪提高30%后视为每小时的补偿成本。

加拿大的最低工资是省制定的，各省之间有很大的差异。关于加拿大的最低工资是否不利于就业，各方研究结论不一。虽然在 20 世纪 70 年代和 80 年代初进行的基于省级数据的研究发现最低工资对就业有不利影响，但分析最近的数据就会发现，能证实这种影响的证据是不足的。

最后，相比在州或国家层面制定最低工资的国家，英国的例子比较有趣。一直到当前，英国的最低工资都是由其工资委员会在行业层面制定的。最近的几篇论文都是通过不同行业最低工资的变化来研究最低工资法的影响。

# 波多黎各[2]

人们通常认为，如果工资分布的"腹地"被最低工资强硬地切开——也就是最低工资远超一定比例的劳动力的均衡工资——那么对就业的不利影响就会很明显。此时引用最频繁的例子就是波多黎各，在该案例中，人们普遍认为最低工资应该而且确实很重要。[3] 雷诺兹和格雷戈里（Reynolds and Gregory, 1965）以及卡斯蒂略-弗里曼和弗里曼（Castillo-Freeman and Freeman, 1992）分析了波多黎各最低工资对就业的影响。他们的研究被广泛引用为最低工资在"咬定"市场边缘时会导致大量失业的证据（例如，参见 Fleisher, 1970; Hamermesh and Rees, 1993; Ehrenberg and Smith, 1994; Hamermesh, 1993）。

我们重新检验了关于波多黎各的各种证据，从雷诺兹和格雷戈里 1965 年的经典研究开始，随后是卡斯蒂略-弗里曼和弗里曼

（Castillo-Freeman and Freeman, 1992）的最新研究。我们的主要结论是，波多黎各能提供的关于最低工资影响的证据非常脆弱。不过在讨论开始前，我们先简要介绍一下波多黎各最低工资的历史。

**波多黎各最低工资的历史**[4]

决定波多黎各最低工资水平的机构由美国国会管辖。1938年生效的FLSA最初也是在波多黎各推行的。法律要求波多黎各的雇主按照当时每小时25美分的美国最低工资标准支付工资，但这可能比岛上的平均工资高出100%。因此不遵守最低工资标准的情况很普遍，一些企业威胁说，如果实施了最低工资标准，企业就会倒闭。随后美国国会意识到了由于过高的最低工资标准导致的各种问题，因此于1940年6月通过了FLSA的修正案，建立了三方行业委员会，在行业和职位层面分别制定最低工资。在1940年至1974年期间，FLSA的修正案将覆盖范围扩大到波多黎各的几个新行业，但行业委员会决定继续按照最低工资标准执行。

三方行业委员会由来自波多黎各和美国本土的行业、劳工和公众的代表组成。每个委员会向美国劳工部下属的工资和工时司（Wage and Hours Division）的司长提出建议，司长有权接受委员会的建议，或任命另一个委员会重新审理议案。第一批委员会确定的最低标准大约为每小时20美分，远远低于美国本土当时的30美分。但雷诺兹和格雷戈里还是得出结论，认为行业最低工资标准导致了波多黎各的工资大幅提升。

后来工会领导人和一些美国雇主指控波多黎各的三方制度没能迅速地上调最低工资。作为回应,到了20世纪50年代中期,决策结构的变化削弱了美国劳工部长干预波多黎各最低工资的权力。随后三方委员会建议的落地速度加快了,这样才降低了雇主对最低工资上调的上诉效率。

1974年和1977年的FLSA修正案提出了新的政策,即增加覆盖面,并确定波多黎各最低工资的固定上调速度,最终使其逐步与美国本土水平保持一致。到1983年,波多黎各的最低工资的确与美国本土相同。

最低工资对波多黎各的工资分布造成了巨大的影响。根据雷诺兹和格雷戈里的说法,1955年,在有数据可查的出口行业中,至少有一半的雇员其工资正好等于最低工资的行业占比为46%,有一半以上的雇员其工资低于最低工资5美分以内(参见Reynolds and Gregory, 1965: 54, Table 2-4)的行业占比为75%,其平均工资大约等于最低工资的行业占比约为10%。雷诺兹和格雷戈里的结论是"有强烈的迹象表明,实际工资水平的迅速上升,个别行业工资的不同变动,以及职位工资差异的缩小,这些现象部分是由最低工资政策导致的"。

卡斯蒂略-弗里曼和弗里曼同样记录了最低工资对工资结构的深刻影响。1979年,当大约50%的波多黎各雇员被美国2.90美元的最低标准覆盖时,他们对波多黎各的CPS数据调查显示,2.90美元正好是一个巨大的尖峰。1983年,在波多黎各行业都被美国最低工资覆盖后，波多黎各雇员中，工资距离当时 3.35 美元最低标准的差距小于 5 美分的比例约为 25%。到了 1988 年，该比例上升到 28%。相比之下，20 世纪 80 年代初，工资位于该范围内的美国青少年雇员的比例约为 25%，到 1989 年这一比例下降到 17%（标准仍然是 3.35 美元）。[5] 因此，最低工资对波多黎各整个劳动力市场的约束作用，与它对美国青少年劳动力市场的约束作用差不多。

**雷诺兹和格雷戈里到底发现了什么？**

正如我们之前提到的，人们经常引用雷诺兹和格雷戈里的研究，并视之为最低工资对波多黎各就业产生不利影响的证据。但略显讽刺的是，他们的结论其实非常模棱两可。

他们就最低工资对波多黎各就业市场的影响提供了三个证据，但其中两个并没有被大多数文献关注到。第一，他们发现从 1954 年到 1958 年，波多黎各的 36 个制造业的平均工资变化与就业变化是正相关的，但不显著（$r = 0.151$）。考虑到雷诺兹和格雷戈里认为最低工资的上调是波多黎各工资增长的主要原因，这一发现与设想的不利影响是矛盾的。但他们同时也认为，这种正相关性也"反映了另一个事实，即最低工资的制定流程其实更倾向于在需求曲线上向右移动，也就是在就业扩张最快、盈利前景最被看好的行业中加快推行"。

雷诺兹和格雷戈里提出的第二个证据关乎就业需求方程的估计结果，按照现代计量经济学的标准，该证据可能有点过时，但事实证明，这恰恰是他们的工作中最有影响力的一面。具体来说，他们用 OLS 估计如下方程：

$$\frac{dX}{\frac{1}{2}(X_0+X_1)} - \frac{dN}{\frac{1}{2}(N_0+N_1)} = \alpha + \beta \frac{dW}{\frac{1}{2}(W_0+W_1)} \quad (8.1)$$

其中，$X$ 代表行业产值的增加值，$N$ 代表生产岗位的雇员数，$W$ 被定义为生产岗位的年度工资支出除以对应的雇员数量。将因变量设置成该特殊形式的理由是，劳动力可能会在某些行业之间发生转移。然而，在规模报酬不变（constant returns to scale）的假设下，我们可以在保持产出不变的同时，通过剔除产出增长来估计工资变化的纯替代效应（substitution effect）。其中，系数的绝对值 $\beta$ 表示对劳动力和所有其他因素之间替代弹性（elasticity of substitution）的估计值。估计用的数据来自 1949—1954 年和 1954—1958 年两个时期的多个制造业细分行业的数据。[6]

雷诺兹和格雷戈里意识到方程（8.1）有几个概念性问题，并强调他们"必须谨慎解释这一发现"。更重要的是，他们还指出，在样本期内，假设规模报酬上升可能比假设不变更合适。而且假设生产函数固定也就意味着不考虑技术进步因素。此外，他们还敏锐地意识到，尽管最低工资也可能有规模效应，但产出不变的假设使得他们只能估计替代效应。

不过雷诺兹和格雷戈里忽视了两个重要的限制，而且由于研究的行业没有真实产出的衡量标准，他们只能使用产值的增加值作为替代指标。根据定义，增加值等于工资成本、资本成本和利润的总和。在雷诺兹和格雷戈里的样本中，低端制造业增加值的主要构成就是公司的工资支出，所以变化也主要由该支出的变动造成。方程（8.1）的等号右边是每个雇员的工资支出的增长，左边是增加值（大部分就是工资支出）的变化减去就业变化，因此系数 β 自然偏向 1。如果利润和资本成本较少，或在一段时间内占行业工资总支出比例不变，那么偏差会更大。

如果将方程（8.1）根据定义写成如下对数形式，这种偏差更明显：

$$\log\left(\frac{X_1}{X_0}\right) - \log\left(\frac{N_1}{N_0}\right) = \alpha + \beta \log\left(\frac{W_1}{W_0}\right) \qquad (8.2)$$

之前提到，$X$ 等于工资支出（$WN$）加上利润（$\pi$）加上资本成本（$r$），即 $X = WN + r + \pi$，然后我们将 $\log(WN + r + \pi)$ 在 $WN$ 处进行二阶泰勒展开，得到增加值的对数约等于：

$$\log(WN) + \frac{(r+\pi)}{WN} - \frac{(r+\pi)^2}{2(WN)^2}$$

如果 $r$ 和 $\pi$ 相对工资支出很小，那么方程（8.2）左边就约等于 $\log(W_1/W_0)$，$\log(W_1/W_0)$ 对 $\log(W_1/W_0)$ 的回归系数 β 自然就偏向于 1。此外，如果某行业内 $(r+\pi)/WN$ 随着时间的推移保持恒定，那么一阶差分后该项与该项的平方项就自然消除了，也会导致系数偏向于 1。

方程（8.1）的估计过程中，另一个偏差来源于就业的测量误差，因而通过工资支出除以就业人数得到的雇员工资，也会使得系数 β 偏向 1。[7]目前计量经济学的实证研究是通过寻找工资增长的工具变量（滞后工资或最低工资的变化）来克服该障碍的。[8]

雷诺兹和格雷戈里估计出来的劳动力需求弹性与 –1 差别不大。1949 年至 1954 年的弹性为 –1.1，1954 年至 1958 年为 –0.92，标准误分别为 0.13 和 0.21。[9]但这些估计值是否代表产出不变的劳动力需求弹性还有待商榷。此外，除了可能的偏差，人们可能还会质疑产出不变的劳动力需求弹性是否可以达到 –1。首先，哈默梅什（Hamermesh, 1993）回顾了大部分劳动力需求的相关研究，发现替代弹性普遍小于 –1。其次，系数为 –1 代表在 20 世纪 50 年代的波多黎各，有一半的制造业生产岗位的雇员因工资上调而被淘汰。[10]但 1950 年至 1958 年期间，失业率从 15.4% 下降到 14.2%，似乎也没发生大量失业。我们的观点是，雷诺兹和格雷戈里的估计值明显偏向 –1，这一结果对估计波多黎各最低工资对就业的影响的参考意义不大。

雷诺兹和格雷戈里的第三个证据是对紧身衣行业的深入研究。他们关注的是文胸行业，一方面是因为该行业规模很大，占美国文胸总产值的四分之一，另一方面是因为其产品是由低技能雇员组装的，款式上不太容易发生大的变化。

紧身内衣、文胸和相关服装行业的最低工资从 1950 年的 24 美分上调到了 1951 年的 33 美分，再到 1954 年的 55 美分，1960 年的 86 美分，以及 1961 年的 99 美分——增幅超过 400%。而该行业的平均工资也密切跟随着最低工资的变化而变化，从 1950 年的 29 美分一路上调到 1960 年的 93 美分。值得注意的是，从 1951 年到 1961 年，该行业生产岗位的就业人数也增加到了近 10 倍，从 730 人增加到 7,210 人。这种增长速度显然与最低工资不利于就业的观点矛盾。此外，也很难说是产品需求的冲击导致了就业的增加，因为一般来说产品需求冲击会通过产出价格的上涨来影响就业，但产品价格在 1951—1961 年是下降的。[11]

问题来了，该行业是如何适应如此剧烈的工资变化的？雷诺兹和格雷戈里认为，"主要的调整方式是迅速提高生产力并压低利润率"。他们发现在 1951 年至 1961 年期间，每个生产岗位雇员的服装出货量上涨了 250%。而且 1953 年至 1961 年期间，营业利润占销售额的比例从 22% 下降到了 11%，他们认为原因在于生产力快速上升并通过企业传递到了一线雇员身上。

他们仔细研究了生产力对最低工资的反应后发现，随着行业工资的增加，人员流动性和缺勤率下降了，对求职者的筛选效率提高了，管理积极性也更高了。雷诺兹和格雷戈里尖锐地写道："在多数情况下，这些经济体中并未发生资本对劳动力的替代；主要发生的，是管理创新对劳动力的替代，与此同时，管理层和雇员的工作成果也得以积累与沉淀"。他们还认为，上调最低工资后，预期产出的标准也有可能被提高，因而提高了每个雇员的产出，"改善了工作流程，加强了监督和工作纪律"。另一方面，他们的证据也表明，由于上调带来的生产力提升并没有高到足以抵消利润率的下降的程度。不过，由于该行业发展初期的利润率相比美国本土高太多，所以企业得以继续经营，就业得以持续扩张。

雷诺兹和格雷戈里的结论总体而言是模棱两可的。他们认为方程（8.1）的估计结果说明工资的上涨会产生部分资本-劳动力替代效应，但直观上的数据却又告诉他们，尽管上调幅度很大，但生产力有所提升，核心行业也并没有萎缩。所以他们的证据既不属于纯粹的新古典主义，也不属于纯粹的制度主义。最后，雷诺兹和格雷戈里对于改变波多黎各最低工资体系的建议也颇为勉强。他们认为"在波多黎各的部分行业中制定与美国本土相同的最低工资可能是合理的"，但"在其他行业可能需要降低最低标准"。

### 对波多黎各最低工资的现代分析

卡斯蒂略-弗里曼和弗里曼（Castillo-Freeman and Freeman, 1992）对波多黎各最低工资的分析包括两个部分：(1) 时间序列分析；(2) 行业层面的分析。我们分别考虑这两个方面。

- **时间序列分析**

卡斯蒂略-弗里曼和弗里曼分析了 1950—1987 年波多黎各的年度时间序列数据，[12] 然后用 Kaitz 指数来衡量最低工资，表达式如下：

$$\Sigma f_i (m_i/w_i) c_i$$

其中，$f_i$ 表示行业 $i$ 的就业率；$m_i$ 为适用于行业 $i$ 的最低工资；$w_i$ 表示行业 $i$ 的平均工资；$c_i$ 表示行业 $i$ 中最低工资覆盖雇员的比例。[13]

正如我们在第 6 章中提到的，Kaitz 指数被广泛应用于关于最低工资对美国青少年就业影响的时序研究中。该章中还讨论了其他一些关于 Kaitz 指数的问题。在波多黎各的研究中，我们还需要关注另一个问题：Kaitz 指数的分母被定义为行业所有雇员的平均工资。在美国的研究中，平均工资的计算样本可能来自不受最低工资影响的雇员，因为非青少年中只有很小一部分是最低工资雇员。然而，在像波多黎各这样的劳动力市场中，最低工资能影响非常多的劳动力，很多行业的 Kaitz 指数的分母（平均工资）都会受到最低工资的影响。指数的变化幅度最终会被抹平，因为上调也会增加平均工资，进而抵消分子的增加。在所有行业的雇员都是最低工资雇员这一极端情况下，Kaitz 指数的抽样过程不存在变异性，因此该指数容易高估波多黎各最低工资对就业的影响。

为了估计因 Kaitz 指数的分母依赖实际最低工资而带来的偏差，我们进行了一个小规模的模拟实验。具体而言，我们模拟了一个服从对数正态分布的工资时序数据，最低工资与没有最低工资情况下的平均工资的比值在 0.7 到 0.9 之间。然后，我们假设所有低于最低工资的雇员都被调整成了最低工资雇员，也就是说，我们在最低工资处进行了"截断"。经过对数工资的标准差（0.5）和平均工资的推算，最低工资雇员的比例在 20% 到 35% 之间，该比例对波多黎各来说是合理的。在我们的模拟中，对于分母是基于截断后的工资数据计算的 Kaitz 指数，其标准差相比基于未截断的指数的标准差缩小了约 30% 至 40%，该降幅意味着在解释变量包含 Kaitz 指数的模型中，该变量的系数也被高估了 30% 至 40%。

图 8.1 展示的是采用卡斯蒂略-弗里曼和弗里曼的数据构建的就业率和 Kaitz 最低工资指数。[14] 该图中可以发现一个有意思的规律。1966 年至 1967 年期间，覆盖率加权的最低工资变量快速上升，但对就业没有明显影响。此外，1968 年到 1973 年期间，最低工资的下降也并没有导致就业产生对应的下降。而且在 1974 年至 1975 年期间伴随着最低工资标准的提高，就业率逐步下降，这可以视为最低工资不利于就业的证据。[15]

表 8.2 是对卡斯蒂略-弗里曼和弗里曼的时序模型进行扩展后得到的估计结果。具体来说，因变量是对数就业率，自变量为对数 Kaitz 指数、波多黎各国民生产总值（以下简称"GNP"）的对数、美国 GNP 的对数，以及时间趋势项，残差项经过了一阶自相关的修正。第（1）列是卡斯蒂略-弗里曼和弗里曼的主要估计结果[16]，其中 Kaitz 指数的系数是一个显著的负数（–0.15）。我们还估计了该模型的几个变体：剔除波多黎各 GNP，并考虑时间趋势的二次项，然后对 1973 年前后的数据分别进行估计，并构建了一个不涉及覆盖面的最低工资指数。卡斯蒂略-弗里曼和弗里曼也尝试了一些备择模型。总的来说，这些模型的结果显示，尽管系数有大有小，意义也稍有不同，但 Kaitz 指数的系数基本都是负数。

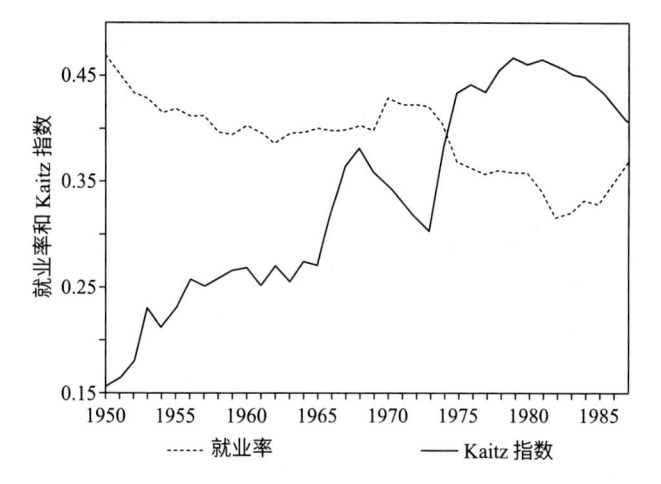

图 8.1 波多黎各的就业和最低工资趋势

值得注意的是，用类似的时序模型拟合美国整体青少年就业数据后得到的系数，与表 8.2 第（1）列中 Kaitz 指数的系数相差无几。考虑到波多黎各的 Kaitz 指数系数的绝对值可能会上偏 30% 到 40%，−0.15 的估计值就相当于完全落在了第 6 章表 6.1 中美国青少年估计值的抽样误差之内。

然而，考虑到波多黎各最低工资的制定过程，人们可能会质疑波多黎各最低工资与实际现象之间的因果关系。例如，雷诺兹和格雷戈里就怀疑，行业最低工资是有选择地在预期就业人数本来就会增长的行业中进行上调。为了研究这个问题，我们在模型中考虑最低工资指数的当期、两个滞后期和两个领先期的值，结果列在了表 8.2 第（2）列和第（3）列（不对残差进行修正）中。从中可见，领先值似乎与滞后值和当期值一样重要。由于上调最低工资的法案在通过不久后就生效了，所以就业市场的提前调整不太可能是上调预期导致的。总之，这些估计结果回答了关于第（1）列中当期Kaitz指数的系数为何为负这一因果关系问题。

表8.2　1951—1987年波多黎各最低工资影响的研究（汇总时序数据）

| 自变量 | （1） | （2） | （3） |
| --- | --- | --- | --- |
| 1. log(Kaitz) $t-2$ | — | 0.03 | 0.03 |
|  |  | (0.06) | (0.06) |
| 2. log(Kaitz) $t-1$ | — | −0.05 | −0.04 |
|  |  | (0.06) | (0.08) |
| 3. log(Kaitz) $t$ | −0.15 | −0.09 | −0.08 |
|  | (0.07) | (0.06) | (0.08) |
| 4. log(Kaitz) $t+1$ | — | −0.03 | −0.04 |
|  |  | (0.07) | (0.08) |
| 5. log(Kaitz) $t+2$ | — | −0.08 | −0.09 |
|  |  | (0.07) | (0.07) |
| 6. 一阶自相关修正 | 0.65 | 0.47 | — |
|  | (0.11) | (0.15) |  |
| 7. log（波多黎各GNP）、log（美国GNP）、时间趋势项 | 是 | 是 | 是 |
| 8. 两个滞后期和当期Kaitz指数的$p$值 | — | 0.30 | 0.44 |
| 9. 两个领先期Kaitz指数的$p$值 | — | 0.32 | 0.18 |
| 10. 回归标准差 | 0.026 | 0.022 | 0.024 |
| 11. 可决系数$R^2$ | 0.57 | 0.87 | 0.94 |

注：括号内为标准误。所有模型的因变量都是对数就业率。第（1）列与卡斯蒂略—弗里曼和弗里曼的表6.2相同。第（1）列的样本量为37，第（2）列和第（3）列样本量为34。

● 跨行业/时间序列分析

卡斯蒂略–弗里曼和弗里曼（Castillo-Freeman and Freeman,

1992）通过跨行业与面板数据方法研究就业市场。他们使用涵盖42个行业（37个制造业细分行业和5个非制造业一级行业），以跨度为1956年至1987年各行业的时序数据来估计如下方程：

$$\log(EMP_{it}) = a + b\log(c_{it}m_{it}/w_{it}) + T_t\tau + IND_i\delta + \mu_{it} \quad (8.3)$$

其中，$EMP_{it}$是行业$i$在$t$年的就业人数；$c_{it}m_{it}/w_{it}$是行业$i$在$t$年的Kaitz指数；$T_t$为一组年份虚拟变量；$IND_i$为一组行业虚拟变量；$\mu_{it}$为误差项。模型中包含了非限制性的年份和行业影响，因此我们可以通过最低工资在行业内的时变规律来估计覆盖范围调整后的最低工资影响。卡斯蒂略-弗里曼和弗里曼认为他们基于行业的分析"比31个时序研究更适合用于检验最低工资影响就业的假设"。

卡斯蒂略-弗里曼和弗里曼将1974年后的数据代入上述方程后的估计结果位于表8.3的第（1）列。结果显示，最低工资指数对就业有很大的不利影响，$t$值为–4.2。他们指出，由于上调幅度较大的行业中会有雇员转移到上调幅度较小的行业，所以–0.54的弹性可能高估了最低工资对总体就业的影响。

值得注意的是，对于行业层面的数据来说，第（1）列中回归标准差（0.48）是相当大的，表明因变量中的数据中存在大量的抽样变异性。仔细检查行业数据，我们发现每年都有巨大的变化，不过也有可能这只是噪声。为了研究噪声的影响，我们从卡斯蒂略-弗里曼和弗里曼所基于的制造业年度调查数据中选择了25个制造业，将其对数就业人数的变化与波多黎各制造业普查数据进行了比较。该普查每5年进行一次，收集范围基本覆盖了所有制造业公司。我们发现，在1967—1972年，来自两个不同数据源的对数就业人数的变化的相关性为0.60，而在1972—1977年，该相关性为0.63。两个值都表明，相比行业内分析得到的"有用信号"，数据中的噪声占比还是比较大的。[17]

在用非加权OLS估计方程（8.3）时有两个问题，一个是就业数据中噪声较多的小行业对估计结果有很大的影响。[18]另一个更严重，就是制造业的权重太大。卡斯蒂略-弗里曼和弗里曼的样本包含37个制造业细分行业和5个非制造业一级行业。1980年，波多黎各就业人群中制造业雇员占比仅19.7%。[19]因此我们尝试了三种不同形式的回归模型：第一，我们用WLS估计方程（8.3），权重为1956年至1987年期间各个行业的平均就业人数。第二，我们将方程（8.3）的因变量从对数形式改成绝对水平形式。第三，我们将制造业就业人数和Kaitz指数在一级行业层面进行汇总，然后在该层面进行估计。

表8.3 对1956—1987年波多黎各最低工资影响的估计结果（细分行业的混合时序数据）

| 自变量 | 就业模型 非加权对数就业人数 (1) | 就业模型 加权对数就业人数 (2) | 就业模型 非加权就业人数 (3) | 工资模型 非加权对数工资 (4) | 工资模型 加权对数工资 (5) |
|---|---|---|---|---|---|
| 1. log（最低工资×覆盖率/平均工资） | −0.54 (0.13) | 0.07 (0.06) | 8,177 (1,359) | −0.29 (0.02) | 0.14 (0.02) |
| 2. 41个行业虚拟变量 | 是 | 是 | 是 | 是 | 是 |
| 3. 年份虚拟变量 | 是 | 是 | 是 | 是 | 是 |

续表

| 自变量 | 就业模型 非加权对数就业人数 (1) | 就业模型 加权对数就业人数 (2) | 就业模型 非加权就业人数 (3) | 工资模型 非加权对数工资 (4) | 工资模型 加权对数工资 (5) |
|---|---|---|---|---|---|
| 4. 回归标准差 | 0.48 | 0.31 | 5,918 | 0.08 | 0.09 |
| 5. 可决系数 $R^2$ | 0.87 | 0.96 | 0.95 | 0.98 | 0.98 |

注：括号内为标准误。第（1）列与卡斯蒂略–弗里曼和弗里曼（Castillo-Freeman and Freeman, 1992）的表 6.4 中的第 1 列相同。第（2）列和第（5）列的权重是 1956—1987 年的行业平均就业率。样本量为 1,302。1982 年的数据由于制造业数据的缺失而被剔除。

这些检验结果与表 8.3 第（1）列原始模型的结果有很大不同，表 8.3 中第（2）列和第（3）列是加权估计值和因变量为绝对水平形式而非对数形式的估计值。如果用 WLS 估计，最低工资变量的系数提高到了 0.07，$t$ 值为 1.1。[20] 如果因变量是绝对水平形式，估计出来的系数也是正的，$t$ 值为 6 [见第（3）列]。我们还不清楚哪种模型更合适，而且最低工资变量系数的迥异更是让人费解。

为了说明行业加权的意义，图 8.2 和图 8.3 显示了就业人数和 Kaitz 指数之间的偏回归残差散点图。具体来说，我们分别将对数就业率和对数 Kaitz 指数在一组行业虚拟变量和年份虚拟变量上进行回归，然后将两组回归的残差做在一张散点图上。在图 8.2 中，残差数据点的大小与该行业的平均就业人数成正比，而图 8.3 中所有点的大小都相同。从图 8.2 和图 8.3 中可发现三个结论：第一，图 8.3 等权的残差图中噪声较多，但所有点整体

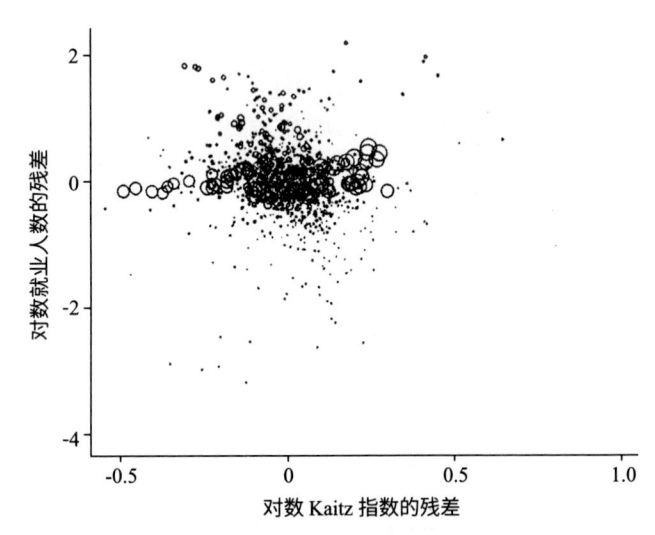

图 8.2 偏回归图——点的大小与行业就业规模成正比

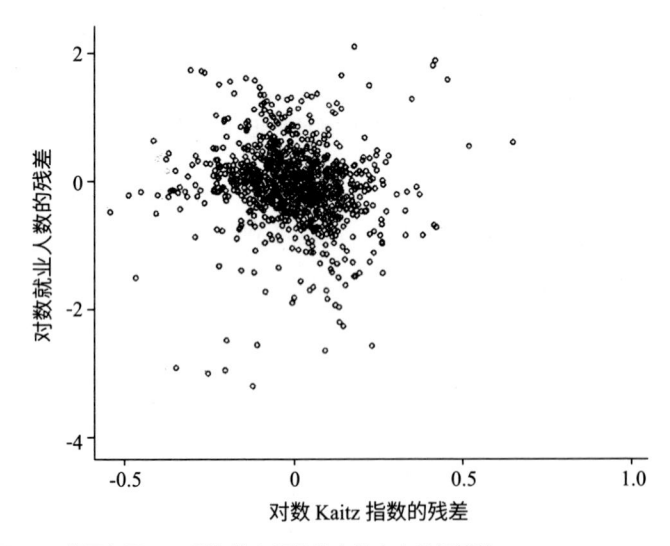

图 8.3 偏回归图——所有代表行业的点的大小是相等的

来看位于一片向下倾斜的区域内；第二，图 8.2 中远离中心的点往往代表就业人数较少的小产业；第三，图 8.2 中就业人数较多的大行业的残差勉强位于一片向上倾斜的区域内。

判断加权估计值和非加权估计值哪个更合理的方法是，比较最低工资变量对行业工资的影响。在表 8.3 第（4）列和第（5）列中，我们用行业层面的数据对工资的对数进行回归。第（4）列是 OLS 的估计结果；第（5）列是 WLS 的估计结果，权重是行业的平均就业人数。第（4）列最低工资指数与工资水平是负相关的（$t = 15.5$），而与第（5）列是正相关的（$t = 7$），基本符合我们的预期。表面上看，非加权的模型设定表示一个行业的最低工资指数的上涨，与该行业平均工资水平和就业率的下降是相关的。相比之下，加权模型意味着工资往往随着最低工资指数的上升而上升，但就业人数与最低工资指数没有明显的关系。

工资数据中的随机测量误差会导致模型中最低工资指数的系数出现负向偏差。就业人数较多的大行业的测量误差通常较小（小行业的抽样变异性一般较大），因此加权估计值的偏差会较小，这可能也解释了为何加权估计值是一个正数。总之，加权估计值比非加权估计值更合理，这进一步支持了加权形式模型设定的合理性。

卡斯蒂略-弗里曼和弗里曼还分别给出了 1973 年前后的估计结果，并着重分析了 1973 年之后的这段时期，因为从 1974 年开始，波多黎各的最低工资与美国的最低工资的关系更加密切。表 8.4 列出了 1973 年之后这段时期的加权与非加权估计值。第

（1）列中的非加权估计结果显示，该时期内最低工资的不利影响较大。但用 WLS 估计双对数形式的模型后，发现了最低工资略微正面但并不显著的影响。1974 年以前的加权估计值也是略小的正数 0.03（标准误 =0.06）。当我们将就业的绝对水平视为因变量后，对数 Kaitz 指数的系数为一个小于标准误的一半的负数（$t = 0.47$）。还有一点需要注意，我们并未调整行业内就业数据的自相关性，因此该标准误和表 8.3 中的标准误都有被低估的可能。总之，这些结论并未推翻表 8.3 中基于全样本的估计结果。

表 8.4 对 1974—1987 年波多黎各最低工资影响的估计结果（细分行业的混合时序数据）

| 自变量 | 因变量和模型 | | |
| --- | --- | --- | --- |
| | 非加权对数就业人数 (1) | 加权对数就业人数 (2) | 非加权就业人数 (3) |
| 1. log（最低工资 × 覆盖率 / 平均工资） | −0.91 (0.24) | 0.03 (0.19) | −1,148 (2,445) |
| 2. 41 个行业虚拟变量 | 是 | 是 | 是 |
| 3. 年份虚拟变量 | 是 | 是 | 是 |
| 4. 回归标准差 | 0.37 | 0.20 | 3,739 |
| 5. 可决系数 $R^2$ | 0.95 | 0.98 | 0.99 |

注：括号内为标准误。第（1）列与卡斯蒂略-弗里曼和弗里曼（Castillo-Freeman and Freeman, 1992）的表 6.4 中的第 3 列相同。第（2）列的权重是 1956—1987 年的行业平均就业率。样本量为 546。1982 年的数据由于制造业数据的缺失而被剔除。

为了进一步检验模型设定，我们将 37 个制造业细分行业的就业人数汇总为单一行业，便于与其他一级行业进行比较。在表 8.5 中，我们用 1954—1987 年 6 个主要行业的混合数据进行了跨行业的未加权回归。我们照常纳入年份和行业的虚拟变量。整个样本期的估计结果表明，Kaitz 指数对就业的不利影响非常小，但却是显著的。有意思的是，将样本缩小到 1974—1987 年这一区间内，影响就转为正面的了，因此这一阶段可以说是波多黎各的最低工资更"外生"的时期。不过总体来看，最低工资对行业就业的影响依旧是很微弱的不利影响，而且基于行业绝对水平数据的回归标准差小于 0.03，更符合预期。

表 8.5　对 1954—1987 年波多黎各最低工资影响的估计结果（一级行业的混合时序数据）

| 自变量 | 不同时间段 1954—1987 年 (1) | 1954—1973 年 (2) | 1974—1987 年 (3) |
|---|---|---|---|
| 1. log（最低工资×覆盖率/平均工资） | −0.057 (0.014) | −0.066 (0.024) | 0.003 (0.044) |
| 2. 41 个行业虚拟变量 | 是 | 是 | 是 |
| 3. 年份虚拟变量 | 是 | 是 | 是 |
| 4. 回归标准差 | 0.028 | 0.025 | 0.018 |
| 5. 可决系数 $R^2$ | 0.97 | 0.98 | 0.98 |

注：括号内为标准误。因变量是一级行业就业人数的对数（使用卡斯蒂略—弗里曼和弗里曼原始样本中制造业就业人数的总和）。所有模型都是通过未加权 OLS 估计的。第（1）列的样本量为 186，第（2）列为 108，第（3）列为 78。

最后，我们使用卡斯蒂略-弗里曼和弗里曼的数据，研究在波多黎各最低工资与美国水平挂钩期间行业的就业变化。具体来说，我们根据每个行业 1973 年 Kaitz 指数在所有行业中位于最低的 25%、中间的 50%，还是最高的 25%，把这些行业分成三组。其中1973年Kaitz指数最低的行业是受1974年后波多黎各最低工资变化影响最大的行业。然后，我们计算了这三组行业在1974年至1983年期间就业人数的均值和中位数的百分比变化，发现这三组的就业均值的增长百分比分别为–6%、6%和–36%，而就业中位数的增长百分比分别为–22%、–18%和–24%。

其他结论还包括，在最低工资与美国水平挂钩的1974—1983年间，波多黎各受影响最小的行业的平均就业人数下降最快。不过值得注意的是，就业增长率的行业均值和行业中位数之间存在巨大差异。这种差异很有可能是由较大的抽样误差造成的。总之，这些结果对传统劳动力需求模型的意义不大。

- **跨行业方法的一个概念性问题**

跨行业分析的结论有多少说服力？在此，我们想指出，如果所有行业的劳动力需求弹性不一样，那么跨行业分析是有问题的。[21]假设两个行业A和B，行业A的劳动力需求弹性为–1，行业B的需求弹性为–0.5，并假设行业A比行业B的工资高。现在考虑统一上调最低工资的影响，在行业A工资上调了5%，行业B上调了10%（因为行业A的工资高）。在这种情况下，估计出来的最低工资上调对就业的影响是0——行业A和行业B都将萎缩5%，即使它们在最低工资实施后工资的变化情况不同。当然，这只是一个假想的例子，人们还可以想象出最低工资对就业的影响大于部门的需求弹性的例子（简单地将行业A和行业B的需求弹性进行互换即可）。

我们的观点是，跨行业研究在很大程度上依赖于各部门的需求弹性恒定的假设。在标准竞争模型中，由于各行业在劳动力和非劳动力投入之间的替代性，以及产品需求弹性方面存在的差异，预期的劳动力需求弹性可能会因行业而异。事实上，在表 8.3 和表 8.4 中可见，不同的行业加权方法所产生的估计值有很大的不同，表明需求弹性在不同的行业中也是不同的。我们在表 8.6 中也提供了关于这个问题的其他证据。该表列出了 42 个行业中每个行业的对数 Kaitz 指数对就业人数的对数的影响。[22] 虽然大多数的估计值是负的而非正的，但我们发现正的估计值的数量出奇地多（42 个中有 18 个）。此外，各行业系数的差异也很大，没有什么明显的规律。例如，男装和男童装的系数是一个显著的正数，而女士外套的系数是一个显著的负数。由于这些结论，各行业劳动力需求弹性相同的假设就站不住脚了，进而对跨行业研究的方法提出了疑问。

表 8.6　各行业的最低工资影响

| 行业 | 弹性估计值 | 行业 | 弹性估计值 |
| --- | --- | --- | --- |
| 鞋类 | −0.92 | 化学品 | −1.27 |
|  | (1.30) |  | (0.39) |
| 皮手套 | 1.04 | 交通 | −0.23 |
|  | (0.37) |  | (0.14) |
| 金属制品 | −0.10 | 建筑 | −1.51 |
|  | (0.40) |  | (0.43) |
| 电气机械设备 | 0.59 | 服务 | 0.03 |
|  | (0.37) |  | (0.07) |

续表

| 行业 | 弹性估计值 | 行业 | 弹性估计值 |
| --- | --- | --- | --- |
| 妇女和儿童内衣 | 0.20 (0.49) | 食品 | −0.15 (0.15) |
| 儿童外套 | 0.12 (1.08) | 家用家具 | −0.61 (0.32) |
| 紧身内衣 | 0.30 (0.39) | 其他家具 | −2.40 (0.96) |
| 男装和男童装 | 1.74 (0.76) | 木锯 | −0.57 (0.39) |
| 皮革手提包 | −1.96 (1.54) | 纸及相关产品 | 0.09 (0.11) |
| 女士外套 | −1.92 (0.58) | 水泥 | −0.96 (0.27) |
| 其他服装 | 1.67 (0.71) | 石材和石棉 | 0.71 (0.60) |
| 其他纺织物 | −0.48 (0.84) | 陶器 | 0.17 (0.22) |
| 玩具和体育用品 | −1.36 (1.60) | 玻璃 | 0.37 (0.39) |
| 珠宝首饰 | −0.26 (0.44) | 糖 | −0.81 (0.41) |
| 服装首饰 | −1.92 (1.07) | 纺织产品 | −0.18 (0.88) |
| 办公和美术用品 | −1.04 (0.55) | 塑料 | 0.02 (0.42) |
| 含酒精饮料 | 0.62 (0.22) | 橡胶鞋 | 1.63 (0.91) |
| 雪茄 | 0.28 (0.23) | 机械和运输设备 | 1.03 (0.59) |
| 烟草 | −0.73 (0.48) | 专业仪器 | −0.54 (0.44) |

续表

| 行业 | 弹性估计值 | 行业 | 弹性估计值 |
| --- | --- | --- | --- |
| 药物 | −0.61 | 贸易 | −0.04 |
|  | (0.36) |  | (0.07) |
| 石油 | 0.19 | 金融 | −0.30 |
|  | (0.28) |  | (0.16) |

注：括号内为标准误。弹性是由42个非加权的对数就业人数对Kaitz指数、年份项和年份平方项的回归估计得出的。

需求弹性不变假设更有可能在同一个行业内是成立的。因此从方法论角度来说，我们认为第2章中讨论的行业内分析是非常有价值的。后续用于波多黎各的数据也可能是非常有用的。

- **服装及相关产品行业的就业和工资的增长——美国本土与波多黎各的比较**

将波多黎各的最低工资与美国本土的最低工资挂钩对服装业产生了特殊的影响。以就业角度来看，服装业过去是，现在也依然是波多黎各最大的制造业，因此最低工资对这个行业的任何影响对该岛来说都具有重要意义。雷诺兹和格雷戈里重点关注低工资服装行业，我们将波多黎各和美国本土的纺织、服装和皮革业的就业和工资趋势进行简要的比较分析。

表8.7.A显示的是1973年、1984年和1992年波多黎各的纺织、服装、皮革和制鞋业的就业数据。表8.7.B显示的是同一时期的工资数据。为便于比较，这两个表还列出了美国本土在这些行业中的就业和工资数据。[23]1973年，美国本土最低工资为2.00美元。

有关波多黎各劳动力市场的传统印象得到了这些低薪行业的

就业趋势的支持。从 1973 年到 1984 年，纺织业的就业率下降了 66%，服装业下降了 19%，皮革业下降了 41%。在 1973 年至 1984 年期间，这四个行业共减少了 13,140 个就业岗位，相当于期初水平的 25%。然而，美国本土的这些行业同时也出现了就业率下降的现象。例如，在 1973 年至 1984 年期间，美国本土的这些行业共减少了 60 万个就业岗位，相当于期初水平的 22%。此外，波多黎各的工资增长幅度比美国本土高 20%，而就业增长仅比其低 3%。假设工资增长的差异是由波多黎各最低工资上调得比美国本土更快导致的，那么根据卡斯蒂略-弗里曼和弗里曼的分别为 $-0.54$ 和 $-0.91$ 的弹性估计值，我们估计出就业的相对下降幅度分别为 10.8% 和 18.2%。值得注意的是，1984—1992 年间美国本土就业率的下降幅度比波多黎各大了 11%。与此同时，美国本土的工资增长比波多黎各高了 15%。目前尚不清楚工资增长较快的原因是否与最低工资有关，因为 20 世纪 90 年代初波多黎各与美国本土的最低工资都被上调了。然而，就业率仍出现大幅下降，这与行业劳动力需求曲线向下倾斜是一致的。

但四个行业间的就业和工资增长的规律并不支持传统观点。1973 年波多黎各工资最低的三级制造业是皮革业，随后是制鞋业，这两个行业在 1973 年至 1984 年期间工资涨幅最大（无论是绝对工资还是相对美国本土的工资），这在很大程度上可能是与美国本土最低工资挂钩的结果。尽管如此，纺织业就业人数的下降幅度仍远大于这两个低薪行业，而且美国本土的制鞋业就业人数的下降幅度实际上也比波多黎各大。

表8.7.A 纺织、服装、皮革和制鞋业的就业人数

|  | 行业代码 | 就业人数（1,000 人） | | | 百分比变化 | | |
|---|---|---|---|---|---|---|---|
|  |  | 1973 年 | 1984 年 | 1992 年 | 1973—1984 年 | 1984—1992 年 | 1973—1992 年 |
|  | (1) | (2) | (3) | (4) | (5) | (6) | (7) |
| **波多黎各** | | | | | | | |
| 1. 纺织 | 321 | 7.04 | 2.41 | 3.23 | -65.8 | 34.0 | -54.1 |
| 2. 服装 | 322 | 38.44 | 31.08 | 28.76 | -19.1 | -7.5 | -25.2 |
| 3. 皮革 | 323 | 2.64 | 1.57 | 1.79 | -40.5 | 14.0 | -32.2 |
| 4. 制鞋 | 324 | 3.64 | 3.56 | 3.70 | -2.2 | 3.9 | 1.6 |
| 5. 合计 |  | 51.76 | 38.62 | 37.48 | -25.4 | -3.0 | -27.6 |
| **美国本土** | | | | | | | |
| 6. 纺织 | 321 | 1,010 | 746 | 678 | -26.1 | -9.1 | -32.9 |
| 7. 服装 | 322 | 1,438 | 1,185 | 1,018 | -17.6 | -14.1 | -29.2 |
| 8. 皮革 | 323 | 101 | 66 | 52 | -34.7 | -21.2 | -48.5 |
| 9. 制鞋 | 324 | 183 | 124 | 71 | -32.2 | -42.7 | -61.2 |
| 10. 平均值 |  | 2,732 | 2,121 | 1,819 | -22.4 | -14.2 | -33.4 |

资料来源：国际劳工组织（1983，1993），表5和表17。

表 8.7.B 纺织、服装、皮革和制鞋业的小时工资

| | 行业代码 | 平均工资标准 | | | 百分比变化 | | |
|---|---|---|---|---|---|---|---|
| | | 1973年 | 1984年 | 1992年 | 1973—1984年 | 1984—1992年 | 1973—1992年 |
| | (1) | (2) | (3) | (4) | (5) | (6) | (7) |
| **波多黎各** | | | | | | | |
| 1. 纺织 | 321 | 1.94 | 4.31 | 5.04 | 122.2 | 16.9 | 159.8 |
| 2. 服装 | 322 | 1.83 | 3.93 | 4.41 | 114.8 | 12.2 | 141.0 |
| 3. 皮革 | 323 | 1.66 | 4.02 | 4.44 | 142.2 | 10.4 | 167.5 |
| 4. 制鞋 | 324 | 1.71 | 3.97 | 4.73 | 132.2 | 19.1 | 176.6 |
| 5. 平均值 | | 1.79 | 4.06 | 4.66 | 127.3 | 14.7 | 160.8 |
| **美国本土** | | | | | | | |
| 6. 纺织 | 321 | 2.95 | 6.46 | 8.60 | 119.0 | 33.1 | 191.5 |
| 7. 服装 | 322 | 2.76 | 5.55 | 6.95 | 101.1 | 25.2 | 151.8 |
| 8. 皮革 | 323 | 2.79 | 5.71 | 7.40 | 104.7 | 29.6 | 165.2 |
| 9. 制鞋 | 324 | 2.79 | 5.71 | 7.40 | 104.7 | 29.6 | 165.2 |
| 10. 平均值 | | 2.82 | 5.86 | 7.59 | 107.5 | 29.5 | 168.8 |

资料来源：国际劳工组织《劳工统计年鉴》（*Yearbook of Labor Statistics*）（1983，1993），表 5 和表 17。

注：就美国而言，只有皮革和制鞋两个行业的合并工资。行业代码是国际标准行业代码（ISIC）。

最低工资可能在这些行业的就业变化中发挥了作用。然而，在工业就业情况的自然变化中，低工资制造业的就业岗位是否会随着国家财富的增长而逐渐减少，这可能才是更重要的。对表8.7.A 中的就业规律最直观的解释是，波多黎各在 20 世纪 70 年代和 80 年代经历了快速的经济发展，低工资制造业的劳动力自然而然就流出了。

- **关于波多黎各增长的长期证据**

时不时有人会认为，是过高的最低工资标准阻碍了波多黎各的经济增长，甚至造成了经济的严重扭曲。但更长远来看，波多黎各过去 40 年里快速的经济增长表明，最低工资可能并不是主要的绊脚石。鲍莫尔和沃尔夫（Baumol and Wolff, 1993）认为："从现有数据来看，波多黎各自第二次世界大战以来取得的经济进步足以使其跻身世界前列。"表 8.8 再现了他们对 32 个国家实际 GDP 增长的估计值。其中可见，波多黎各的年化实际 GDP 增长率为 4.03%。不过需要注意的是，国家之间进行 GDP 增长的比较经常会碰到数据可比性的问题。

在研究波多黎各时，该问题可能尤为突出，因为这不是一个独立的国家。波多黎各经济的一些显著发展可能更应归功于美国本土的产业迁移。1950 年，美国政府对波多黎各直接的净转移支付相当于波多黎各 GDP 的 15.9%，到 1988 年达 21.3%。[24] 此外，1976 年美国公布的联邦公司税豁免法案，使得 1988 年波多黎各减少的税收支出（tax expenditures）[①]占到了 GDP 的 10%。[25]我们可以从表 8.8 的数字中减去这些转移支付，重新计算波多黎各的 GDP 增长率，以粗略估计这些转移支付的作用。经过调整后，波多黎各的实际 GDP 增长率约为每年 3.47%，仍跻身于表中所有国家的前 10 位，远超墨西哥、哥伦比亚、智利和其他中美洲国家。

表 8.8　1950—1988 年 32 个国家的人均 GDP 和实际 GDP 增长率

| 国家 | 实际人均 GDP（美元） 1988 年 (1) | 实际人均 GDP（美元） 1950 年 (2) | 实际 GDP 增长率（%）(3) |
| --- | --- | --- | --- |
| 1. 日本 | 12,209 | 1,275 | 5.95 |
| 2. 波多黎各 | 6,973 | 1,506 | 4.03 |
| 3. 意大利 | 11,741 | 2,548 | 4.02 |
| 4. 奥地利 | 11,201 | 2,533 | 3.91 |
| 5. 西班牙 | 7,406 | 1,823 | 3.69 |
| 6. 西德 | 12,604 | 3,128 | 3.67 |
| 7. 芬兰 | 12,360 | 3,152 | 3.60 |
| 8. 挪威 | 14,976 | 4,263 | 3.31 |
| 9. 法国 | 12,190 | 3,692 | 3.14 |
| 10. 土耳其 | 3,598 | 1,097 | 3.13 |
| 11. 荷兰 | 11,468 | 4,002 | 2.77 |
| 12. 比利时 | 11,495 | 4,151 | 2.68 |
| 13. 丹麦 | 12,089 | 4,512 | 2.59 |
| 14. 瑞典 | 12,991 | 4,967 | 2.53 |

---

[①] 税收支出由税法条款规定，通过税收减免、扣除、豁免、推迟和优惠等方式减少纳税人的税收负担。

续表

| 国家 | 实际人均 GDP（美元） 1988 年 (1) | 实际人均 GDP（美元） 1950 年 (2) | 实际 GDP 增长率（%）(3) |
|---|---|---|---|
| 15. 瑞士 | 16,155 | 6,668 | 2.33 |
| 16. 英国 | 11,982 | 4,973 | 2.31 |
| 17. 爱尔兰 | 6,239 | 2,599 | 2.30 |
| 18. 加拿大 | 16,272 | 6,913 | 2.25 |
| 19. 哥斯达黎加 | 3,800 | 1,643 | 2.21 |
| 20. 多米尼加共和国 | 2,209 | 983 | 2.13 |
| 21. 澳大利亚 | 13,321 | 5,929 | 2.13 |
| 22. 墨西哥 | 4,996 | 2,224 | 2.13 |
| 23. 特立尼达和多巴哥 | 5,674 | 2,589 | 2.06 |
| 24. 哥伦比亚 | 3,568 | 1,653 | 2.02 |
| 25. 美国 | 18,339 | 8,665 | 1.97 |
| 26. 新西兰 | 9,864 | 5,608 | 1.49 |
| 27. 秘鲁 | 2,847 | 1,642 | 1.45 |
| 28. 智利 | 4,099 | 2,623 | 1.17 |
| 29. 萨尔瓦多 | 1,705 | 1,102 | 1.15 |
| 30. 洪都拉斯 | 1,346 | 881 | 1.12 |
| 31. 危地马拉 | 2,228 | 1,540 | 0.97 |
| 32. 阿根廷 | 4,030 | 3,066 | 0.72 |

资料来源：Baumol and Wolff (1993)。

● **关于波多黎各的结论性意见**

许多经济学家认为，波多黎各的经验为较高标准的最低工资如何影响就业这一问题提供了决定性的证据。然而，我们重新研究后认为这些证据依旧非常脆弱，不利影响的最有力证据也只是来自时序研究，就业和工资增长的行业间比较可以认为是更合理的实验，但该证据更薄弱。基于美国低薪部门和青少年的研究，实际上可以提供比波多黎各更好的关于最低工资影响的证据。在20世纪80年代初，相比所有波多黎各雇员的工资分布，青少年雇员的工资分布在最低工资处出现的尖峰更大。此外，美国本土的最低工资相对水平，以及最低工资对妇女、非白种人和餐馆雇员等不同群体的影响，随着时间的推移也发生了很大的变化。更重要的是，波多黎各的劳动力规模相对较小——与阿肯色州差不多。美国本土青少年雇员人数是波多黎各所有年龄段的雇员总数的9倍，因此波多黎各的就业和失业数据所基于的样本相对较小，样本有效性也值得怀疑（参见 Flaim，日期不详）。最后，由于最低工资对波多黎各的整个工资结构都会产生广泛的影响，因此很难对其影响进行令人满意的衡量。

我们对波多黎各研究的结论是，就更高的最低标准是否更不利于就业这一问题而言，答案是非常模棱两可的。也许未来会有研究可以证明高标准最低工资不利于波多黎各的就业。我们猜测，如果标准足够高，的确会减少就业人数。但通过实践来确定高到什么水平才有这种影响是非常困难的，或许只是因为数据的限制，波多黎各的研究结论并未如人们预期的那样为最低工资方面的研究提供有价值的证据。

## 加拿大

加拿大的最低工资标准是由各省自行制定的。在20世纪50年代和60年代，大多数省为城市和农村地区，以及男性和女性分别制定了不同的最低工资标准。在一些省，男性和女性雇员不同的最低工资标准一直执行到 20 世纪 70 年代初。最低工资因不同省份和性别而异，这为在加拿大进行一些有意思的、能够挖掘出更有价值的研究结论的自然实验创造了条件。[26] 但令人惊讶的是，关于加拿大最低工资的主要文献偏重于按照美国时序文献中的研究方法，即重点关注青少年就业率和最低工资的 Kaitz 指数之间的相关性。在这一节中，我们回顾了吉尔斯·格雷尼尔和马克·塞甘（Gilles Grenier and Marc Séguin, 1991）最近的一些工作，这一工作复现并扩展了斯维丁斯基（Swidinsky, 1980）早期的研究。[27] 这项研究的主要结论是，尽管在 1975 年以前，最低工资对加拿大的青少年就业有不利影响，但最近几十年里影响弱了很多。

格雷尼尔和塞甘为每个省的不同性别群体分别计算覆盖率加权的最低工资指数，该指数的计算方法是将最低工资乘以覆盖率的估计值，然后除以每个省的制造业平均工资。图 8.4 是格雷尼尔和塞甘通过 15 至 19 岁男性和女性的经覆盖率加权后的相对最低工资指数在各省内求均值后得到的时间序列。[28] 图中可见，在 20 世纪 60 年代初，男性青少年的最低工资指数急剧上升，主要是由于 1963 年安大略省对男性雇员实行了 1.00 美元的最低工资标准。而 1955 年至 1965 年期间，女性青少年的最低工资指数增长较为平缓。但自 20 世纪 70 年代起，男性和女性的最低工资指数都有所下降。

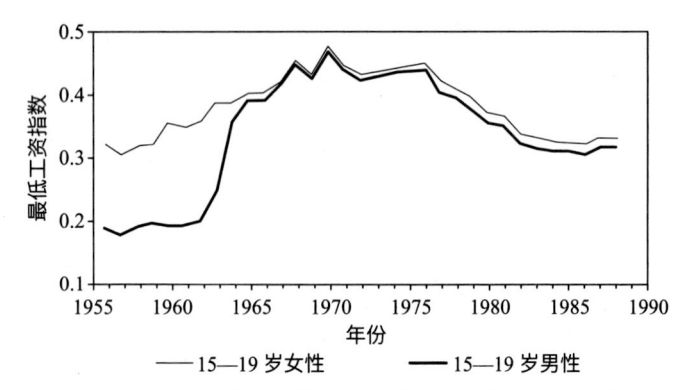

图 8.4　1956—1988 年加拿大的最低工资指数。经作者许可转载自 Gilles Grenier and Marc Séguin, "L'Incidence du Salaire Minimum sur le Marché du Travail des Adolescents au Canada: Une Reconsidération des Résultats Empiriques", *L'Actualité Économique*, 1991

图 8.5 再现了格雷尼尔和塞甘定义的 15—19 岁加拿大青少年就业率的时间序列。尽管其中有周期性的高峰和低谷，但依旧能够发现就业率从 20 世纪 60 年代中开始的上升趋势。此外，1982 年以前女性青少年的就业率低于男性青少年，随后两者大致相等，而且男性和女性青少年的就业趋势大致是平行的，即使在男性青少年的覆盖率加权最低工资的涨幅要大得多的 20 世纪 60 年代初也是如此。

继斯维丁斯基（Swidinsky, 1980）之后，格雷尼尔和塞甘将省级数据分为了五个地区，并在每个地区内进行汇总。随后将青少年就业率与最低工资指数、4 个地区虚拟变量、25—44 岁男性失业率和时间趋势的二次项进行回归。[29] 在他们的模型中，最低工资指数的波动来自地区内指数对全国统一的时间趋势二次项

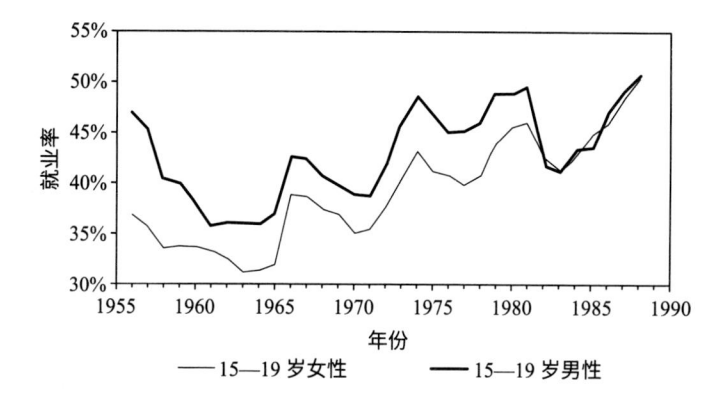

图 8.5　1956—1988 年加拿大的就业率。经作者许可转载自 Gilles Grenier and Marc Séguin, "L'Incidence du Salaire Minimum sur le Marché du Travail des Adolescents au Canada: Une Reconsidération des Résultats Empiriques", *L'Actualité Économique*, 1991

的偏离。格雷尼尔和塞甘分别对男性和女性，以及 1956—1975 年和 1976—1988 年两个区间（因数据缺失）进行了估计。

表 8.9 总结了几个主要的估计结果。格雷尼尔和塞甘对 1956 年至 1975 年数据的结论，与斯维丁斯基对同一时期数据的结论没有本质上的区别，两者都指向最低工资具有较大的不利影响。然而，换成 1976 年至 1988 年这一期间的数据后，他们发现最低工资对男性和女性青少年的影响是不显著的，而且对女性的影响是正面的。这一发现非常出乎意料，因为 1956 年至 1975 年期间年轻女性群体的估计结果显示出的不利影响非常强烈。此外，该反差不仅仅是由抽样变异性导致的，因为两个时间段之间最低工资对女性的影响是显著的。

表 8.9　1956—1975 年和 1976—1988 年加拿大最低工资对青少年就业影响的时间序列/跨区域估计结果

| 自变量 | 1956—1975 年 男性 (1) | 1956—1975 年 女性 (2) | 1976—1988 年 男性 (3) | 1976—1988 年 女性 (4) |
|---|---|---|---|---|
| 1. 最低工资指数 | −0.146 (0.040) | −0.357 (0.109) | −0.232 (0.138) | 0.118 (0.108) |
| 2. 大西洋各省 | 0.424 (−0.029) | 0.376 (−0.043) | 0.573 (−0.065) | 0.325 (−0.052) |
| 3. 魁北克省 | 0.489 (−0.026) | 0.463 (−0.046) | 0.606 (−0.070) | 0.328 (−0.057) |
| 4. 安大略省 | 0.479 (−0.017) | 0.454 (−0.038) | 0.633 (−0.059) | 0.439 (−0.048) |
| 5. 草原三省 | 0.562 (−0.019) | 0.435 (−0.040) | 0.690 (−0.061) | 0.437 (−0.049) |
| 6. 不列颠哥伦比亚省 | 0.493 (−0.022) | 0.426 (−0.035) | 0.649 (−0.051) | 0.463 (−0.041) |
| 7. 25—44 岁男性的失业率 | −1.070 (−0.240) | −0.550 (−0.230) | −1.970 (−0.130) | −1.390 (−0.100) |
| 8. 可决系数 $R^2$ | 0.82 | 0.66 | 0.96 | 0.97 |

资料来源：改编自 Gilles Grenier and Marc Séguin（1991）中的表 1 和表 2。
注：括号内为标准误。所有模型的因变量是青少年的对数就业率。自变量包括时间和时间的二次项。第（1）列和第（2）列的样本量为 100，第（3）列和第（4）列的样本量为 65。

格雷尼尔和塞甘将这一基于 1975 年之后的数据得到的奇怪结论归因于"经济学家的墨菲定律"（loi de Murphy des économistes）。所以可见最低工资的墨菲定律无处不在。实际上加拿大青少年就业和最低工资之间的关系随着时间的推移是不断恶化的，这让人联想起第 6 章中基于美国时序数据的结论。

## 英国工资委员会

1909 年至 1993 年期间，英国的最低工资由各个行业的工资委员会根据每个行业特征分别制定。委员会成员由企业代表和劳工代表以 1:1 的比例组成，还包括 3 名由政府任命的成员。截至 1990 年，26 个委员会覆盖了大约 250 万低薪雇员。在 1992 年 4 月的选举活动中，英国工党提议在全国范围内实行统一的最低工资，再次引发了人们关于最低工资影响的辩论。赢得选举的保守党政府在 1993 年工会改革和就业权利法案中废除了工资委员会这一制度。现在判断这一措施对就业和工资有什么影响还为时过早，但 1992 年的选举活动还是激发了人们关于调整工资委员会的工资标准会如何影响工业就业的研究兴趣。

史蒂文·梅钦和阿兰·曼宁（Steven Machin and Alan Manning, 1994）研究了工资委员会对工资差异和就业的影响。他们收集了 1979 年到 1990 年几个大行业的年度数据。[30] 梅钦和曼宁将最低工资与委员会覆盖的雇员的平均工资之间的比值定义为衡量最低工资"韧性"的变量。二人将关注重点放在不小于 21 岁的雇员身上，因为 1986 年的立法把 21 岁以下的雇员从工资委员会的覆盖范围中剔除了。[31] 1986 年以后，每个委员会都统一制定一个最低工资标准。在此之前，每个委员会都会根据不同雇员制定不同的最低工资标准。对于 1986 年以前的时期，梅钦和曼宁将最低工资定义为所有委员会制定的成年人最低工资水平的最小值。因此在样本期的早期，行业最低工资被设定在相比平均工资而言相当高的水平。例如，在1978年至1982年间，制衣业女性雇员的平均最低工资约为行业平均工资的80%。20世纪80年代，在保守党政府的领导下，大多数行业的最低工资相比平均工资都有所下降。然而，各行业最低工资水平的变化幅度的差别很大，梅钦和曼宁利用这种差别来估计行业最低工资对工资差异和就业的影响。

鉴于工资委员会的三方性质，在委员会能否真正提高工资这一点上是存在争议的。梅钦和曼宁先证明了委员会的标准会影响行业内的工资差异，除非统一的最低工资标准低于所有行业的最低工资（或雇主不遵守委员会的规定），否则人们就会认为该行业最低工资标准的上调会导致其工资差异缩小。梅钦和曼宁为了检验该假设，将一个行业的工资标准差与相对于该行业平均工资的最低工资的对数进行回归，样本包括1979年至1990年期间10个行业总共122个观测值，控制变量包括行业虚拟变量和时间趋势项。结果表明，就一个行业而言，其相对于行业平均工资的最低工资的上升与工资差异的减小是正相关的，如预期所料。迪肯斯、梅钦和曼宁（Dickens, Machin, and Manning, 1994）进一步证明，收入分布中最低10%部分的上涨与最低工资的上调是相关的。我们认为，这些结果部分支持了工资委员会的标准会对就业产生约束性影响这一观点，但还需进一步验证。

随后，梅钦和曼宁将一个行业的就业增长与相对最低工资水平的变化进行回归。OLS回归的结果显示，相对最低工资对就业的影响是积极的，但并不显著（$t = 1.45$）。[32] 后来他们因为担心相对最低工资的变化可能是由分母中的平均工资造成的,所以将工资委员会的最低工资标准视为最低工资与平均工资比值的工具变量,再次进行估计。工具变量法能够确保一个行业的相对最低工资的变化完全来自该行业的最低工资水平在时间方向上的波动。回归结果依旧给出了行业最低工资的变化有利于该行业的就业这一结论。[33] 梅钦和曼宁总结道:"我们在这些数据中并未发现劳动力市场竞争模型给出的不利影响,实际上如果我们用美国时序文献中的传统方法检验系数是否位于 –0.1 到 –0.2 这一范围,我们会发现可以完全拒绝该假设。"

尽管梅钦和曼宁的研究非常深入,但始终有两个问题。第一,工资委员会在制定工资水平时是有策略的,例如在预期增长的行业内上调最低标准,在预期萎缩的行业内下调最低标准。[34] 如果实际情况也是如此,那么就业增长与相对最低工资的增长之间的关系就是偏正面的。不过在梅钦和曼宁的样本所在的时期内,英国国内的政治因素导致工资委员会的决策过程逐渐"外生化",也许该现象可以稍微缓解我们的担忧。第二个问题涉及各行业对最低工资的不同反应。正如我们在卡斯蒂略-弗里曼和弗里曼关于波多黎各的工作中所讨论的那样,跨行业研究非常依赖于劳动力需求弹性在行业之间是相同的这一假设。如果不满足,那么估计出来的最低工资变量的弹性可能会是有偏的。抛开上述两个问题,我们依旧不认为过去 10 年英国工资委员会的经验是支持传统模型的结论的。

# 结论

我们分别用波多黎各、加拿大和英国的数据检验了最低工资对就业的影响。国际证据对美国的研究是大有裨益的，因为相对于平均工资，许多国家的最低工资标准远高于美国的水平。此外，部分国家的最低工资是因行业或地区而异的，这便于我们进行行业层面或地区层面的分析。

我们关于这三个经济体的最低工资影响的估计结果，并没有明确支持教科书模型的结论。波多黎各由于其最低标准相对于市场工资水平来说很高，一直被认为是检验最低工资影响的理想实验室。此外，在过去的20年里，波多黎各的最低标准是由美国政府硬性指导的，因此有助于避免估计中的内生性问题。然而结果显示，波多黎各的最低工资影响就业的证据非常脆弱。第一，雷诺兹和格雷戈里（Reynolds and Gregory, 1965）的经典研究给出了模棱两可的结论，其中单个案例的研究结论表明最低工资并非不利于就业，但跨行业就业的结论却表明不利影响又是存在的。不过也极有可能是数据的限制使系数估计值在符号方向上产生了很大偏差，进而导致发现的影响是不利的。第二，卡斯蒂略-弗里曼和弗里曼（Castillo-Freeman and Freeman, 1992）的跨行业研究对行业的权重极为敏感。他们的样本大大高估了小型制造业的重要性。如果允许行业权重挂钩行业平均就业人数的占比，那么重新估计后会发现上调与就业增长是正相关的，不会导致就业的减少。虽然最低工资也有可能导致波多黎各的就业率下降,但很难找到有力证据。

加拿大省级数据的混合时间序列及横截面的研究结论与美国的时序研究结论惊人相似。在1975年之前,经覆盖率加权的相对最低工资与加拿大青少年的就业率下降是相关的,而且弹性估计值与美国同时期青少年的弹性估计值也是类似的。但代入最近的数据并重新估计后发现,最低工资对就业的影响是不显著的。此外,点估计的结论表明,最低工资的上调与女性青少年的就业增长也是相关的。因此,随着美国时序模型中最低工资的不利影响在20世纪80年代开始减弱,加拿大也经历了类似的变化过程。

最后,英国提供了一个很有意思的对比案例,因为直到最近,最低工资依旧是由各个行业的工资委员会制定的。梅钦和曼宁发现,上调行业最低工资与就业增长放缓没有直接关系。他们甚至还发现最低工资上调幅度越大,就业增长却越快,尽管这种关系不是很显著。

这些结论意味着,我们关于美国最低工资的实证研究结论虽然很令人费解,但也不是个别现象。在美国,关于最低工资的讨论已经从上调是否导致规模性的就业受损,转变为上调是否会减少任何一个就业岗位。本章的国家比较的结论表明,讨论的焦点应放眼全球范围。在美国和其他地方我们都发现了上调最低工资对就业的影响非常微弱或可忽略不计的证据,所以问题可能出在教科书上的传统模型,而非证据。

## 注 释

1. 一些经济学家将最低工资与失业情况进行回归,其证据是:自20世纪70年代中期以来,许多欧洲国家相对于美国的失业率有所上升,而欧洲的最低工资标准相对于平均工资是很高的。由于美国和几个欧洲国家的低技能雇员的失业率上升速度是差不多的,因此上述结论与该事实不太吻合(参见 Fitoussi, 1994)。
2. 本节大部分材料参考了 Krueger(1995)。
3. 例如,卡斯蒂略-弗里曼和弗里曼(Castillo-Freeman and Freeman, 1990: 244)评论道:"20世纪70年代,美国联邦最低工资标准被引入波多黎各,提供了一个真正具有经济影响力的最低工资标准的实际研究案例。"
4. 大部分材料参考了 Reynolds and Gregory(1965)以及 Castillo-Freeman and Freeman(1992)。
5. 这些数字来自 CPS 的 ORG 档案中的表格。
6. 前一个时期包括37个行业,后一个时期包括50个行业。
7. 就业变量位于方程的左边。因此,遗漏任何变量都会引起系数更偏向1,因为就业位于右边的分母中。这一点同样可以很容易地从方程(8.1)的对数表达式中看出。
8. 如第3章所述,金和泰勒(Kim and Taylor, 1994)对加州最低工资的研究中也出现了类似的问题。他们试图将滞后工资和企业规模作为工资变化的工具变量来解决这个问题。

9. 截距项 α 的估计值是接近于 0，且不显著。

10. 此外，由于规模效应被忽略了，该比例是被低估的。

11. 在波多黎各境内运输的每打服装的价格从 1951 年的 8.48 美元下降到 1961 年的 7.23 美元（参见 Reynolds and Gregory, 1965, Table 3A–1）。

12. 圣地亚哥（Santiago, 1989）也分析了波多黎各最低工资的时间序列。

13. 卡斯蒂略-弗里曼和弗里曼还定义了另一种最低工资的衡量标准——平均最低工资除以平均时薪，再乘以全国范围内的覆盖率。结果显示，两种衡量标准下的最低工资对就业都有不利影响，而且用 Kaitz 指数衡量的最低工资的影响幅度更大。

14. 卡斯蒂略-弗里曼和弗里曼还给出了两个序列的就业率。在本书中我们使用 A 序列。如果用 B 序列，那么图 8.1 会非常相似。

15. 不过这一时期也正是第一次欧佩克（OPEC）石油价格冲击的时候，而且美国本土也出现了大规模的经济衰退。

16. 通过卡斯蒂略-弗里曼和弗里曼发表的研究里附录 A 中公布的数据，我们完全重现了他们的研究里表 6.3 第 1 列的最低工资弹性估计值，但其他一些系数略有不同，和他们第 1 列的可决系数 $R^2$ 也相差较大。我们是在基于 Unix 系统的计算机上用 STATA 的 Cochrane-Orcutt 方法对该模型进行估计的。

17. 雪茄业是一个很能说明不同数据来源之间差异的例子，卡斯蒂略-弗里曼和弗里曼的数据集显示，1987 年的雪茄业只有 68

名雇员。相比之下，1987年的制造业普查报告中，10家雪茄企业中只有一家雇佣了500多名雇员，另外两家雇佣了100~499名雇员（美国商务部，1990b：63）。出于保密的原因，制造业普查数据中没有报告就业总人数，但该总数是远远超过68人的。

18. 方程（8.2）的残差的异方差现象是很明显的。例如，我们可以通过将方程（8.2）中的残差平方与右边的变量进行回归来进行怀特检验，检验结果强烈地拒绝了同方差的原假设，其值为631。

19. 参见美国商务部（1984年，表126）。

20. 在我们并未列出的估计值中，我们用的是另一组权重。具体来说，我们先用OLS估计方程（8.3），然后将残差的平方与解释变量进行回归，用该辅助回归的拟合值的平方根作为方程（8.3）的权重。随后再进行回归，得到对数Kaitz指数的系数估计值为1.9，$t$值为8.1。

21. 值得注意的是，这个问题也出现在其他跨行业的研究中，还出现在雷诺兹和格雷戈里的研究中。

22. 系数的估计值是在每个行业中，分别将对数就业人数与最低工资指数和时间二次项进行回归估计出来的。

23. 数据来自国际劳工组织的《劳工统计年鉴》。

24. 这些数字来自波多黎各总督办公室、规划委员会公布的各年度《政府经济信息》（*Informe Económico al Gobernador*）。

25. 《国内税收法》（the Internal Revenue Code）第936条中波多黎

各税收支出的估计值（CIS 92: S362–15）由美国税收联合委员会提供。

26. 其中一项评价是扎伊迪（Zaidi, 1970）对安大略省男性雇员实行的 1 美元最低工资标准所做的精彩研究。

27. 我们主要关注格雷尼尔和塞甘的工作，而非斯维丁斯基的工作，因为前者覆盖的数据样本期较长，而且两者在样本重叠期（1956—1975）内的研究结论没有本质上的区别。但我们也注意到了其中的差异。此外，沙夫斯马和沃尔什（Schaafsma and Walsh, 1983）对加拿大各省 1975—1979 年的数据进行了混合时间序列以及横截面的研究，韦斯特和麦基（West and McKee, 1980）对研究加拿大的早期文献进行了全面的梳理。

28. 该数据是通过将加拿大省级指数按劳动力规模进行加权得到的。

29. 他们还另外进行了一个回归，其中的因变量是劳动参与率和失业率。在最低工资对就业的影响上，传统模型的判断是非常明确的，但在对其他变量的影响上，传统模型的判断非常含糊，因此我们把重点放在了该就业回归方程上。

30. 工资委员会涵盖的行业有：餐饮业、服装制造业、美发业、非食品零售业、食品零售业、制衣业、裁缝业和纺织业。部分工资委员会还分别为男性和女性制定了不同的工资标准。

31. 有意思的是，梅钦和曼宁还发现，很少有 21 岁以下雇员的工资低于工资委员会的标准，这一发现与我们对美国次级最低工资的研究结果相似（见第 5 章）。

32. 相对最低工资变量的分母随着最低工资的上调而上升,该现象可能会使系数估计值的绝对值产生偏差,正如我们在波多黎各的案例中猜测的那样。

33. 梅钦和曼宁对他们的数据做了一些其他方面的统计工作。例如,他们对还包括最低工资变量的一阶滞后期的模型进行估计,在就业变化方程中纳入行业固定效应,并允许最低工资变量的系数因行业而异。无论形式如何变化,对结果的影响基本不变。

34. 雷诺兹和格雷戈里对波多黎各的行业委员会也有同样的担忧。

# 第9章

## 最低工资是如何影响工资分布、家庭收入分布和贫困的?

> 若想改变收入分布,只调整单个个体的收入既不有效,也不公平。
>
> ——乔治·J.斯蒂格勒

> ……只要最低工资一直保持在相对于其他工资较低的水平,就不会产生很严重的不利影响,而且对低薪雇员和整个收入分布还有轻微的正面影响。
>
> ——爱德华·M.格拉姆利克

大多数在经济学层面的公共政策研究都只关注效率问题,也就是某项特定的政策产生的收益能否覆盖成本。然而,在更广泛的政策领域中,谁得谁失这一分布问题往往是最重要的。多数经济学层面的最低工资研究都集中在法定最低工资标准的效率问题上。标准的经济理论认为,上调最低工资导致就业减少,因此产生的成本大于收益。正如我们之前所看到的,当代劳动力市场上很难找到支持该结论的证据。第 2 章到第 4 章中提出的一些新证据表明,上调实际上还有可能会促进就业,甚至提高效率。即使是文献中的结果也暗示着适度上调最低工资的效率成本(efficiency costs)其实很小。因此在我们看来,最低工资问题主要是一个分布的问题——至少在美国当前的最低工资范围内是如此。

本章中我们研究因上调最低工资导致的工资增长对收入分布产生的影响。我们分析了工资因上调而上涨的雇员的个人和家庭特征,并衡量了 1990 年和 1991 年联邦最低工资上调对个人工资分布、家庭收入分布和贫困率的影响。按照劳动经济学的惯例(可参见 Lewis, 1963, 1986; Gramlich, 1976; Freeman and Medoff, 1984),我们没有尝试根据税收、收入比例(income-contingent)发生的转移支付或工作条件变化等一些重要影响因素对工资或收入进行调整,也没有考虑上调可能对生活成本产生的影响。我们在第 10 章还研究了上调对成本产生的另一个重要影响——对公司盈利能力的影响。

然而,为了正确理解这几章的内容,我们应该先意识到,最低工资适度幅度的上调只会使不到 10% 的最低工资雇员的工资上涨 10% 到 15%,因此政策对分布的影响显然是有限的。例如,如果不考虑对就业的影响和溢出效应,联邦最低工资最新一轮的上调每年可以向低薪雇员产生 55 亿美元的转移支付——仅占年总收入的 0.2%。[1] 即使所有这些转移支付都是由位于收入分布底层的家庭获得（实际上不是），收入分布受到的影响也是有限的。

我们在本章开头先描述受影响雇员的统计特征。一个普遍的刻板印象是，认为领取最低工资的工薪雇员主要来自中产阶级家庭的青少年，他们在课余时间通过工作来获得可自由支配的收入。[2] 但实际上受近期上调影响的雇员中有 70% 是成年人，而且主要是成年女性和少数裔群体，有 30% 是家中唯一的工薪雇员。领取最低工资的工薪雇员的平均收入占到了家庭总收入的一半。相比其他雇员，工资受上调影响的雇员生活在贫困中的可能性要高出 3 倍。

本章第二部分中，我们研究了最低工资对整个工资分布的影响。众所周知，工资不平等现象在过去 10 年明显加剧。例如，图 9.1 显示的是 1973 年至 1992 年衡量女性和男性雇员的工资不平等的两个指标。[3] 从中可见，1979 年之后，对数工资的标准差以及工资的 90% 分位数和 10% 分位数之间的差异都急剧扩大。包括布莱克本、布卢姆和弗里曼（Blackburn, Bloom, and Freeman, 1990），以及迪纳多、福廷和勒米厄（DiNardo, Fortin, and Lemieux, 1994）在内的几位学者认为，工资差异加剧的部分原因在于最低工资的实际购买力下降（见图 1.2）。尽管 20 世纪 80 年代的工资不平等现象的加剧可能更符合实际最低工资下降的趋势，但更直接地检验最低工资的影响可以通过比较 1990 年和 1991 年联邦最低工资上调后各州工资差距的相对变化。整

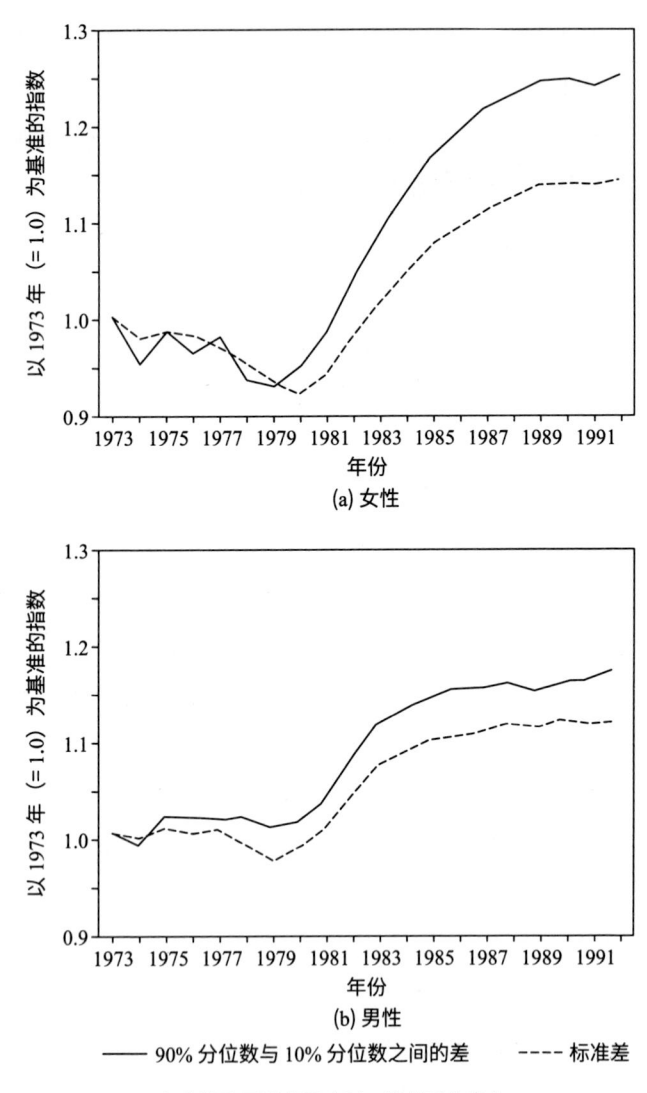

图 9.1　1973—1992 年女性和男性雇员小时工资差异的变化

个美国约有 7% 的雇员直接受到了 1990 年和 1991 年的上调影响。然而在各州内部，这一比例可以从不到 2%（比如阿拉斯加州和加州）到超过 20%（密西西比州）。我们可以通过州之间的差异直接衡量最低工资对工资分布左尾的影响。我们发现，上调逆转了自 20 世纪 80 年代以来美国劳动力市场上工资不平等加剧的趋势。根据我们的发现与迪纳多、福廷和勒米厄最近的研究，我们认为最低工资从 3.35 美元上调到 4.25 美元，使得 1979 年到 1989 年之间不断累积的工资差异出现较大幅度的回落。

虽然更高标准的最低工资只会影响低薪雇员的个人收入，但如果将影响范围内的雇员以家庭为单位计算收入分布，那么根据受影响雇员在家庭中的分布，这种统计方式也可能会影响到对应收入范围内的家庭收入。在本章的第三部分，我们分析了 1990 年和 1991 年联邦最低工资的上调对家庭收入分布的影响，主要分析方法是将各州受联邦最低工资的上调影响的雇员比例之间的差异视为自然实验。根据上调前最低工资雇员的家庭收入特征，1990 年和 1991 年上调产生的额外工资支出中有三分之一流向了收入位于家庭收入分布的第一个十分位组的家庭（以下简称"第一个十分位组的家庭"）。[4] 这与我们的发现类似，我们分析了 1989 年至 1991 年家庭收入变化，发现最低工资的上调的确导致了家庭收入分布中第一个十分位组的家庭收入显著增加，而且收入分布的 90% 分位数和 10% 分位数之间的差距也缩小了。我们的分析过程有一个很重要的特点，即我们给出了最低工资对家庭收入影响的确切估计值（通过比较不同州收入分布的变化），而不只是模拟其影响。

最后,本章的第四部分研究了最低工资与贫困之间的关系。不过正如其他学者指出的,这种关系是很模糊的,在被归为"贫民"的成年人中只有三分之一实际上是在工作(以下称之为"在职贫民")的,而且在职贫民中工资低到足以被最低工资上调影响的也只是很小一部分。尽管如此,在所有受最低工资影响的雇员中,仍有30%是贫民或接近贫民,因此上调政策有望减少在职贫民的比例。按照本章前几节的方法,我们研究了1990年和1991年联邦最低工资上调后各州贫困趋势的差异。虽然最低工资对成年人整体贫困率的影响是无法通过统计方法得到的,但我们发现该影响不大,所以我们得出结论,最低工资可能对活跃在劳动力市场上的成年人的贫困情况影响很小。

## 谁受到了最低工资的影响?

在第3章和第4章中,我们注意到有两个群体会直接受到上调影响:(1)收入等于原最低标准的人;(2)收入介于新旧标准之间的人。例如,当加州的最低工资从3.35美元上调到4.25美元后,该州受影响的主要群体为上调之前工资介于3.35美元和4.25美元之间的雇员。尽管第5章的估计结果表明,涟漪效应仅存在于略高于最低标准的一个相对狭窄的范围内,但一些高于4.25美元的雇员也有可能受益。此外,部分原先收入低于最低工资旧标准的雇员可能也会受到影响。第3章和第4章的证据表明,这部分群体在上调后的相对规模基本不变,因此直接受到

1990 年和 1991 年上调影响的主要群体就只剩下那些在 1990 年年初工资介于 3.35 美元和 4.24 美元之间的人。[5]

将这些雇员在个人和家庭特征方面与其他雇员相比会发现什么呢？为了回答该问题，我们从 1990 年 1 月至 3 月的 CPS 档案中选取了一个工薪雇员的样本。[6]通过该数据集，我们可以了解到上调前劳动力的"快照"（snapshot）。1990 年 4 月 1 日，联邦最低工资从 3.35 美元上调到 3.80 美元，1 年后再次上调到 4.25 美元，因此快照中会出现三组雇员：(1) 低于原最低标准 3.35 美元的雇员；(2) 受上调影响（介于 3.35 美元和 4.24 美元之间）的雇员；(3) 其他所有雇员。本章附录对样本进行了更完整的描述。

表 9.1 列出了工资属于不同类别的雇员的特征描述。尽管第 10—15 行和第 24—25 行中的家庭收入、项目参与情况和贫困状况方面的信息与上一个日历年有关，但大部分信息还是与 CPS 调查所在的周有关。第（1）列是工薪阶层雇员的平均特征，其中略低于二分之一（47.6%）的雇员是女性，大约 14% 是非白种人（即黑人、亚裔或其他），大约 8% 是西班牙裔。青少年的就业特征在最低工资方面的文献中非常明显，他们在就业总人数中的比例不到 6%。约 41% 的雇员是他们家庭中唯一的工薪雇员，要么是因为他们是独居的，要么是因为他们与其他不工作的家庭成员生活在一起。[7]如表 9.1 第 23 行所示，一个普通工薪雇员的收入可以占到家庭单周总收入的 68%。

除了调查所在的周内的劳动力信息外，3 月 CPS 还提供了前一年的收入信息。1990年3月，雇员所在的家庭的平均收入为38,000美元，有1.5%的雇员其所在家庭在上一年接受了一些公共援助或福利金，有3%的雇员其所在家庭依赖食品券生活。如表9.1所示，1990年3月所有雇员中有约5%被归为生活在贫困中（根据去年家庭收入），另有约6%被归为贫困边缘（家庭收入位于经家庭成员数量和年龄结构调整后的贫困线的100%到150%之间）。这些较低的贫困率说明我们的样本中未包含非劳动人员。而实际上1989年所有成年人（雇员和非劳动人员）的贫困率约为雇员贫困率的2倍，达10.6%。

我们分别将表9.1的第（2）列和第（3）列与第（1）列进行比较后，可以发现低于最低工资的雇员和受上调影响的雇员各自与整体劳动力群体的差异。现在重点关注受上调影响的雇员[第（3）列]，该群体中女性和非白种人的比例要高于其在整体劳动力群体中的占比，年轻雇员的比例也更大，而且略低于三分之一的雇员是16岁至24岁的在校生。因此，想当然地认为最低工资群体就是课余时间工作的年轻人也有点道理。但在所有受最低工资影响的雇员中，约一半的人超过24岁，近70%的人超过20岁。

表9.1 1990年4月上调前工薪阶层的特征

|  | 所有雇员<br>(1) | 次级最低<br>工资雇员<br>(2) | 受最低工资<br>影响的雇员<br>(3) |
| --- | --- | --- | --- |
| 个人特征（百分比） |  |  |  |
| 1. 女性 | 47.6 | 63.2 | 62.1 |

续表

| | 所有雇员<br>(1) | 次级最低<br>工资雇员<br>(2) | 受最低工资<br>影响的雇员<br>(3) |
|---|---|---|---|
| 2. 非白种人 | 14.4 | 14.4 | 20.6 |
| 3. 西班牙裔 | 7.7 | 7.9 | 9.6 |
| 4. 16—19 岁 | 5.8 | 18.4 | 29.4 |
| 5. 20—24 岁 | 11.5 | 20.2 | 19.8 |
| 6. 16—24 岁在校生 | 6.5 | 22.3 | 30.7 |
| 7. 受教育年限小于 12 年 | 15.2 | 36.6 | 38.1 |
| **家庭特征** | | | |
| 8. 独居（百分比） | 18.8 | 25.3 | 15.4 |
| 9. 只有一位工薪雇员（百分比） | 41.5 | 46.5 | 35.9 |
| 10. 去年的家庭收入（美元） | 38,067 | 32,064 | 29,543 |
| 11. 去年领取福利金的家庭（百分比） | 1.5 | 2.7 | 4.4 |
| 12. 去年依靠食品券生活的家庭（百分比） | 3.0 | 7.8 | 9.5 |
| 13. 贫困家庭（百分比） | 5.1 | 14.7 | 19.7 |
| 14. 贫困边缘的家庭（百分比） | 6.1 | 13.7 | 13.4 |
| 15. 贫困差距（美元） | 209.5 | 625.4 | 1,073.6 |
| **劳动力市场特征** | | | |
| 16. 受雇于零售业（百分比） | 16.6 | 42.0 | 46.7 |
| 17. 平均时薪（美元） | 10.52 | 2.42 | 3.77 |
| 18. 受最低工资的影响（百分比） | 7.4 | 0.0 | 100.0 |
| 19. 受最低工资的影响，包含小费（百分比） | 6.9 | 4.1 | 92.5 |
| 20. 低于最低工资（百分比） | 2.6 | 100.0 | 0.0 |
| 21. 平均周工时 | 38.2 | 30.6 | 28.1 |
| 22. 平均周收入（美元） | 427.0 | 112.0 | 114.4 |

续表

|  | 所有雇员<br>(1) | 次级最低<br>工资雇员<br>(2) | 受最低工资<br>影响的雇员<br>(3) |
|---|---|---|---|
| 23. 家庭周总收入中的占比 | 0.68 | 0.58 | 0.51 |
| 24. 去年平均周收入（美元） | 21,255 | 6,950 | 5,774 |
| 25. 去年家庭周总收入中的占比 | 0.65 | 0.51 | 0.45 |

注：数据取自1990年1月至3月的CPS档案。第10—15行和第24—25行的数据来自3月的调查。此处的次级最低工资雇员被定义为工资介于1美元和3.35美元(不包含)之间的雇员。受影响的雇员是指工资介于3.35美元和4.24美元之间的雇员。

受影响雇员的家庭情况与其他雇员也有不同。该群体的家庭收入比平均水平低约25%（每年29,500美元 vs 每年38,100美元），其中贫困比例更是平均水平的三倍以上（19.7% vs 5.1%）。1990年3月，工资介于3.35美元和4.24美元之间的雇员所在家庭的贫困差距（即每个家庭摆脱贫困所需的平均收入）大大上升。受影响雇员中，所在家庭在调查的前一年内曾领取过福利金或依靠食品券生活的比例也高出3倍。

与其他雇员相比，受影响雇员中独居的比例，和身为家庭中唯一工薪雇员的比例都很低。当我们进一步研究该群体在劳动力市场上的数据后发现，受影响雇员的工作时间要少于其他多数雇员，周收入也远少于其他多数雇员（每周114美元 vs 每周427美元）。但意外的是，家庭周总收入中受影响雇员的贡献占比却相对较大（约为51%），而且家庭上一年总收入中受影响雇员的贡献占比也仅略低于50%（见第25行），因此对很多家庭来说，受影响雇员的收入是非常重要的来源。

将工资低于3.35美元与介于3.35美元和4.24美元之间的雇员进行比较，会发现一些有意思的现象。次级最低工资雇员的年龄较大，非白种人或西班牙裔的比例较小，在校生的比例也较低，而且家庭收入也略高，贫困率较低，上一年的收入也较高。劳动力市场数据有时候会被误报给CPS，导致次级最低工资雇员被错误分类，因此以上这些差异也有可能是由错误分类造成的。实际上也的确如此，仔细研究CPS中的个人纪录后会发现，大部分次级最低工资雇员实际上是误报了工时或收入的高薪雇员。[8]因此只要有次级最低工资雇员被归为受影响雇员群体，那么该群体的经济状况就一定会被略微高估。我们在第3章和第4章中的分析表明，大多数次级最低工资雇员在上调后无法享受到涨薪，因此我们认为该群体应该与受政策影响的群体分开并单独研究。

### 受影响雇员的收入分布情况（按收入等级划分）

表9.1中的数据显示，生活在低收入家庭且受最近一次联邦最低工资上调影响的雇员，比其他雇员更有可能被归类为贫民。表9.2更完整地描述了受影响雇员的家庭收入分布情况。在统计前，我们将所有16岁及以上，无论是雇员还是非雇员的人都纳入统计范围，然后根据家庭总收入从小到大等分为10组。[9]随后我们在每个十分位组中统计出被归类为贫困人口的比例［第（1）列］、被归类为贫困边缘人口的比例［第（2）列］、在CPS调查时段内处于工作状态的比例［第（3）列］，以及该十分位组内工

资介于 3.35 美元和 4.24 美元之间的雇员比例 [ 第（4）列 ]。最后的第（5）列是所有受影响雇员百分数分布。

表 9.2 受 1990 年 4 月上调影响的雇员分布（按家庭收入分组）

| | 家庭收入分组中的个人情况 | | | | |
|---|---|---|---|---|---|
| | 贫困<br>（%）<br>（1） | 贫穷边缘<br>（%）<br>（2） | 处于工作<br>状态（%）<br>（3） | 受上调影响的<br>雇员占比（%）<br>（4） | 受影响雇员<br>百分数分布（%）<br>（5） |
| 家庭收入分组 | | | | | |
| 全部 | 10.6 | 8.6 | 62.4 | 7.1 | 100.0 |
| 1 | 81.1 | 16.5 | 28.3 | 28.8 | 17.4 |
| 2 | 21.0 | 39.7 | 42.9 | 13.1 | 12.7 |
| 3 | 3.8 | 18.3 | 53.4 | 10.5 | 12.7 |
| 4 | 0.1 | 9.3 | 59.9 | 7.2 | 9.8 |
| 5 | 0.0 | 1.5 | 66.1 | 6.5 | 9.9 |
| 6 | 0.0 | 0.0 | 68.6 | 4.6 | 7.3 |
| 7 | 0.0 | 0.0 | 73.8 | 5.4 | 9.2 |
| 8 | 0.0 | 0.0 | 75.2 | 4.8 | 8.1 |
| 9 | 0.0 | 0.0 | 78.4 | 4.7 | 8.4 |
| 10 | 0.0 | 0.0 | 77.5 | 2.7 | 4.4 |

注：取自 1990 年 3 月的 CPS 档案。该家庭收入分组方法是为了使得 10 组中的每一组都包含所有 16 岁以上群体中最低的 10%。贫民是指生活在家庭总收入低于对应贫困线（考虑到家庭规模后）的家庭中的个人。贫困边缘的个人是指那些生活在家庭收入在对应贫困线的 100% 到 150% 之间的家庭中的个人。受影响雇员是那些工资介于 3.35 美元和 4.24 美元之间的人。

这些简单的分布数据说明了两点。第一，这些十分位组中的受上调影响的雇员比例随着组号的增加而锐减：从第一组（最低）的约 29%，下降到第十组（最高）的约 3%。第二，虽然低收入组中活跃在劳动力市场中的人相对较少，但大部分受上调影响的雇员都分布这些组中。数据显示，所有受影响的雇员中有约43%来自最低的三个组。这些数据表明，低收入家庭在1990年和1991年上调带来的整体收入上升中享受到的份额偏高。由于很多受影响雇员生活在高收入家庭，最低工资显然是将收入再分配至最贫困家庭的"钝器"。

我们发现最低工资雇员在低收入家庭中的比例过高，该现象与早期这方面的研究结论是一致的，其中就包括格拉姆利克（Gramlich, 1976），以及科恩和吉尔罗伊（Kohen and Gilroy, 1982）的研究。不过从图9.2可见，受影响雇员与其他雇员之间的收入差距在过去20年内有所扩大。绘制该图的过程中，我们用来自以下三个不同数据源的数据集来绘制所在家庭的收入低于某临界值的受影响雇员的占比，与低于同样临界值的所有雇员的占比：（1）表9.2中1990年的数据；（2）CPS档案中1973年的数据；（3）格拉姆利克提供的1973年的数据（也来自1973年的CPS）。我们还画了一条45度线作为基准，其含义是如果家庭收入分布中，受影响雇员与其他雇员的概率分布在每一组中都是相同的，那么图9.2中的所有点都将位于这条斜线上。[10]

正如我们在图9.2中看到的，1990年的相对分布线远高于45度线，说明受1990年和1991年上调影响的雇员所在的家庭贫困情况更甚于其他雇员。[11]为了与1974年的上调（将1.60美元上调到2.00美元）进行比较，我们从1973年3月和5月的CPS档案中找出与之相匹配的样本，将3月的家庭收入匹配到5月的雇员数据上。然后，我们将1973年受影响雇员定义为那些在1973

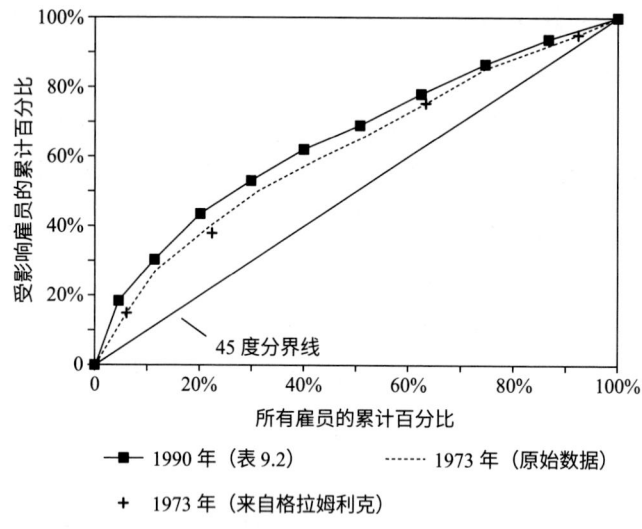

图 9.2 受影响雇员的相对分布（1973 年 vs 1990 年）

年 5 月的收入介于 1.60 美元和 1.99 美元之间的雇员，接着将 1973 年档案中对应的雇员排序后分配到各个家庭收入组，选择的收入范围使得所有雇员的相对比例与 1990 年样本中的相同。最后为了验证，我们用格拉姆利克（Gramlich, 1976, Table 10 and 11）1973 年的数据计算了受影响雇员和所有雇员在五个收入组别中的相对比例。

无论我们用的是自己的数据还是格拉姆利克的数据，1973 年受影响的雇员的相对分布都非常相似，两者都位于 45 度线以上，而且也低于 1990 年的相对分布。相比 1974 年的上调，受 1990 年和 1991 年上调影响的雇员更有可能来自收入分布更低端的家庭。[12] 对此有多种解释：首先，独居比例的增加（参见

Blank and Card, 1993）使得低收入个人与低收入家庭的相关性更高。其次，生育情况、转移支付享受情况和其他因素的变化导致育儿家庭的收入相比其他家庭的收入有所下降[13]，从而青少年的家庭收入相对也有所降低。数据上看，从1973年到1990年，青少年占到了所有受影响雇员的30%。此外，处于工作状态的青少年中，低工资比例和家庭收入较低的比例之间的相关性也发生了变化。1973年，格拉姆利克（Gramlich, 1976）发现，收入介于新旧最低工资标准之间的青少年家庭收入要高于其他青少年，而1990年，工资介于3.35美元和4.24美元之间的青少年的家庭收入低于其他工资范围内的青少年。[14] 受影响雇员的相对分布变化的最后一个因素是过去20年中，受教育程度较低的雇员的实际工资持续下降，我们猜测正是该趋势导致了位于或接近最低工资标准的非青少年雇员的家庭收入的下降。

我们发现最低工资雇员来自低收入家庭的比例非常高，尽管这与格拉姆利克（Gramlich, 1976）和科恩与吉尔罗伊（Kohen and Gilroy, 1982）的研究结果是一致的，但与霍里根和敏西（Horrigan and Mincy, 1993）的结论不一致。霍里根和敏西用1988年3月的数据，将所有雇员的家庭与工资介于3.35美元和4.71美元（将1981年后的最低工资与CPI挂钩后推算出的1987年最低工资标准）之间的雇员家庭收入进行比较，得到的结论与我们的有所不同，他们发现受影响雇员的家庭收入基本是服从均匀分布的（参见Horrigan and Mincy, 1993, Table 8.6）。

他们的估计过程与我们的存在许多重要区别，因此二者关于受影响雇员的相对家庭收入分布的结论存在巨大差异。首先，他们的样本只包括按小时计算工资的私营部门雇员，3 月份的统计数据中，他们的行业和职业与前一年相同，而我们的样本包括了所有非自由职业的有偿雇员。其次，我们比较的是受影响雇员的家庭收入分布与所有雇员的家庭收入分布，而他们比较的是收入介于 3.35 美元和 4.71 美元之间的雇员的家庭收入与所有雇员的家庭收入分布。他们的统计范围不包括定薪雇员，因此对家庭收入分布左尾的解释就非常脆弱。[15] 我们认为，正是选择的方法与范围较窄的样本才使他们得出最低工资雇员的家庭收入服从均匀分布的结论。

总之，我们发现在受最近一次联邦最低工资上调影响的雇员中，有 17% 生活在家庭收入分布中最低的十分位组的家庭中，有 13% 生活在第二个十分位组中。我们还发现在过去 20 年中，受上调影响雇员的相对家庭收入分布已经恶化。但需要指出的是，该恶化幅度可能依旧低估了他们的实际生活水平的下降幅度。从 1973 年到 1990 年，处于收入分布前两个十分位组的家庭实际收入是缩水的。[16] 因此，1990 年收入位于前两个十分位组的家庭中的那 30% 的受影响雇员，其实际收入比 20 世纪 70 年代初期的同类雇员还要低。

## 最低工资对工资分布的影响

正如我们在第 2 章至第 4 章中提到的，最低工资上调政策对低技能雇员（包括快餐店雇员、零售业雇员和青少年）的收入有很大影响。更普遍来说，最低工资是大部分工薪阶层的工资"后盾"。例如，图 9.3（a）显示的是 1990 年前 3 个月（即最低工资从 3.35 美元上调到 3.80 美元这一政策的生效日期 4 月 1 日的前 3 个月）美国工资的柱状图。[17] 尽管联邦最低工资标准已经保持了近 10 年，而且几乎一半的州已经出台了高于 3.35 美元的州最低标准，但在 1990 年第一季度，所有雇员中还有 1.2% 的人的工资正好是 3.35 美元。图 9.3（b）显示，在 1991 年前 3 个月（即新的最低标准生效 9 个月后）的工资分布情况，可见柱状图分布左端的一部分被"扫"到了更偏右的位置，即之前 3.35 美元的最高比例转移到了 3.80 美元处，但低于 3.35 美元的雇员比例保持相对稳定。最后，图 9.3（c）显示的是 1992 年前 3 个月（1991 年 4 月进一步上调到 4.25 美元）的工资分布，可见最低工资雇员比例已经上升到了 3%，3.35 美元和 4.00 美元的尖峰基本消失了。

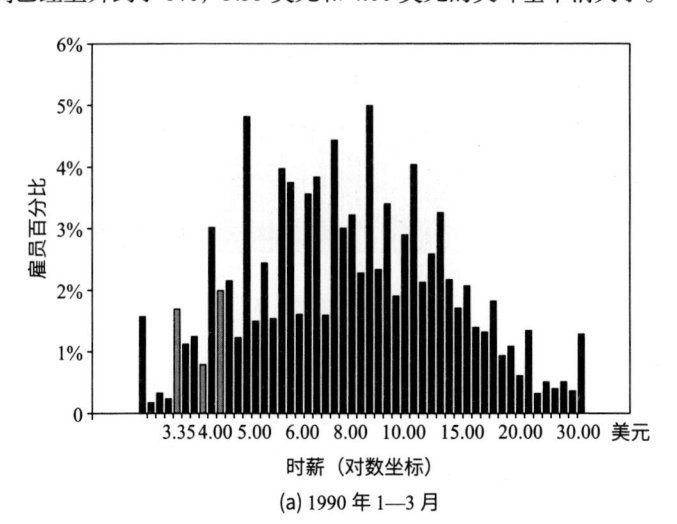

(a) 1990 年 1—3 月

(b) 1991 年 1—3 月

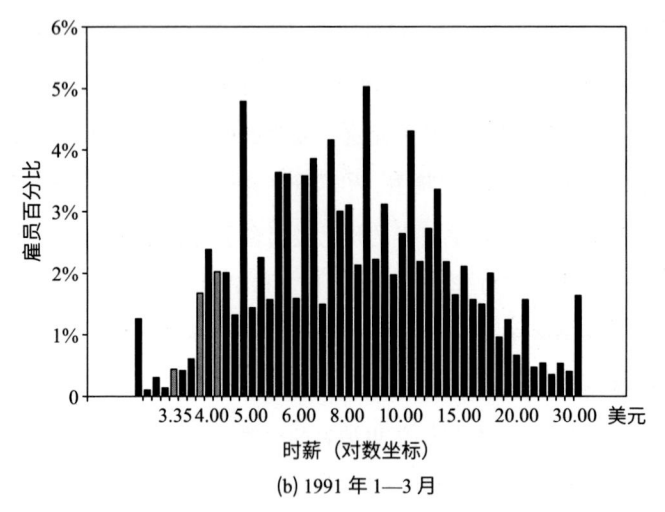

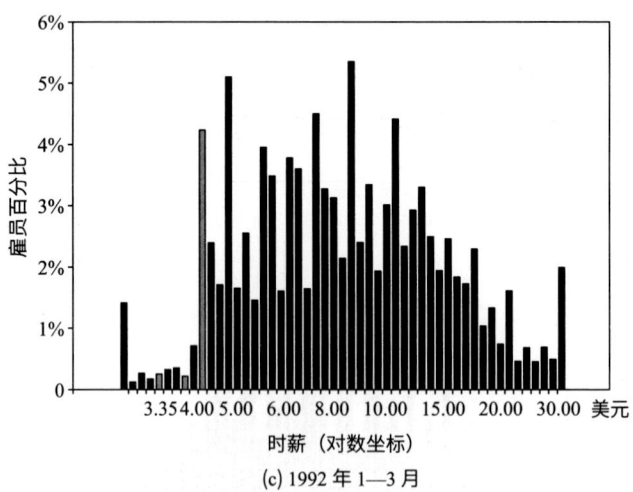

(c) 1992 年 1—3 月

图 9.3　工资分布。重点标注的柱代表 3.35 美元、3.80 美元和 4.25 美元

如果工资分布在最低工资没有上调的一段时间内是稳定的，

那么简单比较图9.3（a）和图9.3（c）就可以估计最低工资对整个工资分布的影响。然而即使最低工资是固定的，工资通胀和其他宏观经济变量在两年内的变化也足以使得工资分布发生一些变化。在研究最低工资对就业的影响中，通常都需要一个反事实。按照第4章的逻辑，很自然的一个方法是用区域或州之间的工资水平变化来比较联邦最低工资对各个劳动力市场的影响。

图9.4显示的是在1989年第一季度到1991年最后一个季度期间内，三组州各自工资分布的5%分位数和10%分位数的时间序列：（1）13个低薪州（最低工资的影响很大）；（2）22个中薪州；（3）16个高薪州（影响较小）。州的分类与第4章研究最低工资对青少年就业影响时的分类是相同的，都是基于1989年期间收入介于3.35美元和3.79美元之间的青少年比例。

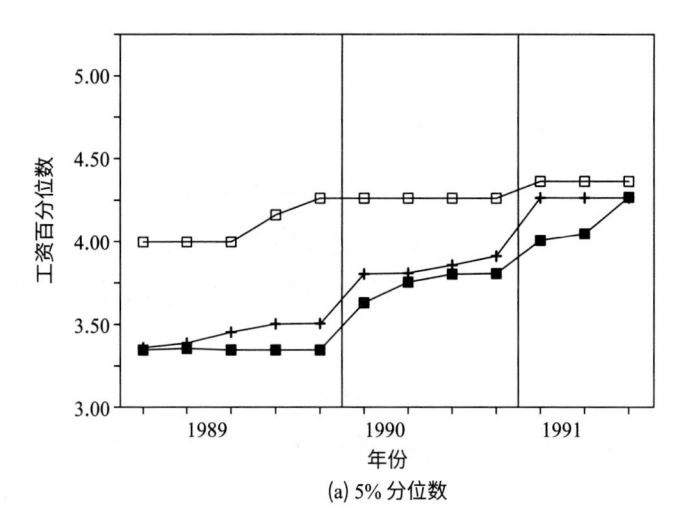

(a) 5% 分位数

(b) 10% 分位数
—■— 强影响州　—+— 中等影响州　—□— 弱影响州

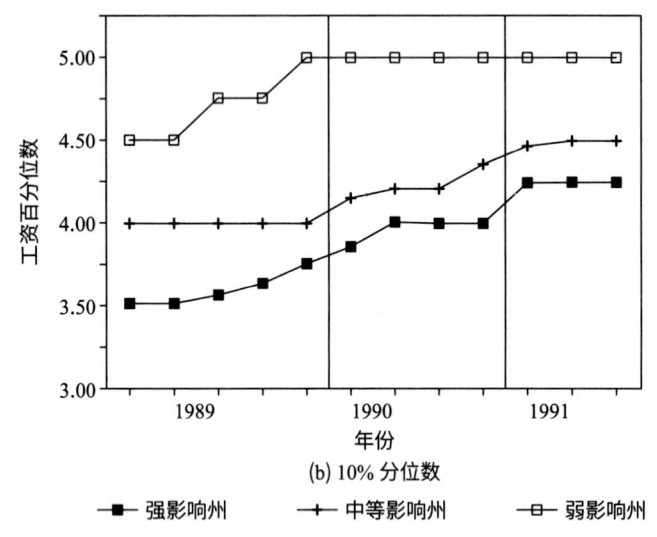

图 9.4　1989—1991 年三组州各自工资的 5% 和 10% 分位数的变化

为便于比较，我们分别在 1990 年和 1991 年前两个季度之间用竖线表示 1990 年 4 月和 1991 年 4 月两次上调时点。

在 3 年的样本期内，弱影响州工资的两个百分位数都是逐渐上升的，但大部分上升都发生在第一次上调生效之前，说明这些州的工资结构基本上并不受上调影响。[18] 因此，这些州的工资百分位数的变化可以视为其他州的反事实。在此基础上，我们可以进一步从图 9.4 中看到，1990 年和 1991 年的上调使强影响州工资分布的 5% 分位数提高了 60 美分（18%），10% 分位数提高了 25 美分（7%）。[19] 上调对中等影响州的 5% 分位数的影响与对强影响州的类似，但对中等影响州的 10% 分位数的影响为 0（因为在样本期内，中等影响州和弱影响州的 10% 分位数上升幅度是大致相同的)。

## 各州之间的比较

尽管图 9.4 中的分组分析简单明了,也标注出了工资百分位数变化的精确时间,但只汇总成了 3 组,不便于统计推断。另一种方法是将所有 50 个州(和华盛顿哥伦比亚特区)1989—1991年期内工资变化的所有月度数据进行汇总,图 9.5 的图形分析以及表 9.3 中的回归模型都采用了这种方法。对于每个州,我们使用 1989 年 4 月至 12 月的数据和对应的 1991 年的数据,来计算最近一次上调前后工资的 5%、10%、25%、50% 和 90% 分位数,同时还用 1989 年 4 月至 12 月的数据来计算该州受影响雇员的比例,即那些收入在新旧标准——3.35 美元和 4.25 美元之间的雇员比例。图 9.5 中每一张子图都是 50 个州(和华盛顿哥伦比亚特区)指定工资百分位数的变化与该州受影响雇员的比例。[20] 纳入和剔除代表该州总体就业率变化这一控制变量的两组估计结果分别列在了表 9.3 上下两个子表中。

图表和估计结果都表明,各州工资的 5% 和 10% 分位数的变化与原本工资介于 3.35 美元和 4.24 美元之间的雇员比例呈现强烈的正相关关系。相比之下,在较高的工资百分位数上却没有发现工资增长与影响比例之间的相关性,有一个可以算作例外的点是图 9.5(d)中 50% 分位数,虽然图中看不出 1989 年工资中位数的增长与受影响雇员比例之间存在什么明显的关系,但回归结果显示存在一个略微显著的关系。加州数据的影响被认为是导致

(a) 5% 分位数的变化

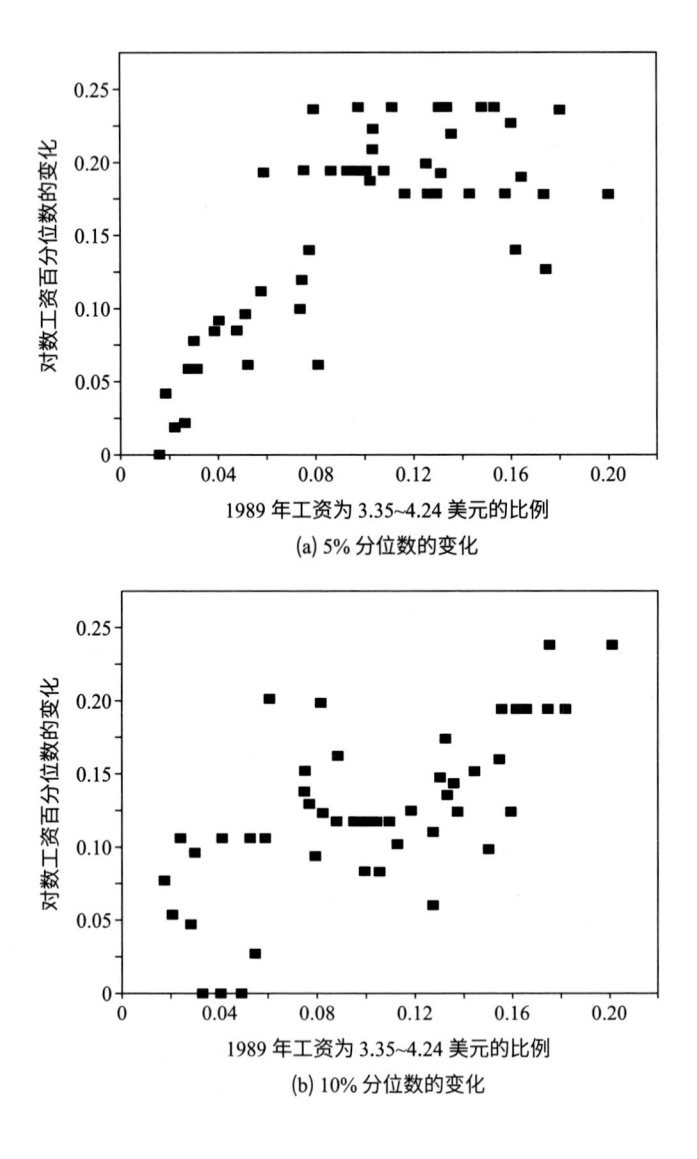

(b) 10% 分位数的变化

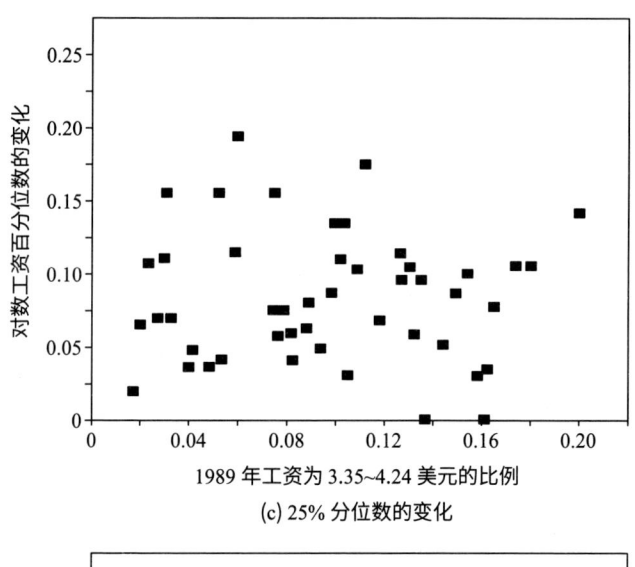

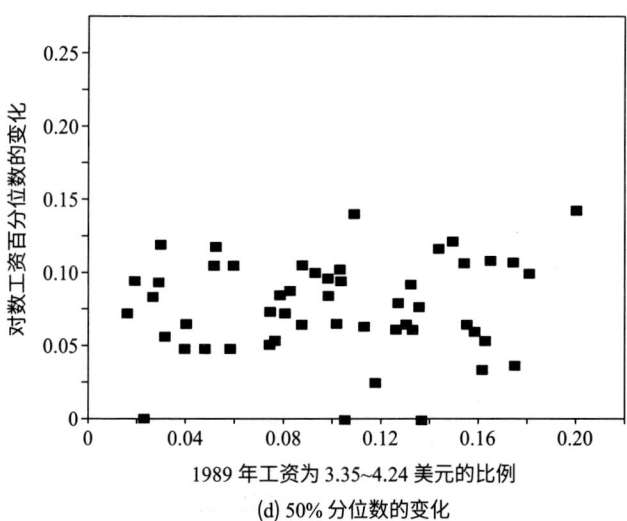

# 第9章 最低工资是如何影响工资分布、家庭收入分布和贫困的？

(c) 25% 分位数的变化

(d) 50% 分位数的变化

(e) 90% 分位数的变化

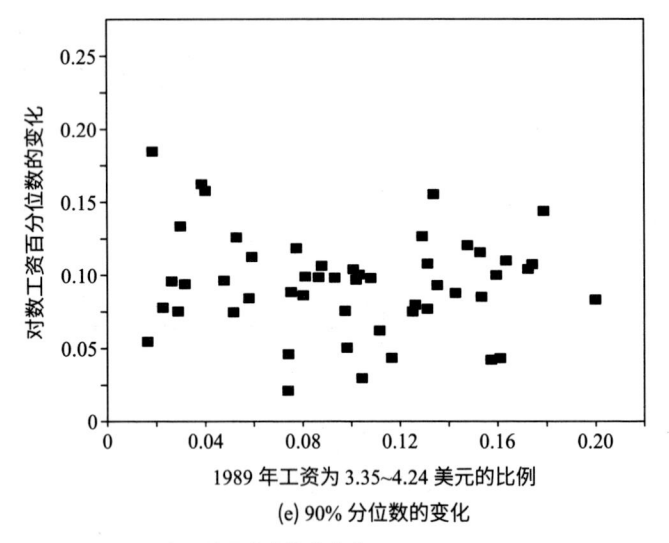

图 9.5　1989—1991 年工资百分位数的变化

该差异的原因,因为在回归模型中,估计方法是 WLS,权重为人口数量,而加州(影响比例较低,工资中位数也没有发生变化)可以认为是一个"支点",该点的纳入与否会直接给系数的大小和显著性水平带来巨大的影响。如果把加州数据剔除,那么估计出来的系数很小,而且不显著。考虑到这一点以及 25% 和 90% 分位数的结果,我们猜测上调可能不会对 25% 及以上的百分位数的工资分布带来什么影响。

将就业率作为各州不同的劳动力市场发展趋势的控制变量对表 9.3 中的估计结果影响不大。我们还估计了包含各州失业率变化,以及 1989 年、1990 年和 1991 年各州就业率绝对水平的模型,所有这些模型得出的影响比例的系数估计值非常相似。

## 第9章 最低工资是如何影响工资分布、家庭收入分布和贫困的？

### 表 9.3 1989—1991 年各州对数工资百分比变化的估值模型

**A 组：5%、10%、25%、50% 和 90% 分位数变化的模型**

| | 5% 分位数 | | 10% 分位数 | | 25% 分位数 | | 50% 分位数 | | 90% 分位数 | |
|---|---|---|---|---|---|---|---|---|---|---|
| | (1) | (2) | (3) | (4) | (5) | (6) | (7) | (8) | (9) | (10) |
| 1. 影响比例 | 1.23 | 1.18 | 0.78 | 0.69 | −0.03 | 0.00 | 0.22 | 0.21 | 0.01 | 0.06 |
| | (0.13) | (0.16) | (0.11) | (0.14) | (0.11) | (0.14) | (0.10) | (0.12) | (0.08) | (0.10) |
| 2. 就业率的变化 | — | 0.27 | — | 0.46 | — | −0.15 | — | 0.03 | — | −0.27 |
| | | (0.50) | | (0.42) | | (0.41) | | (0.36) | | (0.31) |
| 3. 可决系数 $R^2$ | 0.63 | 0.63 | 0.49 | 0.50 | 0.00 | 0.00 | 0.09 | 0.09 | 0.00 | 0.02 |

**B 组：对数工资百分比相对变化的模型**

| | 90% 分位数 −10% 分位数 | | 50% 分位数 −10% 分位数 | | 90% 分位数 −50% 分位数 | |
|---|---|---|---|---|---|---|
| | (1) | (2) | (3) | (4) | (5) | (6) |
| 1. 影响比例 | −0.76 | −0.63 | −0.56 | −0.48 | −0.20 | −0.14 |
| | (0.15) | (0.18) | (0.15) | (0.19) | (0.10) | (0.12) |
| 2. 就业率的变化 | — | −0.74 | — | −0.44 | — | −0.30 |
| | | (0.54) | | (0.57) | | (0.38) |
| 3. 可决系数 $R^2$ | 0.35 | 0.38 | 0.21 | 0.22 | 0.07 | 0.09 |

注：括号内为标准误。估计模型用到的数据是 1989 年和 1991 年 CPS 档案中 51 个州（包括华盛顿哥伦比亚特区）的观测值。A 组的因变量是 1989 年 4 月至 12 月到 1991 年 4 月到 12 月期间对应的对数工资百分位数的差异。B 组是 A 组各组因变量之间的差异。影响比例代表该州 1989 年收入为 3.35~4.24 美元雇员的比例。就业率的变化是指 1989—1991 年该州所有雇员的就业率的变化。所有模型都包含无约束常数。

表 9.3 中 B 组列出了模型的估计结果，因变量是各州对数工资的 90% 分位数和 10% 分位数的差［第（1）列和第（2）列］、50% 和 10% 的差［第（3）列和第（4）列］、90% 和 50% 的差［第（5）列和第（6）列］。结果表明，正是联邦最低工资的上调导致影响比例较高的州的工资分布受到了压缩，例如新墨西哥州（影响比例=0.17）与加州（影响比例=0.02）的 90% 与 10% 分位数的差缩小了 0.09 到 0.11，表示对数工资差距缩小了约 7%。

通过表 9.3 中的估计值，我们还可以大致了解 1990 年和 1991 年的上调对工资差异的影响程度。1989 年整个美国的影响比例为 0.087，将这一比例乘以表 9.3 中 B 组第（1）列和第（2）列的估计系数，可以得到整个经济中，对数工资的 90% 与 10% 分位数的差为 –0.055 至 –0.066。[21] 此外，1979 年至 1989 年期间，美国男性的对数工资的 90% 与 10% 分位数的差上升了 0.185［见图 9.1（b）］。如果不考虑各州工资百分位数加总过程中可能遇到的问题，那么我们估计 1990 年和 1991 年的上调使得前 10 年累积的工资差距扩大了约 30%，值得注意的是，这一上升幅度与迪纳多、福廷和勒米厄对 20 世纪 80 年代男性工资差距因 1979 年至 1989 年间实际最低工资下降而上升的幅度非常相似。

## 对雇员家庭收入分布的影响

正如我们在本章导言中所指出的，有关最低工资影响的主要问题之一是，因上调所产生的增量收入是否倾向于流向收入较高或较低的家庭。由于最低工资只能影响至少有一位雇员的家庭收入,而且大多数家庭收入中有很大一部分来自劳动所得,因此了解最低工资如何影响家庭收入的分布是很重要的。幸运的是,我们用来估计各州 20 世纪 80 年代末和 90 年代初工资分布的月度 CPS 档案数据,也可以用来估计上调前后家庭周收入的分布。这个数据来源有一个重要的特点,即个人工资信息和家庭收入信息都只局限在调查所在周。相比之下,3 月的 CPS 档案(表 9.2 和过去研究最低工资对分布影响的学者都采用过)将 3 月调查所在周的个人工资信息与上一年的家庭总收入或薪水联系了起来。

在估计家庭收入分布时,我们考虑到了 CPS 家庭收入数据中的两个特点:(1)包含多个工薪雇员的家庭比例非常高;(2)包含自由职业者的家庭收入统计不完全。本章附录中介绍了我们针对这两个特点的数据处理过程细节。简而言之,我们的调整方法是,对于包含多个工薪雇员的家庭,我们将每个人的数据按照家庭工薪雇员人数进行加权;对于收入数据中缺少自由职业收入的情况,我们从样本中删除所在家庭包含自由职业者的工薪雇员的收入信息,然后将剩余的观测值重新进行加权。[22]

最低工资对家庭收入分布的影响还取决于受影响雇员在所有家庭中的分布。表 9.4 中显示的是基于 1990 年 1 月至 3 月(1990 年上调前)所有工薪雇员的数据,第(1)列是每一个十分位组中,工资位于受影响范围内(3.35~4.24 美元)的雇员比例,第(2)列是受影响雇员的家庭收入分布。从这两列中我们可以发现,受影响的雇员在低收入家庭中的集中度非常高,第一个十分位组中有约 34% 的雇员受最低工资影响,而所有受影响雇员中有约36%位于该十分位组中。

上调带来的家庭收入增量与受影响范围内的家庭的总工时是正相关的。如表9.4中第（3）列、第（4）列所示，不同的十分位组中，受影响和不受影响的雇员工时往往略有不同。平均来看，所有十分位组中，受影响雇员的周工时较小，但收入最低的十分位组中，受影响雇员的工作时间实际上却比其他工薪雇员更长，这说明"受影响工时"的总体比例（即工资介于3.35美元至4.24美元之间的雇员的工作时间占比）要低于受影响雇员的总体比例（5.5%的受影响工时占比 vs 7.4%的受影响雇员占比），但对于第一个十分位组，这一关系却反了过来（35.7%的受影响工时占比 vs 34.4%的受影响雇员占比）。最后根据第（6）列中受影响工时的分布情况，我们得出结论，1990年和1991年联邦最低工资上调带来的收入增量中有三分之一流向了家庭收入分布中最低的10%的家庭。

为了估计上调对家庭收入分布的影响，我们还估计了每个州内，1989年4月至12月和1991年4月至12月期间家庭周总收入的10%、50%和90%分位数，然后将各州不同收入十分位数的增长率与该州的影响比例进行回归——与上一节中使用的衡量影响的变量为同一个变量。图9.6显示的是不同百分位数的变化与影响比例之间的关系。表9.5中列出了回归模型估计结果（类似于表9.3中的模型），这些模型将家庭总收入百分位数的变化与影响比例，以及代表1989年和1991年之间所在州的就业率变化的控制变量进行回归。

第 9 章　最低工资是如何影响工资分布、家庭收入分布和贫困的？

表 9.4　受 1990 年和 1991 年最低工资上调影响的雇员和工时分布（按家庭收入分组）

| 家庭收入的十分位组 | 每十分位组中受影响的雇员占比 (%)<br>(1) | 受影响雇员的分布 (%)<br>(2) | 周工时 受影响雇员<br>(3) | 周工时 未受影响雇员<br>(4) | 受影响的十分位组中所有工时的占比 (%)<br>(5) | 受影响的十分位组受影响工时的分布 (%)<br>(6) |
|---|---|---|---|---|---|---|
| 全部 | 7.4 | 100.0 | 28.5 | 39.1 | 5.5 | 100.0 |
| 1 | 34.4 | 35.6 | 28.3 | 26.7 | 35.7 | 35.4 |
| 2 | 7.5 | 7.6 | 32.5 | 37.7 | 6.5 | 8.7 |
| 3 | 6.6 | 7.5 | 31.7 | 39.2 | 5.5 | 8.4 |
| 4 | 7.1 | 8.4 | 33.5 | 39.8 | 6.1 | 9.9 |
| 5 | 6.8 | 8.4 | 30.6 | 39.8 | 5.3 | 9.1 |
| 6 | 5.4 | 7.0 | 28.8 | 39.8 | 4.0 | 7.1 |
| 7 | 5.0 | 7.4 | 26.3 | 40.0 | 3.3 | 6.8 |
| 8 | 3.9 | 6.1 | 25.1 | 40.3 | 2.5 | 5.4 |
| 9 | 3.6 | 6.3 | 23.2 | 40.2 | 2.1 | 5.1 |
| 10 | 3.0 | 5.6 | 21.4 | 41.3 | 1.6 | 4.2 |

注：取自 1990 年 1 月至 3 月的 CPS 档案。受影响雇员定义为工资为 3.35～4.24 美元的雇员。受影响工时是指这些雇员的工作时间。

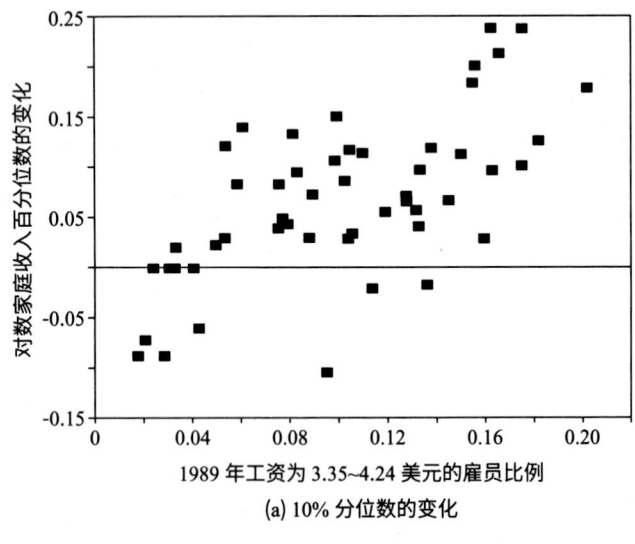

(a) 10% 分位数的变化

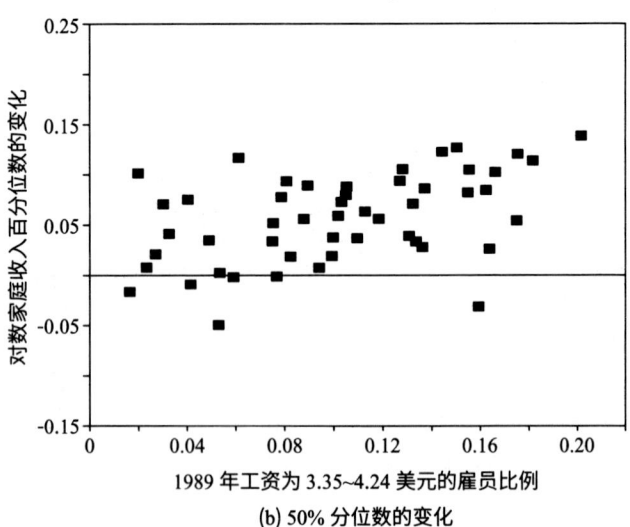

(b) 50% 分位数的变化

横轴：1989 年工资为 3.35~4.24 美元的雇员比例
纵轴：对数家庭收入百分位数的变化

(c) 90% 分位数的变化

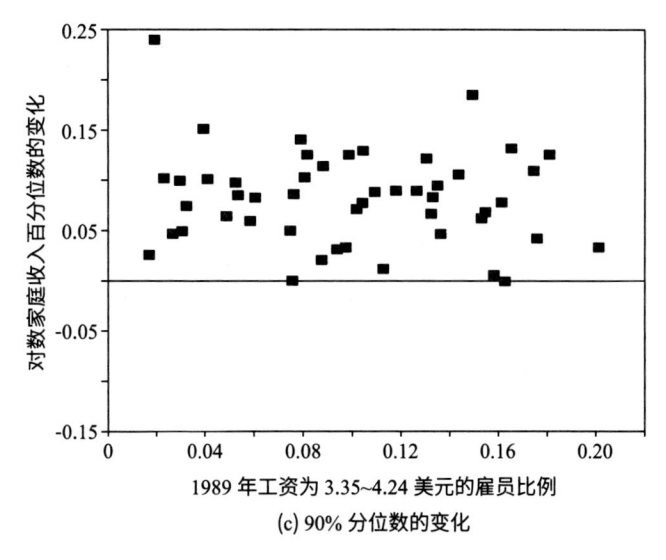

图 9.6　1989—1991 年家庭收入百分位数的变化

我们再次发现图表和回归结果都指向了同一个结论：家庭收入第一个十分位组的变化与该州影响比例之间的正相关关系非常明显。剔除掉州自己的就业趋势后，该相关性虽有减弱，但仍非常显著，说明（正如第 4 章中所述）影响比例与 1989 年和 1991 年之间各州的经济增长正相关。其估计值也意味着联邦最低工资的上调使得家庭周收入的 10% 分位数上升，受影响较大的州（如新墨西哥州）比受影响较小的州（如加州）高出 10% 至 14%。这个范围与这两个州的最低工资对工资 10% 分位数的影响非常相似［用表 9.3 第（3）列和第（4）列的估计值计算出的这一范围为 10% 至 11%］。根据表 9.4 的估计结果，人们可能

表 9.5 1989—1991 年各州对数家庭周收入百分比变化的估值模型

| | 10% 分位数 | | 50% 分位数 | | 90% 分位数 | | 90%—10% 分位数 | | 50%—10% 分位数 | |
|---|---|---|---|---|---|---|---|---|---|---|
| | (1) | (2) | (3) | (4) | (5) | (6) | (7) | (8) | (9) | (10) |
| 1. 影响比例 | 1.01 | 0.72 | 0.42 | 0.35 | −0.06 | −0.14 | −1.07 | −0.86 | −0.58 | −0.37 |
| | (0.18) | (0.21) | (0.11) | (0.13) | (0.13) | (0.16) | (0.20) | (0.24) | (0.19) | (0.23) |
| 2. 就业率的变化 | — | 1.55 | — | 0.45 | — | 0.43 | — | 1.12 | — | −1.10 |
| | | (0.64) | | (0.40) | | (0.48) | | (0.73) | | (0.69) |
| 3. 可决系数 $R^2$ | 0.38 | 0.45 | 0.24 | 0.26 | 0.00 | 0.02 | 0.36 | 0.39 | 0.16 | 0.20 |

注：括号内为标准误。模型是对 51 个州（包括华盛顿哥伦比亚特区）的观测值进行估计的，使用的是 1989 年和 1991 年现时人口调查的数据。因变量是 1989 年 4 月至 12 月到 1991 年 4 月至 12 月期间对数家庭周总收入百分位数的变化。影响比例是指该州 1989 年 4 月至 12 月工资为 3.35～4.24 美元有薪雇员比例。就业率的变化是指 1989 年至 1991 年间该州所有雇员就业率的变化。所有模型都包含无形的末常数。

会认为最低工资对家庭收入10%分位数的影响要小于对工资10%分位数的影响，因为在家庭收入第一个十分位组的家庭中，并非所有的工薪雇员都会直接受到最低工资的影响。但这种直觉是错误的，因为最低工资对家庭收入的某一百分位数的影响，取决于分布中对应那点的所有家庭中，受影响雇员的收入比例。例如，假设最低工资只影响到某个州最低5%雇员的工资，因此对10%分位数的工资没有影响。如果有部分受影响雇员生活在家庭收入的10%分位数的家庭中，那么，上调将提高家庭收入的10%分位数，但不会提高工资的10%分位数。

在家庭收入中位数变化的模型中，影响比例的系数〔表9.5第（3）列和第（4）列〕表明，在比例较高的州，上调也会对中位数产生较大影响。例如，从系数中可见，1989年至1991年期间，新墨西哥州的家庭周收入中位数增长比加州快了5%至6%。另一方面，家庭收入90%分位数的估计结果说明，上调不影响家庭收入分布的右尾。[23]90%与10%分位数的差和50%与10%分位数的差的估计结果〔第（7）列到第（10）列〕表明，上调对家庭周收入差异有着重大影响。

虽然这些结果很有意思，但只研究家庭收入分布的百分位数很难评估最低工资的整体影响，为了进一步定量化最低工资对收入分布的影响，我们用1989年4月至12月和1991年的数据，计算了第一个十分位组的家庭收入占家庭总收入的比例。我们根据1990年和1991年上调对该州工资的影响是强、中等还是弱，将所有的州分为图9.4中的三组州。

分析结果列在表9.6中。在三组不同的州中，1989年第一个十分位组的家庭收入占家庭总收入的1.9%至2.0%，在1989年至1991年期间，第一个十分位组的家庭收入占比在强影响州中上升了0.08个百分点（4.3%），但在中等和弱影响州中则分别下降了0.03和0.06个百分点。这一期间的变化表明，相比弱影响州，最低工资将强影响州中第一个十分位组的家庭收入提高了0.14个百分点（6%），但由于对中等或弱影响州的影响较小，对整个美国第一个十分位组的家庭的总体影响可能只有对强影响州影响的三分之一到二分之一。

结果是否合理？回顾一下表9.1，在联邦最低工资上调前，所有雇员中只有7.4%是收入介于3.35～4.24美元的，他们的平均工资为3.77美元。如果上调使得受影响雇员的工资提高到4.25美元（对低于最低工资的雇员没有影响，对高薪雇员也没有"涟漪效应"，因此也不影响就业情况），那么他们的平均工资将增加48美分，将此上涨幅度乘以平均周工时（28.1小时），并假设1990年年初的劳动力总数为1.05亿个工薪雇员，那么最新的上调政策每周将增加约1.05亿美元（约合每年55亿美元）的工资。1990年，大约有8,100万个有收入的家庭（将独居者也视为家庭），家庭平均周收入约为650美元，因此暂且忽略就业对高薪或低薪雇员的工资影响，上调相当于产生了约0.20%家庭总收入的转移支付。根据表9.4，上调带来的增量的约35%（约总收入的0.07%）理应流向第一个十分位组的家庭。假设上调不影响弱影响州的家庭收入，那么该结果与表9.6中的比例大致一致，说明在强影响州中，约 0.14% 的总收入发生了转移，而在中等影响州中，这一比例约为 0.03%。

表 9.6　1990 年和 1991 年联邦最低工资上调前后，家庭收入最低的 10% 家庭的总收入占比

| 州分组 | 第一个十分位组家庭的收入占比 | | |
| --- | --- | --- | --- |
|  | 1989 年 (1) | 1991 年 (2) | 变化 (3) |
| 1. 强影响州 | 1.87 | 1.95 | 0.08 |
| 2. 中等影响州 | 1.88 | 1.85 | −0.03 |
| 3. 弱影响州 | 1.98 | 1.92 | −0.06 |

注：每一个数据代表家庭收入分布中第一个十分位组的家庭周总收入的占比。三组州是根据最低工资对该州工资的影响来划分的。

不过在解释表 9.6 时需要小心，1990 年到 1991 年的经济衰退对强影响和中等影响州的冲击并不严重，因此有可能会导致我们高估了最低工资上调的影响。

## 上调最低工资对贫困率的影响

我们来看看最低工资的最后一个可能的影响：对贫民比例的影响。贫困率的定义是所在家庭收入低于根据不同家庭构成而制定的贫困线的个人比例。[24] 正如本章引言中提到的，贫困率与最低工资之间的关系显然是有限的，因为生活在贫困中的成年人中，有三分之二是不工作的。然而，最低工资政策时常被定义为脱贫计划，而且大部分支持者的政治言论也都基本关注其所谓脱贫效果上。

我们用1990年3月（1990年上调前1个月）和1992年3月（1991年上调后11个月）的CPS数据来计算各州所有16岁及以上的个人和雇员（只要是在前一年工作过的人，无论工作时间多长）的个人贫困率。3月的CPS使用了前一年的家庭收入来定义贫困状况，因此得到的贫困率数据的时间下标应为1989年和1991年。如同我们对工资和家庭收入分布的分析一样，我们将各州的贫困率变化与衡量该州受1990年和1991年上调影响的雇员比例，以及代表各州经济趋势的控制变量——1989年和1991年之间各州就业率的变化，或同一时间段内各州失业率的变化进行回归。

回归结果见表9.7，在没有其他控制变量的情况下，最低工资变量对整体贫困率或个人贫困率的影响是负的，而且略为显著，说明最低工资影响较大的州，贫困率下降更快。在考虑经济环境变化的模型中，估计值虽然也为负值，但与0没有明显差异。为了进一步分析贫困的驱动因素，我们还估计了考虑州就业率变化和一组描述主要人口普查区域（美国东北部、南部、中北部和西部）的虚拟变量的模型，这些虚拟变量可以捕捉到任何可能会影响贫困率的经济环境、政府支持计划或家庭构成等地域因素。估计结果［第（4）列和第（8）列］显示，影响比例的系数相对于总体贫困率是一个绝对值较小的负数，相对于雇员贫困率是一个绝对值较大的负数。第（8）列的系数意味着，上调导致影响比例较高的州（如新墨西哥州）中的"在职贫民"的比例相对影响比例较低的州（如加州）下降了1.6个百分点，考虑到

### 第9章 最低工资是如何影响工资分布、家庭收入分布和贫困的？

**表 9.7　1989—1991 年各州贫困率变化的估值模型**

| | 总体贫困率 | | | | 雇员的贫困率 | | | |
|---|---|---|---|---|---|---|---|---|
| | (1) | (2) | (3) | (4) | (5) | (6) | (7) | (8) |
| 1. 影响比例 | -0.15 (0.08) | -0.06 (0.10) | -0.14 (0.12) | -0.03 (0.11) | -0.13 (0.07) | -0.12 (0.08) | -0.18 (0.10) | -0.12 (0.10) |
| 2. 就业率的变化 | — | -0.48 (0.31) | — | -0.57 (0.31) | — | -0.06 (0.26) | — | -0.08 (0.27) |
| 3. 失业率的变化 | — | — | 0.09 (0.42) | — | — | — | -0.26 (0.36) | — |
| 4. 地区虚拟变量 | 否 | 否 | 否 | 是 | 否 | 否 | 否 | 是 |
| 5. 可决系数 $R^2$ | 0.07 | 0.12 | 0.07 | 0.22 | 0.07 | 0.07 | 0.08 | 0.11 |

注：括号内为标准误。估计模型用到的数据是 1990 年 3 月、1992 年 3 月和 1992 年 3 月 CPS 档案中 51 个州（包括华盛顿哥伦比亚特区）的数据。第 (1) — (4) 列中的因变量是 16 岁及以上的总体家庭总收入低于根据家庭规模调整后的贫困线的比例的变化。第 (5) — (8) 列中的因变量是 16 岁及以上的雇员去年有处于工作状态且所在家庭总收入低于根据家庭规模调整后的贫困线的比例的变化。影响比例代表该州 1989 年 4 月至 12 月工资为 3.35～4.24 美元的雇员所有的工薪雇员的比例。贫困率的变化定义为 1989 年至 1991 年该州所有雇员所有的贫困线的比例的变化。就业率的变化是指 1989 年至 1991 年该州所有雇员的就业率的变化。失业率的变化是指 1989 年至 1991 年该州所有雇员的失业率的变化。地区的控制变量是三个人口普查地区的虚拟变量。所有模型都包括无约束常数。

397

1991年新墨西哥州的贫困率为11%，这一影响可以认为是较为明显的。

为了更好地理解表9.7中系数的含义，我们用1990年3月的CPS数据估计上调到4.25美元后就能脱贫的在职贫民的最大占比。具体来看，我们针对每个人计算家庭脱贫缺口（能够使所在家庭脱贫所需的上涨幅度）与前一年个人收入的比例，然后将这一比例与原先低于4.25美元的雇员的工资上涨到4.25美元所需的涨幅百分比进行比较。通过该方法，我们估计最多有12%的贫民可以通过最低工资脱贫。[25] 在各州中，"可流动"的贫民雇员比例与工资为3.35~4.25美元的雇员比例是正相关的：影响比例从2%增加到17%（如加州和新墨西哥州），那么"可流动"的贫民雇员比例增加7%（$t$值为1.5）。在职贫民占比变化模型中影响比例的结果表明，所有这些潜在的可流动的个人实际上都因联邦最低工资的上调而实现脱贫。

总之，我们发现一些证据可以表明：在上调影响最大的州，1989年至1991年期间的贫困率（尤其是成年人的贫困率）下降速度很快，但我们的估计结果还不算准确，因此不能确认该变化是由最低工资引起的。但可以肯定的是，我们没有发现上调最低工资会加剧贫困的证据；相反，我们的分析指向的结论是，上调有一定程度降低贫困率的作用。

## 结论

与许多其他的结论相反，我们的实证结论表明，最新一轮联邦最低工资的上调具有缩小工资和家庭收入差距的作用，而且雇员的贫困率也因此出现一定程度的下降。

最低工资对工资分布的影响是非常直接的，而且也很容易测量。与迪纳多、福廷和勒米厄（DiNardo, Fortin, and Lemieux, 1994）最新的研究结论一致，我们也发现最低工资不仅仅是青少年，也是大部分工薪阶层的工资"后盾"。我们的估计结果表明，1990年和1991年的上调导致了整个工资分布的左尾大幅压缩，很大程度上扭转了20世纪80年代以来逐渐加剧的工资不平等现象。

最低工资对家庭收入分布的影响并不直接，因为并非所有受上调影响的雇员都生活在低收入的家庭。然而意想不到的是，经过对受影响雇员在家庭中的分布情况的研究后我们发现，1990年和1991年的上调所产生的增量收入，有35%以上流向了在家庭收入分布中最低的10%的家庭中。根据各州之间影响比例变化的研究结论，最低工资对家庭收入第一个十分位组的影响很大，而且相对较为精确。我们还比较了受上调影响较大和较小的各组州中，家庭收入分布中第一个十分位组家庭所获收入在总收入中的占比变化。我们发现，在最低工资对工资影响最大的州，尽管收入的实际增长相对温和，但最贫困家庭的收入占比增长却更快。

大多数贫民都不是雇员，而且最低工资只能影响包含雇员的家庭，因此最低工资和贫困之间的联系更有限。同样，我们用1990年和1991年上调影响在各州之间的差异来估计政策对贫困现象的影响。结果表明，在职贫民的贫困程度只是略有下降，但该估计结果并不准确。

总的来说，我们的结论与格拉姆利克的结论相似，他在1976年的研究中首次就最低工资对分布的影响进行了系统的实证分析。正如格拉姆利克指出的，最低工资的适当上调有可能会对低薪雇员和整体收入分布产生轻微的正面影响。

## 附　录

本章的数据源自两组 CPS 档案中的工资、收入和家庭收入数据。其中工资和家庭收入数据来自1989年、1990年和1991年 ORG 的月度合并档案。在从这些档案中进行摘录的过程中，我们的数据还覆盖了在 CPS 调查期间内为16岁及以上的雇员。对于自称主业是按小时计酬的雇员，我们将其报告的时薪标注为"工资"。对于按周、月等支付报酬的个人，我们将他们的周收入与周工时的比值视为"工资"。对于时薪或周薪分配缺失的雇员，以及时薪低于1美元或高于75美元的雇员，我们将其工资标为缺失数据。

ORG 档案中包含了个人的家庭工资和薪水总额、工薪雇员人数，以及成员是否为自由职业者的信息。在计算家庭收入分布时，考虑到 CPS 中不包含自由职业者的数据，我们对家庭收入数据和 CPS 档案的权重进行了三项调整。第一，对于家庭成员中有自由职业者的个人，我们将家庭收入值设为缺失，该调整影响了 6% 到 8% 的工薪雇员；第二，考虑到这一点造成的缺失数据，我们将家庭成员中没有自由职业者的个人的样本权重进行了上调；第三，将每个人的样本权重除以家庭成员中的工薪雇员人数，这一调整方法重新计算了个人数据的权重，以考虑一个包含 $N$ 个工薪雇员的家庭会被纳入样本 $N$ 次这一情况。

关于贫困和家庭总收入的数据来自 1990 年、1991 年和 1992 年 3 月的 CPS 档案。我们在提取数据的过程中也包含了 16 岁及以上的个人数据。家庭收入数据来自上一个日历年所有收入来源报告的数据。3 月 CPS 档案中包含经家庭成员数量和年龄结构调整后的贫困线的数据，贫困情况是将实际家庭收入情况和该贫困线进行比较后得出的。

## 注　释

1. 本章后面将介绍该计算方法。
2. 例如，彼得·帕塞尔（Peter Passell）在 1993 年 2 月 18 日的《纽约时报》上写道："上调最低工资产生的大部分增量收入将流向冲浪板和音响，而不是租金和婴儿配方奶粉。"
3. 这些数据来自 Card snd Lemieux（1994），同时也来自每个人对主业工资标准的反馈。
4. 我们的证据表明，在较高的最低工资所带来的增量收入中，流向低收入家庭的比例大于霍里根和敏西（Horrigan and Mincy, 1993）最近的一项研究报告中对应的比例。我们将在本章后面讨论这一差异的原因。

5. 值得注意的是，1990 年 3 月收入介于 3.35~4.24 美元的一些雇员，在 1991 年可能已经退出了劳动力市场。而另一些人可能因丰富的工作经验，其工资被上调到 4.25 美元以上。然而，劳动力市场上的雇员会不断被其他具有相似的年龄、受教育年限和技能特征的雇员替代。因此，当我们提到受影响的雇员时，我们实际上指的是一类群体——例如 16—24 岁且受教育年限小于 12 年的群体，而不是指特定的一群人。

6. 自由职业者不受最低工资的限制，因此不在统计范围内。我们所说的"工薪雇员"是指那些自称受雇于私人部门或政府部门的人。

7. 我们使用的"家庭"一词，既包括多人家庭，也包括独居者。

8. 低于最低工资的雇员比收入介于 3.35~4.24 美元的雇员的工资更有可能是按周或按月支付的。对于定薪雇员，我们只能通过将单周平均收入除以单周平均工时来计算小时工资，但由于周工时经常被误报，因此该统计方法在计算定薪雇员的工资中会产生一些误差。

9. 需要注意的是，这里的家庭收入十分位组的定义并不正式，因为每个十分位组包含的是 10% 的个人，而不是 10% 的家庭。

10. 从形式上看，这类似于检验两个分布函数是否相等的柯尔莫戈洛夫（Kolmogorov）检验，参见 Cox and Hinkley（1974：198–202）。

11. 表 9.2 中收入的十分位组针对的是所有人，而不是所有雇员，因此所有雇员中约有 4.5% 处于第一个十分位组中。

12. 伯克豪斯和格伦（Burkhauser and Glenn, 1994）最近的一项研究也给出了类似的结论。他们的表 1 中的数据显示，1979 年所有低薪雇员（上一年平均收入低于整体平均工资的二分之一的雇员）中，有 34% 生活在贫困或贫困边缘的家庭中，到了 1989 年，这一比例上升到了 39%。

13. 例如 1974 年至 1990 年期间，有孩子的家庭的实际家庭收入中位数下降了 20%，而没有孩子的家庭的实际家庭收入中位数保持不变，参见美国商务部（1993 年，表 B–12）。

14. 例如 1990 年 3 月，收入介于 3.35～4.24 美元的青少年的平均家庭收入比高薪青少年的低 10%。格拉姆利克（Gramlich, 1976, Table12）也发现，1973 年收入介于 1.60～2.00 美元的青少年的家庭收入比收入超过 2.00 美元的青少年的家庭收入高 10%。

15. 1990 年 3 月，小时工和定薪雇员的家庭总收入均值分别为 37,300 美元和 51,360 美元。

16. 收入分布最低的五分之一家庭的实际平均家庭收入从 1973 年的 11,069 美元下降到 1990 年的 10,555 美元（按 1992 年美元购买力计算），同期的平均收入与贫困线的比值从 1.12 下降到 0.99，参见美国商务部（1993 年，表 B–7 和表 B–8）。

17. 数据来自 1989 年、1990 年和 1991 年的月度 CPS，如本章附录中所述。

18. 1989 年高薪州收入分布的 5% 和 10% 分位数的增长，可能源自当年在许多高薪州实行的州最低工资政策。
19. 这些估计结果是通过比较1989年第一季度至1992年第四季度低薪州和高薪州之间的工资百分比变化得到的。
20. 我们使用对数工资的百分比变化。
21. 由于整个美国工资的百分位数不能写成各州工资百分位数的加权平均数,因此严格意义上来看,该计算方法并不正确,但结果依旧能大致反映出上调后的影响。
22. 这一过程的隐含假设是自由职业者在所有雇员中的分布是随机的。
23. 我们还分析了家庭收入的5%和25%分位数。家庭收入5%分位数对应的影响比例变量的系数是正的,而且非常显著,但略低于10%分位数的系数(对于没有控制变量的模型,估计值为0.78,标准误为0.30)。25%分位数的模型中的系数同样略低于50%分位数的系数(对于没有控制变量的模型,估计值为0.38,标准误为0.13)。
24. 对于独居者来说,家庭收入即为他们的个人收入。
25. 这个估计很粗略,因为它依赖于从年度总收入、工作周数和前一年的单周平均工时中推算出的小时工资。

# 第10章

## 雇主和股东的损失有多大？

> 我们认为虽然食品或劳动力成本的大幅上涨（10%左右）对于行业内大部分经营者而言是完全可控的，但两者一起大幅度上涨就可能会对行业的盈利能力产生不利影响。
>
> ——蒙哥马利证券报告

大多数关于最低工资影响收入分布的研究都集中在对雇员的影响上，但对雇主的影响知之甚少。我们还无法回答以下几个最基础的问题：上调会侵蚀多少雇主利润？哪些雇主的利润最有可能因上调而被侵蚀？是否有雇主因最低工资而破产？雇主和他们的代理人通常会强烈反对上调，但我们目前还无法找到数据来定量化上调对雇主利润的影响。

经济学家们普遍认为，上调最低工资会使低薪雇员的雇主被迫抬高经营成本。实际上，如果上调10%，在其他条件保持不变的情况下，理论上雇主的劳动力成本的增加幅度就等于其在总成本中的比例乘以10%。不过被迫抬高成本也可以通过多种方式来解决：第一，雇佣最低工资雇员的企业的利润可能会下降；第二，企业可以提高产品价格将上涨的成本转嫁给消费者；第三，上调可能会促使公司通过提高运营效率或铲除企业内部顽疾来创造更大的收入。当然，这些影响也有可能同时发生。[1]

在本章开头，我们先对直接受上调影响的最低工资雇员的雇主类型进行统计。结果表明，支付标准刚好等于或接近最低工资的雇主往往规模较小，而且大都集中在零售业，尤其是餐饮业。然后我们对最低工资如何影响利润的其他理论模型进行了总结。

本章主要介绍了关于股票市场事件影响的一系列研究，主要关注股票市场对即将出台最低工资政策这一消息的反应。我们先选取从1987年初开始的一系列可能会改变投资者对最低工资政策后续走向的预期的事件，例如，时任副总统乔治·布什宣布可能会支持上调最低工资时，灵敏的分析师可能就已经开始提高对上调可能性的预期。如果股价能够准确反映上市公司的价值，那么市场对最低工资方面的消息的反应可以直接用于衡量最低工资对雇主利润的影响。我们主要关注多家上市公司，包括麦当劳、凯马特（Kmart）和西尔斯（Sears），这些企业会向大量雇员支付接近最低工资的薪水。在对全市场的收益率进行调整后发现，关于股价是否会随着最低工资政策在操作上的变化而变化，我们的结论非常模糊。与1989年11月联邦最低工资立法相关的新闻对低薪雇主的股价几乎没有任何系统性的影响。最近有关提议上调最低工资的新闻可能会对这些公司的股价产生轻微的不利影响，幅度大约为1%或2%。不过研究结论中有一个问题，就是投资者有可能在新闻发布之前就已经有所预期，另一个问题是，研究事件影响的方法很大程度上依赖于市场对新闻的反应是理性的这一假设，但我们的研究结论表明，低薪雇主的股价在最低工资方面的新闻公布当天或前后数天内并没有受到显著影响。

## 最低工资雇主的概况

表 10.1 列出了在 1993 年 4 月支付最低工资和其他工资标准的雇主的特征。[2] 前 4 列是对应工资范围内受雇于不同规模和行业企业的雇员比例。例如，第 1 行第（2）列表示在 1993 年工资等于最低工资（4.25 美元）的所有雇员中，59.7%受雇于少于 25 名雇员的雇主。低于最低工资的雇员比例为 59.2%［第（1）列］。高于最低工资的雇员被分为两类：第（3）列接近最低工资（4.26～4.75 美元）的雇员与第（4）列较高工资（超过 4.75 美元）的雇员。

从表 10.1 中我们发现了一些非同寻常的规律。相比较高工资的雇员，最低工资和接近最低工资的雇员在小型企业的比例更高，不过有意思的是，最低工资雇员中约 64%受雇于类似麦当劳这种各地均有分支机构的企业，该比例仅略低于 71.3%的较高工资的雇员比例，远高于 38.2%的低于最低工资的雇员比例。约 35%的最低工资雇员受雇于所有分支机构总雇员人数少于 25 人的企业，而受雇于这些企业的工资超过 4.75 美元的雇员的比

表10.1 1993年4月雇佣最低工资和接近最低工资雇员的企业概况

| 雇主特征 | 各工资范围内受雇于不同雇主类型的雇员比例 (%) ||||  不同雇主类型的雇员工资分布 ||||
|---|---|---|---|---|---|---|---|---|
| | <4.25美元 (1) | 4.25美元 (2) | 4.26~4.75美元 (3) | >4.75美元 (4) | <4.25美元 (5) | 4.25美元 (6) | 4.26~4.75美元 (7) | >4.75美元 (8) |
| 机构规模 | | | | | | | | |
| 1. 1~24人 | 59.2 | 59.7 | 51.4 | 32.0 | 5.0 | 3.9 | 6.2 | 85.0 |
| 2. 25~99人 | 27.3 | 24.2 | 27.4 | 24.7 | 3.2 | 2.2 | 4.6 | 90.1 |
| 3. 100~249人 | 6.7 | 7.9 | 12.0 | 15.1 | 1.3 | 1.2 | 3.4 | 94.1 |
| 4. 250人及以上 | 6.8 | 8.3 | 9.2 | 28.1 | 0.7 | 0.7 | 1.5 | 97.1 |
| 多地企业 | | | | | | | | |
| 5. 是 | 38.2 | 63.9 | 59.4 | 71.3 | 1.6 | 2.0 | 3.5 | 92.9 |
| 6. 否 | 61.8 | 36.1 | 40.6 | 28.8 | 5.8 | 2.7 | 5.5 | 86.0 |
| 企业规模 | | | | | | | | |
| 7. 1~24人 | 50.5 | 35.3 | 35.0 | 20.2 | 6.6 | 3.4 | 6.2 | 83.9 |
| 8. 25~99人 | 16.9 | 14.9 | 11.9 | 13.0 | 3.7 | 2.4 | 3.6 | 90.4 |
| 9. 100~249人 | 4.3 | 3.7 | 8.2 | 8.8 | 1.4 | 0.9 | 3.7 | 93.9 |
| 10. 250人及以上 | 28.2 | 46.1 | 44.9 | 58.0 | 1.4 | 1.7 | 3.1 | 93.8 |

续表

| 雇主特征 | 各工资范围内受雇于不同雇主类型的雇员比例 (%) ||||不同雇主类型的雇员工资分布||||
|---|---|---|---|---|---|---|---|---|
| | <4.25 美元 (1) | 4.25 美元 (2) | 4.26~4.75 美元 (3) | >4.75 美元 (4) | <4.25 美元 (5) | 4.25 美元 (6) | 4.26~4.75 美元 (7) | >4.75 美元 (8) |
| 行业 | | | | | | | | |
| 11. 农业 | 6.1 | 2.7 | 3.0 | 1.3 | 11.5 | 4.5 | 8.1 | 76.0 |
| 12. 采矿业 | 0.1 | 0.0 | 0.0 | 0.7 | 0.7 | 0.1 | 0.2 | 99.1 |
| 13. 建筑业 | 1.6 | 1.1 | 1.1 | 5.2 | 1.0 | 0.6 | 0.9 | 97.5 |
| 14. 制造业 | 5.7 | 8.9 | 9.3 | 19.1 | 0.9 | 1.2 | 2.1 | 95.7 |
| 15. 交通/通信/公共事业 | 2.6 | 1.0 | 1.7 | 8.2 | 1.0 | 0.3 | 0.9 | 97.8 |
| 16. 批发业 | 1.3 | 1.2 | 1.3 | 4.0 | 1.0 | 0.8 | 1.5 | 96.8 |
| 17. 零售业 | 39.1 | 51.3 | 50.6 | 13.9 | 6.6 | 7.5 | 12.3 | 73.5 |
| 18. 金融、保险、房地产 | 3.2 | 1.0 | 1.7 | 7.2 | 1.4 | 0.4 | 1.1 | 97.2 |
| 19. 服务业 | 38.9 | 31.7 | 30.4 | 34.4 | 3.3 | 2.3 | 3.7 | 90.7 |
| 20. 公共管理 | 1.4 | 1.3 | 0.9 | 6.0 | 0.7 | 0.6 | 0.7 | 98.0 |
| 21. 全部 | 100.0 | 100.0 | 100.0 | 100.0 | 2.9 | 2.5 | 4.2 | 90.4 |

注：分支机构和企业规模的数据来自 1993 年 4 月的 CPS 档案中雇员福利补充信息。行业数据来自 1993 年 CPS 档案中的 ORG 数据。

例约为 20%。因此当我们用所有分支机构的雇员总数来衡量雇主规模时，小型企业中最低工资和接近最低工资的雇员相对集中度会被部分抵消。

最低工资雇员的行业分布也显著不同于较高工资的雇员，零售业和服务业的企业一共雇佣了 83% 的最低工资雇员，仅零售业就雇佣了一半以上的最低工资雇员。相比之下，零售业和服务业中工资高于 4.75 美元的雇员占比不到一半。如果用更细的行业分类，我们发现在快餐店、酒店、杂货店和百货商店行业内，最低工资雇员非常普遍。例如 1993 年，有足足 28.5% 的最低工资雇员在快餐店工作。

表 10.1 最后 4 列中的数据是每一行对应类别的雇员在不同工资范围的分布。例如，第 1 行第（6）列表示在雇员少于 25 人的企业中有 3.9% 的最低工资雇员。尽管该比例看上去很低，但要知道全美的最低工资雇员比例只有 2.5%。此外，小企业比大企业更有可能支付最低工资，但实际的最低工资雇员比例都很低。[3]

每个行业的工资分布中，我们发现最低工资雇员比例基本都不超过 8%。例如，在零售业中最低工资雇员比例只有 7.5%，而介于最低工资和 4.75 美元之间的比例有 12.3%；餐饮业中，这两个比例分别为 13.4% 和 18%。如果所有企业遵纪守法，那么 1993 年将最低工资上调到 4.75 美元将直接影响 31.5% 的快餐店雇员。

因为很多雇员的起薪就是最低工资，然后才逐步涨薪，所以可能会有人认为最低工资的影响会比表格中的数字要大。正如

第 5 章中讨论过的，部分企业的整体工资结构会因最低工资的上调而上抬。如表 10.1 所示，在单一日期截面数据的分析中，很有可能会遗漏企业将工资结构锚定在最低工资这一情况。为了解决该问题，我们将样本缩小到仅包括最近一年内雇佣的雇员（以下简称为"新雇员"）。我们发现新雇员中有 7.4% 是最低工资雇员，该比例是所有新老雇员中最低工资雇员比例的 3 倍多，此外有 12% 的新雇员工资介于最低工资和最低工资 +50 美分的区间内。在少于 25 名雇员的企业中，有 10% 的新雇员是最低工资雇员，在 250 名以上雇员的机构中，这一比例为 2.9%。因此当我们只考虑新雇员时，最低工资的影响会大得多。

## 最低工资对利润的影响

上调最低工资如何影响企业的盈利能力？我们先考虑对竞争性行业中单个雇主的影响，然后考虑对整个行业利润的影响，随后通过假设一个典型的快餐店作为例子来进行理论层面的分析，最后讨论在其他经济环境下最低工资对雇主利润的影响。

### 竞争性的、收取工资的公司

新古典模型假设每个企业为实现利润最大化，自主决定就业水平。我们用 $F(L)$ 表示企业的产出，$F(\cdot)$ 是一个企业雇佣的劳动力数量 $L$ 的单调递增凹函数。[4] 产品价格 $p$ 和工资 $w$ 假设都是固定的。因此最优化利润函数 $\pi(w)$ 如下：

$$\pi(w) = \max_{L} pF(L) - wL \quad (10.1)$$

令 $w^0$ 代表没有最低工资或最低工资上调之前的起薪。令 $\pi^0 = \pi(w^0)$ 且最低工资 $w^M > w^0$,则企业利润 $\Delta\pi$ 变化量的离散二阶项近似为:

$$\frac{\Delta\pi}{\pi^0} \approx \frac{w^0 L^0}{\pi^0}\left(\frac{w^M - w^0}{w^0}\right) + \frac{1}{2}\frac{w^0 L^0}{\pi^0}\eta\left(\frac{w^M - w^0}{w^0}\right)^2 \quad (10.2)$$

其中,$L^0$ 为工资等于 $w^0$ 时的最优就业水平;$\eta$ 为劳动力需求弹性的绝对值。方程(10.2)中的第一项代表上调的一阶影响是企业利润的减少,减少幅度与工资支出与利润的比值成正比;第二项是非负项,表示如果雇主削减就业(即 $\eta > 0$),那么上调对股东财富的影响小于一阶项。直观解释是,在其他条件相同的情况下,如果一个追求利润最大化的企业在最低工资上调时选择削减就业,那么该企业必定有能力在保持同样就业水平的条件下增加利润。资本或熟练劳动力对最低工资劳动力的替代越多(即需求弹性越大),上调对利润的侵蚀就越小。的确,在极端情况下,公司可以在不增加成本或削减产出的情况下,无成本地替代人力资本和技术工人,利润也不会受最低工资上调的影响。

### 行业层面

之前的分析基于的是"最低工资政策影响单个雇主"的假设,但更实际的情况是,一个受最低工资政策影响的行业中包含许多企业。此时上调会增加整个行业的劳动力成本,从而导致产品的市场价格上涨。具体来看，最低工资的上调使得行业的就业人数大幅下降，因此产出下降，价格上涨，而产品价格的上涨会部分抵消雇主利润的下降。实际上在标准假设下，行业是由众多规模报酬不变且完全竞争的企业构成的，因此产品价格的上涨终将完全覆盖劳动力成本的增加。但在新古典模型中，只有当产出和就业下降的情况下，行业产品的价格才会上涨。

纵观企业年报我们发现，很多情况下经营者都会提到通过涨价来抵消最低工资的影响。例如，三明治厨师公司（Sandwich Chef Incorporated）在他们的年报中就提到：

> 本公司的许多雇员的工资与联邦最低工资绑定。因此，最低工资与通胀挂钩的年度上调的确增加了公司的劳动力成本……在大多数情况下，公司已经通过充分提高产品价格来应对经营成本的增加，但不能保证未来还能继续这样做。

**假设性的例子**

下面的例子中，我们用新古典模型来说明上调最低工资对一个标准企业的利润的影响。考虑一家只雇佣最低工资雇员的快餐店，并假设每年营业收入为200万美元。[5] 表10.2 中第（1）列为该快餐店在上调前的理论资产负债表，此外还假设劳动力成本为营业收入的30%（60万美元），其他包括租金、食品和材料等在内的成本约120万美元，年度利润是营业收入的10%（20万美元）。公司的价值等于其利润的贴现值。如果我们假设企业持续经营下去,并且用 3% 的实际利率对未来的利润进行贴现,那么公司利润的贴现值为 667 万美元。

表 10.2  上调最低工资对公司价值的影响

| 资产负债表项目（美元） | 上调最低工资前<br>(1) | 上调最低工资后<br>(2) |
| --- | --- | --- |
| 1. 营业收入 | 2,000,000 | 2,000,000 |
| 2. 劳动成本 | 600,000 | 690,000 |
| 3. 其他成本（食品、材料、租金等） | 1,200,000 | 1,200,000 |
| 4. 利润 | 200,000 | 110,000 |
| 5. 利润的贴现值（3% 的利率） | 6,666,667 | 6,332,128[a] |
| 6. 价值的缩水幅度 | — | 5.0% |

[a] 计算该值时,假设最低工资上调导致劳动力成本在 4 年内上升 15%,此后不再产生影响。

现在假设国会将最低工资上调 15%,如果快餐店保持就业水平不变,那么劳动力成本将增加 15%,达到 69 万美元,此外,如果快餐店产品售价不变,也不削减其他投入,那么年度利润将下降 45%,降至 11 万美元。表 10.2 第（2）列中是上调后的资产负债表。那么利润的下降如何影响利润的贴现值呢？该问题的答案取决于最低工资上调的生效时长。例如,15% 的上调幅度被 4 年后爆发的通胀所侵蚀,那么未来 4 年的利润均为 11 万美元,再往后为 20 万美元。如果我们继续用 3% 的实际利率对未来的利润进行贴现,那么利润的现值就是 630 万美元,比未上调时的利润贴现值低 5%。[6]

当然,企业也有可能对最低工资政策主动做出反应,新古典模型就给出了两种可能的反应。第一种，企业可能会裁员，裁员显然会抵消劳动力成本的增加，但也可能会在产品价格不变的情况下使得营业收入减少。例如，裁员 10%（劳动力需求弹性为 0.67），那么劳动力成本只会增加 2.1 万美元，而非 9 万美元。但如果雇员减少，那么能够服务的客户也会减少，营业收入也会下降。比如减少 10% 的就业导致销售额下滑 3.6%，那么裁员节省的劳动力成本会被流失的营业收入全部抵消。由于营业收入的下降，裁员带来的缓冲会对利润产生二阶影响。此外，第 2 章至第 4 章的结论清晰地说明了大多数企业不会因最低工资的上调而大幅度裁员，因此几乎没有证据表明利润的一阶损失会得到缓解。

第二种，如果其他快餐店裁员并涨价，那么该快餐店也会涨价。[7] 相比保持价格不变的情况，涨价可能会增加营业收入，进而提高利润。但实际上，如果顾客可以忍受 4.5% 的涨价幅度，那么在销量不变的情况下的确可以增加营收，因而上调产生的成本可以完全抵消。但现实情况是，顾客可能因此选择在家用餐，减少外出就餐的费用，那么涨价会使得整个餐饮业的需求萎缩，此时短期的涨价不足以完全抵消上调带来的成本上升。长期来看，利润的减少将导致一些快餐店倒闭，因而价格终将上涨到足以使行业利润恢复到"正常"水平的高度。

**备择模型**

近年来备受经济理论学者关注的各种模型，在研究最低工资如何影响企业盈利能力方面贡献了不少思路。我们先考虑企业因绩效工资、垄断、招聘或其他原因而自主制定工资标准的情况，接着考虑企业并不一定将最大化利润作为目标的模型。

完全竞争的标准新古典模型假设企业没有所谓"工资政策"，而是只需要以市场工资标准就能雇佣到想要的所有雇员。也就是说标准模型中，企业并不能自主制定工资标准。正如我们看到的，标准模型中，雇主因最低工资上调而流失的利润的一阶近似值，约等于劳动力数量乘以上调幅度。相比之下，所有假设企业为了实现利润最大化而制定工资标准的模型都认为，最低工资的上调对利润没有一阶影响。

例如，假定：作为以保持职位低空缺率、减少人员流动和员工激励等为目的的企业战略的一部分，企业将起薪设定在 $w^*$ 而非 $w^0$ 的水平，我们可以通过假设产出与 $L$ 和 $w$ 是正相关的，来研究工资标准如何影响企业营业收入。现在假设企业为实现利润最大化而选择就业和工资，其表达式如下：

$$\pi = \max_{w,L} pF(w, L) - wL \qquad (10.3)$$

这就产生了两个一阶条件：

$$pF_L = w^* \qquad (10.4a)$$

$$pF_w = L^0 \qquad (10.4b)$$

第一个方程是我们熟悉的利润最大化的一阶条件，其中劳动力的收入边际产出等于工资水平。第二个方程表示，工资的设定必须使提高工资标准产生的边际收入等于按照该抬高后水平支付工资的劳动量。

假设这些方程描述的就是工资和就业水平的最优值,那么企业不得不支付比合意水平更多(或更少)的工资而产生的一阶利润损失为 0。这一点我们可以通过方程(10.3)对 $w$ 求导后得到的函数在最优值 $w^*$ 和 $L^0$ 上的值看出:

$$\frac{d\pi}{dw} = pF_w(w^*, L^0) - L^0 = 0 \qquad (10.5)$$

根据一阶条件(10.4b),该等式等于 0。该结论的直观解释是,如果上调迫使企业支付工资的标准略高于自主选择的最优标准,那么企业可以通过更快速地填补空缺职位、减少人员流动、增加激励措施等方面节省下来的资金来抵消成本的抬升。虽然此时利润的二阶项是负的,但下降幅度也只是二阶项的数量级。

有一些传闻可以视为对模型的支撑。经常有企业会提到,支付更高的工资会提高员工的生产力,例如,达乐公司(Dollar General)在 1992 年的年报中就提到,由于"提高了员工的生产力",1992 年最低工资的上调影响已经被降到了最低程度。

- **消除闲置产能**

新古典模型假设企业都是在最小化所有边际成本的状态下维持经营。第二类模型放松了公司严格追求利润最大化这一假设,此时上调最低工资可能会迫使企业节约成本,或利用固定资源创造其他收入来源。企业可能会因为各种原因而在经营中出现一些闲置产能。第一,公司财务方面的文献表明,代理关系可能会在股东利益和管理者利益之间形成障碍,因此,管理者追求的目标并不纯粹是利润最大化。第二,如果企业能够将闲置产能作为对潜在竞争者的战略威胁加以利用,那么经营过程中保持部分闲置产能可能是一个最佳的战略选择。第三,管理者可能只是缺乏足够的信息来实现利润最大化。

我们假设表 10.2 中的快餐店可以通过减少非劳动力成本来抵消上调带来的成本上升,根据资产负债表,该公司在原材料和租金等非劳动力成本上花费了 120 万美元,新古典模型中假设减少这些支出并不能节约成本,但如果企业的整个运营过程中存在闲置产能,那么就能有与供应商进行价格协商的空间,或通过非劳动力成本的投入来提高生产效率,进一步降低成本。例如,如果企业的这些支出减少 7.5%,就能完全抵消因上调而增加的全部 9 万美元的劳动力成本。

尽管新古典模型假设企业已经通过与供应商进行了充分的协商获得了最低的价格,而且也已经在上调前将所有资源以最高效的方式投入运营中,但实际年报中还是提供了较多关于企业经营者声称通过数量折扣或提高生产效率来抵消上调影响的例子。例如,GB 食品公司在 1992 年的年报中提到,迄今为止,该公司已经通过小幅提价,Green Burrito 商店数量增加带来的食品采购量的提升,以及提高各销售网点食品制备效率带来的成本节省,来抵消通胀和法定最低工资的上调的影响。美国《国家餐馆新闻》(*Nation's Restaurant News*,1988 年 7 月 18 日,第 66 页)报道说,IHOP 餐馆(International House of Pancakes)将试图通过进一步减少浪费与节约能源来抵消因加州的上调政策带来的劳动力成本上升。肯德基发言人加里·格德曼(Gary Gerdemann)

最近也表示他的公司有能力通过更换供应商，减少包装材料，增加货物的单位运输量，以及更换菜单来缩减 0.5% 的成本上升。[8] 综合来看，最低工资上调后企业仍然存在闲置产能。

### 股票市场

根据现代金融理论，一个公司的股价代表了投资者对公司未来利润的预期贴现值，投资者具有一定的前瞻性，对公司利润的预期都是基于所有与公司相关的信息做出的。在有效市场中，股东的财富也取决于公司未来利润的贴现值。

雇佣最低工资雇员的公司的股票对上调新闻会有什么反应？答案取决于两个问题。第一个问题是投资者在上调如何影响公司利润这一问题上会有什么样的预期。一方面，正如我们在表 10.2 中看到的，如果劳动力市场的运作方式符合标准模型，那么雇佣最低工资雇员的公司利润的预期贴现值将大幅度下降。另一方面，如果投资者预期劳动力成本的上升会被招聘策略的改进、员工流动性的改善以及闲置产能的消除所抵消，那么上调对利润的影响会小很多。此外，依赖投资者情绪来衡量企业盈利能力的一个困难是，由于估值过程中产生的只与目标企业自身因素相关的特异性（idiosyncratic）误差，或者由于未正确选择用于研究事件影响的模型，投资者的预期股价可能会偏离企业实际价值，但如果我们将受影响的企业样本池扩充得足够大，那么这些特异性因素就有可能会被抵消。

第二个主要问题是，投资者是否会在关键事件发生之前就预期到了最低工资的上调,并将该预期纳入对企业盈利能力的预测。人们普遍认为受影响企业的股价不会拖到上调的那一天才发生变化,因为投资者在立法通过,甚至更早的时候就已经预期到了会上调。市场应该只会对新闻做出反应,而新闻报道本身就是过去未曾出现过的信息。困难在于如何从新闻中识别出与最低工资相关的信息。例如,我们来看美国国会投票决定将最低工资上调15%这条新闻,在投票前的几天或几周,投资者已经可以对所有可能的投票结果给出概率。假设在投票的前一天,市场认为该法案通过的概率有80%,那么在实际投票的当天,如果该法案确实得以通过,那么这一"新闻"就会将最低工资上调的概率再向上修正20%。假设上调15%导致股价下降5%,那么投票当天的"新闻"对股价下降的贡献只占1%(=20%×5%)。但问题是,研究人员很难知道投资者在投票前的预期,以及投票的结果如何改变投资者预测的上调概率。

另一个例子涉及对未来上调时点的预期,假设在时间点 $t$,市场预期最低工资终将上调15%,但同时还预期未来4年内不会上调。如果我们进一步假设,国会突然之间决定上调,那么此时未来4年内工资高出15%的消息就变成了新闻。例如,我们认为表10.2中的结果意味着,最低工资在第 $t$ 年永久性上调15%,但市场此前预期 $t+4$ 年才会上调,因此这4年的利润预期会降低,但随后又回到正常水平。在这种情况下,早于预期时点的上调新闻会使得企业股价下降5%。

## 关于最低工资对利润影响的证据

### 股票市场事件研究方法论

越来越多的经济学家使用股票市场的数据来评估劳动力市场的干预政策对股东财富的影响。最近的文献研究了《瓦格纳法》（Wagner Act）的通过、工会运动和罢工对受影响公司股价的影响。[9]阿波德（Abowd, 1989）发现工会工资的意外上调会导致与股东财富之间一分价钱一分货的权衡，不过据我们所知，目前还没有任何文献研究过最低工资对股东财富的影响。

我们收集了两组可能会受到最近上调影响的上市公司的日频股价数据。A 组合中的企业按照所属行业进行分类，包括餐馆、百货商店、杂货店、日用品店、酒店和汽车旅馆、亚麻用品店和电影院等行业的 110 家企业。这些行业的企业中最低工资雇员比例往往较高，A 组合的完整企业列表详见本章附录表 A.10.1。

B 组合由在 1992 年的年报中将 1990 年或 1991 年的上调视为劳动力成本增加原因的所有企业组成，一共 28 家企业，大部分是餐馆，详见本章附录表 A.10.2。由于 B 组合中的企业主动表示上调提高了他们的劳动力成本，所以毫无疑问，他们直接受到了上调的影响。

我们确定了一共 23 个可能导致投资者修正上调概率或幅度预期的新闻事件。其中，从 1987 年年初到 1989 年年中，共有 20 个涉及联邦最低工资从 3.35 美元开始上调的进展。最终该法案于 1989 年 11 月通过，并于 1990 年和 1991 年生效，这些在第

4 章中已经研究过。另外 3 个新闻事件与最近（1993 年）关于是否进一步上调到高于 4.25 美元的辩论相关。

两个组合中的股价数据都来自证券价格研究中心（Center for Research in Security Prices, CRSP）。在研究股价对最低工资消息的反应过程中，我们通过估计标准市场模型来消除市场因素对股价的影响。[10] 从形式上看，对于 A 组合和 B 组合中的每一家企业，我们估计如下日收益率模型，其形式为：

$$R_{it} = \alpha_i + \beta_i R_{mt} + \varepsilon_{it} \quad (10.6)$$

其中，$R_{it}$ 是公司 $i$ 的普通股在 $t$ 日的经分红送拆股调整后的复权收益率；$R_{mt}$ 是纽约证券交易所等权 AMEX 指数在 $t$ 日的收益率；$\alpha_i$ 和 $\beta_i$ 是回归系数；$\varepsilon_{it}$ 是公司 $i$ 在 $t$ 日的误差项。先前在 1987 年至 1989 年之间的政策分析中，我们用的是 1987 年的数据，因此在随后对 1993 年的政策分析中，我们使用的也应是 1992 年的数据。模型的超额收益率（ER），也被称为预测误差，是通过以下方式计算得到的：

$$ER_{it} = R_{it} - (\hat{\alpha}_i + \hat{\beta}_i R_{mt}) \quad (10.7)$$

其中，$\hat{\alpha}_i$ 和 $\hat{\beta}_i$ 是 $\alpha_i$ 和 $\beta_i$ 的估计值。

超额收益率可以视为股票在每个交易日的特质收益率的估计值。所有股票的平均超额收益率是站在样本期内的每一个时间截面上计算出来的。[11] 然后再将这些平均值在时间序列方向进行累加，得到关于每起事件的累计平均超额收益率。我们重点关注有关最低工资的新闻发布当天的平均超额收益率和累计平均超额收益率。[12]

## 1989年最低工资立法简史

为了研究股票市场对最低工资相关新闻的反应，我们需要确定一个能够改变市场对最低工资政策走向预期的事件，因此我们转而在《华尔街日报》和其他来源中寻找最近与最低工资立法相关的重要事件。《华尔街日报》是美国最大的商业报纸，其中记录了大多数投资者都可以得到的关于最低工资的新闻。我们就先简要总结一下近期最低工资的立法过程。

自1938年以来，国会定期修订FLSA来上调最低工资，每两次上调之间，最低工资的实际购买力都会被通胀侵蚀，因此随着时间的推移呈现出锯齿状。1977年国会修订FLSA后，1978年就将标准上调到2.65美元，1979年上调到2.90美元，1980年上调到3.10美元，1981年上调到3.35美元。在里根总统时期，定期上调的规律被打破了。有可能当时的投资者认为在里根时代，上调最低工资的希望很渺茫，因此降低了对最低标准的长期预期值。

1987年3月，参议员爱德华·肯尼迪（Edward Kennedy）和奥古斯都·霍金斯（Augustus Hawkins）启动关于在1990年前将最低工资上调到4.65美元的立法程序。[13]1987年6月，里根总统表示，如果提案能将标准放宽到能够包括青少年次级最低工资标准的水平，那么他可能会放松先前反对上调的立场。[14]后来听证会持续了长达数月的时间。到了1988年9月19日，时任副总统布什在竞选期间宣布支持上调最低工资标准。[15]但当月晚些时候，共和党领导的参议院对议案的冗长辩论（filibuster）①使得肯尼迪和霍金斯的努力功亏一篑，投票结果离辩论终结（cloture）还差5票。[16]

1989年3月初，国会和布什总统再次审议该议案。布什政府提议在1992年之前将最低工资上调到4.25美元，但前提是允许雇主向年轻人支付3.35美元的短期"培训工资"。[17]此后不久，参议院劳工小组（Senate Labor Panel）以11票对6票通过了上调到4.65美元的议案。[18]此后政府表示将坚决否决任何"超出其将最低工资上调到4.25美元、培训工资为3.35美元的建议"的提议。[19]到了1989年3月23日，众议院以248票对171票通过了H.R. 2的关于1991年将最低工资上调到4.55美元的议案，但白宫坚持否决的态度。[20]尽管如此，参议院还是步入众议院的后尘，在1989年4月12日，以62票对37票通过了参议院的上调法案S-4。1989年5月中旬，国会两院经过一场会议，批准了一项最低工资上调到4.55美元的提案。[21]但两院对该提案的赞成票数并不足以推翻总统的否决票，随后布什总统于1989年6月13日否决了这项提案。[22]虽然否决计划事前被部分干扰，但否决最终还是落地了，而且意义非常重大，因为这是布什总统任期内第一次否决了最低工资上调的提案。第二天，众议院再次对H.R. 2号提案进行表决，结果依旧没能推翻否决。

1989年秋天，国会再次讨论了最低工资问题。众议院劳工

---

① 冗长辩论是一种议会程序，赋予议会中个人延长辩论或是阻挡提案的权利。

小组（House Labor Panel）投票决定在两年内将最低工资上调到4.25 美元，并规定 60 天的次级最低工资标准。劳工部长伊丽莎白·多尔（Elizabeth Dole）重申，总统计划否决任何在不到三年内将最低工资上调到 4.25 美元以上的法案。[23]1989 年 11 月 1 日，《华尔街日报》报道，布什总统和国会民主党人终于达成了协议，为最终通过扫清了障碍。1989 年 11 月 1 日，众议院以 382 票对 37 票的优势通过了 H.R. 2710 号法案，该立法计划于 1990 年 4 月 1 日将最低工资上调到 3.80 美元，于 1991 年 4 月 1 日进一步上调到 4.25 美元，并为年轻人制定了 60 天的次级最低工资标准。一周后，参议院以 89 票对 8 票通过了同样的法案。

不过我们很难确定哪些事件能够确切反映最低工资政策未来的走向。总统是否一定会否决不满足条件的最低工资议案？尽管有很多投资者认为布什总统一定会否决，但否决权的最终签署却很有可能又会促使投资者改变预期。我们猜测，共和党通过冗长辩论成功拖延了肯尼迪-霍金斯法案这一事件向人们释放的信息，足以降低对实行更高标准的最低工资政策的预期。此外，11月 1 日报道的总统和国会民主党达成协议这一新闻可能出乎许多投资者的预料。下一节，我们研究股票市场对这些事件，以及与 1989 年立法相关的其他事件的反应。

**1989 年立法后的情况：A 组合**

表 10.3 的左边一列简要介绍了在修订 1989 年 FLSA 之前的 20 个具有新闻价值的事件。标题参考了《华尔街日报》关于该

事件的文章标题，事件发生日期通常在发表的前一天。我们对每个事件都进行了事前的预测，即投资者认为该事件对最低工资雇主未来的利润是利好还是利空，并将其列在第（1）列中。预测基于了"上调最低工资不利于利润"这一假设，而且已经考虑到了投资者在事件发生前对最低工资政策实际落地情况的预期。例如，我们预计布什总统对 H.R. 2 的否决会略微降低部分投资者预期的上调政策落地概率。

在表 10.3 的其余几列中，我们估计了 A 组合（低薪行业的 110 家公司）中所有股票的平均超额收益率。第（2）列是《华尔街日报》报道该事件当天的超额收益率（标记为 $t = 0$）。但由于信息很可能在公布之前就有所泄露，或者影响市场价格的速度较慢，我们还计算了事件发生前后较长时间区间内的超额收益率。第（3）列是事件发生当天到事件发生后 5 个交易日这一区间内的累计超额收益率，第（4）列是事件发生前 5 个交易日到事件发生后 5 个交易日之间的累计超额收益率，第（5）列是事件发生前 10 个交易日到事件发生后 10 个交易日之间的累计超额收益率。

表 10.3 中有个特点是，几乎所有平均超额收益率都很小，而且也不显著。例如，在《华尔街日报》报道事件的当天，20 个事件中只有 2 个超额收益率在 0.1 的水平上显著不为 0。在一个有 20 个事件的样本中，我们只有偶然的 2 个事件能在 0.1 的水平上达到显著。但在显著的那 2 天，我们发现低工资企业的股价是下跌的，下跌幅度分别为 0.6% 和 0.7%，这与我们的预期是

第 10 章 雇主和股东的损失有多大？

表 10.3 1987—1989 年 A 组的累计超额收益率

| 事件 | 预期的影响 方向 (1) | $t=0$ (2) | 累计超额收益率 $t=0\sim5$ (3) | $t=-5\sim5$ (4) | $t=-10\sim10$ (5) |
|---|---|---|---|---|---|
| 1. 1987 年 3 月 26 日，民主党计划上调最低工资，立即遭到白宫的反对。 | ? | 0.000 | -0.002 | 0.008 | 0.018 |
| 2. 1987 年 6 月 12 日，里根可能放松对最低工资的立场。 | − | -0.003 | 0.011 | 0.021* | 0.027* |
| 3. 1987 年 9 月 22 日，国会计划上调最低工资的动作再次引发"是否会导致失业"的长期辩论。 | ? | -0.006* | -0.005 | -0.013 | -0.020 |
| 4. 1988 年 3 月 4 日，陪审团就大幅上调最低工资的议案进行投票表决。 | − | -0.007* | -0.017** | -0.015 | -0.013 |
| 5. 1988 年 3 月 11 日，陪审团推迟了就上调最低工资到 5.05 美元进行的表决。 | + | -0.005 | -0.012 | -0.024** | -0.019 |
| 6. 1988 年 6 月 3 日，劳工部推动上调最低工资的行为意外地招致一些民主党人士的反对。 | + | -0.005 | -0.003 | 0.000 | 0.001 |
| 7. 1988 年 9 月 19 日，布什总统的支持使得上调最低工资的概率大涨。 | − | 0.000 | 0.010 | 0.021* | 0.045*** |
| 8. 1988 年 9 月 27 日，民主党对支持今年上调最低工资的努力因共和党人的冗长辩论而受挫。 | + | -0.003 | 0.018** | 0.028** | 0.039** |
| 9. 1989 年 3 月 3 日，布什总统提议将最低工资上调到 4.25 美元，并下调培训工资。 | − | 0.004 | 0.007 | 0.010 | 0.017 |

续表

| 事件 | 预期的影响 方向 (1) | $t=0$ (2) | 累计超额收益率 $t=0\sim5$ (3) | $t=-5\sim5$ (4) | $t=-10\sim10$ (5) |
|---|---|---|---|---|---|
| 10. 1989年3月9日，国会采取实际行动来上调最低工资。 | − | 0.002 | 0.007 | 0.016 | 0.017 |
| 11. 1989年3月24日，众议院投票决定大幅上调工资。 | − | 0.001 | 0.007 | 0.012 | 0.021 |
| 12. 1989年4月12日，参议院投票决定上调最低工资，但面临被否决的可能。 | ? | 0.000 | 0.007 | 0.008 | 0.018 |
| 13. 1989年5月3日，会议代表同意将最低工资上调到4.55美元并希望与布什总统达成协议。 | − | 0.003 | 0.007 | $0.026^{**}$ | $0.039^{**}$ |
| 14. 1989年5月12日，众议院批准上调最低工资。 | − | 0.003 | 0.004 | 0.010 | 0.022 |
| 15. 1989年5月18日，参议院通过了布什曾反对的工资议案。 | − | 0.000 | −0.001 | 0.005 | 0.021 |
| 16. 1989年6月14日，上调最低工资的议案被布什总统否决。 | + | 0.002 | −0.002 | 0.000 | 0.015 |
| 17. 1989年6月15日，布什总统就工资议案的否决权在众议院得以保留。 | + | 0.004 | −0.004 | 0.001 | 0.010 |
| 18. 1989年9月20日，众议院劳工委员会通过上调最低工资的议案。 | − | −0.004 | −0.003 | −0.007 | −0.009 |
| 19. 1989年11月1日，就最低工资达成一致。 | − | −0.004 | −0.005 | −0.004 | 0.002 |
| 20. 1989年11月10日，布什总统批评最低工资的和解议案。 | ? | 0.001 | 0.003 | 0.002 | −0.007 |

注：样本量在102和108之间。市场模型的系数是用1987年的收益率数据估计的。
* 在0.10水平上是显著的。
** 在0.05水平上是显著的。
*** 在0.01水平上是显著的。

一致的。

当我们把考察区间扩大到事件发生当天后的10个交易日内时，显著的个数上升到了4个。尽管这4个交易日中有3个在报道中给人们的印象是不利于企业利润的，但这4个交易日的平均超额收益率都是正的。在我们给出预测的16个事件中，只有不到二分之一的累计收益率符合我们的预期。如果把考察时间窗口压缩到事件发生前5天内，预测效果也不佳。

我们挑选出7个新闻价值较大的事件，图10.1至图10.7是其中每个事件从公布前10个交易日到公布后10个交易日这一期间内的累计超额收益率。图10.1显示，在《华尔街日报》报道里根对最低工资的立场可能会松动的前3天左右，A组合的股价就开始上涨了。在报道后，低薪行业股票继续小幅反弹。图10.3中的走势相对较为特殊，显示在《华尔街日报》报道称最低工资上调的可能性因布什总统的支持而增大后，A组合的平均超额收益率并未下降。

图10.4充分表明投资者认为上调不利于企业利润，该图显示的是在共和党对肯尼迪·霍金斯最低工资法案的冗长辩论最终结束前后对应股票的累计超额收益率，在冗长辩论成功拖延议案前后10天内，累计超额收益率为4%。此外，终止辩论表决前几个交易日出现了很显著的负超额收益率，上一次终止辩论表决前也是如此。但我们在其他事件中发现的异象使我们怀疑，超额收益率真正反映出的，是市场对最低工资相关新闻的反应，还是其他因素。

图 10.8 在更长期的时间范围内考察 A 组合。图中是 1986 年到 1993 年内 A 组合的累计超额收益率，以 1985 年最后一个交易日为基期，并将基数设为 100。[24] 我们将表 10.3 中的事件以 1—20 进行编号后标记在图中（编号为 21—23 的事件会在稍后的表 10.5 中进行罗列）。从图中可以得到四个主要结论：第一，A 组合的股价波动很大；第二，自 1988 年以来，这些低薪雇主的股票持续跑赢市场；第三，1987—1989 年期间，当最低工资政策上调的概率升高时，A 组合的表现往往优于市场；第四，在上调政策实际生效后的 4 年内，A 组合的累计超额收益率约为 40%。

值得注意的是，1988 年许多分析人士都预测，由于最低工资标准可能上调，餐馆和其他低薪雇主的股价有可能会下跌。例如，1988 年 7 月 18 日，证券分析师史蒂文·罗克韦尔（Steven Rockwell）在《国家餐馆新闻》中曾预测，"从投资者的角度来看"，餐饮业"希望渺茫"。他阐述道："投资者特别关注几个问题，希望以此来验证自己对公司的负面看法是否合理。其中最突出的方面是最低工资是否会上调，以及食品原材料的成本是否会上涨。"但图 10.8 中显示的正向超额收益率似乎认为这些担忧是多余的。

### 关于 B 组合的结论

关于表 10.3 中的结论，有一种批评意见是，A 组合中可能包括了一些不受最低工资上调影响的股票，因为这些公司的雇员

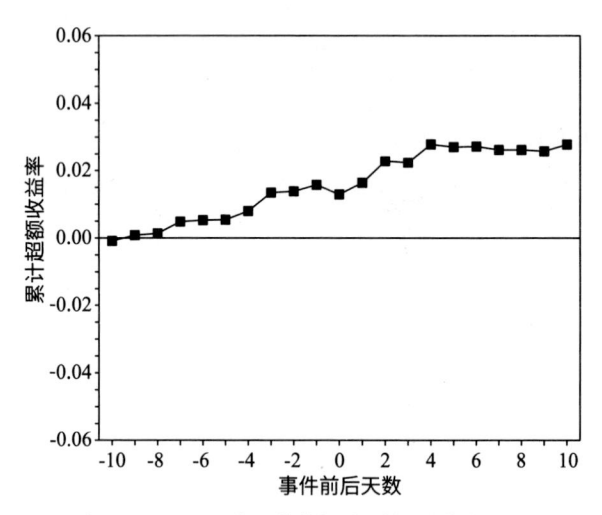

图 10.1　1987 年 6 月 12 日：里根可能放松对最低工资的立场

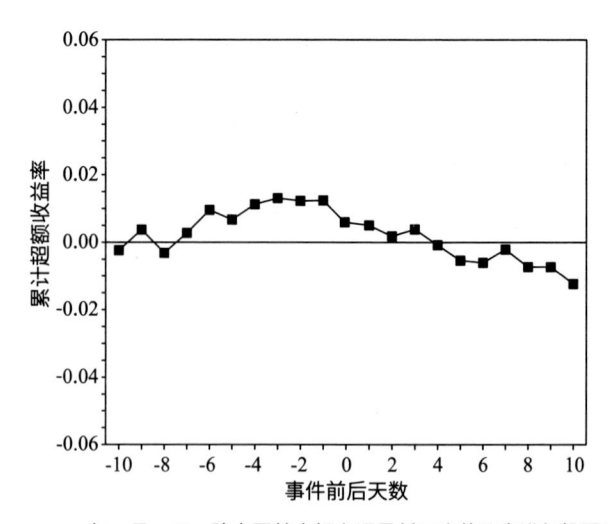

图 10.2　1988 年 3 月 4 日：陪审团就大幅上调最低工资的议案进行投票表决

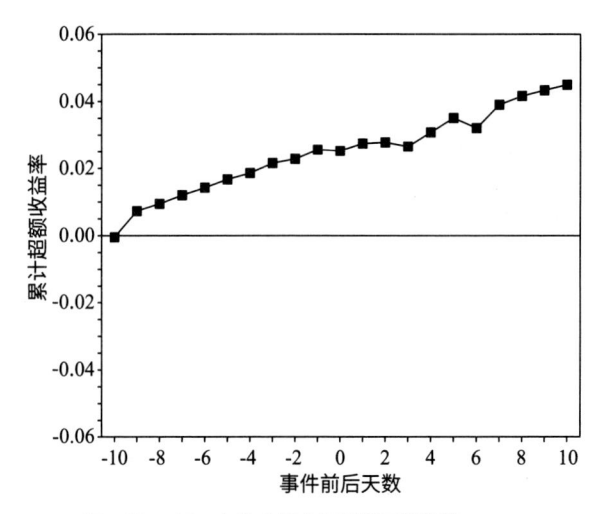

图 10.3  1988 年 9 月 19 日：布什支持上调最低工资标准

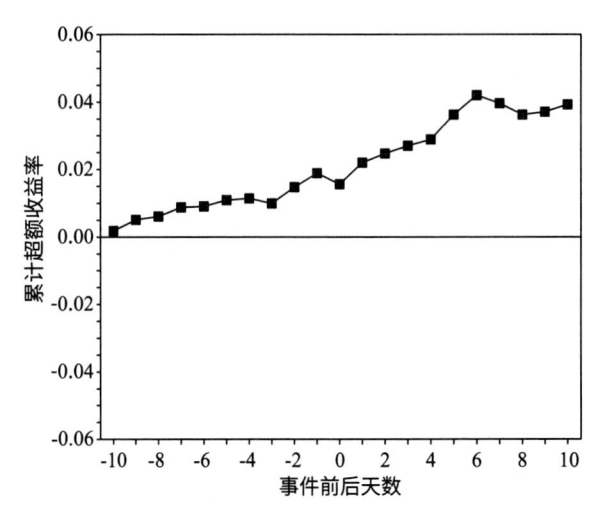

图 10.4  1988 年 9 月 27 日：民主党对支持上调最低工资的努力因共和党人的冗长辩论而受挫

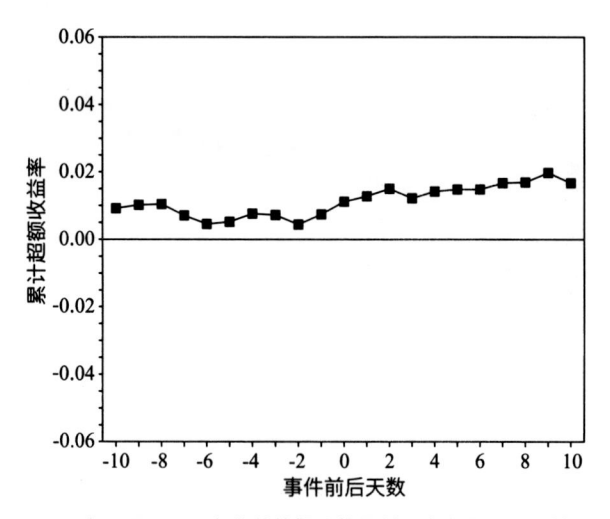

图 10.5　1989 年 3 月 3 日：布什总统提议将最低工资上调到 4.25 美元，并下调培训工资

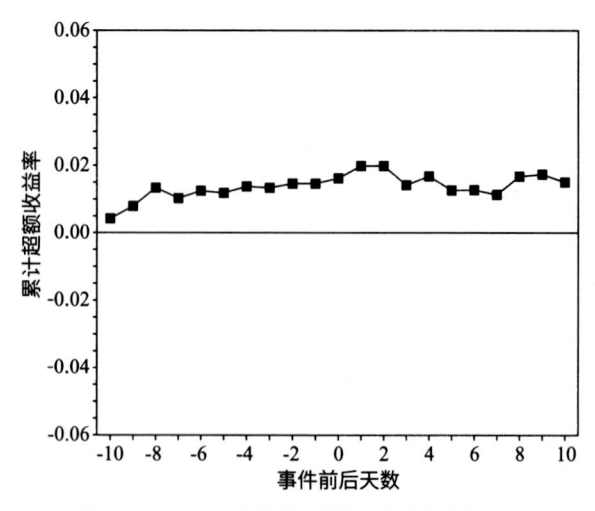

图 10.6　1989 年 6 月 14 日：上调最低工资的议案被布什总统否决

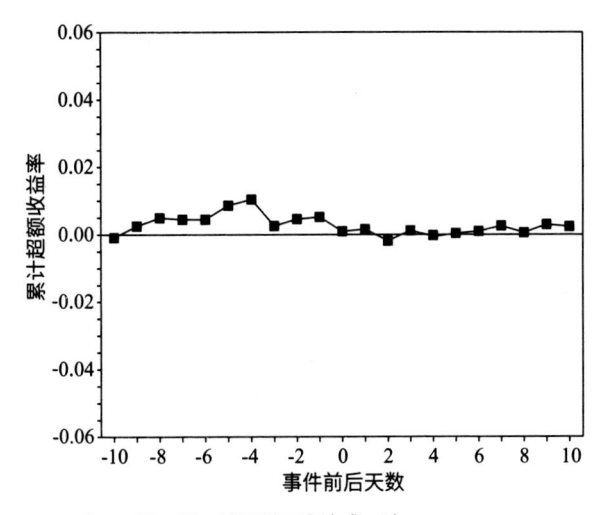

第 10 章 雇主和股东的损失有多大？

图 10.7 1989 年 11 月 1 日：就最低工资达成一致

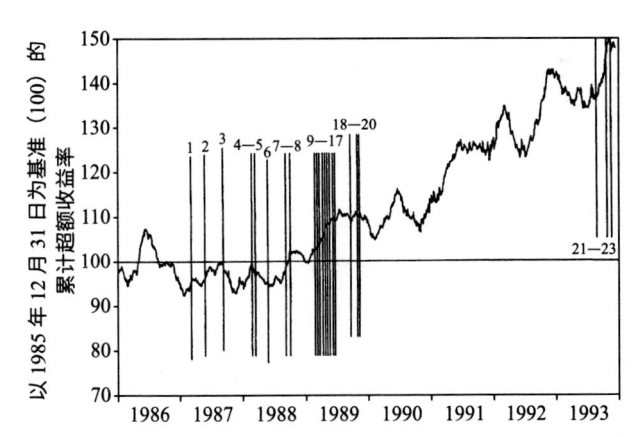

图 10.8 1986—1993 年 A 组合的累计超额收益率。编号对应表 10.3 和表 10.5 中的各个事件

工资远高于最低工资。尽管我们是通过选择有雇佣低薪雇员倾向的行业来构建组合的，但依旧不能确定最低工资雇员的劳动力成本在所有成本中所占的比例。因此我们构建 B 组合来回应该批评。B 组合中的 28 家公司专门提到过最低工资上调政策与他们的劳动力成本息息相关，因此我们认为这些公司都受到了 1989 年最低工资立法落地的影响。

表 10.4 是我们对 B 组合的分析结果，我们发现事件发生当天的超额收益率都很小，而且也不显著。但 B 组合的规模本来就小于 A 组合，因此平均超额收益率的估计值可能不太精确。尽管如此，估计值的目标准误一般也只有 0.007，因此依旧可以发现 1.4% 或更多的超额回报。而且即便扩大事件发生日前后的时间范围，也并不能进一步证明上调新闻一定会使股价下跌。在我们给出事件影响下预测的股价涨跌方向的 16 天中，有 11 天事件公布对前后 10 天的累计超额收益率的影响方向为负。

图 10.9 显示了 B 组合从 1986 年到 1993 年的累计超额收益率，基期同样设为 1985 年最后一个交易日，以 100 为基数，尽管图 10.9 的图像看上去与 A 组合非常相似（见图 10.8），但还是存在一些差异的。首先，B 组合的表现在 1987—1989 年期间相对稳定，当时最低工资的立法程序正在逐步推进。其次，在 1990—1993 年，B 组合的表现远远优于市场和 A 组合。另一方面，与 A 组合的情况一样，我们也很难得出 B 组合在 1989 年表现不佳的结论，尽管当年投资者提高了政策落地的预期。

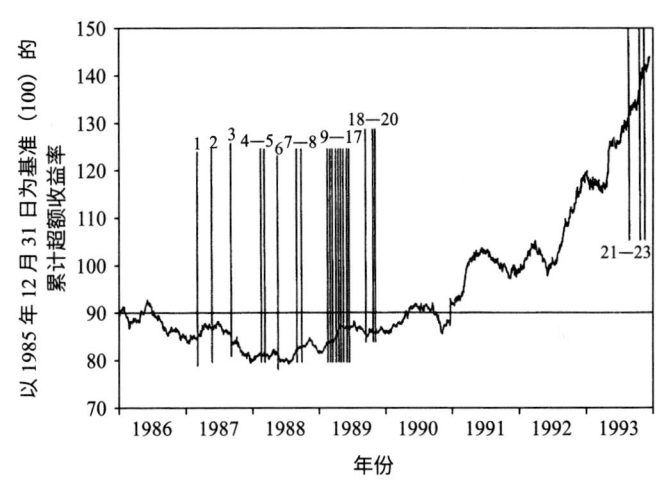

图 10.9　1986—1993 年 B 组合的累计超额收益率。编号对应表 10.3 和表 10.5 中的各个事件

**来自近期最低工资提案的证据**

正如我们之前提到的，在股市的事件研究中，我们很难确定某一事件是否向市场传递了新信息。对表 10.3 和表 10.4 的一个解释是，低薪雇主的股票对上调新闻几乎没有反应。但另一个观点认为，可能事件本身并没有提供更多的新信息，事件中包含的消息可能早在《华尔街日报》发表之前就已经泄露了或被预料到了。为了判断哪个观点更合理，我们专门进行一项事件研究。主要方法是检验当时美国劳工部长罗伯特·赖克（Robert Reich）起草关于最低工资的备忘录，随后泄露给媒体这一事件造成的影响。

表10.4 1987—1989年B组合的累计超额收益率

| 事件 | 预期的影响方向 (1) | $t=0$ (2) | 累计超额收益率 $t=0\sim 5$ (3) | $t=-5\sim 5$ (4) | $t=-10\sim 10$ (5) |
|---|---|---|---|---|---|
| 1. 1987年3月26日,民主党计划上调最低工资,立即遭到白宫的反对。 | ? | −0.009 | 0.020 | 0.044* | 0.046 |
| 2. 1987年6月12日,里根可能放松对最低工资的立场。 | − | −0.010 | 0.012 | 0.022 | 0.018 |
| 3. 1987年9月22日,国会计划上调最低工资的动作再次引发"是否会导致失业"的长期辩论。 | ? | −0.006 | −0.009 | −0.035 | −0.031 |
| 4. 1988年3月4日,陪审团就大幅上调最低工资的议案进行投票表决。 | − | −0.002 | 0.003 | −0.004 | 0.007 |
| 5. 1988年3月11日,陪审团推迟了就上调工资到5.05美元进行的表决。 | − | 0.004 | 0.002 | 0.001 | 0.002 |
| 6. 1988年6月3日,劳工部推动上调最低工资的行为意外地招致一些民主党人士的反对。 | + | −0.003 | −0.014 | −0.018 | −0.026 |
| 7. 1988年9月19日,布什总统的支持使上调最低工资的概率大涨。 | − | 0.002 | 0.016 | 0.032 | 0.040 |
| 8. 1988年9月27日,民主党对支持今年上调工资的努力因共和党人士的冗长辩论而受挫。 | + | 0.003 | 0.004 | 0.019 | 0.028 |
| 9. 1989年3月3日,布什总统提议将最低工资上调到4.25美元,并下调培训工资。 | − | 0.001 | 0.008 | 0.017 | 0.035 |
| 10. 1989年3月9日,美国国会采取实际行动来上调最低工资。 | − | 0.001 | −0.001 | 0.015 | 0.030 |

续表

| 事件 | 预期的影响方向 (1) | 累计超额收益率 $t=0$ (2) | $t=0\sim5$ (3) | $t=-5\sim5$ (4) | $t=-10\sim10$ (5) |
|---|---|---|---|---|---|
| 11. 1989年3月24日，众议院投票决定大幅上调工资。 | − | 0.001 | −0.001 | 0.017 | 0.027 |
| 12. 1989年4月12日，参议院投票决定上调最低工资，但面临被否决的可能。 | ? | 0.005 | 0.002 | 0.022 | 0.059* |
| 13. 1989年5月3日，会议代表同意将最低工资上调到4.55美元并希望与布什总统达成协议。 | − | 0.002 | 0.001 | 0.032 | 0.066* |
| 14. 1989年5月12日，众议院批准上调工资。 | − | 0.001 | −0.005 | 0.015 | 0.025 |
| 15. 1989年5月18日，参议院通过了布什曾反对的工资议案。 | − | −0.001 | −0.006 | 0.005 | 0.006 |
| 16. 1989年6月14日，上调最低工资的议案被布什总统否决。 | + | 0.010 | 0.004 | 0.004 | 0.024 |
| 17. 1989年6月15日，布什总统就工资议案的否决权在众议院得以保留。 | + | 0.001 | −0.003 | 0.009 | 0.021 |
| 18. 1989年9月20日，众议院劳工委员会通过上调工资的议案。 | − | −0.006 | 0.001 | −0.006 | −0.016 |
| 19. 1989年11月1日，就最低工资达成一致。 | − | 0.002 | 0.002 | 0.009 | −0.010 |
| 20. 1989年11月10日，布什总统批评最低工资的和解提案。 | ? | 0.001 | −0.005 | 0.000 | −0.004 |

注：样本量为28。市场模型的系数是用1987年的收益率数据估计的。
* 在0.10水平上显著的。

赖克部长给递交总统的备忘录的起草日期为1993年7月20日,《华尔街日报》对此进行报道的日期为1993年8月12日。[25] 备忘录的内容是,美国劳工部将加大审查最低工资标准的力度,希望将最低工资上调到至少4.50美元,并且与通货膨胀挂钩。虽然该备忘录称劳工部将在90天后递交初步审查意见,但同时也指出:"为了实现劳有所得,最低工资理应被上调并与通胀挂钩。"我们猜想,当时许多投资者对赖克部长如此青睐上调一定感到非常惊讶,因为政府同时也正在试图通过一项主要以雇主责任(employer mandate)的形式来实施的全民健康保险的法案。

我们还可以分析与这一事件有关的两个后续事件。1993年10月13日,《华尔街日报》报道说:"美国劳工部长罗伯特·赖克提议将最低工资上调到4.75美元,这比市场预期他建议的上调幅度还要大。"但到了11月1日,《华尔街日报》却又称赖克部长在10月29日发表了一份关于"建议政府等到明年再考虑上调最低工资"的声明。[26]

这次稍有不同,我们是知道关于最低工资政策的备忘录确切的起草日期、泄露日期以及随后的声明日期的,在此基础上我们开展事件研究。表10.5中列出了A组合在这三个主要事件前后的超额收益率,而对应的B组合的超额收益率列在了表10.6中。[27] 在《华尔街日报》首次报道备忘录的那一天,A组合的平均超额收益率为 –0.6%,B组合为0.1%,不过都不显著。图10.10显示了这一事件前后10天内的累计超额收益率,但并没有发现两个组合的累计超额收益率在备忘录遭到泄露的前后出现异常波

表 10.5 1993 年 A 组合的累计超额收益率

| 事件 | 预期的影响方向 (1) | $t=0$ (2) | 累计超额收益率 $t=0\sim5$ (3) | $t=-5\sim5$ (4) | $t=-10\sim10$ (5) |
|---|---|---|---|---|---|
| 21. 1993 年 8 月 12 日，赖克计划推动上调最低工资。 | − | −0.006 | −0.007 | 0.013 | 0.006 |
| 22. 1993 年 10 月 13 日，赖克提议将最低工资上调到 4.75 美元，幅度为 12%。 | − | −0.004 | 0.001 | 0.004 | 0.013 |
| 23. 1993 年 10 月 29 日，赖克建议总统将最低工资的议题推迟到明年进行讨论。 | + | 0.008* | 0.019* | 0.030** | 0.046* |

注：样本量为 110。市场模型的系数是用 1992 年的收益率数据估计的。
* 在 0.10 水平上是显著的。
** 在 0.05 的水平上是显著的。

表 10.6　1993 年 B 组合的累计超额收益率

| 事件 | 预期的影响方向 (1) | $t=0$ (2) | 累计超额收益率 $t=0\sim5$ (3) | $t=-5\sim5$ (4) | $t=-10\sim10$ (5) |
|---|---|---|---|---|---|
| 21. 1993 年 8 月 12 日，赖克计划推动上调最低工资。 | − | 0.001 | −0.021 | −0.010 | −0.013 |
| 22. 1993 年 10 月 13 日，赖克提议将最低工资上调到 4.75 美元，幅度为 12%。 | − | −0.021* | −0.030 | −0.018 | 0.004 |
| 23. 1993 年 10 月 29 日，赖克建议总统将最低工资的议题推迟到明年进行讨论。 | + | 0.021* | 0.016 | 0.028 | 0.042 |

注：样本量为 27。市场模型的系数是用 1992 年的收益率数据估计的。
* 在 0.05 的水平上是显著的。

动。如果我们把备忘录的起草日期和泄露日期之间（7月19日—8月12日）的超额收益率累加起来，我们发现A组合的股价上涨了2.4%，B组合的股价上涨了0.9%。这些发现表明，备忘录对受影响公司的股价影响非常小。

两个后续事件的研究结论似乎支持上调新闻不利于对应公司的股价这一观点。事件前后的累计收益率如图10.11和图10.12所示，两个组合中，平均超额收益率在《华尔街日报》报道赖克计划上调到4.75美元的当天均为负数，在赖克建议推迟考虑上调的当天均为正数。第一个事件中，B组合的股价下跌了2.1%，第二个事件中，B组合的股价上涨了2.1%。值得注意的是，我

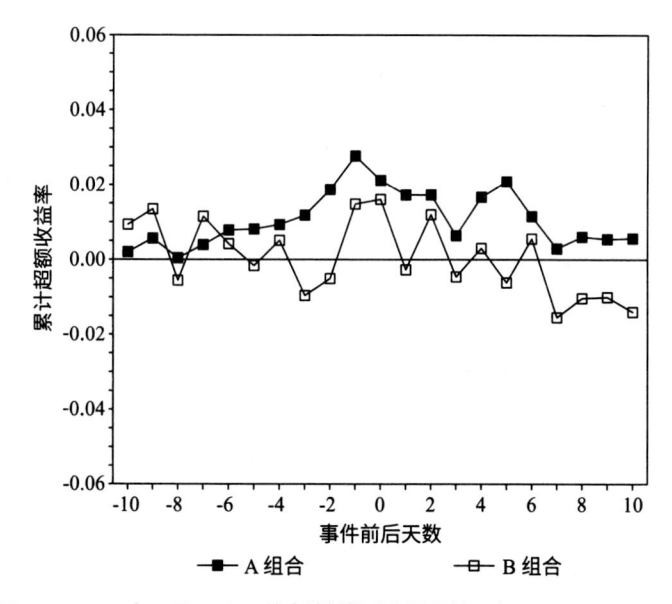

图10.10　1993年8月12日：赖克计划推动上调最低工资

| 迷思与计量：最低工资的新经济学

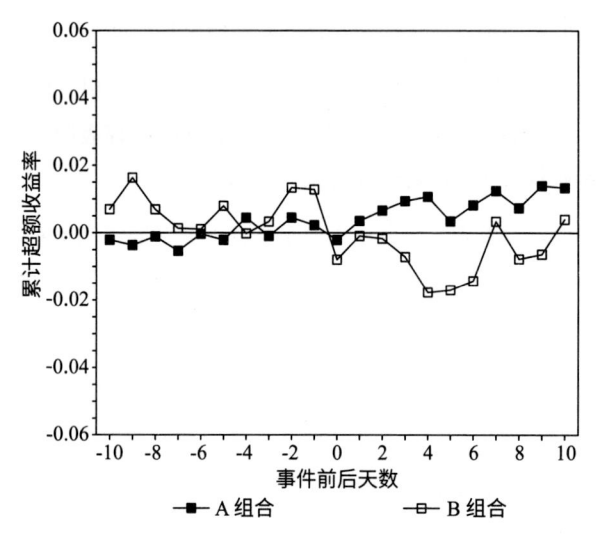

图 10.11　1993 年 10 月 13 日：赖克提议将最低工资上调到 4.75 美元，幅度为 12%

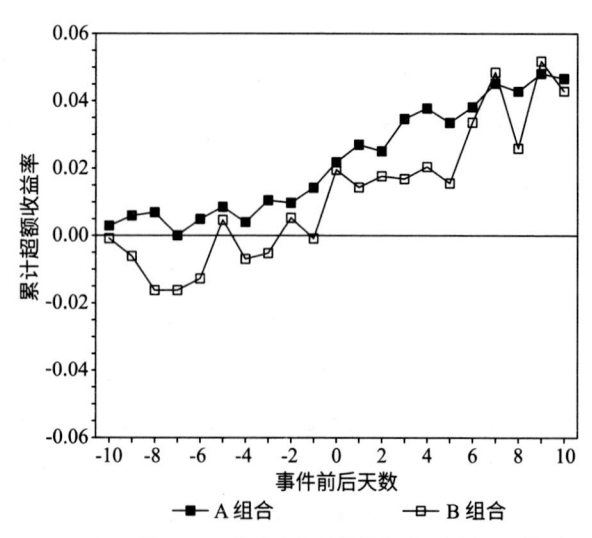

图 10.12　1993 年 10 月 29 日：赖克建议总统将最低工资的议题推迟到明年进行讨论

们发现 B 组合的超额收益率高于 A 组合。这是合理的，因为 B 组合更有可能受到上调影响。所有这些结论都表明，任何与上调最低工资相关的新闻的确会影响投资者对股价的判断。

　　为了进一步研究上述结论，我们还研究了 10 月 13 日和 10 月 29 日的超额收益率在不同公司之间是否存在相关性。在我们构建的组合中，就最低工资政策对企业盈利能力的影响而言，一些公司可能比其他公司更加敏感。如果 10 月 13 日和 10 月 29 日的股价走势反映了最低工资政策变化如何影响企业利润的预期，那么我们就会预期这两个事件中各股票的超额收益率是负相关的，因为第一个事件释放的消息增加了上调概率，而第二个事件则相反。实际上，B 组合在这两个事件前后的超额收益率的相关性是一个绝对值很大的负数（相关系数为 –0.70）。[28] 然而，奇怪的是，其他公司在这两个事件前后 5 天的累计超额收益率几乎没有相关性。尽管如此，我们发现 10 月 13 日下跌的股票往往会在 10 月 29 日反弹，这表明股价的确会对最低工资方面的新闻做出反应。

**总结**

　　我们的事件研究可以视为对如何定量化最低工资立法过程对股价的影响的初步尝试。我们很难确定哪些事件能真正影响投资者对最低工资走向的预期，因此该分析得到的任何结论都只是初步的。也就是说在上调相关的新闻是否会导致投资者下调股价预期这一问题上，分析结论并未给出非常确定的答案。不过我们从对最近有关最低工资修订法案的新闻如何影响超额收益率的研究中获得了较为有力的证据。相比之下，1989年最低工资立法过程中超额收益率的表现显得缺乏系统性。此外，在我们研究的事件中，与上调相关的新闻很少会引起股价1%至2%以上的变动幅度。

如果未来能从会计角度研究最低工资如何影响企业盈利能力，那会非常有利于本章的研究。此外，研究最低工资的变化如何影响更倾向于雇佣低薪雇员的企业（如加盟餐饮企业）的股价也非常有意义，而且我们还需要在最低工资对企业的开张与歇业的影响方面开展更多的研究。第2章中麦当劳快餐店的数据表明，最低工资对新开张的企业没有影响，但我们还需要更多的证据。

## 附 录

表 A.10.1　A 组合：事件研究中的 110 家企业

| 公司名称 | 一级行业分类 | 市值（1,000 美元） |
| --- | --- | --- |
| Albertson's Inc. | 食品店 | 6,776,443 |
| AMC Entertainment Inc. | 电影院，不包括汽车影院 | 221,508 |
| American Stores Co. | 食品店 | 3,062,890 |
| Ampal American Israel Corp. | 酒店和汽车旅馆 | 178,284 |
| Angelica Corp. | 亚麻布批发 | 256,594 |
| Arden Group Inc. | 食品店 | 82,263 |

续表

| 公司名称 | 一级行业分类 | 市值（1,000 美元） |
|---|---|---|
| Ark Restaurants Corp. | 餐饮场所 | 34,305 |
| Bayport Restaurant Group Inc. | 餐饮场所 | 40,220[a] |
| Benihana National Corp. | 餐饮场所 | 17,874 |
| Brendle's Inc. | 杂货店 | 10,067 |
| Brinker International Inc. | 餐饮场所 | 2,107,858 |
| Bruno's Inc. | 食品店 | 692,436 |
| Buffets Inc. | 餐饮场所 | 788,465 |
| Carl Karcher Enterprises Inc. | 餐饮场所 | 194,717 |
| Carmike Cinemas Inc. | 电影院，不包括汽车影院 | 143,460 |
| Carter Hawley Hale Stores Inc. | 百货公司 | 427,272[a] |
| Casey's General Stores Inc. | 食品店 | 272,195 |
| Cineplex Odeon Corp. | 电影院，不包括汽车影院 | 278,795 |
| Cintas Corp. | 亚麻布批发 | 1,586,882 |
| Chart House Enterprises Inc. | 餐饮场所 | 97,476[b] |
| Club Med Inc. | 酒店和汽车旅馆 | 328,161 |
| Consolidated Products Inc. | 餐饮场所 | 62,120 |
| Consolidated Stores Corp. | 杂货店 | 923,458 |
| Cracker Barrel Old Country Store Inc. | 餐饮场所 | 1,638,780 |
| Craig Corp. | 食品店 | 75,208 |
| Crowley Milner & Co. | 百货公司 | 11,640 |
| Dairy Mart Convenience Stores Inc. | 食品店 | 34,512 |
| Dayton Hudson Corp. | 杂货店 | 4,761,264 |
| Delchamps Inc. | 食品店 | 97,873 |
| Dial Corp. DE | 餐饮场所 | 1,895,411 |
| Dillard Department Stores Inc. | 百货公司 | 4,284,690 |
| Dollar General Corp. | 杂货店 | 1,254,030 |
| El Chico Restaurants Inc. | 餐饮场所 | 66,591 |

续表

| 公司名称 | 一级行业分类 | 市值（1,000 美元） |
|---|---|---|
| Family Dollar Stores Inc. | 杂货店 | 957,984 |
| Family Steak Houses of Florida Inc. | 餐饮场所 | 6,569 |
| Federated Department Stores Inc. | 百货公司 | NA[a] |
| Food Lion Inc. | 食品店 | 3,202,107 |
| Foodarama Supermarkets Inc. | 食品店 | 16,065 |
| Frisch's Restaurants Inc. | 餐饮场所 | 91,551 |
| G & K Services Inc. | 亚麻布批发 | 212,252 |
| Gander Mountain Inc. | 各类商品店 | 38,849 |
| Giant Food Inc. | 食品店 | 1,537,352 |
| Gottschalks Inc. | 百货公司 | 83,288 |
| Ground Round Restaurants Inc. | 餐饮场所 | 87,317 |
| Hannaford Bros Co. | 食品店 | 885,155 |
| Healthcare Services Group Inc. | 亚麻布批发 | 92,249 |
| Hilton Hotels Corp. | 酒店和汽车旅馆 | 2,904,943 |
| Ingles Markets Inc. | 食品店 | 198,022 |
| Jamesway Corp. | 百货公司 | 11,261 |
| JB's Restaurants Inc. | 餐饮场所 | 28,320 |
| Kahler Corp. | 酒店和汽车旅馆 | 23,037 |
| Kmart Corp. | 百货公司 | 8,776,708 |
| Kroger Co. | 食品店 | 2,157,688 |
| L. Luria & Son Inc. | 各类商品店 | 80,820 |
| La Quinta Inns Inc. | 酒店和汽车旅馆 | 712,719 |
| Luby's Cafeterias Inc. | 餐饮场所 | 612,607 |
| Mac Frugal's Bargain Close Outs Inc. | 杂货店 | 581,674 |
| Marcus Corp. | 酒店和汽车旅馆 | 360,167 |
| Max & Erma's Restaurants Inc. | 餐饮场所 | 32,556 |
| May Department Stores Co. | 百货公司 | 9,780,846 |
| McDonald's Corp. | 餐饮场所 | 20,121,684 |
| Mercantile Stores Co. Inc. | 百货公司 | 1,335,595 |

续表

| 公司名称 | 一级行业分类 | 市值（1,000 美元） |
| --- | --- | --- |
| Morgan's Foods Inc. | 餐饮场所 | 52,151 |
| Morrison Restaurants Inc. | 餐饮场所 | 948,150 |
| Motts Holdings Inc. | 食品店 | 16,503 |
| National Convenience Stores Inc. | 食品店 | NA[a] |
| National Pizza Co. | 餐饮场所 | 162,669 |
| Neiman Marcus Group Inc. | 百货公司 | 711,487 |
| Orient Express Hotels Inc. | 酒店和汽车旅馆 | 14,634 |
| Pancho's Mexican Buffet Inc. | 餐饮场所 | 53,373 |
| PEC Israel Economic Corp. | 食品店 | 586,218 |
| Penn Traffic Co. | 食品店 | 392,551[b] |
| Pepsico Inc. | 餐饮场所 | 32,586,264 |
| Piccadilly Cafeterias Inc. | 餐饮场所 | 123,724 |
| Proffitt's Inc. | 百货公司 | 205,556 |
| Quality Food Centers Inc. | 食品店 | 478,739 |
| Rio Hotel & Casino Inc. | 酒店和汽车旅馆 | 333,504 |
| Riser Foods Inc. | 食品店 | 56,567[a] |
| Rose's Stores Inc. | 杂货店 | 12,755 |
| Ruddick Corp. | 食品店 | 530,633 |
| Ryan's Family Steak Houses Inc. | 餐饮场所 | 480,636 |
| S K I Ltd. | 酒店和汽车旅馆 | 68,772 |
| Sbarro Inc. | 餐饮场所 | 596,899 |
| Schultz Sav O Stores Inc. | 食品店 | 41,053[b] |
| Sears Roebuck & Co. | 百货公司 | 18,540,504 |
| Seaway Food Town Inc. | 食品店 | 26,910 |
| Service Merchandise Co Inc. | 各类商品店 | 993,420 |
| Shoney's Inc. | 餐饮场所 | 938,810 |
| Sizzler International Inc. | 餐饮场所 | 265,665 |
| Smith's Food & Drug Centers Inc. | 食品店 | 623,303 |
| Spaghetti Warehouse Inc. | 餐饮场所 | 55,597 |
| Stop & Shop Cos. Inc. | 食品店 | NA[a] |

续表

| 公司名称 | 一级行业分类 | 市值（1,000 美元） |
|---|---|---|
| Strawbridge & Clothier | 百货公司 | 232,852 |
| Stuarts Department Stores Inc. | 杂货店 | 11,976 |
| Thousand Trails Inc. | 酒店和汽车旅馆 | 31,814 |
| TPI Enterprises Inc. | 餐饮场所 | 199,166 |
| Tuesday Morning Corp. | 杂货店 | 43,703 |
| Unifirst Corp. | 亚麻布批发 | 317,781 |
| United Inns Inc. | 酒店和汽车旅馆 | 20,784 |
| Unitog Co. | 亚麻布批发 | 148,344[b] |
| Uno Restaurant Corp. | 餐饮场所 | 86,349 |
| Vicorp Restaurants Inc. | 餐饮场所 | 182,083 |
| Vie de France Corp. | 餐饮场所 | 66,100 |
| Volunteer Capital Corp. | 餐饮场所 | 56,254 |
| Vons Cos. Inc. | 食品店 | 693,424 |
| Wal Mart Stores Inc. | 百货公司 | 57,463,050 |
| Wall Street Deli Inc. | 餐饮场所 | 48,125 |
| Walt Disney Co. | 游乐场 | 22,805,280 |
| Warehouse Club Inc. | 各类商品店 | 3,401 |
| Weis Markets Inc. | 食品店 | 1,182,708 |
| Wendy's International Inc. | 餐饮场所 | 1,733,612 |
| Winn Dixie Stores Inc. | 食品店 | 4,018,121 |
| Woolworth Corp. | 杂货店 | 3,346,226 |
| WSMP Inc. | 餐饮场所 | 11,786 |

注：市值取自 1993 年 12 月 31 日的数据。组合（样本）是根据所属一级行业选择的。
[a] 不包括 1993 年期间。
[b] 不包括 1987—1989 年期间。

表 A.10.2　B 组合：28 家在企业年报中提及最低工资的企业

| 公司名称 | 一级行业分类 | 市值<br>(1,000 美元) |
|---|---|---|
| Brinker International Inc. | 餐饮场所 | 2,107,858 |
| Buffets Inc. | 餐饮场所 | 788,465 |
| Chefs International Inc. | 餐饮场所 | 63,846 |
| Ciatti's Inc. | 餐饮场所 | NA |
| Consolidated Products Inc. | 餐饮场所 | 62,120 |
| Cuco's Inc. | 餐饮场所 | 4,481 |
| Dairy Mart Convenience Stores Inc. | 食品店 | 34,512 |
| Dollar General Corp. | 杂货店 | 1,254,030 |
| El Chico Restaurants Inc. | 餐饮场所 | 66,591 |
| Family Steak Houses of Florida Inc. | 餐饮场所 | 6,569 |
| Hancock Fabrics Inc. | 缝纫、针线活和小件物品 | 203,366 |
| JB's Restaurants Inc. | 餐饮场所 | 28,320 |
| Kenwin Shops Inc. | 女装店 | 2,389 |
| Morgan's Foods Inc. | 餐饮场所 | 52,151 |
| Morrison Restaurants Inc. | 餐饮场所 | 948,150 |
| National Pizza Co. | 餐饮场所 | 162,669 |
| One Price Clothing Stores Inc. | 女装店 | 159,823 |
| Pancho's Mexican Buffet Inc. | 餐饮场所 | 53,373 |
| Piccadilly Cafeterias Inc. | 餐饮场所 | 123,724 |
| Ryan's Family Steak Houses Inc. | 餐饮场所 | 480,636 |
| Sizzler International Inc. | 餐饮场所 | 265,665 |
| Sunbelt Nursery Group Inc. | 苗圃与花园用品零售店 | NA[a] |
| Sunshine Jr. Stores Inc. | 汽油服务站 | 10,416 |
| Valhi Inc. | 甜菜糖 | 559,037 |
| Vicorp Restaurants Inc. | 餐饮场所 | 182,083 |
| Volunteer Capital Corp | 餐饮场所 | 56,254 |
| Wall Street Deli Inc. | 餐饮场所 | 48,125 |
| Wendy's International Inc. | 餐饮场所 | 1,733,612 |

注：市值取自 1993 年 12 月 31 日的数据。我们通过在企业年报中搜索"最低工资"一词来选择样本。样本包括的是认为 1990 年或 1991 年最低工资的上调会增加劳动力成本的企业。

ª 不包括 1993 年期间。

# 注　释

1. 实际上第四种可能性是其他投入成本，如土地价格，也会下降。但由于在这些成本市场上最低工资雇主的比例很小，因此这种影响可能不太重要。

2. 该表是根据 1993 年 CPS 档案中的数据得到的。雇主信息取自 1993 年 4 月的雇员福利补充报告。行业数据取自 1993 年 ORG 档案。4 月的样本包括 13,986 名 16 岁及以上的雇员，而 ORG 的样本包括 168,423 名 16 岁及以上的雇员。已剔除低于 1 美元或高于 150 美元的时薪数据。

3. 一些研究发现，经过雇员特征的调整，小企业雇主的平均工资支付水平低于大企业。例如，参见 Brown and Medoff（1989）。

4. 本小节的讨论延续了 Abowd（1989）。为简单起见，我们忽略了非劳动力投入资本。如果产出也取决于非劳动力投入资本，那么核心结论不会发生变化。

5. 虽然该案例是假设的，但这些数字对一家大型快餐店而言也是在合理范围内的。

6. 如果我们假设实际利率为 10%，而不是 3%，那么公司的贴现值将下降 13%，而不是 5%。

7. 任何一家企业都会发现提高产品价格很困难，因为生意会被竞争对手抢走。但如果竞争对手也提高了产品售价，那么变化的就不是单个企业的产品需求曲线，而是整个行业的。

8. 见《20 世纪 90 年代最困难的任务：上调价格》("Hardest Task of the 1990's: Raising Prices"，《纽约时报》，1994 年 3 月 1 日，第 01 页 )。

9. 参见 Becker and Olson（1989）关于《瓦格纳法》的例子，Neumann（1980）和 Becker and Olson（1986）关于罢工的例子，Liberty and Zimmerman（1986）关于重新谈判合同的例子，以及 Ruback and Zimmerman（1984）关于工会组织的例子。

10. 事件的研究方法在金融类文献中很常见。关于这种方法的描述，参见 Brown and Warner（1985）。我们用他们的公式来计算估计值的标准误。

11. 某些情况下并非 1987 年的每个交易日的收益率数据都能得到。此时，我们用 1987 年所有有效样本的数据来估计市场模型的系数。此外，1987 年之后，有些股票也并非每个交易日的收益率数据都能得到。同样，我们也只是用有效的样本，因此有些时间段内样本略有变化。

12. 我们还在将超额收益率简单定义为个股收益与市场收益之差的假设下进行了分析，结果与市场模型的估计结果类似。此外，如果我们使用市值加权而非等权的全市场收益率，估计结果也是类似的。

13. 见《华尔街日报》，1987 年 3 月 26 日，第 5 页。

14. 见《华尔街日报》，1987 年 6 月 12 日，第 3 页。

15. 见《华尔街日报》，1988 年 9 月 19 日，第 16 页。
16. 见《华尔街日报》，1988 年 9 月 26 日，第 20 页。
17. 见《华尔街日报》，1989 年 3 月 3 日，第 A3 页。
18. 见《华尔街日报》，1989 年 3 月 9 日，第 A6 页。
19. 见《华尔街日报》，1989 年 3 月 9 日，第 A2 页。
20. 见《华尔街日报》，1989 年 3 月 24 日，第 A3 页。
21. 见《华尔街日报》，1989 年 5 月 18 日，第 A10 页。
22. 见《华尔街日报》，1989 年 6 月 14 日，第 A3 页。
23. 见《华尔街日报》，1989 年 9 月 20 日，第 A14 页。
24. 在此期间，每天的超额收益率定义为股票收益率减去市场收益率，并用公式 $\Pi_t 100(1+AER_t)$ 来计算累计超额收益率，其中 $AER_t$ 是第 $t$ 天的平均超额收益率。当我们使用市场模型来估计超额收益率时，结果也是类似的。
25. 备忘录的内容见《每日劳工报告》，1993 年 8 月 19 日，D1-D2。
26. 当时的《华尔街日报》滞后报道了该消息，因此我们在分析过程中把事件的发生时间定在 1993 年 10 月 29 日。
27. 在该分析中，我们用的是 1992 年（即前一个日历年）的数据来估计市场模型的系数。
28. 样本中的一家公司（Family Steak Houses of Florida, Inc.）在 10 月 13 日的超额收益率为 0.19，在 10 月 29 日为 –0.24。如果我们剔除这家公司，相关系数就变成了 –0.51。

# 第11章

## 有道理吗？
## 劳动力市场和最低工资方面的备择模型

> 在经济学研究中，妄图用一种理论来扼杀另一种理论，结果只会让理论学家们颜面扫地。
>
> ——保罗·A.萨缪尔森

  本书中，我们不断在重复最低工资的"标准"或"教科书"模型给出的结论，与最低工资立法下的企业和劳动力市场的实际表现完全不同。我们认为，从实证结果可以得出标准模型不完善的结论，理论和实证之间的差距关系到进一步上调最低工资标准对就业的影响。第2章至第4章中详细介绍的几个研究无法证明上调不利于就业市场。此外，正如我们在第6章至第8章中看到的，部分文献中所谓就业遭受损失的证据非常经不起推敲。我们还描述了低薪劳动力市场上，其他不同于教科书中的简单模型所描述的特征。

许多经济学家不愿抛弃被视为最低工资分析基础的劳动力市场标准模型。的确，正因为标准模型的简单有效、易于理解，才能广泛被教科书采纳，而且也便于实证检验。此外，我们还猜测标准模型确实非常能准确地描述局部劳动力市场，而且也准确估计了最低工资对部分企业的影响。另外，我们还认为如果最低标准足够高，标准模型给出的不利于就业的结论也会得到实证研究的支持。尽管如此，本书中给出的证据足以说明，我们有充分的理由重新思考低薪劳动力市场的特征，以及标准模型在描述适度的最低标准对劳动力市场的影响这一问题上的解释力。

许多备择模型与标准模型仅仅略有不同，但就最低工资的影响却给出了截然不同的估计值。在过去的20年内，经济理论发生了一些变革，主要集中在不完全信息（incomplete information）、搜索成本（search costs）和其他被标准模型排除在外的"不完美"因素。如果模型考虑这些因素，那么可以得出如下结论：适度上调最低工资不会对企业和整个市场的就业产生确定性的影响。此外，扩展后的模型还可以解释劳动力市场中不同于标准模型的其他特征，比如相似雇员在不同企业之间系统性的工资差异。

本章中我们回顾了一些标准模型之外的备择模型，评估其对受最低工资政策影响的劳动力市场的解释力。不过在讨论前，我们先详细描述一下标准模型及其几个变体，将其给出的结论作为备择模型结论的比较基准。

## 标准竞争模型

### 具有同质劳动力的单一企业

标准模型的基本对象是一个有代表性的企业，其劳动力投入和非劳动力投入分别为 $L$ 和 $K$，通过新古典学派的生产函数 $F$ 得到产出 $y$。

$$y = F(L, K) \quad (11.1)$$

该方程说明产出只取决于投入数量，也就是说不能通过改变工资来改变劳动力的产出。假设企业接受工资水平 $w$ 和非劳动力投入价格 $r$，将它们作为参数；也就是说，在要素投入的市场上，企业是价格接受者。因此在给定的产出条件下，企业的最优劳动力投入为：

$$L = h(y, w, r) \quad (11.2)$$

假设生产函数是规模报酬不变的，众所周知（如 Allen, 1938: 369–374），条件劳动需求函数对工资的弹性 $\eta$，与生产函数替代弹性 $\sigma$ 和劳动力成本在总成本中的占比 $\alpha$ 呈如下关系：

$$\eta = -(1-\alpha)\sigma \quad (11.3)$$

如果企业支付的工资由于上调而增加，那么在产出不变的情况下，我们可以用 $\eta$ 来描述对企业的就业影响。哈默梅什（Hamermesh, 1993, chapter 3）关于就业需求的静态估计值表明，对于大部分类型的雇主，$\eta$ 介于 –1 到 0 之间，最佳估计值约为 –0.3。

但大多数情况下，就研究最低工资的影响而言，方程

(11.3)过于简单。第一，该方程忽略了最低工资对企业产出的影响。通常情况下，面临生产成本上升的企业都会降低平均产出水平，从而导致劳动力需求的规模效应发生变化。第二，方程(11.3)也忽略了劳动力的异质性。大多数雇主会根据雇员不同的技能水平来支付工资，而且即使在如青少年这种相对同质化的群体中，一些雇员的收入也会比其他雇员高。因此，在判断最低工资上调对所有雇员或青少年就业人数的影响时，我们必须考虑劳动力的异质性。第三，方程（11.3）还忽略了一种特殊情况，即一些雇主被免于受最低工资政策的约束，或者可以无需遵守。接下来，我们逐一研究这些模型扩展方向。

### 竞争性行业的产出

要推导劳动成本变化对产出的影响，最简单的方法是考虑一个由同质企业构成的竞争性行业，每个企业面对的是相同的投入和产出价格，而且规模报酬不变的生产技术都是相同的。在这样一个行业中，虽然产出和就业在企业间的分布是随机的，但整个行业的总产出是确定的，因此整个行业对劳动力的总需求也应该是确定的。

假设行业产出的销售市场也是充分竞争的，其中逆需求函数 $p = P(Y)$，$p$ 代表产出售价，$Y$ 代表行业总产出，令 $\varepsilon$ 代表行业产出的需求弹性（$\varepsilon < 0$），那么上调导致售价上涨，上涨幅度与劳动力成本的占比成正比：

$$d \log p = \alpha \, d \log w \qquad (11.4)$$

但伴随着产出价格上涨的，是行业总产出的减少，以及与劳动力需求相匹配的产出或规模效应：

$$d \log Y = \varepsilon \, d \log p = \varepsilon \, \alpha \, d \log w \quad (11.5)$$

因此行业就业相对于工资的无条件弹性（unconditional elasticity）如下：

$$\eta' = \eta + \varepsilon \alpha = -[(1-\alpha)\sigma - \alpha \varepsilon] \quad (11.6)$$

为了与无撇号的代表企业和整个行业的条件弹性 η 区分开，我们用带撇号的 η' 来代表整个行业的无条件弹性或产出不变弹性（output-constant elasticity）。[1] 值得一提的是，无条件弹性的绝对值一定大于条件弹性的绝对值。例如，如果工资占成本的 30%，产品需求弹性为 –1.0，那么条件弹性为 –0.3，而无条件弹性则为 –0.6。

在估计上调最低工资的影响时，我们不禁要问，产品需求弹性的合理区间是多少？正如表 9.1 和表 10.1 中所列的，在工资受到或可能受到最低工资影响的雇员中，约有一半受雇于零售业，另有 30% 受雇于服务业。因此我们所关心的需求弹性主要集中在这两个行业中，霍萨克和泰勒（Houthakker and Taylor, 1970）针对不同的贸易品和服务产品给出不同的需求弹性。例如，餐馆用餐的需求弹性为 –1.4，服装的需求弹性为 –1.0，汽车维修服务的需求弹性为 –0.4。这些估计结果表明上调最低工资对产出的影响可能很大。另一方面，劳动力在这些行业的成本占比可能比其他行业要小。我们曾在第 2 章中提到，快餐行业的劳动力成本占比约为 30%。在其他类型的餐馆和服务业中，该比例可能更高，而在百货公司或其他零售商店中,该比例却要小得多。

我们假设核心参数($\sigma$, $\alpha$, 和 $\varepsilon$)是已知的,那么很容易就能估计出最低工资对雇员为单一类型劳动力的行业的影响。假设最低工资上调1%,行业工资就会增加 $k$($k$ 的变化范围是 0~1%,取决于上调前行业工资相比新的最低工资的比例),那么对行业产品售价的影响为 $\alpha k$,对行业总产出的影响为 $\alpha k \varepsilon$,对行业就业的影响为 $k\eta'$。值得注意的是,如果将"影响"定义为行业工资伴随最低工资的上涨而抬升的速度 $k$,那么在包含相近的 $\sigma$、$\alpha$ 和 $\varepsilon$ 值的情况下,最低工资对受最低工资影响较大的行业的产出、价格和就业的影响也都较大。这个结论同样适用于地区劳动力市场:某个地区内,低薪雇员的工资因上调政策而上涨的幅度越大,他们的就业率和产品价格受到的影响也越大。

**具有一定市场支配力的企业的产出**

在一个具有线性同质生产函数的竞争性行业中,只有行业的就业需求函数是明确定义的。还有一种行业模型,其中每个雇主在产出市场上有一定程度的支配力,例如,消费者和企业的地理位置不同,那么每个企业就会形成一个由附近消费者构成的自然客户群体,而且每个企业的产出和就业需求函数也是明确定义的。[2] 假设企业的产出需求函数的弹性是一个常数,那么用一个适当的需求弹性进行替换后,方程(11.6)还能用于描述面对工资的上调不同企业的无条件就业需求弹性。[3]

然而,为了对行业工资上调的影响进行建模,对应的产出需求弹性是假设所有企业同时进行价格调整时的弹性,绝对值上比单个企业的产出相对于其自身价格的需求弹性要小。[4]以餐饮业为例,在所有附近餐馆的价格都保持不变的情况下,每一家餐馆都有一个针对自家产品的相对弹性需求。然而当最低工资上调时,所有餐馆的价格都会上涨,从而每一个企业的需求都是净减少的。事实上,该产品需求弹性正是关于消费者需求的文献中经常估计的那类典型的行业弹性。因此,就目标而言,完全竞争企业的模型和关于地域差异化产品带来的市场影响力的模型,两者之间的区别可能非常小。

**异质性劳动**

另一个可能比产出市场的结构更重要的因素是劳动力的异质性,我们考虑两种具有异质劳动力的模型:(1)离散的劳动力类型;(2)连续的劳动力类型。

- **两种类型的劳动力**

对于方程(11.1)至方程(11.6)所描述的简单模型,有一种扩展方法是引入两种类型的劳动力,即熟练劳动力($L_1$)和非熟练劳动力($L_2$),两者再加上非劳动力,三者相互之间都不能完全替代。我们很自然地假设,非熟练劳动力的工资($w_1$)会受到最低工资的影响,而熟练劳动力的工资($w_2$)则不受影响,此时,在行业层面上,熟练劳动力和非熟练劳动力的无条件需求函数的导数满足:

$$\mathrm{d}\log L_1 = (\alpha_1 \sigma_{11} + \alpha_1 \varepsilon)\,\mathrm{d}\log w_1 \qquad (11.7\mathrm{a})$$

$$\mathrm{d}\log L_2 = (\alpha_1\sigma_{21} + \alpha_1\varepsilon)\,\mathrm{d}\log w_1 \qquad (11.7\mathrm{b})$$

其中，$\alpha_1$ 代表非熟练劳动力成本在总成本中的占比；$\sigma_{11}$ 和 $\sigma_{21}$ 是生产函数 $F(L_1, L_2, K)$ 的艾伦偏替代弹性（Allen partial elasticity of substitution, AES）。[5] $\alpha_1\varepsilon\mathrm{d}\log w_1$ 代表 $w_1$ 增加时的"规模"效应，该项与非熟练劳动力成本占比和产出需求弹性的乘积成正比；$\alpha_1\sigma_{11}$ 代表 $w_1$ 增加时的"自身替代"效应，由于 $\sigma_{11} \leqslant 0$，该项必然是负的。[6] 最后，$\alpha_1\sigma_{21}$ 代表非熟练劳动力和熟练劳动力之间的"交叉替代"效应，正负取决于两种劳动力之间的替代程度。

方程（11.7a）和方程（11.7b）表示最低工资对就业有两方面影响。在只有一种劳动力的简单情况下，工资受最低工资影响的雇员就业一定会减少，但就业总人数（$L_1 + L_2$）却不一定，因为理论上技术雇员就业的增加可以与非技术雇员就业的减少相互抵消。但如果 $\sigma_{31} > 0$，即非劳动力投入代替了非熟练劳动力，那么总就业就会随着非熟练劳动力工资的上升而减少。[7]

● **连续的劳动力类型**

按劳动力类型给雇员分类虽然便于分析，但在实证研究中说服力一般，主要问题在于观测到的工资分布相对来说是较为平滑的。例如，在某一州的青少年雇员中，没有明显的"高薪"和"低薪"之分，其工资分布反而可以认为是连续的（尽管部分区域内有尖峰），即使是在一家快餐店的所有非管理层员工中，起薪差异也较大（见第 5 章）。

人力资本模型在概念层面上对工资不唯一这一现象提出了一

个有用的解释（可参见 Welch，1969）。假设每个雇员集成了不同数量的人力资本（集受教育年限、工作经验、积极性和工作能力等多种因素），而且一群雇员的总生产力等于每个雇员生产力的简单加总，此时工资水平就可以视为劳动力市场上人力资本的效率单元（efficiency unit），每个人的工资等于自己的人力资本存量与该效率单元的乘积：

$$w_i = h_i w \qquad (11.8)$$

其中，$w_i$ 是个体 $i$ 的工资水平，$h_i$ 代表人力资本存量，$w$ 为标准工资水平。如果 $h_i$ 服从对数正态分布，那么该模型可以很好地解释工资观测值在横截面上的差异。方程（11.8）可以视为一个"单因素人力资本模型"，因为其中影响工资的唯一因素就是雇员个体的人力资本存量，而且所有雇员在产出上都是可以相互完全替代的。

为了进一步挖掘模型的解释力，我们考虑对生产函数（11.1）进行修正，修正后的函数自变量包括人力资本总量 $H$ 和非劳动投入 $K$，其中 $H=\sum_i h_i$，也就是企业内所有单个人力资本的加总。如果企业按照方程（11.8）给每个雇员支付工资，那么根本不需要关心整个雇员群体的内部构成，只需要关心人力资本总量是否达到最优即可。[8] 实际上方程（11.1）到方程（11.6）还可以解释为人力资本的派生需求（derived demand）模型，方程（11.6）也可以解释为人力资本需求相对于标准工资水平的弹性。

这一类模型对最低工资影响的预测可以用一张图来解释。图 11.1（a）显示的是在一个没有最低工资的市场中假设的工资分布，各要素满足方程（11.8），且采用 $E(h_i)=1$ 进行标准化，标准工资（一个单位的人力资本对应的工资）假设为所有工资样本的均值。图 11.1（b）显示的是假设最低工资为 $m$ 的情况，可见引入最低工资后，工资分布会发生两个变化。第一，整个工资分布向右移动，对应人力资本的市场价格会从 $w$ 移动到 $w'$。第二，工资分布被最低工资截断，满足 $h_i < m/w'$ 的个体都被排除在劳动力市场之外。该结论是由斯蒂格勒（Stigler, 1964: 358）得到的，他认为在上调最低工资后，"服务价值低于最低工资的雇员自然就被解雇了……"

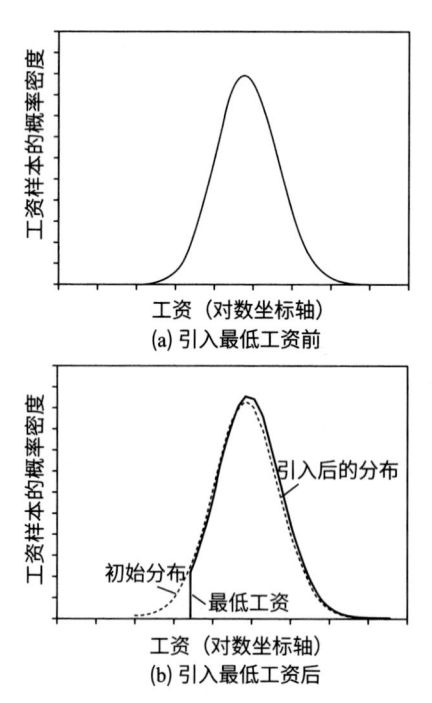

图 11.1 引入最低工资前后的假设工资分布

## 第 11 章 有道理吗？劳动力市场和最低工资方面的备择模型

在实行最低工资后，人力资本的价格变化可以通过人力资本总供给的变化得到：

$$dH = - \int_{-\infty}^{m/w'} h\, f(h)\, dh$$

其中，$f(h)$ 是人力资本分布的密度函数。该变化量与所有因最低工资上调而被排除在市场外的个人的总收入成正比。通过方程（11.6），并用前面的表达式代替如下方程中的 $dH$，就可以求出 $w'$：

$$\frac{(w'-w)}{w} = \frac{1}{\eta'}\left(\frac{dH}{H}\right)$$

不难看出，人力资本的市场价格涨幅越大，人力资本需求的弹性绝对值就越小。在完全没有弹性需求的极限情况下，标准工资上升幅度等于最低工资与劳动力市场上工资样本历史最小值的比值，但就业总人数保持不变。除了完全没有弹性需求的特殊情况，最低工资的上调一般会使得低薪雇员的就业减少，而其他雇员的工资上涨。

有趣的是该模型也给出了上调最低工资后就业损失的预测模式，工资远低于最低工资标准的雇员最有可能失业，而工资略低于新的最低工资标准的雇员则有可能得到足以确保他们不会失业的涨薪幅度。

将图 11.1 与图 9.3 的工资样本分布进行比较后发现，单因素劳动力市场模型存在一个重要缺陷。具体来说，不同类型的劳动力可以完全替代的假设，与工资分布在引入最低工资后出现尖峰这一现象不一致。虽然尖峰可以通过非工资性补偿，并将总报酬分布相对时薪分布的差异进行平滑，但正如我们在第 5 章提到的，抵消存在的证据很难找到。单因素模型的另一个缺陷在于，模型假设所有起薪高于最低工资的雇员享受的涨薪幅度是相同的，但我们曾在第 4 章和第 5 章中找到一些证据说明上调对工资已经高于新的最低标准的雇员存在溢出效应。但效应仅限于略高于新标准的群体。以上两个缺陷说明，狭义的单因素人力资本模型无法准确解释最低工资上调后工资发生的实际变化。

赫克曼和赛德拉切克（Heckman and Sedlacek, 1981）进一步扩展了单因素人力资本模型，允许雇员具有每个部门或行业专属的技能类型。结论与单因素模型的结论相似，都认为上调会提高受影响行业的标准化技能价格，也就是标准化的行业工资，从而使整个行业的工资分布右移，其中一些低薪雇员还会面临失业。

**考虑未被政策覆盖的部门**

目前，美国经济中 90% 以上的雇员享受联邦最低工资，青少年的比例仅略低于这一数字（见第 6 章）。但即使有这么高的覆盖率，仍然存在大量次级最低工资雇员。

例如，在 1992 年，有 3.3% 的雇员和 10.2% 的青少年自称工资低于 4.25 美元。[9] 这说明最低工资的理论模型应该考虑处于未被覆盖部门的雇员。韦尔奇（Welch, 1974, 1976）、明瑟（Mincer, 1976）和格拉姆利克（Gramlich, 1976）等都曾提出并分析了这类模型。此外，文献中的两部门模型通常都假设两个部门的所有雇员都是同质的，不考虑雇员之间的异质性，我们也采用这种简化方法。

我们首先假设覆盖部门和未覆盖部门的劳动力需求函数如下：

$$\log L_c = \eta_c \log w_c + \text{constant} \quad (11.9a)$$

$$\log L_u = \eta_u \log w_u + \text{constant} \quad (11.9b)$$

其中，$L_c$ 和 $L_u$ 分别代表覆盖和未覆盖部门的就业率；$w_c$ 和 $w_u$ 代表覆盖和未覆盖部门的工资水平；$\eta_c$ 和 $\eta_u$ 代表两个部门的（无条件）就业需求弹性。[10] 模型不考虑一个部门的工资对另一个部门的就业需求的影响。然而，如果两个部门的产品是高度同质化的（比如餐饮业），那么交叉替代效应可能会非常明显。

假设上调导致覆盖部门的工资增加。从方程（11.9a）中可见，该部门的就业必定会减少，而对未覆盖部门就业的影响取决于两部门的劳动力供给模型。我们采用的基准模型是假设两部门的劳动力供给由各自的平均工资决定（权重为部门的相对规模），而未覆盖部门的劳动力供给只是覆盖部门的总供需差。在基准模型中，如果两部门期初的工资相同，那么：

$$d \log w_u = -\frac{c}{1-c} \times \frac{\zeta - \eta_c}{\zeta - \eta_u} \times d \log w_c \quad (11.10)$$

其中，$c$ 是覆盖部门雇员期初比例；$\zeta$ 为整个市场的劳动力供给弹性。[11] 由于 $\eta_c$ 和 $\eta_u$ 都是负数，因此方程（11.10）认为上调在提高覆盖部门工资的同时，还会使得未覆盖部门的工资下降。实际上如果覆盖部门的规模较大，那么该等式等价于认为，除非未覆盖部门的需求有极大的弹性，否则未覆盖部门的工资一定会大幅度下降。该结论背后的解释很简单：如果覆盖部门的规模更大，那么其一定比例的失业会给未覆盖部门的劳动力供给带来较大压力，因此只能通过大幅度削减工资来吸收。

关于最低工资发生变化后未覆盖部门的工资如何反应的研究相对较少。陶亨（Tauchen, 1981）是为数不多的研究之一，他利用20世纪40年代末和60年代中期各地区的季度数据，估计联邦最低工资对农业工资的影响，结论表明，影响因地区而异，9个地区中，1个产生了显著的不利影响，2个产生了显著的正面影响。[12]但正如明瑟（Mincer, 1976）指出的，对于其他部门，或研究对象更换为失业人群时，未覆盖部门的工资会随着覆盖部门工资的上涨而下降这一结论并不成立。以托达罗（Todaro, 1969）的农村-城市迁移模型为例，明瑟指出，覆盖部门中失业的个体，要么转移到未覆盖部门寻找新工作，要么继续在覆盖部门中排队等待工作。均衡状态下两种选择的预期效用必须相等，这意味着在风险中立的情况下：

$$w_u = \frac{L_c}{L_c + U} w_c + \left(1 - \frac{L_c}{L_c + U}\right) b \qquad (11.11)$$

其中，$U$是指覆盖部门中排队应聘工作的人数；$b$是不参与工作的美元价值。[13]如果给定部门的就业需求函数，那么模型完全可以写成$U$的解析表达式。另外再简单假设$L_c + L_u + U = S(w_u)$，其中$S$是两个部门的供给函数（参见Brown, Gilroy, and Kohen, 1982: 492）。将这些方程结合起来，可以得出关于未覆盖部门的

工资相对于 $w_c$ 的导数，具体如下：

$$\frac{\mathrm{d}w_u}{\mathrm{d}w_c} = \frac{c(1+\eta_c R_c)}{1+\zeta R_u - (1-c-u) \times (1+\eta_u R_u)} \quad (11.12)$$

其中，$c = L_c/S$ 代表覆盖部门的劳动力占比，$u = U/S$ 为失业人群中的劳动力占比，$R_c = (w_c - b)/w_c$ 和 $R_u = (w_u - b)/w_u$ 分别代表覆盖部门和未覆盖部门的工资和 $b$ 的差距，$\zeta$ 为劳动力供给弹性。导数表达式的正负号取决于 $|\eta_c| > 1/R_c$ 是否成立。[14] 如果覆盖部门的就业需求弹性很小，那么 $w_c$ 的上升会导致 $w_u$ 的上升，两部门都出现就业人数的下降和失业人数的上升。我们还可以通过方程（11.12）推导出，当覆盖部门就业人数因最低工资政策发生变化后两部门就业人数的弹性表达式。

在总结前，我们觉得布朗、吉尔罗伊和科恩（Brown, Gilroy, and Kohen, 1982）关于均衡条件方程（11.11）的本质的评论值得一提。与托达罗模型中的含义一样，该方程代表个人只有在失业情况下才会去覆盖部门排队等待工作。尽管在覆盖部门和未覆盖部门的工作所处的地理位置不同的情况下该假设成立，但我们认为在最低工资的背景下，该假设不太合适。[15] 但如果雇员可以在等待覆盖部门的工作的同时，也参与未覆盖部门的工作，那么模型就可以简化为方程（11.10）所描述的模型。该模型给出的结论很明确：覆盖部门工资的上升会导致未覆盖部门的工资下降。我们认为，无论对未覆盖部门有何种影响，最低工资的上调都会导致覆盖部门就业的减少。

### 长期影响 vs 短期影响

在迄今为止的讨论中，我们没有对最低工资的短期和长期反应进行区分，所有理论模型基本上都是假定雇主可以以零成本调整来适应劳动力价格变化的长期模型。而在短期内，一些非劳动力的成本投入可能非常高，甚至是"沉没"的（如快餐店的店铺装修），此时就业不一定会立刻对上调作出反应。相反，由于部分企业选择退出行业或缩减规模，潜在创业者进入行业的意愿下降，调整适应的过程会在长期内发生。

关于短期调整的成本的一个简单且严格的例子出现在名曰"油泥-陶土投资"（putty-clay）模型中，该模型中资本一旦投入，企业就会产生一个资本-劳动力的刚性需求。[16]在企业投入前，可以选择任意的资本-劳动力比率，但投入后就只能将两者以固定比例投入生产，直到达到资本存量所允许的产能极限。我们可以在该模型中发现，面对预期外的上调政策，或者幅度小于由单个雇员隐含的资本成本与工资之比决定的最大上调幅度的上调政策，就业的最优反应是零，油泥-陶土投资模型中的投入成本就像沃尔特·奥伊（Walter Y. Qi, 1962）的劳动力模型中视为类固定资产的沉没技能培训投入，会在短期就业需求函数上创造出一个间断点。该模型的另一个假设是，所有上调产生的短期成本都是由雇主承担的，但行业产品售价却不会对上调作出反应。

我们认为区分最低工资的长期影响和短期影响非常重要，但很遗憾，我们几乎没有发现任何简单方法来判断服务业和零售业的就业调整中有多少会在短时间内（例如 6 个月）完成，有多少会在长期内（例如数年）完成。一个粗略的估计方法是估算某个典型的零售业或服务业店铺在两次装修之间的时间长度，例如，企业一般以3年为周期重新投入资本或装修店铺，那么推算下来，至少有三分之一的企业会在12个月内完全适应最低工资政策的变化。

判断什么样的时间尺度可以称为长期的另一种方法，是在由短至长的不同时间区间内观察就业在上调后如何反应。在这方面，我们对1989—1992年青少年就业率的研究提供了一些证据，其结论是，在1年、2年、3年这三个时间范围内，就业的反应非常相似（而且非常接近于0）。显然，关于最低工资如何影响长期的就业决策或者企业兴衰，还需要更深入的研究。我们对麦当劳连锁店开业情况的研究算是朝着这方面迈出的第一步，但与此同时我们还需要意识到，标准模型也包含了最低工资短期内对就业零影响的情况，但此时对价格的影响也是零。

**传统模型的总结和评价**

我们现在总结一下标准模型在衡量上调最低工资影响上的解释力。表11.1的前4列数据以表格形式总结了标准模型及其各种扩展或修正模型的主要特征。针对直接受影响的雇员——原始工资低于新的最低标准且受雇于覆盖部门的雇员，以及间接受影响的雇员——高薪雇员或受雇于未覆盖部门的雇员，我们都设计了不同的模型来估计两类群体的就业和工资如何受最低工资上调的影响。表格最后几行还介绍了各种模型下最低工资对行业

表 11.1 其他衡量最低工资影响的模型（摘要和评价）

| | 其他版本的标准模型 | | | | 企业自主制定工资标准的模型 | | |
|---|---|---|---|---|---|---|---|
| | 同质劳动力 (1) | 两种及以上类型的离散型劳动力 (2) | 可以完美替代的连续型劳动力 (3) | 具有同质劳动力的两部门模型 (4) | 单一企业模型 (5) | 均衡工资差异模型 (6) | 我们的证据 (7) |
| 对工资的影响 | | | | | | | |
| 1. 覆盖部门中的受影响的雇员[a] | 正面 | 正面 | 正面 | 正面 | 正面 | 正面 | 正面 |
| 2. 未覆盖部门的雇员或高薪的雇员[b] | — | 0 | 正面 | 负面或? | — | 正面 | 正面 |
| 对就业的影响 | | | | | | | |
| 3. 覆盖部门中的受影响的雇员[a] | 负面 | 负面 | 负面 | 负面 | 正面或负面 | 正面或负面 | 0 或正面 |
| 4. 未覆盖部门的雇员或高薪的雇员[b] | — | ? | 0 | 正面或? | — | 正面或? | 负面或? |
| 对工资分布的影响 | | | | | | | |
| 5. 最低工资处有尖峰 | — | — | 否（不考虑存在抵消的情况） | — | — | 否 | 是 |
| 6. 对高薪雇员产生溢出效应 | — | — | 是 | — | — | 是 | 是，但仅限于很小的范围内 |

# 第11章 有道理吗？劳动力市场和最低工资方面的备择模型

续表

|  | 其他版本的标准模型 |  |  |  | 企业自主制定工资标准的模型 |  | 我们的证据(7) |
|---|---|---|---|---|---|---|---|
|  | 同质劳动力(1) | 两种及以上类型的离散型劳动力(2) | 可以完美替代的连续型劳动力(3) | 具有同质劳动力的两部门模型(4) | 单一企业模型(5) | 均衡工资差异模型(6) |  |
| 次级最低工资标准 |  |  |  |  |  |  |  |
| 7. 可能的话是否采用 | 是 | 是 | 是 | 是 | 否（包含企业监督的模型） | 否（包含企业自主制定工资政策的模型） | 几乎不可能 |
| 对产出价格的影响 |  |  |  |  |  |  |  |
| 8. 受影响雇员的产出 | 正面 | 正面 | 正面 | 正面 | 负面或正面 | 负面或正面 | 正面（跨州） |
| 对企业利润的影响 |  |  |  |  |  |  |  |
| 9. 受影响雇员的雇主的利润 | 负面 | 负面 | 负面 | 负面 | 负面（一阶影响为0） | 负面（一阶影响为0） | 很小的负值 |

注："？"意味着模型的结论是模棱两可的。"—"表示该模型没有给出结论。
a 原始工资低于新的最低标准且受雇于覆盖部门的雇员。
b 高薪雇员（在多于一种劳动力类型的模型中）或受雇于未覆盖部门的雇员。

473

产出价格，和包括最低工资处的尖峰、对收入原已高于新标准的雇员的溢出效应，以及次级最低工资标准在内的工资分布特征的影响估计值。表中的"－"表示该模型并未给出对应情况下的结论。为便于比较，第（7）列是我们根据本书前几章的分析，对劳动力市场实际表现做出的最佳估计值。

关于上调最低工资后受影响雇员的就业变化为零，甚至是正向变化的结论，长期劳动力市场的标准模型很难解释。因为无论何种变体，所有标准模型都假设直接受影响的雇员的就业需求是单调递减的。如表11.1中所示，我们的证据也说明对就业的影响要么为0，要么为很小的正数。这些模型，尤其是假设雇员属于具有完全可替代技能的连续劳动力类型的模型，在拟合工资数据方面表现得更好。即使已经这样了，也没有一个模型能解释最低工资处的尖峰，对收入高于新的最低标准的雇员溢出效应，以及次级最低工资标准的极低使用率。标准模型认为上调最低工资将导致产出价格上涨，而且幅度足以覆盖劳动力成本的抬升。尽管新泽西州和得州快餐店的价格变化规律并非如此，但大部分现有证据与该判断是一致的。

## 企业自主制定工资标准的模型

我们讨论过的所有标准模型都有一个共同特征，都是假设企业是劳动力市场上的价格接受者，也就是说工资构成中不存在企业自主制定的部分。标准模型中，任何具有相同特征的雇员在所有雇主那里所能获得的工资都是相同的（工作性质也不变）。但随机样本和其他类型的证据表明，该假设过于简化了（参见第5章对这些证据的概述）。本节我们讨论企业可以自主制定工资标准对最低工资的影响，分析将围绕一个简单问题展开：雇主为了保留当前的劳动力规模并施加激励，是否只能支付更高标准的工资？如果答案是肯定的，那么因上调而增长的工资就会促进就业。

### 静态模型——传统垄断

教科书中关于最低工资的讨论，一般都会针对雇主面临向上倾斜的劳动力供给曲线的情况进行补充解释（参见 Baumol and Blinder, 1991:788–791）。分析过程通常以一个单公司城镇（one-company town）[①]为例，即当只有一个劳动力买家（垄断者）的情况下，企业的劳动力供给计划就是整个市场的劳动力供给函数，而且是向上倾斜的。我们在此对这种传统的垄断模型做个综述。

假设雇员是同质的，并且企业为了吸引并留住 $L$ 名雇员而必须支付的工资水平为 $w = g(L)$，函数 $g(L)$ 是劳动力供给函数的反函数，其对数导数（$d\,\log w/d\,\log L$）也是供给弹性的倒数。教科书中的标准模型对应的就是供给弹性趋于无限大，也就是 $g'(L) = 0$ 这一极限情况。

---

[①] 单公司城镇是指假设几乎所有基础设施，如商店、学校、市场、住房和娱乐设施等，都由一家企业经营的地方。

正如由琼·罗宾逊（Joan Robinson, 1993）最初假设的那样，垄断者自主将工资标准设在使得劳动力的边际收益产出（Marginal Revenue Product）[①] MRP（L）等同于劳动力的边际成本的水平，表达式如下：[17]

$$MRP（L）= \frac{\mathrm{d}[Lg(L)]}{\mathrm{d}L} = w\left(1 + \frac{1}{\zeta}\right) \quad （11.13）$$

其中，$\zeta$ 是供给弹性。如果 $\zeta$ 趋向于无限大，那么该表达式就简化为 MRP（L）= w 的标准情况。否则供给的倒数会在边际产出和工资之间拉开一条缝（labor wedge）[②]。例如，假设供应弹性为 10，意味着 MRP（L）和工资样本值之间有 10% 的差距。

在图 11.2 所示的垄断均衡中，雇主的供给是受限的，MC（L）代表的曲线表示聘用一个雇员的边际成本。而且正如方程（11.13）所示，MC（L）> w。我们现在考虑工资被垄断性地设定在 $w^0$ 水平上，上调导致工资增加 k 个百分点，进而使得就业沿着劳动力供给曲线上移 kζ 个百分点，且企业也会以相应幅度增加产出。[18] 但从图中可见，这种计算方法只适用于最低工资小幅度上调的情况，就业对更高工资的反应实际上是倒 U 型的。工资上调 $-\eta/[\zeta(\zeta-\eta)]$ 时就业的增幅达到最大，工资上调幅度大于 $1/\zeta$，就业就会开始减少（相对于初始均衡状

---

[①] 是指在其他要素投入量不变的条件下，企业每增加一单位的要素投入所带来产量的增加，进而带来收益的增加，衡量的是要素边际生产力的高低。
[②] labor wedge 是一个常用术语和重要经济指标，用于描述企业边际产出与家庭边际替代率之间的差距。

态），其中 η 为只有在企业是价格接受者时才会体现出来的劳动力需求弹性（即对数边际收益产出函数导数的反函数）。

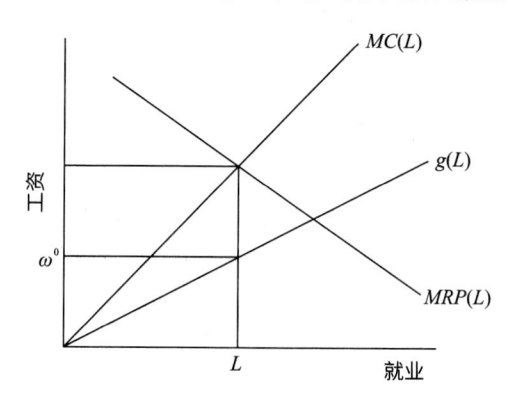

图 11.2　垄断性均衡图示

教科书上关于垄断的讨论一般被认为只是出于好奇才开展的。该刺耳的声音背后的逻辑在于，直觉上我们认为除非潜在雇员群体中大部分都受雇于一个企业，否则对该企业来说，劳动力供给弹性应该趋于无穷大。这一印象主要源自产业组织理论，该理论认为某个卖家对市场的支配力取决于其市场份额。[19] 在青少年或高中辍学的学生等非熟练工的市场上，劳动力的买家通常是小企业——餐馆、服务站和零售商店。由于每家企业只雇佣了当地市场上极小部分的非熟练工，因此垄断力一般被认为是忽略不计的。

### 一个简单的动态模型——对垄断的重新解读

"企业可以接受现定工资水平"的假设，建立在"劳动力市场是一个完全信息（perfect information）的静态市场"的观点上。在一个完全信息市场中，每个雇员就选择哪份工作可以做出一劳永逸的决定，如果某个雇主的工资报价比其他雇主高出了10%，显然可以吸引一大批合格的应聘人。一旦应聘队列到位，雇主就可以降低工资报价，直到仅略高于市场水平，但还是能吸引到足够多的雇员来填补空缺职位。但实际情况下，工作机会的信息是不完全的，雇员在工作之间的流动性，尤其是低薪雇员的流动性很高，进出劳动力市场的速度也很快。例如，在一个典型的快餐店中，工作时间超过 6 个月的非管理层员工占比不到一半。[20] 如此高的流动性说明低薪雇主正面临持续减员的风险。与标准模型中假设的此时雇主能以当前市场工资发布空缺职位并迅速填补的理想化情况不同，实际中低薪雇主显然在招聘和培训新员工上花费了大量的时间和精力。

各种证据表明，职位空缺是低薪劳动力市场上的一个普遍现象，在我们第 2 章至第 4 章中研究的最低工资上调之前的 1988 年中期，美国餐馆协会委托盖洛普进行的一项民意调查显示全美有 20 万个，约 3% 的空缺岗位。[21] 美国国家事务局对快餐店进行的调查（1985 年）也显示，超过 80% 的快餐店长期都存在空缺职位。低薪雇主当然也可以设立多种激励机制来降低人员流动性和提高应聘率，如设立入职奖金和交通补助［美国国家事务局（1985），表 8］。在我们对新泽西州和宾州快餐店的调查中，我们发现约有三分之一的餐馆会向介绍朋友来工作的员工发放奖金。我们很难（但也并非不可能）用假设企业永远能以当前工资招募到所有满意的雇员的模型,来解释这类措施的存在以及其对空缺职位和招聘策略的关注是否是合理的。

除了奖金和其他招聘激励措施外,企业还可以通过更高的工资报价来吸引更多的雇员。更高的工资既有成本也有收益。在成本方面,企业向新雇员和现有劳动力支付的劳动力成本肯定会抬高。而在收益方面,较高的工资可以吸引到更多的应聘者,并有助于降低现有雇员的流动性。为了定量化其中的权衡取舍,我们假设一家工资报价为 $w$ 的企业预期每月能够招募到 $H(w)$ 名合格的新雇员,而且 $H'(w) > 0$。此外,假设每月的离职率为 $q(w)$,其中 $q'(w) \leq 0$。如果该企业想维持 $L$ 名雇员的劳动力规模,就必须将工资水平设定在使得每月新雇佣的人数与离职人数相等的水平,即:

$$H(w) = q(w)L \qquad (11.14)$$

方程(11.14)描述的是工资报价水平和均衡劳动力规模之间的关系,其弹性为:

$$\frac{\mathrm{d}\log w}{\mathrm{d}\log L} = \frac{1}{\theta_H - \theta_q'} \qquad (11.15)$$

其中,$\theta_H \geq 0$ 是雇佣函数的工资弹性,$\theta_q \leq 0$ 是离职函数的工资弹性。标准模型中假设 $\theta_H$ 是无穷大的,此时企业在劳动力市场上是一个价格接受者。更实际的情况是,如果抬高工资能进一步吸引到的应聘者很有限,并且如果离职率相对于工资的弹性是一个有限值,那么严格来说,目标工资水平理应是目标劳动力规模的单调递增的函数。

不过模型的隐含约束是每个月的雇佣率等于离职率，起到的作用等同于传统静态垄断模型中的供给函数。如果我们令劳动力供给弹性 $\zeta = \theta_H - \theta_q$，那么传统垄断模型中的解析可以无缝衔接到该简单的动态模型中。在动态模型中，企业是否拥有垄断力的问题等价于雇佣函数的弹性或离职函数的弹性是否为无穷大的问题。

关于离职率较大的弹性，很多文献中也有体现。坎贝尔（Campbell, 1993）通过 EOPP 中关于近期空缺职位的填补情况的调查数据来估计离职率相对于工资的弹性。由于该数据集针对的是低工资低技能雇员群体，因此特别对我们的胃口。坎贝尔的基础模型估计出的每月离职率相对于工资的弹性为 –0.96（标准误为 0.22）。该数值的绝对值显然是一个较大的有限值，但坎贝尔的备择模型给出的估计值绝对值很小。迈岑（Meitzen, 1986）同样基于 EOPP 数据给出了离职率弹性的其他估计值，但绝对值基本都小于坎贝尔的估计值。

文献中已经有大量通过个体的面板数据来估计离职率函数的研究，比如 Blau and Kahn（1981）、Viscusi（1979, 1980）、Shaw（1985）和 Light and Ureta（1992）（其中部分调查数据来自 Devine and Kiefer, 1991, chapter 8）。综合来看这些研究，我们发现离职率相对于工资的弹性一般为显著的负数，但很少能达到 –1.0。此外，帕克和伯顿（Park and Burton, 1967）、彭卡威尔（Pencavel, 1970）和帕森斯（Parsons, 1973）还估计了制造业行业工资对行业平均月度离职率的影响，这些研究都表明，离职率和工资呈负相关性，弹性绝对值普遍在 1 以内。例如，彭卡威尔汇总的数据（表 I）说明离职率相对于工资的弹性普遍在 –0.90 到 –1.10 之间。至此，我们得出结论：离职率相对于工资的弹性是显著的，但绝对值上不大于 1.0。

相比之下，关于雇佣率相对于工资报价的弹性的研究就少了很多。霍尔泽、卡兹和克鲁格（Holzer, Katz, and Krueger, 1991）使用的是 EEOP 中关于雇主最近一个空缺职位的应聘者数量的数据，他们将应聘者人数的对数，与当地劳动力市场的各种信息、职位性质、最终填补空缺的雇员类型以及工资报价水平进行回归，不过由于工资变量的内生性，他们还使用了工资的工具变量进行估计，结果显示应聘者人数相对于工资的弹性是显著的正数。点估计值的范围从用一级行业分类下的行业虚拟变量作为工具变量时的 0.5（标准误为 0.3），到用企业规模虚拟变量作为工具变量时的 4.1（标准误为 0.9）。如果认为那些员工目标规模较为稳定的大企业才更适合通过提高工资报价来提高雇佣率，那么后一组工具变量的模型理论上更可靠。

克鲁格（Krueger, 1991）对联邦公务员的职位应聘率进行了研究。从 1950 年起，每年通过美国人事管理局的公开竞争聘任系统（Open Competitive Appointment System）发布的联邦空缺职位的应聘数量和已被填补的职位数量都可以公开获得。随后，克鲁格将每个岗位的应聘人数的对数，与联邦政府平均工资和私营部门平均工资的比值，以及衡量劳动力市场的周期性景气度的变量和其他趋势项进行回归。结果显示在不同的控制变量组合下，总体应聘率相对于联邦工资的弹性估计值位于 1.8 到 2.7 的范围内，标准误范围为 0.4 到 0.5。当应聘率的分子被替换成"合格"应聘者后弹性更大（估计值为 4.0，标准误为 0.5）。站在我们的研究角度而言，该模型可能是最合适的，因为垄断模型中雇佣率理论上就是指合格雇员的雇佣率。[22]

基于这些研究，应聘率相对于工资报价的弹性估计值约为 0.5 到 4.0，得出该范围上限值的模型设定更接近动态垄断模型的理论结构。综合 $-1.0$ 的离职率弹性和 4.0 的应聘弹性，得到综合弹性 $\theta_H - \theta_q = 5.0$。不过考虑到估计值的抽样误差，我们先排除大于 10 的综合弹性。如果综合弹性（$\theta_H - \theta_q$）位于 5 到 10 之间，那么边际生产力和工资之间的差距约在 10% 到 20% 之间——该范围的估计值是可信的。

假设雇佣率和离职率相对于工资报价的弹性是有限的，那么一个简单的动态模型对理解低薪劳动力市场的特征和最低工资的影响有何帮助呢？首先，该模型表明，平均而言，大企业必须——至少是在最低工资并非强制政策的市场上支付更高的工资，但这需要深入解释一下，因为只有当其他因素不变的情况下，劳动力规模和工资之间的关系才是成立的。如果我们把雇佣函数和离职函数写成 $H(w/w^a)$ 和 $q(w/w^a)$，其中 $w^a$ 是其他可替代的工资水平，那么理论上的关系就应该是：

$$\log w = \log w^a + (\theta_H - \theta_q)^{-1} \log N \qquad (11.16)$$

可替代工资水平中的未知异质性显然会增加类似方程（11.16）这样的方程的估计难度。此外，各企业之间雇佣率和离职率的弹性是保持不变的这一假设也与实际情况相去甚远,例如,各地劳动力市场的性质不同,不仅会导致 $w^a$ 不同,还会导致求职者的应聘速度和离职率相对于单一雇主的工资报价的弹性不同,雇主之间不同的弹性将导致不同的企业出现不同的工资报价,但该差异与就业没有直接关系。最后,或许也是最重要的一点,方程(11.16)中的企业规模其实是内生的,理论上为了得到该结构性方程的可靠估计结果,应该采用一组能代表企业规模的外生变量来估计,如产品市场的规模等。

尽管存在这些困难,我们还是用新泽西州-宾州研究中的快餐店样本,和先前得州研究中的快餐店样本来估计类似方程(11.16)的模型,而且都使用上调之前获取到的数据(即新泽西州-宾州的样本数据是 1992 年 2 月至 3 月获得的,得州的样本数据是 1990 年 4 月之前的一段时期获得的),估计结果显示在了表 11.2 中。两个样本下我们都给出了类似方程(11.16)的 OLS 估计值,以及可以捕捉在最低工资处被截断的工资分布特征的 Tobit 模型估计值。[23] 估计结果表明,虽然企业规模与工资显著相关[24],但其估计系数相对较小,普遍在 0.02 到 0.05 之间。[25] 这也就意味着($\theta_H - \theta_q$)的范围在 20 至 50 之间。但该范围与我们之前直接估计得到的范围不一致,不过可能这是由于在用 OLS 估计方程(11.16)的过程中遇到的困难导致的。理想情况下,我们希望用一些外生因素(如高速公路的位置)来衡量企业规模,但所需要的数据超出了当前可用的数据集。

表 11.2　企业规模对工资的影响

| 变量 | 新泽西州-宾州 OLS (1) | 新泽西州-宾州 Tobit (2) | 得州 OLS (3) | 得州 Tobit (4) |
|---|---|---|---|---|
| 1. 截距 | 1.493 (0.033) | 1.461 (0.048) | 1.183 (0.039) | 1.099 (0.058) |
| 2. 对数 FTE | 0.020 (0.010) | 0.025 (0.014) | 0.030 (0.014) | 0.053 (0.021) |
| 3. 新泽西州的商店 | −0.001 (0.009) | 0.002 (0.013) | — | — |
| 商店特征 | | | | |
| 4. 公司直营 | 0.016 (0.009) | 0.021 (0.012) | 0.034 (0.012) | 0.055 (0.018) |
| 5. 汉堡王 | −0.046 (0.011) | −0.066 (0.016) | −0.023 (0.014) | −0.044 (0.021) |
| 6. 肯德基 | −0.025 (0.014) | −0.031 (0.020) | 0.028 (0.016) | 0.028 (0.023) |
| 7. 罗伊·罗杰斯 | −0.021 (0.013) | −0.022 (0.018) | — | — |
| 8. 可决系数 $R^2$ | 0.075 | — | 0.184 | — |
| 9. 样本量 | 379 | 379 | 157 | 157 |

注：括号内为标准误。所有模型中的因变量是起薪的对数。新泽西州-宾州样本的起薪是 1993 年 2—3 月的数据，得州样本的起薪是 1990 年 4 月前的数据。FTE 定义如前面章节。样本中不包含得州的罗伊·罗杰斯快餐店。

垄断模型的第二个意义在于，最低工资政策如果具有一定的约束力，那么适度上调就可以促进就业，但如果被推得太高，那么就会不利于就业。对这种有利于就业的影响，我们认为在垄断均衡中企业始终留有空缺职位，虽然企业很乐意以当前工资报价雇佣更多雇员，但它还必须为现有雇员涨薪，因此就不愿为进一步吸引更多雇员而提高工资报价了。当最低工资略微上调后，应聘率也会上升，空缺职位可以得到一定程度的填补，但如果上调太多，那么企业就不得不削减就业人数来提高劳动力的边际收益产出，达到最低工资的水平。

在分析新泽西州最低工资对该州快餐店的影响时，我们发现原本就支付最低工资的快餐店的就业率有所上升，但对于支付的工资原本就超过新的最低标准的快餐店来说，就业率相对宾州的趋势保持着稳定的状态。将影响分为强影响组（上调前就按照原最低工资标准支付工资）和中等影响组（上调前的工资水平高于原标准但低于新标准）后，我们并未发现最低工资存在"向后弯曲"（backward-bending）[①]的影响。在垄断模型的背景下，这些发现说明至少有一些企业是有一定程度的垄断力的。[26]

垄断模型的第三个意义在于描述企业盈利能力和最低工资之间的关系。正如我们在第 10 章中提到的，如果企业可以自主制定工资标准，那么工资上涨对企业利润的一阶影响为 0。我们关于股市对最低工资立法过程的反应的研究表明，低薪雇主的股价对最低工资政策变化的消息不太敏感，相比标准模型，这一发现更符合垄断类的模型。

### 均衡工资制定模型

上一节描述的简单动态模型中有一个很重要的限制条件，就

---

[①] 劳动力供给曲线呈现出的劳动供给量随着工资的上升，先增加后减少的特征。

是雇佣率和离职率函数的特殊性质。上调最低工资可能会影响市场上企业的工资报价，因此会改变所有企业的雇佣率和离职率函数，导致最终的均衡状态不同于在单个企业的分析中假定雇佣率和离职率函数是固定的情况下得到的均衡状态。最近一些学者建立了均衡工资差异（equilibrium wage-dispersion）模型，模型假设其中每个企业根据市场上的工资分布自主选择工资，从而雇佣率和流动性就成了企业的内生变量。这方面的论文包括 Burdett and Mortensen（1989）、Mortensen and Vishwanath（1991）、Chalkley（1991）、Lang and Dickens（1993）、Burdett and Wright（1994）、Manning（1993）。[27] 伯德特和莫滕森（Burdett and Mortensen, 1989），以及莫滕森和维什瓦纳特（Mortensen and Vishwanath, 1991）假设雇员和企业是同质的（除了保留工资和工作接触率的差异），而曼宁（Manning, 1993）允许雇员之间存在生产力的差异，伯德特和赖特（Burdett and Wright, 1994）允许雇员和企业之间存在特定配对异质性（match-specific heterogeneity）。

伯德特和莫滕森（Burdett and Mortensen, 1989）的模型是这些模型中最简单的例子，在他们的基础模型中，雇员从所有工资报价的分布中以"抽签"的形式不断获取关于劳动力市场的新信息[28]，失业人员遵循传统的搜索策略，给定自己的最佳保留工资并接受任何高于该保留工资的工资，在职雇员也接受任何高于目前工资的工资报价。每个雇员在所有企业中的生产力水平都是相同的，且每个企业必须决定工资报价是多少。虽然企业可以支付较低水平的工资,但结果自然是较低的"招聘率"(即在职雇员对当前岗位工资的接受比例较低)和较高的"离职率"(即在职雇员对外部工作机会的接受比例较高)。由于企业是同质的,因此所有工资水平下贡献的利润水平都是相同的。伯德特和莫滕森解释到,该均衡的特点是所有企业的工资服从非退化分布(nondegenerate distribution),而且高薪企业的规模大于低薪企业。他们的另一个模型还假设同等生产力的雇员可以有不同的保留工资,结论是最低工资的实行将导致均衡失业率的下降以及均衡就业率的上升,就业的增长主要由小企业或低工资企业贡献。

这些特征中的大部分都被曼宁(Manning, 1993)的模型继承了下来,不过该模型允许雇员与雇员之间的生产力和闲暇时间的相对价值有所差异,而且还假设一个企业发布单一的工资报价,然后接受任何生产力水平高于工资报价的应聘者。这种企业自行制定工资政策的假设,与低薪劳动力市场上企业文化迥异的特征相吻合,但与戴蒙德(Diamond, 1982a, 1982b)的匹配模型中允许"事后协商"的假设不同。曼宁认为企业发布单一的"要么接受,要么离开"的工资标准可以使得企业避免与个别雇员讨价还价,而且还能满足企业保持内部公平性的约束。这一政策还意味着,就像在标准的垄断模型中一样,企业实际雇佣的所有人的生产力水平都会超过他们的工资。这是因为我们发现,只有当雇员的生产力水平不低于企业的工资报价时,他们才会被雇佣。曼宁最后表明,当工作信息的到达率(arrival rate)趋于无穷大时,工资就会收敛到个人的生产力水平。[29]

在曼宁的模型中，如果具有一定约束力的最低工资政策被贯彻下去，那么整个工资分布都会向右移动（正如在假设雇员属于具有完全可替代技能的连续劳动力类型的标准模型中那样）。但对就业和失业率的影响就很不确定，在适当的上调幅度下，该影响既可以是正的（如伯德特和莫滕森），也可以是负的（如具有连续技能的标准模型）。

就劳动力市场中"信息摩擦"（informational frictions）的作用，均衡工资差异模型给出了三个解释。第一，即使雇员和企业在期初都是同质的，企业在包含搜索成本的劳动力市场上对当前雇员的垄断力，会导致均衡状态下各企业的工资出现系统性的差异。第二，企业之间不同的工资政策可以在均衡中共存，有的企业选择"低工资/高流动"的政策，而另一些企业则选择"高工资/低流动"的政策。有意思的是，工资政策在人力资源领域被广泛接受，其概念以及对高薪和低薪政策的成本收益（可参见 Milkovitch and Newman, 1987）的分析也经常出现在教科书中。第三，即使考虑到工资差距的内生性问题，最低工资有时也可以通过迫使低工资/高流动的企业降低流动性，并扩大稳定劳动力的规模来促进就业。但即使最低工资的上调增加了就业，对福利的影响依旧模糊。在岗位和雇员都是同质的最简单情况下，劳动力市场上的搜索是"无效"的，但合适的最低工资标准却可以提高效率。在更复杂的模型（如曼宁的模型）中，最低工资很容易对经济效率产生正面或负面的影响。

### 监督产生的垄断效应

到目前为止所有静态和动态的垄断模型都是基于如下假设：只要企业愿意支付更高的工资，就容易维持当前劳动力规模并吸引到更多新的劳动力。在另一个可能导致类似垄断行为出现的模型中，雇员有权决定在工作中的努力程度，企业可以通过直接监督和提升绩效工资来提高雇员的努力程度。雷比策和泰勒（Rebitzer and Taylor, 1991）就提出了这么一个模型。[30] 两位学者在夏皮罗和斯蒂格利茨（Shapiro and Stigliz, 1984）的基础上，进一步假设失去高薪工作的雇员比失去低薪工作的雇员遭受到的效用损失更大，因此企业可以通过涨薪和对偷懒雇员进行解雇威胁来提升雇员的努力程度。企业的最佳策略是选择足够高的"无偷懒"工资，使得失业成本乘以被发现偷懒的概率，等于付出努力的定量化负效用。

雷比策和泰勒随后假设，被发现偷懒的概率是企业雇佣的无监督雇员数量的严格递减函数。一个简单解释是，任何企业期初都会有一名经理，但随着员工规模的扩大，对所有雇员的努力程度进行监控的能力就开始下降，因此无偷懒工资会随着已雇佣员工数量的增加而上升。企业理应通过将边际收益产出设定在新招一个员工所花费的边际成本的水平，来达到最佳就业水平。反之，如果无偷懒工资是就业的递增函数，那么正如标准垄断模型中那样，边际成本就会高于工资报价，边际产出和工资之间就会出现差距。另外，同样与标准垄断模型一样，只要最低工资上调，无论上调多么小的幅度，企业都会被迫提高工资报价，因而也会促进就业。

该模型还有一个有意思的方面,就是可以解释为何企业在即使被允许,并且也有愿意领取次级最低工资的雇员的情况下,依然不愿支付次级最低工资。正如夏皮罗和斯蒂格利茨的基础模型一样,雇主即使担心低薪雇员会偷懒,也不一定会将工资一压再压。

### 垄断模型的总结和评价

表 11.1 的第(5)列和第(6)列总结了我们讨论的所有垄断模型的主要结论。其中第(5)列代表单一企业模型,第(6)列代表均衡工资差异模型(Burdett and Mortensen, 1989; Manning, 1993)。第(1)列至第(4)列的标准模型中,垄断模型无法就最低工资如何影响就业给出明确判断。考虑监督情况的简单垄断模型,与曼宁的"企业自主制定工资政策"的模型都无法解释次级最低工资标准的低使用率。与假设连续劳动力类型的模型一样,在均衡工资差异模型中,最低工资上调会外溢到整个工资分布,而且最低工资处的尖峰也被抹平了。除此之外,均衡搜索模型在拟合劳动力市场特征方面表现得更好。

在产出价格方面,垄断模型通常意味着价格与就业成反比,因此如果最低工资对就业没有影响(或正面影响),那么对价格也一定没有影响(或负面影响)。该结论与我们观察到的在各州和各城市之间(第 4 章)以及新泽西州相对宾州(第 2 章)的产品价格上涨特征不一致,但与在新泽西州和得州快餐店观察到的上涨特征较为一致。

# 结论

在本章开头，我们认为教科书中的标准劳动力市场模型是不完善的。正如我们所看到的，"标准模型"实际上是指一系列模型的集合，所有模型都有一个基本假设，即企业是被动接受工资水平的。正是该假设使得模型得出了一个明确的结论，即上调最低工资会减少工资受政策影响的雇员的就业。不同类型的标准模型对最低工资的其他影响给出了不同的判断，例如，对高薪雇员的工资和就业率的影响，或对未覆盖部门企业的影响。简单扩展后的标准模型也给出了最低工资对就业没有短期影响的结论。

根据第2章至第4章的研究，我们认为上调最低工资对就业的影响平均而言接近于0。一部分情况下，最低工资上调可能与就业的适度增长有关，就像新泽西州的快餐业一样；还有一部分情况下，最低工资上调可能会使得就业稍有损失。这一基本以0为中心的对就业的影响范围，与标准模型明确的结论不一致。允许企业自主制定工资标准的扩展后的模型，给出的对就业的影响的结论千差万别。在适度上调最低工资的背景下，给出的结论也是部分企业就业有所增长，部分有所减少。标准模型可能是正确的，我们的研究中观察到的就业市场的反应也可能不能算是长期影响，但这样就相当于也要将对就业的正面影响视为"统计畸象"（statistical aberration）。

关于低薪劳动力市场特征的其他证据，也更符合企业对工资制定具有一定自主权的假设，而非标准模型中只能被动接受"市场工资"的极端假设。这些证据大多集中在员工流动和招聘的重要性，以及低薪雇主投入到这些活动上的资源的重要性。我们猜测，企业自主制定工资标准来平衡其雇佣率和离职率的动态模型，比假设雇主能以当前市场工资招聘到想要的雇员的静态模型更能抓住低薪市场的本质，而且动态模型可能也更能解释同质化的低薪雇员之间的巨大工资差异，但还需要更深入的研究才能对备择模型的解释力做出评价。

# 注　释

1. 我们假设，当整个行业调整其投入需求时，其他投入的价格不会随之变化。
2. Tirole（1988, chapter 7）中描述了关于企业在本地市场具有一定支配力的模型。
3. 这是因为在需求弹性不变的情况下，企业的产出价格是在边际成本上加上一个固定数值得到的。企业需求弹性不变的假设是至关重要的。
4. 可以如下构建一个简单的模型来说明这一点。假设某个企业面临的需求函数是对数线性的：$\log y = A + \varepsilon \log p + \delta \log p'$，其中 $p'$ 代表行业中其他企业接受的价格的几何平均值，而且 $\delta > 0$。假设边际成本 $c$ 是常数，每个企业都自主给产品定价，对于其他企业的产品价格只能接受，一阶条件得出 $p = \varepsilon/(1+\varepsilon) c$（其中

$|\varepsilon|>1$），如果工资上升 1%，导致边际成本上升 α 个百分点（劳动力成本占比），那么每个企业的价格都上升 1%，产出下降（ε + δ）α 个百分点。因此整个行业的有效需求对工资上涨的弹性为（ε + δ）。

5. 关于这些方程的简单推导，参见 Dixi（1976: 78–79）。与仅有两项投入情况下的替代弹性不同，在多于两项投入的情况下，艾伦偏替代弹性并不能简单用生产函数的等产量曲线的曲率来解释，参见 Blackorby and Russell（1989）。

6. 在一个劳动力投入和一个非劳动力投入的情况下，艾伦偏替代弹性为 $\sigma_{11} = -\sigma(1-\alpha)/\alpha$，其中 σ 是劳动力和其他投入之间更常见的希克斯（Hicksian）替代弹性，α 是劳动力成本占比。

7. 这句话可以通过以下方式来证明：如果 $\sigma_{31} > 0$，那么以最低工资变化前熟练工和非熟练工的相对工资为权重，对两组样本的就业人数进行加权得到的平均数，将必然随着最低工资的上升而下降。参见布朗、吉尔罗伊和科恩（Brown, Gilroy, and Kohen, 1982: 493）关于总就业相对 $w_1$ 的弹性上界的研究。

8. 企业的一阶条件要求人力资本的边际产出等于标准工资 $w$。

9. 当然，部分最低工资以下的雇员的分类会有误差，因为他们报告的收入或工时数据不准确。

10. 为了简单起见，我们忽略了用于区分条件需求弹性和非条件需求弹性的撇号。

11. 这个方程是由未覆盖部门的均衡条件得出的：

$$S[cw_c + (1-c)w_u] - D^c(w_c) = D^u(w_u)$$

其中，$D^j(w_j)$ 代表 $j$ 部门的需求，$S(\cdot)$ 代表供给函数。

12. 奇怪的是，陶亨的结果表明，在农业雇员的工资因较高的最低工资而下降的地区，就业也减少了，这种相关性不能用简单的两部门模型解释。

13. 该公式在某些地方与明瑟（Mincer, 1976）和格拉姆利克（Gramlich, 1976）的表达式不同，但保留了他们模型的基本特征。

14. 从理论上讲，除非未覆盖的部门规模相对较小，否则方程（11.12）的分母有可能是负数。

15. 该假设类似于早期模型搜索文献中的假设，即个人只有在失业的情况下才会寻找更合适的工作（参见 Devine and Kiefer, 1991, chapter 8）。

16. 我们感谢乔治·约翰逊（George Johnson）提醒我们关注该模型。

17. 在第一部分的符号中，对于完全竞争产出市场中的企业：$MRP(L) = pF_L(L, K^*(L))$，其中 $K^*(L)$ 为最佳非劳动力投入水平 [通过令 $pF_K(L, K^*(L)) = r$ 得到，其中 $r$ 为非劳动力投入的价格]。我们剥离了边际收益产出对产出和投入价格的依赖关系。

18. 因为劳动的边际产出是 $w^0(1+1/\zeta)/p$（其中 $p$ 是产出价格），工资增加百分数 $k$，会导致产出的增幅为 $k(1+\zeta)w^0/p$。

19. 但现代产业组织理论中存在很多反例（参见 Tirole, 1988）。

20. 这个数值来自我们关于新泽西州-宾州的研究。

21. 美国《国家餐馆新闻》,1988年8月8日,第F46页。
22. 莫伊尔斯(Meurs, 1992)对法国公务员职位的应聘率进行了分析,方法与克鲁格(Krueger, 1992)非常相似,估计结果显示,应聘率相对于公职人员的相对工资的弹性与美国的很相似。
23. Tobit模型将数值为最低工资的工资观测值视为在没有最低工资政策的情况下更低的"实际"工资。
24. 卡兹和克鲁格(Katz and Krueger, 1992)构建了与表11.2中第(3)列类似的模型,不同之处在于这些模型包含了当地劳动力市场的相关变量(而我们的新泽西州-宾州样本中没有这些变量)。
25. 有意思的是,布朗和梅多夫(Brown and Medoff, 1989)通过扩大雇员和企业的样本,得到的企业规模弹性范围与该范围非常相似。
26. 回想一下,在垄断模型中,当工资的提高幅度为 $|\eta|/(\zeta+|\eta|)$ 时,对就业的影响就达到最大值。新泽西州的最低工资上调了20%,如果就业受该20%上调的影响达到最大,并且 $|\eta|=1$,那么 $\zeta=3$,这就意味着上调之前,在该州工资最低的企业中,工资和边际生产力之间的差距约为30%。
27. 某些方面与早期文献——Albrecht and Axell(1984)很相似,Diamond(1982a, 1982b)也研究了类似的问题。
28. 在莫滕森和维什瓦纳特(Mortensen and Vishwanath, 1990)的研究中,雇员被假设从工资报价的分布和"已填补"职位的分布中进行抽签，后者被认为是通过朋友或社会关系获得工作信息的。
29. 技术上，到达率相对（外生的）合同终止率必须是递增的。
30. 沃尔特·奥伊（Walter Y. Oi, 1990）用一个类似的模型来解释为什么大企业的工资会比较高。

# 第12章

# 结论和启示

本章我们回顾对最低工资影响的主要发现,并试图回答这样一个问题:"这一切意味着什么?"具体来说,我们着重探讨我们的研究对最低工资政策的讨论有何影响,对未来关于最低工资和劳动力市场特征的研究方向有何启发。

## 主要结论的概括

我们最重要也是最核心的结论是关于最低工资对就业的影响。在第2章至第4章中,我们探讨了各种不同的"政策实验",在这些实验中,最低工资的上调导致特定雇员群体的工资上涨,表12.1对这些结论进行了汇总。对于每项研究,我们都描述了导致最低工资发生变化的根源、用于推断最低工资影响的比较对象、最低工资上调引起的平均工资上涨,以及最低工资对就业的平均影响。为了便于将不同的研究进行比较,我们用相对于上调前水平的变化比例来衡量工资和就业受到的影响。

第2章介绍的前两项研究使用了上调前后将所有单个快餐

店的数据在企业层面进行汇总后的数据，如表 12.1 的第 1 行和第 2 行的平均工资影响所示，快餐业的起薪会直接受到最低工资变化的影响。我们的估计结果显示，1992 年 4 月新泽西州上调最低工资使该州快餐店的起薪上升了 11%，而 1991 年 4 月上调联邦最低工资使得州餐馆的起薪上升了 8%。与教科书中的模型给出的结论相反，我们发现，工资的上涨与就业的增加是可以共存的。

考虑到最低工资的长期影响可能不同于短期影响，而且更高的最低工资可能会阻止新餐馆进入市场，我们还研究了 1986 年至 1991 年期间麦当劳连锁店的开业率和歇业率。至于更高的最低工资（无论是州还是联邦范围）是否不利于企业的发展，我们可以通过比较 20 世纪 80 年代末各州实行不同最低工资政策下餐馆的开业率进行估计。结果中未发现能够表明更高的最低工资会使得营业中的麦当劳餐馆数量减少，或 1986 年至 1991 年期间开业率下降的证据。

第 3 章的第三个分析中，我们用加州和一组对比州在 1988 年 7 月加州上调最低工资前后的微观数据进行估计，发现加州最低工资的上调使得该州青少年的工资相对对比地区增加了 10%。此外，在新泽西州-宾州和得州的研究中，我们还发现平均工资的上涨与青少年就业率的相对上升是正相关的。当我们将加州的青少年就业趋势与其他州进行比较后，结论依旧是上调最低工资后青少年就业率相对有所上升。

## 第 12 章 结论和启示

表 12.1 对就业的影响估计值的汇总

| 研究课题 | 工资变化原因 (1) | 比较对象 (2) | 对工资的影响比例 (3) | 对就业的影响比例 (4) |
|---|---|---|---|---|
| 1. 新泽西州—宾州的快餐店 | 1992 年 4 月新泽西州最低工资上调到 5.05 美元 | 各州和新泽西州内的高薪和低薪餐馆之间 | 0.11* | 0.04 |
| 2. 得州快餐店 | 1991 年 4 月联邦最低工资上调到 4.25 美元 | 高薪和低薪餐馆之间 | 0.08* | 0.20* |
| 3. 加州青少年 | 1988 年 7 月加州最低工资上调到 4.25 美元 | 加州和对比地区的青少年之间 | 0.10* | 0.12 |
| 4. 1989—1992 年各州青少年 | 联邦最低工资从 3.35 美元上调到 4.25 美元 | 在 1989 年收入为 3.35~4.24 美元的各州中 | 0.08* | 0.00 |
| 5. 1989—1992 年各州低薪雇员 | 联邦最低工资从 3.35 美元上调到 4.25 美元 | 在 1989 年收入为 3.35~4.24 美元的各州中，收入较高和较低的部分 | 0.07* | 0.02 |
| 6. 1989—1992 年各州零售业雇员 | 联邦最低工资从 3.35 美元上调到 4.25 美元 | 在 1989 年收入为 3.35~4.24 美元的各州中，收入较高和较低的部分 | 0.05* | 0.01 |
| 7. 1989—1992 年各州餐饮业雇员 | 联邦最低工资从 3.35 美元上调到 4.25 美元 | 在 1989 年收入为 3.35~4.24 美元的各州中，收入较高和较低的部分 | 0.07* | 0.03* |

注：对工资和就业影响的估计值基于上调前数值的变化比例。对工资和就业该估计值由基础模型给出，其中对最低工资相关变量的对数均值给出，其余行灵指对指定群体的对数工资均值。前两行只考虑对起薪的影响，其余行灵指对指定群体的对数工资均值。
* 表示该估计值的影响在 5% 的水平上是显著的。

499

第4章中所有四个分析都用到了50个州在1990年和1991年上调联邦最低工资前后的数据。通过比较高薪州和低薪州之间劳动力市场的变化来估计最低工资的影响,我们发现,在高薪州,上调对工资几乎没有影响,在低薪州,上调进一步将工资分布向右推动。此外,我们还发现,上调导致包括青少年、零售业和餐饮业雇员以及其他工资估计值较低的群体在内的受政策影响雇员的工资有所上升,但在所有情况下对就业的影响却不是0就是正面的。

表12.1中所有的研究都没有发现对就业的不利影响,因此可以视为反驳最低工资上调不利于就业的有力证据。虽然多数估计出来的对就业的影响与0无明显差异,但基本都是正面的,而且相对精确。我们发现在不同时间段和国家的不同地区,对不同的低薪群体的就业影响都为0或正数。该证据表明最低工资不太可能对就业产生很大的不利影响。

我们的第二组发现涉及最低工资上调对餐饮业价格的影响。新泽西州和宾州的快餐店在新泽西州最低工资上调后产品价格的变化表明,新泽西州的产品均价涨幅足以弥补上调带来的成本抬升。但在新泽西州,受影响餐馆的价格上涨速度和工资较高的餐馆一样快,而后者的工资原本就已经达到甚至是超过了上调后的最低工资标准。在得州的研究中我们也发现了相似的结果。在联邦最低工资标准上调后,快餐店的价格也以同样速度上涨,因为这些快餐店不得不对工资进行或大或小的调整。最后,我们用两种不同来源的价格数据,来比较各城市和各州内雇员工资或多或少都会受到 1990 年和 1991 年联邦最低工资上调政策影响的餐馆的产品价格涨幅，虽然结果并不精确，但估计出来的涨幅约为覆盖因上调而抬高的劳动力成本所需要的涨幅。

我们的第三组发现涉及一些不同于最简单的教科书模型给出的劳动力市场特征。具体来看，我们在低薪劳动力市场上发现了四个主要的异象：(1) 工资分布在最低工资处存在一个巨大的尖峰；(2) 上调最低工资会使得上调前工资就高于最低新标准的雇员也享受到涨薪（涟漪效应）；(3) 没有发现系统性的证据证明雇主会减少非工资福利来抵消最低工资的上调；(4) 适用于青年雇员和培训期雇员的次级最低工资标准的使用率极低。如果把四个异象的每一个单独拿出来，在教科书模型的基础上适当扩展后的模型是可以解释的，但要找一个能解释四个异象共存的模型却非常困难。另一个同等重要的问题是，教科书模型假设所有同种技能的雇员无论被哪个雇主雇佣，工资都是一样的，但我们观察到的事实是劳动力市场上同质雇员的工资是一个有一定宽度的区间，假设和现实两者很难（但并非不可能）统一。正如赫克曼和麦柯迪（Heckman and MaCurdy, 1988: 232）在谈到劳动力供给理论时指出的那样，"我们总是可以构建一条由看似合理的遗漏（未观测到的）变量组成的防护软带来解释任何实证结论"，基础理论模型可能会在某些时候失去其分析工具的作用。

我们最后一组实证发现是关于最低工资对工资分布的影响，通过类似第 4 章中的跨州就业比较方法，我们衡量了最低工资对个人工资分布、家庭收入分布和贫困率的影响。我们发现，最近一次的联邦上调政策使得工资分布中最底层雇员的工资大幅度增加，而且也缩小了整体的工资差异，我们估计 1990 年和 1991 年的上调政策使得积累了 10 年的工资差距扩大趋势得以遏止并大幅度收窄。

工资水平等于或略高于最低工资的雇员绝大部分都来自家庭收入分布的左尾。实际上在受 1990 年和 1991 年上调影响的雇员中，约有三分之一生活在收入分布最低的 10% 的家庭中。另一个能说明这一高聚集性现象的证据是，我们发现上调使得家庭收入处于较低百分位组内的家庭收入增加，而且这部分家庭的收入占比也相应提升。不过考虑到 1990 年至 1991 年联邦最低工资上调产生的转移收入规模相对较小（约占总收入的 0.2%，约合每年 55 亿元美元），最低工资对低收入家庭生活水平的实际影响是温和的。

我们还通过标准的事件研究方法研究了最低工资对企业价值的影响，具体方法是将可能雇佣最低工资雇员的企业股价与最低工资立法过程的公开新闻进行回归，估计结果很模糊。在 20 世纪 80 年代末，多数关于即将上调最低工资的新闻几乎不会对企业的股价产生影响，相比之下，最近关于最低工资可能会修订的新闻却导致这些企业的股价小幅度下跌。

我们最后一项研究工作是重新分析关于最低工资对就业影响的国内外过往文献，结果表明，过往文献中的证据并不像许多经济学家所认为的那样有很强的说服力和决定性。有些研究没有考虑识别到实证中工资变化的真实驱动因素，因此是存在缺陷的。

有些研究缺乏可靠的对照组，其结论也受到质疑，因为对照组的实际表现对受最低工资影响的雇员来说可以视为"反事实"。最低工资对就业的不利影响的最有力，也是最被广泛引用的证据来自对青少年总体就业率的时间序列研究。与表 12.1 总结的其他分析方法不同，时间序列的研究依赖的假设是：非目标时间段（较高或较低水平的最低工资所在时间区间）的观测值可以视为目标时间段内劳动力市场表现的反事实，但我们认为这不如用同一时间段其他劳动力市场的表现作为反事实的方法来得有说服力。无论何种情况，我们更新后的时间序列研究结论表明，代入 20 世纪 80 年代的数据后，上调对就业的影响很小，绝对值上和 0 的区别不大。韦林顿（Wellington, 1991）和克勒曼（Klerman, 1992）的结论也是类似的。此外，对过往时间序列文献的梳理表明，早期研究结论的统计意义可能被模型筛选或发表偏差现象高估了。

这些发现对最低工资政策和未来关于劳动力市场和最低工资的研究方向都有影响，接下来我们考虑这两种影响。

## 政策影响

虽然大多数经济学家对最低工资政策普遍持否定意见，但该政策在政治上很受欢迎。在选择合适的调查方式和调查时间后，民意调查结果显示，65% 到 90% 的民众赞成上调最低工资，而且支持的民众范围出人意料地广泛，年轻人、非白人和低收入家庭的支持率甚至更高。1987 年的盖洛普民意调查发现，66% 的共和党人和84%的民主党人赞成上调到4.65美元（盖洛普民意调查，1987）。1993年10月的NBC-华尔街日报的民意调查显示，64%的成年人支持进一步上调。我们也许可以认为在可预见的未来，政策制定者还会继续关注最低工资政策。

最低工资政策受欢迎的一个原因是其标准的变化不直接影响政府支出。最低工资是典型的雇主责任的例子，在政府预算非常紧张的时代，增加直接税收在政治上是不可行的，因此最低工资和其他责任相关的政策就更容易被采纳。

我们的研究结论对关于最低工资政策的讨论有何影响？首先应指出，许多经济学家认为最低工资是一种非常低效的转移支付，因而建议将其废除。但我们的研究结论表明，适度上调在效率方面的担忧可能是多余的。在表12.1总结的各种政策实验中，我们没有发现能表明上调最低工资非常不利于就业的证据。即使在早期文献中，适度上调最低工资导致的就业损失幅度也相对较小。然而这并不代表无论多高的标准，就业损失都很小。目前的研究结论只在合适的最低工资范围内才成立，比如过去几十年美国劳动力市场上普遍施行的最低工资标准，但没有什么理由认为在该范围内的最低工资上调会导致大量的失业。

对于适度水平的最低工资，我们的研究结论表明，政策讨论的方向应从效率转向诸如因上调而涨薪的雇员和对应家庭的特征，最低工资对利润和价格的影响等工资分布相关的问题。第9章和第10章尝试填补我们在该问题上的认知空白。我们的研究结果表明，适度的上调对分布的影响除了降低工资不平等，其他影响相对较小。如果不考虑对就业的影响和涟漪效应，我们估计 1990 年和 1991 年联邦最低工资上调使每年需要向低薪群体产生约 55 亿美元的转移支付，只占整个经济体工资总额的很小一部分（0.2%）。即使所有这些转移支付都被低收入家庭获得（实际上并不是），如此微不足道的金额只能对整体收入分布产生很小的影响。同样，上调对整个经济体的商品价格的潜在影响也很小。例如，上调产生的所有成本一般都会被转嫁到消费者身上，各方抵消后的最终影响是消费品价格只一次性上涨 0.3%。

最低工资的另一个值得上升到政策层面讨论的特点是它对劳动力市场供应的影响。传统研究通常以劳动力市场的标准模型为出发点，因此经济学家们通常更关注上调最低工资对需求侧的影响。因为我们发现更高的最低工资标准对就业的影响几乎可以忽略不计，甚至有时是积极的，所以这就使得我们可以将注意力集中在劳动力市场的供给上。上调显然会影响大部分低技能雇员的产出价值，相比其他转移支付方式，最低工资的特点是使人们"劳有所得"，而不是对参与劳动力市场构成阻碍。我们认为，最低工资对劳动力供给的影响同样值得上升到政策层面进行讨论。

我们分析的第三个劳动力市场的异象是，最低工资是工资总额的底线，而非总报酬的底线。目前联邦法律允许收小费的雇员将小费计入最低工资，小费占最低工资的比例最高可达 50%，同时也允许存在小部分次级最低工资雇员。[1]另外一个有趣的问题是，医疗保险费或其他非工资性福利是否也应计入最低工资，如果两者的相对成本持续上升，那么该问题也愈发重要。

经常讨论的最低工资相关问题中，最后一个问题是挂钩问题。[2] 许多反对最低工资的经济学家以同样的理由反对工资挂钩，认为即使最低工资不能通过立法程序废除，至少可以被通胀逐步侵蚀。本书的证据表明，在该问题上我们需要重新考虑挂钩的成本和收益。一方面，我们的研究结论表明，最低工资的效率成本可能很低，但另一方面，最低工资是决定工资差距水平的重要因素。迪纳多、福廷和勒米厄（DiNardo, Fortin, and Lemieux, 1994）近期的研究表明，整个20世纪80年代最低工资实际购买力的下降幅度占到了这10年间工资差距加剧程度的20%到30%。我们的研究结论表明，其中被1990年和1991年联邦最低工资上调政策消除的总体工资差距的比例大致与之相同。正如在更一般的关于最低工资的讨论中那样，我们认为挂钩的研究更应该关注收入分布的问题。

关于挂钩还有一个亟待解决的问题：如果最低工资挂钩，应该挂钩哪个资产，指标还是其他？一个可接受的答案是消费者价格指数（CPI）。但这样会带来一个新问题。过去20年里，低技能雇员，甚至一些收入高于最低工资的雇员的平均工资并没有跑赢通胀。若挂钩CPI，最低工资标准的上升速度可能比现在更快。[3] 这时，最低工资会超出以往认为合适的范围，进而不利于就业。

另一个建议是挂钩市场的平均工资，但上调最低工资会对平均工资水平产生一定影响，因此挂钩平均工资会产生意外的螺旋效应。此外，如果近期工资不平等的趋势持续加剧，那么挂钩市场的平均工资可能会提升最低工资在工资分配中的影响。第三种选择是挂钩工资分布中较低的百分位数,如25%或30%分位数,显然这么做是为了防止最低工资标准相对工资分布的左尾上升过快。

然而无论具体的方案如何,最低工资的挂钩问题还会引发两个政治问题。一方面,政客们原本可以利用关于最低工资的辩论这一机会,在一个简单且易于理解的话题上选择立场,并向不同群体的选民表明该立场。[4]但一旦挂钩,这样的宝贵机会就消失了。另一方面,一旦写入法律,即使市场发生变化,或者方案的问题开始逐渐凸显,挂钩方案也很难改变。[5]因此将挂钩方案写入法律可能会存在一些政治风险。

值得一提的是,关于最低工资的政治辩论(控辩双方)的激烈程度,与该政策实际的重要性恰恰相反。我们的研究表明,最低工资只是一个温和的转移支付政策,对效率的影响相对较小,但政策反对者倾向于夸大其对就业的不利影响,而政策支持者也有意高估其对贫困的影响。类似的发现使得查尔斯·布朗(Charles Brown, 1988)开始质疑是否有必要将最低工资上升到公共政策层面来讨论。

## 对经济研究的影响

最低工资是经济研究的一个热门话题。如表12.2所示,通过对过往历史文献的搜索,我们发现过去25年中关于最低工资的文献有300多篇。相比之下,其他劳动力市场计划的文献就少很多。例如,关于育儿家庭补助计划(Aid to Families with

Dependent Children, AFDC）的不到 100 篇，关于食品券、职业安全与健康法、员工赔偿、启蒙教育或联邦就业培训计划的文献则更少。该表所列的全部项目中，只有失业保险相比之下更受经济学家的关注。如果将最低工资政策导致的转移支付的相对规模考虑进来，关于最低工资文献的数量则更多。虽然还没找到估计最低工资总成本的简单方法，但回想一下，1990 年和 1991 年联邦的最低工资上调使得工资上涨了 27%，创造了约 55 亿美元的转移支付，相比很多其他政府项目已经是很小的规模了。

表 12.2　1969—1994 年间发表的关于对应计划（或课题）的经济文献数量与年度计划支出

| 计划 | 文献数量<br>(1) | 年度计划支出<br>（十亿，1993 年）<br>(2) |
| --- | --- | --- |
| 1. 最低工资 | 327 | — |
| 2. 育儿家庭补助计划（AFDC） | 89 | 22.3 |
| 3. 食品券 | 47 | 26.3 |
| 4. 医疗补助 | 132 | 132.0 |
| 5. 启蒙教育 | 8 | 2.8 |
| 6. 职业安全与健康法（OSHA） | 51 | — |
| 7. 失业保险 | 707 | 35.3 |
| 8. 员工赔偿保险 | 38 | 62.0 |
| 9. 联邦就业培训计划［例如《职业训练协作法》(Job Training Partnership Act) 和为低收入青年制订的就业培训计划（Job Corps）］ | 34 | 3.6 |

**资料来源**：第（1）列为作者根据美国经济学全文数据库 "EconLit" 的搜索结果制定的表格，1994 年 3 月，Silver Platter 3.0。第（2）列根据的是 1993 财年绿皮书，第 8 行除外，该行取自《约翰·伯顿的员工补偿金监测报告》（*John Burton's Workers' Compensation Monitor*）第 6 卷（1993 年 3/4 月）。第 8 行的支出估计基于的是 1992 年的数据，其他支出估计都基于 1993 财年的数据。

经济学家为何对最低工资如此着迷？主要原因也许是经济学家经常将最低工资视为检验其他更复杂的现象，以及诸多政策问题的理论模型的一种简单而直接的方法。就标准模型而言，无论决定供求关系的确切参数是什么，标准模型的结论都很明确：上调最低工资将导致就业的减少。相比之下，在估计周期性需求冲击或税法变化的影响上，标准模型的结论很大程度上取决于具体的模型假设和未知的行为参数。

表12.1中的总结表明，最低工资相关问题的检验结论并不能证实传统模型的判断。此外，低薪劳动力市场的其他异象也很难用标准模型解释。传统模型在描述最低工资对餐馆价格的影响方面比较成功，但即使是在这一问题上，我们关于上调最低工资后新泽西州和得州餐馆价格变化规律的发现也不能用标准模型解释。所有这些证据都表明，传统模型并不完善，理查德·弗里曼（Richard Freeman, 1994）也表达了类似的观点。

> 如果以前的你认为美国最低工资标准的适度上调有可能导致大量工作岗位的流失，那么在新的证据面前，你应该重新思考……如果以前的你认为美国的最低工资标准对就业只有边际上的不利影响，那么在新的证据面前，你应该用怀疑的眼光看待市场上的垄断、不平衡状况等现象……

考虑到最低工资的上调不一定会导致就业的减少，以及诸如工资分布在最低工资处的尖峰、次级最低工资标准的低使用率、企业之间各不相同的工资等其他劳动力市场特点，我们认为有必要重新构建一套适用于低薪劳动力市场的理论模型。正如我们在第 11 章中指出的那样，针对最低工资上调后的各种反应，假设企业有权自主制定工资标准的模型或许能够做出解释。这种对标准模型的修改和（或）其他扩展，可能提高经济理论在劳动力市场中的指导能力。

我们的研究结论对未来关于劳动力市场和最低工资的实证工作的方向也有一些启示。其中主要的一个启示是可靠的实验设计的重要性。在我们的研究中，我们强调了所谓自然实验方法，即利用定义清晰的对照组来估计在没有最低工资政策变化的情况下，在劳动力市场上会观察到什么变化。最低工资是一项特别适合采用这种方法的政策，因为最低工资往往因州而异，而且即使上调的是统一的联邦最低工资，对各州的影响也会因上调前工资水平的不同而不同。与对照组的作用具有同样重要性的是事前实验设计。为了检验某个简单理论在诸如上调最低工资对就业的影响这一类问题上的判断，在数据分析之前给出对照组的确切定义非常重要，若检验的是一个深入人心的理论，则更是如此。如果预先确定好实验设计方案，即使在解释研究结论上分析家们还存在争议，但至少在方法论上已经达成了广泛共识。自然科学广泛采用的事前实验设计可能会在经济学的研究中被更广泛地采纳。

我们的研究结论给出的第二个启示是，企业层面的微观数据对于检验就业需求假设的价值。在过去的 30 年里，劳动经济学领域因广泛使用个人微观数据而发生变革，这些数据使我们对工资影响因素的理解有了很大的飞跃，并大大改变了在诸如职场歧视、工会和教育等方面的分析。虽然目前我们还没有关于需求侧的微观数据，但我们很确定，关于劳动力市场模型的更多发展将取决于企业层面数据的应用程度。

我们觉得有些问题是未来实证研究工作需要优先解决的问题。第一，需要先研究最低工资的长期影响。虽然已经有了一些与长期影响相关的研究成果，但本书中大部分证据基于的都是1—3年的变化，上调的更深远的影响可能需要更长的时间才会显现出来。这类分析的主要困难在于一般幅度的上调影响通常会在3到4年内被通胀侵蚀，而且许多劳动力市场的其他因素也会在几年内对该影响产生干扰，因此很难剥离出纯粹的最低工资适度上调的影响。

第二个问题是最低工资对企业盈利能力和产出的影响。经济学家们可以获得某个低薪群体或行业的高质量数据。但我们获取到的关于受最低工资影响的企业和行业的产出，以及盈利能力的决定因素的数据质量却不高。更全面、更高质量的企业数据将大大改善我们在这方面的认知。

第三个问题是，我们关于企业的产出价格所受到的影响的证据是模糊的，需要对此进一步开展研究。我们用于分析快餐业产品价格的数据非常有限。至于企业是否会同时提高所有产品价格来应对最低工资的上调，或者将大部分增加的成本转嫁到某些类型的客户身上（例如，午餐客户 vs 早晚餐客户），答案仍是未知的。

最后，我们认为，未来关于低薪劳动力市场和最低工资的实证研究应侧重于对企业间工资差异来源的建模，和单一雇主在制定工资标准上自主程度的衡量，为此我们认为有必要将员工流动性、职位空缺和招聘过程中关于用人标准和应聘者的技能特征等数据也一并纳入研究。

尽管有许多经济学家可能对本书的研究结果持有异议，但我们还是希望大家至少在检验标准经济理论的价值，以及我们的实证分析的有效性上达成一致意见。我们阐述过的方法——致力于事前实验设计、尝试模拟实验条件、识别并检验其他对照组，以及使用多种不同的数据集和政策实验等——可以让大家清楚地了解经济相关的假设条件的有效性，并最终更完整地描述劳动力市场。

## 注　释

1. 在 1989 年 FLSA 的修正案中非常重要的青年次级最低工资标准，从 1993 年开始被逐步取消。
2. 联邦最低工资的挂钩问题已被多次提出（但最终被否决了）。1977 年的 FLSA 修正案（S.1871）曾包含一条关于挂钩的条款，但也被否决了，参见 Krehbiel and Rivers（1988）。
3. 在社保福利的挂钩问题上也有类似担忧。由于社保福利与 CPI 挂钩，在过去 20 年内，福利水平相比同时期雇员工资的中位数一直在上涨。如果相比收入分布的 25% 分位点的雇员时薪，该中位数的涨幅甚至更大。

4. 在提及工会与雇主的劳动合同中关于生活成本上涨的条款时也会提到类似观点（例如，参见 Garbarino, 1962）。如果劳动合同包含挂钩条款，那么工会领导人向工会成员展示其存在价值的机会就减少了，因为大部分工资上升都是"自动"实现的。

5. 例如，社保福利的初始挂钩方式导致了对目标对象的"重复挂钩"的问题，参见 McKay and Schnobel（1981）。

# 参考文献

Abowd, John M. 1989. "The Effect of Wage Bargains on the Stock Market Value of the Firm." *American Economic Review*, 79: 774–90.

Abowd, John M., and Mark R. Killingsworth. 1981. "Structural Models of the Effects of Minimum Wages on Employment by Age Groups." In *Report of the Minimum Wage Study Commission*, vol. 5. Washington, D.C.: U.S. Government Printing Office.

Adams, F. Gerard. 1989. "The Macroeconomic Impacts of Increasing the Minimum Wage." *Journal of Policy Modeling*, 11: 179–90.

Albrecht, James W., and Bo Axell. 1984. "An Equilibrium Model of Search Unemployment." *Journal of Political Economy*, 92: 824–40.

Allen, Roy George Douglas.1938. *Mathematical Analysis for Economists*. London: Macmillan.

Alpert, William T. 1986. *The Minimum Wage in the Restaurant Industry*. New York: Praeger.

American Chamber of Commerce Research Association. 1990. *Cost of Living Index: Comparative Data for 291 Urban Areas* (First Quarter 1990). Louisville, KY: ACCRA.

Angrist, Joshua D. 1991. "The Draft Lottery and Voluntary Enlistment in the Vietnam Era." *Journal of the American Statistical Association*, 86: 584–95.

Angrist, Joshua D., and Alan B. Krueger. 1991. "Does Compulsory School

# 参考文献

Attendance Affect Schooling and Earnings?" *Quarterly Journal of Economics*, 106: 979–1014.

_____. 1994. "Split Sample Instrumental Variables." Technical Working Paper, no. 150. Cambridge, MA: National Bureau of Economic Research, Inc.

Ashenfelter, Orley, and David Card. 1981. "Using Longitudinal Data to Estimate the Employment Effects of the Minimum Wage." Discussion Paper, no. 98. London: London School of Economics.

Ashenfelter, Orley, and Timothy Hannan. 1986. "Sex Discrimination and Product Market Competition: The Case of the Banking Industry." *Quarterly Journal of Economics*, 101: 149–73.

Ashenfelter, Orley, and Robert Smith. 1979. "Compliance with the Minimum Wage Law." *Journal of Political Economy*. 87: 333–50.

Baumol, William, and Alan Blinder. 1979. *Economics: Principles and Policy*. New York: Harcourt Brace Jovanovich, Inc.

_____. 1991. *Economics: Principles and Policy*. New York: Harcourt Brace Jovanovich, Inc.

Baumol, William, and Edward Wolff. 1993. "Puerto Rican Catch Up in the Postwar Period." Unpublished paper. New York: New York University Department of Economics.

Becker, Brian E., and Craig A. Olson. 1986. "The Consequences of Strikes for Shareholder Equity." *Industrial and Labor Relations Review*, 39: 425–38.

_____. 1989. "Unionization and Shareholder Interests." *Industrial and Labor Relations Review*, 42: 246–61.

Becker, Gary, and George Stigler. 1974. "Law Enforcement, Malfeasance and the Compensation of Enforcers." *Journal of Legal Studies*, 3: 1–18.

Begg, Colin B., and Jesse A. Berlin. 1988. "Publication Bias: A Problem in Interpreting Medical Data." *Journal of the Royal Statistical Society*, 151: 419–63.

Berlin, Jesse A., Colin B. Begg, and Thomas A. Louis. 1989. "An Assessment of Publication Bias Using a Sample of Published Clinical Trials." *Journal of the American Statistical Association*, 84: 381–92.

Betsey, Charles L., and Bruce H. Dunson. 1981. "Federal Minimum Wage Laws and the Employment of Minority Youth." *Papers and Proceedings of the American Economic Association*, 71: 379–84.

Blackburn, McKinley L., David E. Bloom, and Richard B. Freeman. 1990. "The Declining Economic Position of Less-Skilled American Males." In *A Future of Lousy Jobs?* edited by Gary Burtless. Washington, D.C.: The Brookings Institution.

Blackorby, Charles, and R. Robert Russell. 1989. "Will the Real Elasticity of Substitution Please Stand Up? (A Comparsion of the Allen/Uzawa and Morishima Elasticities)." *American Economic Review*, 79: 882–88.

Blank, Rebecca, and David Card. 1993. "Poverty, Income Distribution, and Growth: Are They Still Connected?" In *Brookings Papers on Economic Actioity*, edited by William C. Brainard and George L. Perry, vol. 2. Washington, D.C.: The Brookings Institution.

Blau, Francine, and Lawrence M. Kahn. 1981. "Race and Sex Differences in Quits by Young Workers." *Industrial and Labor Relations Review*, 34: 563–77.

Bloch, Farrell E. 1980. "Political Support for Minimum Wage Legislation." *Journal of Labor Research,* 1: 245–53.

———. 1989. "Political Support for Minimum Wage Legislation: 1989." *Journal of Labor Research*, 13: 187–90.

Boschen, John F., and Herschel I. Grossman. 1981. "The Federal Minimum Wage, Employment, and Inflation." In *Report of the Minimum Wage Study Commission*, vol. 6. Washington, D.C.: U.S. Government Printing Office.

Brown, Charles. 1988. "Minimum Wage Laws: Are They Overrated?" *Journal of Economic Perspectives*, 2: 133–47.

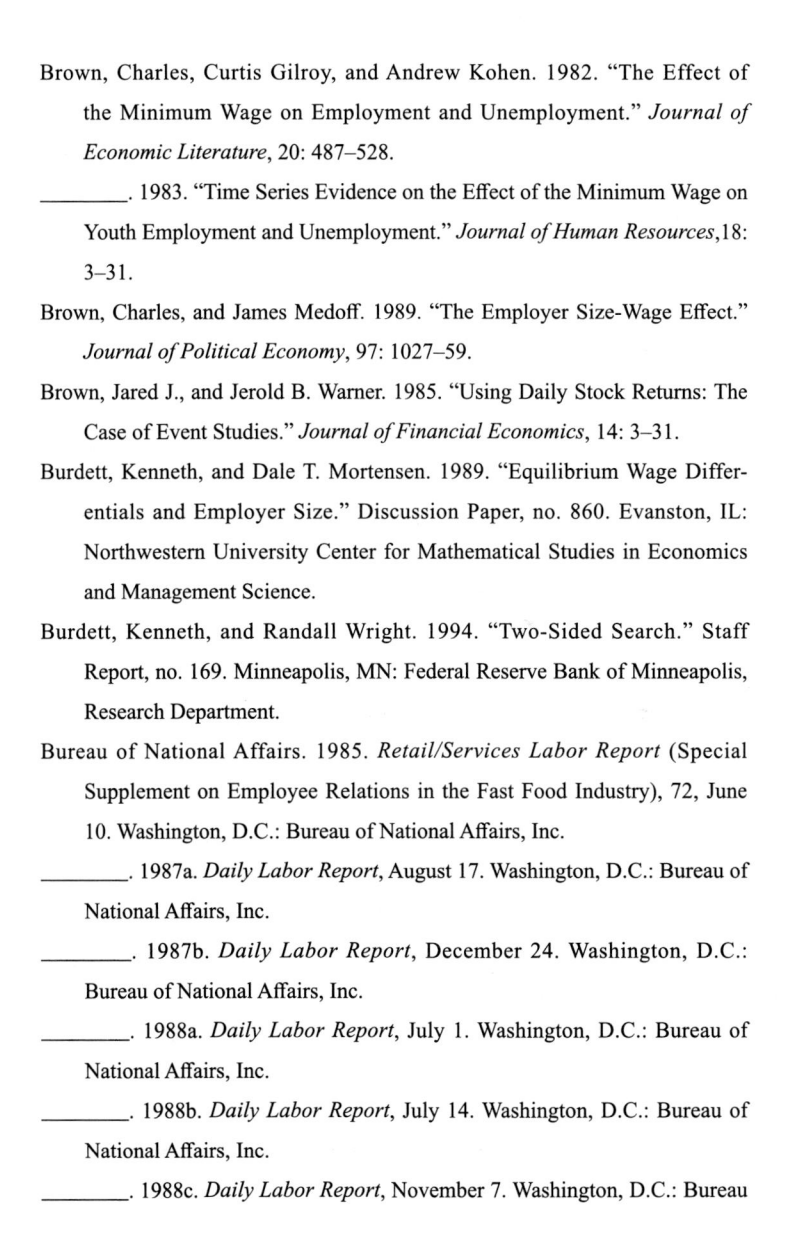

Brown, Charles, Curtis Gilroy, and Andrew Kohen. 1982. "The Effect of the Minimum Wage on Employment and Unemployment." *Journal of Economic Literature*, 20: 487–528.

———. 1983. "Time Series Evidence on the Effect of the Minimum Wage on Youth Employment and Unemployment." *Journal of Human Resources*, 18: 3–31.

Brown, Charles, and James Medoff. 1989. "The Employer Size-Wage Effect." *Journal of Political Economy*, 97: 1027–59.

Brown, Jared J., and Jerold B. Warner. 1985. "Using Daily Stock Returns: The Case of Event Studies." *Journal of Financial Economics*, 14: 3–31.

Burdett, Kenneth, and Dale T. Mortensen. 1989. "Equilibrium Wage Differentials and Employer Size." Discussion Paper, no. 860. Evanston, IL: Northwestern University Center for Mathematical Studies in Economics and Management Science.

Burdett, Kenneth, and Randall Wright. 1994. "Two-Sided Search." Staff Report, no. 169. Minneapolis, MN: Federal Reserve Bank of Minneapolis, Research Department.

Bureau of National Affairs. 1985. *Retail/Services Labor Report* (Special Supplement on Employee Relations in the Fast Food Industry), 72, June 10. Washington, D.C.: Bureau of National Affairs, Inc.

———. 1987a. *Daily Labor Report*, August 17. Washington, D.C.: Bureau of National Affairs, Inc.

———. 1987b. *Daily Labor Report*, December 24. Washington, D.C.: Bureau of National Affairs, Inc.

———. 1988a. *Daily Labor Report*, July 1. Washington, D.C.: Bureau of National Affairs, Inc.

———. 1988b. *Daily Labor Report*, July 14. Washington, D.C.: Bureau of National Affairs, Inc.

———. 1988c. *Daily Labor Report*, November 7. Washington, D.C.: Bureau of National Affairs, Inc.

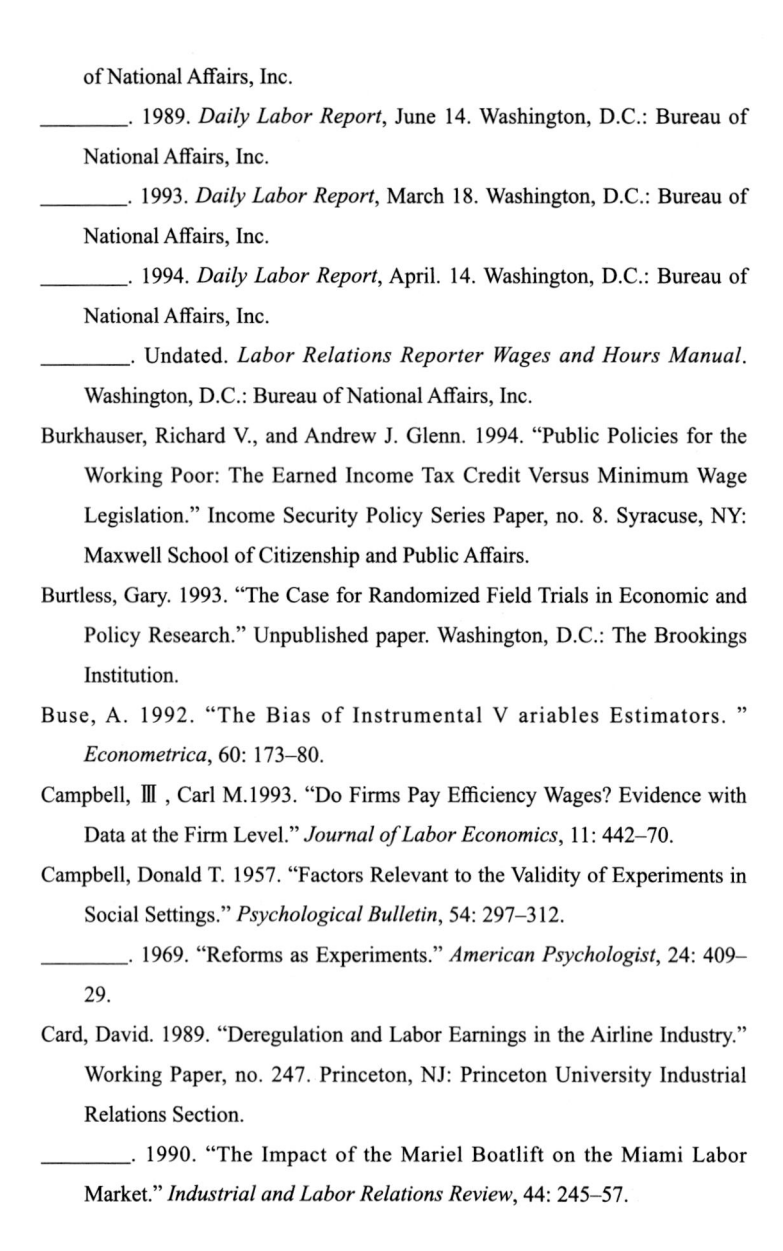

———. 1989. *Daily Labor Report*, June 14. Washington, D.C.: Bureau of National Affairs, Inc.

———. 1993. *Daily Labor Report*, March 18. Washington, D.C.: Bureau of National Affairs, Inc.

———. 1994. *Daily Labor Report*, April. 14. Washington, D.C.: Bureau of National Affairs, Inc.

———. Undated. *Labor Relations Reporter Wages and Hours Manual.* Washington, D.C.: Bureau of National Affairs, Inc.

Burkhauser, Richard V., and Andrew J. Glenn. 1994. "Public Policies for the Working Poor: The Earned Income Tax Credit Versus Minimum Wage Legislation." Income Security Policy Series Paper, no. 8. Syracuse, NY: Maxwell School of Citizenship and Public Affairs.

Burtless, Gary. 1993. "The Case for Randomized Field Trials in Economic and Policy Research." Unpublished paper. Washington, D.C.: The Brookings Institution.

Buse, A. 1992. "The Bias of Instrumental Variables Estimators." *Econometrica*, 60: 173–80.

Campbell, Ⅲ, Carl M. 1993. "Do Firms Pay Efficiency Wages? Evidence with Data at the Firm Level." *Journal of Labor Economics*, 11: 442–70.

Campbell, Donald T. 1957. "Factors Relevant to the Validity of Experiments in Social Settings." *Psychological Bulletin*, 54: 297–312.

———. 1969. "Reforms as Experiments." *American Psychologist*, 24: 409–29.

Card, David. 1989. "Deregulation and Labor Earnings in the Airline Industry." Working Paper, no. 247. Princeton, NJ: Princeton University Industrial Relations Section.

———. 1990. "The Impact of the Mariel Boatlift on the Miami Labor Market." *Industrial and Labor Relations Review*, 44: 245–57.

Card, David. 1992a. "Using Regional Variation in Wages to Measure the Effects of the Federal Minimum Wage." *Industrial and Labor Relations Review*, 46: 22–37.

―――. 1992b. "Do Minimum Wages Reduce Employment? A Case Study of California, 1987–1989." *Industrial and Labor Relations Review*, 46: 38–54.

Card, David, Lawrence F. Katz, and Alan B. Krueger. 1994. "Comment on David Neumark and William Wascher, 'Employment Effects of Minimum and Subminimum Wages: Panel Data on State Minimum Wage Laws.'" *Industrial and Labor Relations Review*, 48: 487–96.

Card, David, and Alan B. Krueger. 1994. "Minimum Wages and Employment: A Case Study of the Fast-Food Industry In New Jersey and Pennsylvania." *American Economic Review*, 84: 772–93.

Card, David, and Thomas Lemieux. 1994. "Changing Wage Structure and Black-White Wage Differentials." *Papers and Proceedings of the American Economic Association*, 84: 29–33.

Castillo-Freeman, Alida, and Richard Freeman. 1990. "Minimum Wages in Puerto Rico: Textbook Case of a Wage Floor?" *Industrial Relations Research Association Proceedings*, 43: 243–53.

―――. 1992. "When the Minimum Wage Really Bites: The Effect of the U.S.-Level Minimum on Puerto Rico." In *Immigration and the Work Force*, edited by George Borjas and Richard Freeman. Chicago: University of Chicago Press.

Chalkley, Martin. 1991. "Monopsony Wage Determination and Multiple Unemployment Equilibria in a Non-Linear Search Model." *Review of Economic Studies*, 58: 181–93.

Charner, Ivan, and Bryna Shore Fraser. 1984. *Fast Food Jobs*. Washington, D.C.: National Institute for Work and Learning.

Cochran, William G. 1957. "Analysis of Covariance: Its Nature and Uses."

*Biometrics*, 13: 261–81.

Colander, David, and Arjo Klamer. 1987. "The Making of an Economist." *Journal of Economic Perspectives*, 1: 95–111.

Cox, D. R., and D. V. Hinkley. 1974. *Theoretical Statistics*. London: Chapman and Hall, Ltd.

Cullen, Donald E. 1961. "Minimum Wage Laws." Bulletin 43. Ithaca, NY: New York State School of Industrial and Labor Relations.

Currie, Janet, and Bruce C. Fallick. 1994. "The Minimum Wage and the Employment of Youth: Evidence from the NLSY." Unpublished paper. Los Angeles: University of California at Los Angeles Department of Economics.

Davis, Eleanor. 1936. "Minimum Wage Legislation in the United States: Summary of Fact and Opinion." Princeton, NJ: Princeton University Industrial Relations Section.

De Long, J. Bradford, and Kevin Lang. 1992. "Are All Economic Hypotheses False?" *Journal of Political Economy*, 100: 1257–72.

Devine, Theresa J., and Nicholas M. Kiefer. 1991. *Empirical Labor Economics: The Search Approach*. Oxford: Oxford University Press.

Diamond, Peter A. 1982a. "Wage Determination and Efficiency in Search Equilibrium." *Review of Economic Studies*, 49: 217–27.

―――. 1982b. "Aggregate Demand Management in Search Equilibrium." *Journal of Political Economy*, 90: 881–94.

Dickens, Richard, Stephen Machin, and Alan Manning. 1994. "The Effects of Minimum Wages on Employment: Theory and Evidence from the UK." Working Paper, no. 4742. Cambridge, MA: National Bureau of Economic Research, Inc.

DiNardo, John, Nicole M. Fortin, and Thomas Lemieux. 1994. "Labor Market Institutions and the Distribution of Wages, 1973–92: A Semiparametric Approach." Unpublished paper. Montreal: University of Montreal Department of Economics.

Dixit, A. K. 1976. *Optimization in Economic Theory*. Oxford: Oxford University Press.

Dollar General Corporation. 1992. *10-K Report Filed with the U.S. Security and Exchange Commission*. Taken from *Disclosure SEC Database* (1994 edition). Bethesda, MD: Disclosure Incorporated.

Ehrenberg, Ronald G., and Alan J. Marcus. 1980. "Minimum Wage Legislation and the Educational Outcomes of Youths." In *Research in Labor Economics*, edited by Ronald Ehrenberg, vol. 3. Greenwich, CT: JAI Press.

———. 1982. "Minimum Wages and Teenagers' Enrollment–Employment Outcomes: A Multinomial Logit Model." *Journal of Human Resources*, 17: 39–52.

Ehrenberg, Ronald, and Robert Smith.1994. *Modern Labor Economics: Theory and Public Policy*. New York: HarperCollins Publishers, Inc.

Fisher, Alan A.1973. "The Minimum Wage and Teenage Unemployment: A Comment on the Literature." *Western Economic Journal*, 11: 514–24.

Fitoussi, Jean-Paul. 1994. "Wage Distribution and Unemployment: The French Experience." *Papers and Proceedings of the American Economic Association*, 84: 59–64.

Flaim, Paul. Undated. "Employment and Unemployment in Puerto Rico." Mimeograph. Washington, D.C.: U.S. Department of Commerce, Bureau of the Census.

Fleisher, Belton. 1970. *Labor Economics: Theory and Evidence*. Englewood Cliffs, NJ: Prentice-Hall, Inc.

Freedman, David, Robert Pisani, and Roger Purves. 1978. *Statistics*. New York: W.W. Norton and Company.

Freeman, Richard B. 1981. "Black Economic Progress After 1964: Who Has Gained and Why?" In *Studies in Labor Markets*, edited by Sherwin Rosen. Chicago: University of Chicago Press.

———. 1982. "Economic Determinants of Geographic and Individual Variation in the Labor Market Position of Young Persons." In *The Youth Labor Market: Its Nature, Causes and Consequences*, edited by Richard B. Freeman and David A. Wise. Chicago: University of Chicago Press.

———. 1994. "Minimum Wages—Again!" *International Journal of Manpower*,15: 8–25.

Freeman, Richard B., Wayne Gray, and B. Casey Ichniowski. 1981. "Low Cost Student Labor: The Use and Effects of the Subminimum Wage Provisions for Full-Time Students." In *Report of the Minimum Wage Study Commission*, vol. 5. Washington, D.C.: U.S. Government Printing Office.

Freeman, Richard B., and James L. Medoff. 1984. *What Do Unions Do?* New York: Basic Books.

Fritsch, Conrad. 1981. "Exemptions from the Fair Labor Standards Act, Retail Trade and Services." In *Report of the Minimum Wage Study Commission*, vol.5. Washington, D.C.: U.S. Government Printing Office.

Gallup, Jr., George. 1987. *The Gallup Poll: Public Opinion 1987*. Wilmington, DE: Scholarly Resources Inc.

Garbarino, Joseph W. 1962. *Wage Policy and Long Term Contracts*. Washington, D.C.: The Brookings Institution.

GB Foods Corporation. 1992. *10-K Report Filed with the U.S. Security and Exchange Commission*. Taken from *Disclosure SEC Database* (1994 edition). Bethesda, MD: Disclosure Incorporated.

Gibbons, Robert, and Lawrence F. Katz. 1992. "Does Unmeasured Ability Explain Inter-Industry Wage Differentials?" *Review of Economic Studies*, 59: 515–35.

Gramlich, Edward M. 1976. "Impact of Minimum Wages on Other Wages, Employment and Family Incomes." In *Brookings Papers on Economic Activity*, edited by Arthur M. Okun and George L. Perry, vol. 2. Washington, D.C.: The Brookings Institution.

Grenier, Gilles, and Marc Séguin. 1991. "L'incidence du Salaire Minimum sur le Marché du Travail des Adolescents au Canada: Une Reconsidération des Résultats Empiriques." *L'Actualité Economique*, 67: 123-43.

Grossberg, Adam, and Paul Sicilian. 1994. "Minimum Wages, On-the-Job Training and Wage Growth." Unpublished paper. Hartford, CT: Trinity College Department of Economics.

Grossman, Jean B. 1983. "The Impact of the Minimum Wage on Other Wages." *Journal of Human Resources*, 18: 359–78.

Hamermesh, Daniel S. 1980. "Factor Market Dynamics and the Incidence of Taxes and Subsidies." *Quarterly Journal of Economics*, 95: 751–64.

————. 1981. "Minimum Wages and Demand for Labor." Working paper, no. 656. Cambridge, MA: National Bureau of Economic Research, Inc.

————. 1993. *Labor Demand*. Princeton, NJ: Princeton University Press.

Hamermesh, Daniel S., and Jeff E. Biddle. 1994. "Beauty and the Labour Market." *American Economic Review*.

Hamermesh, Daniel S., and Albert Rees. 1993. *The Economics of Work and Pay*. New York: HarperCollins Publishers, Inc.

Hashimoto, Masnori. 1982. "Minimum Wage Effects on Training on the Job." *American Economic Review*, 72: 1070–87.

Hashimoto, Masanori, and Jacob Mincer. 1970. "Employment and Unemployment Effects of Minimum Wages." Working paper. Cambridge, MA: National Bureau of Economic Research, Inc.

Heckman, James J., and Guilherme Sedlacek. 1981. "The Impact of the Minimum Wage on the Employment and Earnings of Workers in South Carolina." In *Report of the Minimum Wage Study Commission*, vol. 5. Washington, D.C.: U.S. Government Printing Office.

Heckman, James J., and Thomas E. MaCurdy. 1988. "Empirical Tests of Labor-Market Equilibrium: An Evaluation." *Carnegie Rochester Conference Series on Public Policy*, 28: 231–58.

Heckman, James J., and Joseph V. Hotz. 1989. "Choosing Among Alternative Nonexperimental Methods for Estimating the Impact of Social Programs: The Case of Manpower Training." *Journal of the American Statistical Association*, 84: 862–74.

Heckman, James J., and Brooks Paynor. 1989. "Determining the Impact of Federal Anti-discrimination Policy on the Economic Status of Blacks." *American Economic Review*, 79: 138–77.

Heilbroner, Robert, and Lester Thurow. 1987. *Economics Explained*. New York: Simon and Schuster.

Holzer, Harry J., Lawrence F. Katz, and Alan B. Krueger. 1991. "Job Queues and Wages." *The Quarterly Journal of Economics*, 106: 739–68.

Horrigan, Michael W., and Ronald B. Mincy. 1993. "The Minimum Wage and Earnings and Income Inequality." In *Uneven Tides*, edited by Sheldon Danziger and Peter Gottshalk. New York: Russell Sage Foundation.

Houthakker, H. S., and Lester D. Taylor. 1970. *Consumer Demand in the United States: Analyses and Projections*. Cambridge, MA: Harvard University Press.

Iden, George. 1980. "The Labor Force Experience of Black Youth: A Review." *Monthly Labor Review*, 103: 10–16.

International Labor Organization. 1983 and 1993. *Yearbook of Labor Statistics*. Geneva, Switzerland: International Labor Organization.

Kaitz, Hyman. 1970. "Experience of the Past: The National Minimum." In *Youth Unemployment and Minimum Wages*, U.S. Department of Labor, Bureau of Labor Statistics, Bulletin 1657: 30–54. Washington, D.C.: U.S. Government Printing Office.

Katz, Lawrence, and Alan B. Krueger. 1990. "The Effect of the New Minimum Wage Law in a Low-Wage Labor Market." *Industrial Relations Research Association Proceedings*, 43: 254–65.

―――. 1992. "The Effect of the Minimum Wage on the Fast Food Industry." *Industrial and Labor Relations Review*, 46: 6–21.

Kearl, J. R., Clayne L. Pope, Gordon C. Whiting, and Larry T. Wimmer. 1979. "What Economists Think: A Confusion of Economists?" *American Economic Review*, 69: 28–37.

Kelly, Terrence. 1975. "Youth Employment Opportunities and the Minimum Wage: An Econometric Model of Occupational Choice." Working Paper, no. 3608-01. Washington, D.C.: The Urban Institute.

————. 1976. "Two Policy Questions Regarding the Minimum Wage." Working Paper, no. 3608-05. Washington, D.C.: The Urban Institute.

Kerr, Clark. 1994. "Introduction: Labor in the Course of the Development of Economic Thought." In *Labor Economics and Industrial Relations: Markets and Institutions*, edited by Clark Kerr and Paul D. Staudohar. Cambridge, MA: Harvard University Press.

Kim, Taeil, and Lowell J. Taylor. 1994. "The Employment Effect in Retail Trade of California's 1988 Minimum Wage Increase." Unpublished paper. Pittsburgh: Carnegie Mellon University Department of Economics.

Klerman, Jacob. 1992. "Study 12: Employment Effect of Mandated Health Benefits." In H*ealth Benefits and the Workforce*, U.S. Department of Labor, Pension and Welfare Benefits Administration. Washington, D.C.: U.S. Government Printing Office.

Kohen, Andrew I., and Curtis L. Gilroy. 1982. "The Minimum Wage, Income Distribution, and Poverty." In *Report of the Minimum Wage Study Commission*, vol. 7. Washington, D.C.: U.S. Government Printing Office.

Kosters, Marvin, and Finis Welch. 1972. "The Effects of the Minimum Wage by Race, Sex, and Age." In *Racial Discrimination in Economic Life*, edited by Anthony Pascal. Lexington, MA: D.C. Heath.

Krehbiel, Keith, and Douglas Rivers. 1988. "The Analysis of Committee Power: An Application to Senate Voting on the Minimum Wage." *American Journal of Political Science*, 32: 1151–74.

Krueger, Alan B. 1988. "The Determinants of Queues for Federal Jobs." *Industrial and Labor Relations Review*, 42: 567–81.

———. 1991. "Ownership, Agency, and Wages: An Examination of Franchising in the Fast Food Industry." *Quarterly Journal of Economics*, 106: 75-102.

———. 1995. "The Effect of the Minimum Wage When It Really Bites: A Reexamination of the Evidence from Puerto Rico." In *Research in Labor Economics*, edited by Solomon Polachek. Greenwich, CT: JAI Press.

Krueger, Alan B., and Lawrence H. Summers. 1987. "Reflections on the Inter-Industry Wage Structure." In *Unemployment and the Structure of Labor Markets*, edited by Kevin Lang and Jonathan Leonard. Oxford: Blackwell.

Lalonde, R. J. 1986. "Evaluating the Econometric Evaluations of Training Programs with Experimental Data." *American Economic Review*, 76: 604–20.

Lang, Kevin. 1994. "The Effect of Minimum Wage Laws on the Distribution of Employment: Theory and Evidence." Unpublished paper. Boston: Boston University Department of Economics.

Lang, Kevin, and William T. Dickens. 1993. "Bilateral Search as an Explanation for Labor Market Segmentation and Other Anomalies." Working Paper, no. 4461. Cambridge, MA: National Bureau of Economic Research, Inc.

Lazear, Edward P. 1981. "Agency Earnings Profiles, Productivity and Hours Restrictions." *American Economic Review*, 71: 606–20.

Lazear, Edward P., and Frederick H. Miller. 1981. "Minimum Wage Versus Minimum Compensation." In *Report of the Minimum Wage Study Commission*, vol. 5. Washington, D.C.: U.S. Government Printing Office.

Leamer, Edward E. 1978. *Specification Searches: Ad Hoc Inference with Nonexperimental Data*. New York: John Wiley and Sons, Inc.

Leighton, Linda, and Jacob Mincer. 1981. "The Effects of the Minimum Wage on Human Capital Formation." In *The Economics of Legal Minimum*

*Wages*, edited by Simon Rottenberg. Washington, D.C.: American Enterprise Institute for Public Policy Research.

Lester, Richard A. 1946. "Shortcomings of Marginal Analysis for Wage-Employment Problems." *American Economic Review*, 36: 62–82.

―――――. 1964. *The Economics of Labor*. New York: Macmillan.

―――――. 1994. "Wage Differentials and Minimum-Wage Effects." In *Labor Economics and Industrial Relations: Markets and Institutions*, edited by Clark Kerr and Paul D. Staudohar. Cambridge, MA: Harvard University Press.

Lewis, H. Gregg. 1963. *Unionism and Relative Wages in the United States*. Chicago: University of Chicago Press.

―――――. 1986. *Union Relative Wage Effects: A Survey*. Chicago: University of Chicago Press.

Liberty, Susan E., and Jerold L. Zimmerman. 1986. "Labor Union Contract Negotiations and Accounting Choices." *Accounting Review*, 61: 692–712.

Light, Audrey, and Manuelita Ureta. 1992. "Panel Estimates of Male and Female Job Turnover Behavior: Can Female Nonquitters Be Identified?" *Journal of Labor Economics*, 10: 156–81.

Linneman, Peter. 1982. "The Economic Impacts of Minimum Wage Laws: A New Look at an Old Question." *Journal of Political Economy*, 90: 443–69.

Love, John F. 1986. *McDonald's Behind the Arches*. New York: Bantam Books.

Machin, Stephen, and Alan Manning. 1994. "The Effects of Minimum Wages on Wage Dispersion and Employment: Evidence from the U.K. Wage Councils." *Industrial and Labor Relations Review*, 47: 319–29.

Maddala, G. S. 1977. *Econometrics*. New York: McGraw-Hill, Inc.

Manning, Alan. 1993. "Labour Markets with Company Wage Policies." Unpublished paper. London: London School of Economics.

Martin, Richard. 1987. "NRA Blasts McDonald's on Wage Issue." *Nation's Restaurant News*, 21: 1.

Mattila, J. Peter. 1978. "Youth Labor Markets, Enrollments, and Minimum Wages." *Industrial Relations Research Association Proceedings*, 31: 134–40.

_____. 1981. "The Impact of Minimum Wages on Teenage Schooling and on the Part-Time/Full-Time Employment of Youths." In *The Economics of Legal Minimum Wages*, edited by Simon Rottenberg. Washington, D.C.: American Enterprise Institute for Public Policy Research.

McDonald's Corporation. 1986 and 1991. *McDonald's Restaurant Guide*. Chicago: McDonald's Corporation.

_____. 1991. *1991 Annual Report*. Chicago: McDonald's Corporation.

McKay, Steven F., and Bruce D. Schnobel. 1981. "Effects of the Various Social Security Benefit Computation Procedures." Actuarial Study, no. 86. Washington, D.C.: Social Security Administration.

Meitzen, Mark E. 1986. "Differences in Male and Female Job-Quitting Behavior." *Journal of Labor Economics*, 4: 151–67.

Meurs, Dominique. 1992. "Étude des Déterminants de L'Offre de Travail dans la Fonction Publique en France." Communication aux XIIèmes Journées d'Economie Sociale.

Meyer, Bruce. 1994. "Natural and Quasi- Experiments in Economics." Unpublished paper. Evanston, IL: Northwestern University Department of Economics.

Meyer, Robert H, and David A. Wise. 1983a. "Discontinuous Distributions and Missing Persons: The Minimum Wage and Unemployed Youth." *Econometrica*, 51: 1677–98.

_____. 1983b. "The Effects of Minimum Wage on Employment and Earnings of Youth." *Journal of Labor Economics*, 1: 66–100.

Milkovitch, George, and Jerry Newman. 1987. *Compensation*. McAllen, Texas: Success Business Publications.

Mincer, Jacob. 1976. "Unemployment Effects of Minimum Wages." *Journal of*

*Political Economy*, 84: 87–105.

Mortensen, Dale T., and Tara Vishwanath. 1991. "Information Sources and Equilibrium Wage Outcomes. " Discussion Paper, no. 948. Evanston, IL: Northwestern University Center for Mathematical Studies in Economics and Management Science.

Murphy, Kevin M., and Robert H. Topel. 1987. "Unemployment, Risk, and Earnings." In *Unemployment and the Structure of Labor Markets*, edited by Kevin Lang and Jonathan Leonard. London: Basil Blackwell.

National Restaurant Association. 1990. *Restaurants USA*. Washington, D.C: National Restaurant Association.

Nagar, A. L. 1959. "The Bias and Moment Matrix of the General k-class Estimators of the Parameters in Simultaneous Equations." *Econometrica*, 27: 575–95.

Neumann, George R. 1980. "The Predictability of Strikes: Evidence from the Stock Market." *Industrial and Labor Relations Review*, 33: 325–35.

Neumark, David, and William Wascher.1992. "Employment Effects of Minimum Wages and Subminimum Wages: Panel Data on State Minimum Wage Laws." *Industrial and Labor Relations Review*, 46: 55–81.

————. 1994. "Employment Effects of Minimum and Subminimum Wages: Reply to Card, Katz, and Krueger." *Industrial and Labor Relations Review*, 48: 497–512.

Oi, Walter Y.1962. "Labor as a Quasi-Fixed Factor of Production." *Journal of Political Economy*, 70: 538–55.

————. 1990. "Employment Relations in Dual Labor Markets (It's Nice Work if You Can Get It)." *Journal of Labor Economics*, 8: 124–49.

Parker, John E., and John F. Burton, Jr. 1967. "Voluntary Labor Mobility in the U.S. Manufacturing Sector." *Industrial Relations Research Association Proceedings*, 20: 61–70.

Parsons, Donald O. 1973. "Quit Rates Over Time: A Search and Information

Approach." *American Economic Review*, 63: 390–401.

Pencavel, John H. 1970. *An Analysis of the Quit Rate in American Manufacturing Industry*. Princeton, NJ: Princeton University Industrial Relations Section.

Puerto Rico Office of the Governor, Planning Board. Various years. *Informe Económico al Gobernador*. San Juan, Puerto Rico: Estado Libre Asociado de Puerto Rico.

Ragan, James F. 1977. "Minimum Wages and the Youth Labor Market." *Review of Economics and Statistics*, 59: 129–36.

———. 1981. "The Effect of a Legal Minimum Wage on the Pay and Employment of Teenage Students and Nonstudents." In *The Economics of Legal Minimum Wages*, edited by Simon Rottenberg. Washington, D.C.: American Enterprise Institute for Public Policy Research.

Rebitzer, James B., and Lowell J. Taylor. 1991. "The Consequences of Minimum Wage Laws: Some New Theoretical Ideas." Working Paper, no. 3877. Cambridge, MA: National Bureau of Economics Research, Inc.

Reynolds, Lloyd, and Peter Gregory. 1965. *Wages, Productivity, and Industrialization in Puerto Rico*. Homewood, IL: Richard D. Irwin, Inc.

Robinson, Joan. 1933. *The Economics of Imperfect Competition*. London: St. Martin's Press.

Roper Center. 1994. *Public Opinion Online*. Storrs, CT: Roper Center at the University of Connecticut.

Ruback, Richard S., and Martin B. Zimmerman. 1984. "Unionization and Profitability: Evidence from the Capital Market." *Journal of Political Economy*, 92: 1134–57.

Sandwich Chef Incorporated. 1992. *10-K Report Filed with the U.S. Security and Exchange Commission*. Taken from *Disclosure SEC Database* (1994 edition). Bethesda, MD: Disclosure Incorporated.

Samuelson, Paul. 1951. "Economic Theory and Wages." In *The Impact of the Union*, edited by D.M. Wright. New York: Harcourt, Brace and Company.

Santiago, Carlos. 1989. "The Dynamics of Minimum Wage Policy in Economic Development: A Multiple Time-Series Approach." *Economic Development and Cultural Change*, 38: 1–30.

Sargent, James D., and David G. Blanchflower. 1994. "Obesity and Stature in Adolescence and Earnings in Young Adulthood." *Archives of Pediatrics and Adolescent Medicine*, 148: 681–87.

Schaafsma, Joseph, and William D. Walsh. 1983. "Employment and Labour Supply Effects of the Minimum Wage: Some Pooled Time-Series Estimates from Canadian Provincial Data." *Canadian Journal of Economics*, 16: 86–97.

Schultz, Theodore. 1964. *Transforming Traditional Agriculture*. New Haven: Yale University Press.

Shapiro, Carl, and Joseph E. Stiglitz. 1984. "Equilibrium Unemployment as a Worker Discipline Device." *American Economic Review*, 74: 433–44.

Shaw, Kathryn L. 1985. "The Quit Decision of Married Men." *Journal of Labor Economics*, 5: 533–60.

SG&A Company. 1992. *10-K Report Filed with the U.S. Security and Exchange Commission*. Taken from *Disclosure SEC Database* (1994 edition). Bethesda, MD: Disclosure Incorporated.

Sicilian, Paul, and Adam J. Grossberg. 1993. "Do Legal Minimum Wages Create Rents? A Re-examination of the Evidence." *Southern Economic Journal*, 60: 201–9.

Siskind, Frederic. 1977. "Minimum Wage Legislation in the United States: Comment." *Economic Inquiry*, January: 135–38.

Slichter, Sumner. 1950. "Notes on the Structure of Wages." *Review of Economics and Statistics*, 32: 80–91.

Solon, Gary. 1985. "The Minimum Wage and Teenage Employment: A Reanalysis with Attention to Serial Correlation and Seasonality." *Journal of Human Resources*, 20: 292–97.

Spriggs, William E., David Swinton, and Michael Simmons. 1992. "The Effect of Changes in the Federal Minimum Wage: Restaurant Workers in Mississippi and North Carolina." Unpublished paper. Washington, D.C.: Employment Policy Institute.

Stafford, Frank. 1986. "Forestalling the Demise of Empirical Economics: The Role of Microdata in Labor Economics Research." In *Handbook of Labor Economics*, vol. 1, edited by Orley C. Ashenfelter and Richard Layard. Netherlands: Elsevier Science Publishers B.V.

Stigler, George J. 1946. "The Economics of Minimum Wage Legislation." *American Economic Review*, 36: 358–65.

———. 1947. "Marginalism and Labor Markets: A Rejoinder." *American Economic Review*, 37: 154–56.

Swidinsky, Robert. 1980. "Minimum Wage and Teenage Unemployment." *Canadian Journal of Economics*, 13: 158–71.

Tauchen, George E. 1981. "Some Evidence on Cross-Sector Effects of the Minimium Wage." *Journal of Political Economy*, 89: 529–47.

Tirole, Jean. 1988. *The Theory of Industrial Organization*. Cambridge, MA: MIT Press.

Todaro, Michael P. 1969. "A Model of Labor Migration and Urban Unemployment in Less Developed Countries." *American Economic Review*, 59: 138–48.

Tversky, Amos, and T. Gilovich. 1989. "The Cold Facts About the 'Hot Hand' in Basketball." *Chance*, 2: 16–21.

U.S. Department of Commerce. Bureau of the Census. 1984. *Census of Population: Detailed Population Characteristics, Puerto Rico*, PC80-1-D53. Washington, D.C.: Government Printing Office.

———. 1990a. *1987 Census of Retail Trade*, Subject Series, Miscellaneous Subjects, RC87-S-4. Washington, D.C.: U.S. Government Printing Office.

———. 1990b. *1987 Economic Censuses of Outlying Areas: Puerto Rico*,

OA87-E-4. Washington, D.C.: U.S. Government Printing Office.

_____. 1993. *Money Income of Households, Families, and Persons in the United States: 1992*. Current Population Reports Series P60-184. Washington, D.C.: U.S. Government Printing Office.

_____. Various years. *County Business Patterns*. Washington, D.C.: Government Printing Office.

U.S. Department of Education. Office of Educational Research and Improvement.1991. *Digest of Education Statistics 1991*. Washington, D.C.: U.S. Government Printing Office.

U.S. Department of Labor. Bureau of International Labor Affairs. 1992, 1993. *Foreign Labor Trends*. Washington, D.C.: Government Printing Office.

U.S. Department of Labor. Bureau of Labor Statistics. 1993. *Employment and Earnings*. February. Washington, D.C.: Government Printing Office.

U.S. Department of Labor. Bureau of Labor Statistics. Various years. *Employment and Wages—Annual Averages*. Washington, D.C.: U.S. Government Printing Office.

_____. Various years. *Geographic Profiles of Unemployment and Employment*. Washington, D.C.: U.S. Government Printing Office.

U.S. Department of Labor. Women's Bureau. 1928. *The Development of Minimum Wage Laws in the United States, 1912 to 1927*. Washington, D.C.: U.S. Government Printing Office.

U.S. House of Representatives. Committee on Ways and Means. 1994. *1994 Green Book*. Washington, D.C.: U.S. Government Printing Office.

U.S. Office of the President. 1981. *Report of the Minimum Wage Study Commission* (Seven Volumes). Washington, D.C.: Government Printing Office.

_____. 1993. *Economic Report of the President*. Washington, D.C.: Government Printing Office.

Viscusi, W. K. 1979. "Job Hazards and Worker Quit Rates: An Analysis of

Adaptive Worker Behavior." *International Economic Review*, 20: 29–58.

————. 1980. "Sex Differences in Worker Quitting." *Review of Economics and Statistics*, 62: 388–97.

Wachter, Michael L., and Choongsoo Kim. 1979. "Time-Series Changes in Youth Joblessness." Working Paper, no. 384. Cambridge, MA: National Bureau of Economic Research, Inc.

Weidenbaum, Murray. 1993. "How Government Reduces Employment." Unpublished paper. St. Louis: Washington University Center for the Study of American Business.

Welch, Finis. 1969. "Linear Synthesis of Skill Distribution." *Journal of Human Resources*, 4: 311–24.

————. 1974. "Minimum Wage Legislation in the United States." *Economic Inquiry*, 12: 285–318.

————. 1976. "Minimum Wage Legislation in the United States." In *Evaluating the Labor Market Effects of Social Programs*, edited by Orley Ashenfelter and James Blum. Princeton, NJ: Princeton University Press.

————. 1977. "Minimum Wage Legislation in the United States: Reply." *Economic Inquiry*, 15: 139–42.

————. 1993. "The Minimum Wage." *Jobs and Capital*, vol. 2. Santa Monica, CA: The Milken Institute.

Wellington, Allison. 1991. "Effects of the Minimum Wage on the Employment Status of Youths: An Update." *Journal of Human Resources*, 26: 27–46.

Wessels, Walter J. 1980. *Minimum Wages, Fringe Benefits, and Working Conditions*. Washington, D.C.: American Enterprise Institute for Public Policy Research.

West, E.G., and Michael McKee. 1980. *Minimum Wages: The New Issues in Theory, Evidence, Policy and Politics*. Ottawa, Canada: Economic Council of Canada and the Institute for Research on Public Policy.

Williams, Nicolas. 1993. "Regional Effects of the Minimum Wage on Teenage

Employment." *Applied Economics*, 25: 1517–28.

Zaidi, Albert. 1970. *A Study of the Effects of the $1.25 Minimum Wage Under the Canada Labour (Standards) Code*. Task Force of Labour Relations, study no.16. Ottawa: Privy Council Office.